남경태의 가장 독창적 역사 읽기

종횡무진 동양사

남경태의 가장 독창적 역사 읽기

종횡무진 동양사

남경태 지음

Humanist

지은이의 향기가 나는
종횡무진 시리즈가 되기를 바라며

깊으면 좁아지고 넓으면 얕아지게 마련이다. 그럼 깊으면서도 넓을 수는 없을까? 16년 전 종횡무진 시리즈를 시작할 때부터 늘 나를 괴롭혀온 질문이다.

　'종횡무진'이라는 표제가 말해주듯이, 이 시리즈는 전문가용 학술서가 아니라 역사에 관심이 있는 일반 독자를 위한 대중서다. 하지만 넓어지면 얕아진다는 대중서의 '숙명'을 피하기 위해 나는 일반 대중서에는 없는 요소들을 과감히 끌어들였다. 구어적인 서술 방식이라든가 빠른 진행은 대중서 특유의 생동감을 불어넣으려는 시도였지만, 대담한 사건 연결이나 인물 비교는 역사 교과서나 대중서에서 볼 수 없는 역사적 상상력을 동원한 결과였다. 이렇게 두 마리 토끼를 쫓을 수 있었던 이유는 역사를 단순한 사실의 나열로 보지 않고 추리와 추측을 가미했기 때문이라고 자부한다.

대개 대중 역사서를 쓰는 사람들은 어떻게 하면 역사를 쉽게 정리할 수 있을까를 고민한다. 말하자면 역사의 교통경찰과 같은 역할을 자임하는 것이다. 하지만 이 시리즈에서 내가 하고자 한 역할은 교통경찰을 넘어 오케스트라의 지휘자였다. 교통경찰은 교통을 소통시켜주면 그것으로 임무가 끝나지만, 오케스트라의 지휘자는 작품을 끊임없이 재해석해야 한다. 나는 역사라는 과거의 작품을 해석하고 재해석해 역사 오케스트라의 지휘자가 되고자 했다.

그것은 쉽지 않은 길이었다. 다른 책들도 그렇지만 특히 한국사의 경우 많은 독자가 잘 아는 데다 관심도 높기 때문에 자칫 잘못 해석할 경우 오해와 비난을 부를 수도 있다. 그 위험에서 벗어나는 데는 역시 나의 '신분'이 유리했다. 전문 연구자나 학자였다면 과감한 추리가 가미될 경우 누군가 뒷덜미를 잡아당기는 듯한 기분이었겠지만, 대중서 지은이라는 신분은 학계의 선배라든가 학문적 질책을 가할 사람이 없는 탓에 상당히 자유로웠다. 다만 지나치게 방종하지 않도록 주의하고 내적인 규제의 선만 넘지 않으려고 노력했다.

물론 이런 고충을 독자 여러분이 굳이 이해하고 양해해줄 필요는 없다. 독자들은 단지 책을 통해 지식을 얻거나 흥미를 느끼면 그만이다. 그러나 지식과 흥미에도 여러 가지 차원이 있다. 지은이의 의도를 정확하게 따라잡으며 책을 읽는 것도 깊은 지식과 흥미를 포착하는 하나의 방식이 될 것이다.

지금까지 인문학을 주제로 여러 권의 책을 썼고 많은 책을 번역했다. 무엇보다 종횡무진 시리즈만큼 애정과 관심을 쏟고 정성을 기울인 책은 없다. 분량만도 전부 합쳐 원고지 1만 매에 달하는 데다 다루는 주제도 통사이기 때문에 많고 넓다. 앞으로도 이런 거대한 주제를 방대한 분량으로 엮어내는 작업은 못할 것 같다. 그래서 새로운 교열을 거쳐 한꺼번에 출간하는 것을 이 종횡무진 시리즈의 최종판으로 삼고자 한다.

베스트셀러였던 적은 없지만 그래도 지금까지 독자들의 꾸준한 사랑을 받는 것으로 보아서는 역사 교과서의 지루함과 엄숙주의를 거부하는 사람들이 상당수 있다는 이야기다. 이 책은 '종횡무진'이라는 표제처럼 좌충우돌하며 자유분방하게 역사를 서술하면서도 교과서에 나오는 지식과 정보를 최대한 수용하려 애썼기 때문이다.

전 세계를 통틀어도 동양사, 서양사, 한국사를 한 사람이 책으로 엮어낸 사례는 드물 것이다(무엇보다 한국사가 포함되어 있으니 외국인은 불가능할 것이다). 하지만 이 시리즈는 그런 형식적인 특징에 만족하지 않는다. 독자들은 이 시리즈에서 한 사람의 지은이가 가진 일관된 사관과 역사 서술을 읽어내고 그것을 중심으로 공감이나 비판의 시선을 던져주기를 바란다. 그래야만 한 사람의 지은이가 시리즈를 완성한 보람이 있을 것이다.

디지털 시대를 맞아, 텍스트를 위주로 할 수밖에 없는 책은 낡은 매체로 보일지도 모른다. 그러나 나는 소설을 영화로 만든 것 중에서 원작을 능가하는 작품은 보지 못했다. 아무리 훌륭한 영화감독이라 해도 소설을 읽는 독자의 마음속에 세팅된 무대와 캐릭터를 완벽하게 재현하지는 못하기 때문이다. 더욱이 소설이 아니라 인문학이라면 말할 것도 없고, 앞으로도 텍스트의 근본적인 미덕은 변치 않을 것이다.

지은이의 향기가 나지 않는 책은 가치가 없고, 좋은 텍스트는 다른 어떤 매체보다 지은이의 향기가 진하다. 앞으로도 독자들이 이 종횡무진 시리즈에서 지은이의 체취를 느껴주기를 바라는 마음이다.

2014년 겨울
지은이 남경태

차례

종횡무진 동양사

3부 섞임

종횡무진 한국사 1

종횡무진 한국사 2

종횡무진 서양사 1

종횡무진 서양사 2

동양의 태어남과 자람, 그리고 뒤섞임

동양이라는 말

보통 해가 뜨는 방향을 동쪽이라고 말하지만, 지구는 둥그니까 어디가 동쪽이라고 못 박을 수는 없다. 동양이라는 명칭은 사실 유럽인의 시각에서 나왔다. 콜럼버스가 아메리카 대륙을 발견하기 전까지 고대와 중세의 유럽인들은 유럽과 아시아, 아프리카 대륙이 지구의 전부라고 여겼다. 그나마도 그들이 아는 아시아는 소아시아와 인도에 불과했고, 아프리카는 사하라 이북에 국한되었다. 아프리카는 유럽의 남쪽에 있으므로 동서 방향과는 무관하다. 그래서 유럽인들은 자신들이 세계의 서쪽에 있다고 믿었고, 유럽에서 동쪽으로 멀리 뻗어 있는 아시아를 동양East이라고 불렀다. 당시 유럽인들은 아직 동방의 끝까지 와본 적이 없었으므로 주로 지금의 서아시아 지역을 동양이라고 불렀다.

점차 유럽인들은 그들이 동양이라고 부르는 대륙이 실상 엄청나게 넓다는 것을 깨닫게 되었다. 처음에 그들은 유럽과 연관이 있는 서아시아 지역만이 동양의 전부인 줄 알고 이를 오리엔트Orient라고 불렀으나 그 오리엔트보다 더 동쪽에 더 넓은 세계가 있다는 것을 알게 된 것이다. 넓으면 나누어야 한다. 그래서 그들은 유럽에 가까운 동양을 근동Near East(서아시아) 가장 먼 아시아 동쪽 끝을 극동Far East이라고 불렀다.

순전히 유럽인들이 자기중심적으로 붙인 이름이지만, 이렇게 해서 한반도와 일본은 서구인들에게 어딘지 모르게 아주 멀고 외딴 곳으로 인식되는 불명예를 뒤집어쓰게 되었다. 지금 우리는 태평양을 중심으로 하는 세계지도를 사용하지만, 대서양을 중심으로 하는 서구의 세계지도를 보면 한반도와 일본은 맨 오른쪽 구석에 치우쳐 있어 '극동'이라는 이름이 꽤나 어울려 보인다. 이런 세계지도에 익숙해진 탓에 오늘날까지도 서구인들 중에는 극동을 마치 오지처럼 여기는 이들이 있다.

물론 그런 편견은 우리에게도 있다. 태평양 중심의 세계지도에 익숙한 우리는 대서양이 그렇게 넓은 바다인지 잘 인식하지 못하며, 대서양을 중심으로 과거와 현재에 남북 아메리카와 유럽, 아프리카 등 다양한 문명권이 활발히 교류한다는 사실을 실감하지 못한다.

그만큼 동서의 관념은 상대적이다. 그러므로 만약 아메리카 대륙의 초기 문명들이 후대에까지 연장되면서 발달하고 아메리카 원주민들이 일찍부터 태평양으로 진출했더라면, 지금의 동양은 서양이 되고 유럽은 극서Far West라고 불렸을지도 모른다. 또 수백 년 전까지 그랬듯이 중국이 세계의 패권을 잡고 오늘날에까지 이르렀다면, 중국인들은 중국을 천하의 중심으로 규정하고 유럽을 서양, 태평양 너머 아메리카를 동양이라고 불렀을지도 모른다(실제로 중국인들은 언제나 중국이 세계의 중심이라고 믿었다).

동양사의 세 가지 축

동양이라는 말이 서양 중심적 사고에서 나온 것이라 해서 무작정 폐기 처분할 것까지는 없다. 사실 그럴 수도 없고 그럴 필요도 없다. 일본은 7세기 무렵에 그전까지 '왜倭'라고 불리던 자기들 이름을 '해가 뜨는 곳'이라는 뜻의 '일본日本'이라는 이름으로 바꾸었다. 당시 일본의 지배자였던 쇼토쿠聖德 태자는 중국 수 제국에 보내는 서신에 이렇게 썼다. "해가 뜨는 곳의 천자가 해가 지는 곳의 천자에게 편지를 보냅니다." 일본과 중국을 대등하게 간주한다는 말인데, 물론 수의 황제인 문제文帝는 크게 노여워했다. 그러나 해는 일본에서 떠서 중국에서 진다는 뜻이니, 당시 동양인들 역시 당시 서양인들처럼 자기네 지역을 세계의 전부라고 여긴 것은 마찬가지다. 이렇게 본다면 유럽인들이 스스로를 중앙, 아시아를 변방이라고 부르지 않고 지리적이고 상대적인 의미인 동양과 서양으로만 부른 것에 오히려 고마워해야 할지도 모른다('中國'이라는 나라 이름에서 보듯이 자기중심적 사고는 서양인보다 중국인이 훨씬 강했고, 지금도 그렇다).

이렇게 동양과 서양은 원래 상대적인 개념이었으나 이제는 고유명사가 되었다. 이제부터 우리가 살펴볼 동양사라는 말도 지리적으로 유라시아의 동부, 즉 아시아의 역사를 가리키는 용어다.

아시아는 남북 아메리카를 합친 면적 혹은 유럽과 아프리카를 합친 면적보다도 넓고, 세계 인구의 60퍼센트가 모여 사는 거대한 대륙이다. 동양사라고 해서 이 드넓은 지역과 수많은 민족의 역사를 모조리 추적할 수는 없는 노릇이고, 또 그럴 필요도 없을 것이다. 그러므로 먼저 몇 군데를 제외해보자.

일단 지리적으로 볼 때 시베리아나 동남아 열대 지역은 문명이 발달하기 어려운 자연 조건을 지녔다. 또 중앙아시아와 서남아시아에 걸친 이슬람권은 동양사보다는 서양사의 영역에 속한다. 일찍이 오리엔트 문명이 에게 해와 그리스로 전달되면서 유럽 문명의 모태가 되었을 뿐 아니라 여기서 비롯된 이슬람 문화가 유럽에 큰 영향을 미쳤기 때문이다(중세 서양 문명은 유럽과 이슬람권을 아우른다). 그리고 인도차이나와 동남아시아는 세계사의 무대에서 핵심 역할을 하지 못하고 인도와 중국 등 주변 큰 나라들의 영향을 많이 받았다.

그렇다면 극동, 즉 동북아시아와 인도가 남는다. 우선 뭐니 뭐니 해도 동양사의 가장 큰 기둥은 중국의 역사다. 한반도와 일본은 크게 중국의 영향권으로 볼 수 있는데, 중국 대륙에 가까운 한반도에 비해 일본은 상대적으로 고립된 덕분에 독자적인 역사를 가질 수 있는 폭이 넓었다. 그러므로 각기 독자적인 역사를 꾸려왔다는 측면에서 동양사의 세 가지 축은 인도와 중국, 일본으로 잡을 수 있다. 사실 오늘날 이 세 나라에 사는 인구는 무려 20억이 넘으므로(파키스탄과 방글라데시는 20세기에 인도에서 분리되었으므로 여기에 포함시켜도 된다) 인구만으로 따질 경우 이 세 나라의 역사는 인류 역사의 40퍼센트에 해당하는 셈이다.

혹시 일본사를 동양사의 한 축으로 집어넣는 것에 불편함과 거부감을 느끼는 사람이 있을지 모르겠지만, 역사를 바라볼 때 편협한 민족적 편견을 버리는 게 좋다. 나중에 보겠지만 일본은 중국의 영향권에서 상당히 독립된 역사를 전개해왔으므로(특히 9세기 이후) 동양사의 한 축을 담당할 자격이 충분하다. 그뿐 아니라 현대의 일본은 인구 1억이 넘고 세계 무대에서 큰 영향력을 지니는 나라다. 굳이 '과거는 오늘을 읽는 창'이라는 이야기를 하지 않더라도 일본의 역사는 동양사만이 아니라 세계사에서 결코 무시할 수 없다.

어떻게 시대를 나눌 것인가

수천 년에 이르는 동양의 역사시대 전체를 하나로 뭉뚱그려 살펴보기는 어려울뿐더러 섣부르게 달려들다간 산만해지게 된다. 따라서 불가피하게 시대를 구분할 필요가 있는데, 사실 시기 구분의 문제는 역사학에서 대단히 중요한 주제에 속한다. 역사학자들은 역사시대를 정치적으로 구분하기도 하고, 사회경제적으로 구분하기도 하며, 시간 순서에 따라 편의적으로 고대, 중세, 근세, 현대 등으로 구분하기도 한다.

하지만 여기서 우리는 역사를 '연구'하려는 목적이 아니라 '이해'하려는 목적을 지니고 있으므로 그 목적을 가장 손쉽게 이룰 수 있는 구분을 택하기로 한다. 모든 개별 역사는 발생하고 성장하고 세계사에 섞이는 시대를 거친다. 마치 한 아이가 태어나서 자라고 어른이 되어 사회에 뛰어들게 되는 것과 비슷하다. 우리는 이 태어남과 자람, 뒤섞임의 세 단계로 나누어 동양사를 살펴보기로 한다. 이렇게 역사시대를 구분하는 것은 기존 역사학에는 없지만, 역사를 이해하는 데는 가장 손쉽고 정확한 방법이다. 다시 한번 말하지만 우리는 역사 연구자가 아니니까.

중국과 인도, 일본의 역사는 각기 별도로 생겨나서 점점 힘을 키우고 강역을 넓혀나가다가 마침내 서양의 역사와 합쳐지면서 세계사의 큰 물줄기를 이루게 되었다. 따라서 1부에서는 중국과 인도, 일본의 역사가 시작된 과정을 살펴보고, 2부에서는 그들 역사가 나름대로 독자적인 성장과 발전을 해온 과정, 그리고 3부에서는 세 역사가 하나의 전 지구적 역사, 세계사 속에 통합되고 편입되는 과정을 보기로 한다.

세 나라가 별개의 역사를 전개했으므로 이 세 역사를 넘나들면 마치 접시돌리기처럼 어지러울 수도 있다. 하지만 그 과정을 통해 우리는 세 역사의 탄생과 성장, 융합을 시간순으로 자연스럽게 이해할 수 있다. 또한 세 역사를 별개로 맞추면 독립된 세 나라의 역사가 된다. 독자의 필요에 따라서는 중국사, 인도사, 일본사의 세 부분을 각각 연속으로 읽어도 좋겠다.

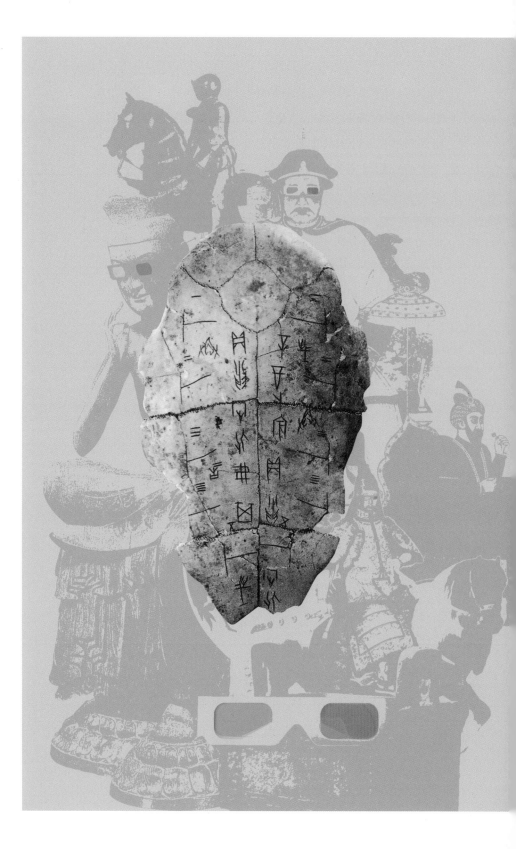

1부

태어남

황허 문명을 계승한 중원 문명은 발상지를 중심으로 점차 문명의 빛을 밝힌다. 주나라는 중국 왕조의 기틀을 만들고 춘추전국시대에는 중국 사상의 토대가 놓인다. 종교의 나라답게 인도의 역사는 처음부터 종교와 밀접하게 맞물린다. 일본은 대륙에서 문명을 전해받지만 중국과 다른 '작은 천하'를 이루면서 특유의 고립된 역사를 전개한다.

1장

중국이 있기까지

신화와 역사의 경계

> 나는 바오밥 나무란 교회만큼이나 큰 나무라는 것을 어린 왕자에게
> 이야기해주었다.
> 그는 영리하게도 이렇게 말하는 것이었다.
> "하지만 바오밥 나무도 크기 전에는 조그마할 거 아냐?"
> — 앙투안 드 생텍쥐페리, 《어린 왕자》

아무리 큰 나라라도 처음에 생길 때는 아주 작고 평범하게 마련
이다. 고만고만한 여러 마을이 뒤섞여 살아가다가 어느 마을에서
약간 인구가 늘고 기름기가 돈다 싶으면 느닷없이 자기가 이 지
역의 주인입네 하고 큰소리치고 나서면서 이웃 마을들을 차례로
복속시킨다. 그런 식으로 어느 정도 나라의 꼴이 갖추어지면 이

황제가 발명했다는 수레 황제는 탁록의 들 판에서 동이족의 우두머리인 치우의 대군에게 승리함으로써 중원을 지켜내고 중국 문명을 보호했다고 한다. 이 수레는 황제가 발명해 당시 전쟁에서 큰 몫을 했다는 지남차(指南車)다.

내 기원을 창조하기 시작한다. 물론 여기에는 전해지는 이야기나 약간의 자료를 바탕으로 하는 사실적 근거도 어느 정도 있겠지만, 기원 이야기의 기본 골격은 싹수부터 달랐다는 것이다. 이것이 건국신화라는 것인데, 잘 만들어놓으면 신생국의 정통성에 큰 도움이 된다.

중국인들만큼 정치권력의 정통성을 따지는 민족도 없다. 중국의 역대 한족漢族 왕조들은 언제나 개국 초기부터 이전 정권의 적통嫡統을 이어받았다고 주장한다. 이전 정권이 백성들의 원망을 받았을 경우에는 몇 다리 건너뛰어 '옛날의 좋았던 때'를 이어받았다고 주장한다(나중에 보겠지만 중국 역사에서 그 '좋았던 때'란 대개 기원전 10세기 무렵에 존재했던 주나라를 가리킨다). 그렇게 전통을 강조하는 이유는 중국이 원래 농경 사회에서 출발했기 때문이다. 농경민족은 유목민족처럼 떠돌아다니며 생활하지 않고 한곳에 정착해 여러 대에 걸쳐 살아간다. 이런 사회에서 중요한 것은 조상이다. 조상 대대로 같은 곳에서 농사를 지으며 살아왔다는 말이 자긍심의 원천이자 정통성의 기반이다.

그렇게 조상을 중시한다면 당연히 최초의 조상이 있을 것이다. 중국 민족이 최초의 조상으로 받드는 인물은 황제黃帝다(직위로서의 황제皇帝가 아니라 특정한 사람의 이름을 가리키는 고유명사다). 그런

위상에 걸맞게 황제는 화려한 경력을 지니
고 있다. 밖으로는 동이족의 치우와 싸워 이
겨 중원(황허 중류)의 비옥한 평원 지대를 정
복했는가 하면, 안으로는 문자와 역법, 화폐,
수레 등을 발명하고 보급했다. 가히 팔방미
인이며 불세출의 영웅이다.

　그러나 기원에 관한 이야기는 항상 과장과
신화화를 포함한다. 어느 한 사람이 불현듯
나타나 안팎으로 튼실한 중국이라는 나라를
우지끈뚝딱 하고 만들어냈다는 이야기를 곧
이곧대로 믿을 사람은 없을 것이다. 황제는
기원전 2704년에 태어나 일곱 살에 임금이
되었다고 전하지만, 언제 죽었다는 기록조차
없는 걸 보면 실존 인물이 아닐 가능성이 크
다. 추측하자면 황제는 어느 한 사람을 지칭
하는 게 아니라 그 당시에 존재했던 지배 집
단 자체를 가리키는 이름이었을 것이다. 위

황제의 초상　중국 민족의 조상으로 받들어
지는 황제(黃帝)는 전형적인 중국인의 용모에
의젓한 황제(皇帝)의 풍채다. 하지만 아무리 불
세출의 영웅이라 해도 이 한 사람의 힘으로 문
자와 역법, 화폐, 수레 등 온갖 문물과 사회제
도를 발명했다는 게 가능한 일일까? 비록 황제
의 분묘와 비문이라고 알려진 유적이 전해지지
만, 그는 개인이라기보다는 당시에 존재했던 지
배 집단 자체를 가리키는 이름일 것으로 추측
된다.

대한 조상이나 아버지의 이름을 후손들이 물려받는 관습은《구약
성서》에도 나오고 중세 유럽에도 있다. 1500년 동안 나라를 다스
리고 1908세까지 살았다는 우리 역사의 단군도 그럴 것으로 추
측된다(《종횡무진 한국사》1권, 35쪽 참조). 하지만 설사 단일 인물이
아니라 지배 집단이라 하더라도 그전까지 흔적조차 존재하지 않
았던 인물을 완전히 새로 만들기는 쉽지 않을 것이다. 결국 모든
사람은 부모가 있어야 하니까. 그렇다면 황제의 조상은 누구였
을까?

인신우두의 신　삼황 가운데 하나인 신농의 초상이다. '농업의 신'이라는 이름에 걸맞게 쟁기를 만들었고 백성들에게 화전농법과 약초학을 가르쳤다고 한다. 원래는 사람의 몸에 소의 머리를 가졌다고 전하는데, 그래서인지 머리에 뿔 모양의 형상이 돋아 있다.

황제도 역사적으로 실존한 인물로 보기 어려울 정도라면 그 이전은 더욱 그럴 것이다. 그래서 황제 이전의 시대는 역사라기보다 신화에 속한다. 실제로 그 시대를 말해주는 전설이 있다. 중국의 건국신화에 해당하는 삼황三皇의 전설이다. 삼황이란 신농씨神農氏·복희씨伏犧氏·수인씨燧人氏를 가리키는데, 이들은 인간이라기보다는 신화적인 존재다. 신농씨는 농경을 발명했고, 복희씨는 수렵술을 발명했으며, 수인씨는 불을 발명했다. 이 삼황이 문명의 기반을 닦았고, 그 토대 위에서 황제가 중국이라는 나라를 세운 것이다. 삼황은 신화적인 존재이므로 여기서 더 이상의 조상을 찾을 필요는 없다. 말하자면 삼황은 인류 역사의 시작이고, 황제는 중국 역사의 시작인 셈이다.

황제 이후에도 전설은 이어진다. 그에 따르면 황제 다음에 전욱顓頊, 제곡帝嚳, 요堯, 순舜의 네 임금이 중국을 다스린다. 이 다섯 명의 임금을 통칭해 오제五帝라고 부른다. 삼황과 오제의 시대는 중국의 건국 시대이자 신화의 시대가 된다. 역사학자들은 삼황을 신화로 보는 데는 대체로 의견이 일치하지만, 오제에 관해서는 엇갈린다. 오제를 실존 인물로 보는 이도 있고, 신화적 인물로 보는 이도 있다. 하지만 실존 인물이었다 해도 오제는 특정한 개인이라기보다는 지배 집단을 통칭하는 이름이었을 가능성이 크다.

이 점은 연도로도 어느 정도 확인된다. 오제의 시대가 끝나는 시기는 대략 기원전 2000년 무렵이다. 그런데 황제는 기원전 28세기의 인물로 알려져 있다. 그렇다면 약 800년의 간극이 생기는데, 오제의 다섯 임금만으로 메우기에는 시대적 차이가 너무 크다. 오제는 다섯 명의 임금이라기보다 다섯 개의 왕조일지도 모른다.

어쨌든 오제 가운데 마지막 두 임금인 요와 순은 오늘날까지도 꽤나 유명세를 치르는 인물들이다. 그들은 덕으로 나라를 다스려 백성들의 존경을 한 몸에 받았다고 한다.

해 뜨면 나가 일하고

해 지면 들어와 쉬네

우물 파서 물 마시고

밭을 갈아먹고 사는데

제왕의 권력이 나와 무슨 상관이 있겠느냐

당시에 널리 불렸다는 〈격양가擊壤歌〉라는 노래다. 따지고 보면 임금이 필요 없는 세상, 정치가 백성들의 관심이 되지 않는 사회야말로 언제 어디서나 가장 이상적인 사회일 것이다. 그래서 공자가 '요순시대'라는 말을 만들어 쓴 이래 지금까지도 요순시대라고 하면 태평성대, 동양식 유토피아를 가리키는 말로 사용되고 있다.

요순시대의 통치 덕목 가운데 후대에 큰 영향을 미친 것은 선양禪讓의 제도다. 요임금은 백성들 사이에 신망이 높은 순을 발탁해 여러 가지 시험을 치른 끝에 왕위를 넘겼다고 하는데, 이것이 선양이다. 또 순임금도 한동안 나라를 다스린 다음 우禹임금에게 왕위를 넘겼다. 우는 특히 치수治水 사업에 큰 공을 세워 명망이 높았다(고대 농경 사회에서 홍수를 다스리는 일은 무엇보다 중요했다. 치수

치수 작업을 지휘하는 우임금 　 돌에 새겨진 부조물인데, 맨 왼쪽에서 백성들을 독려하는 사람이 우임금이다. 그는 자주 범람하는 황허의 치수에 13년간이나 전력을 기울여 마침내 성공을 거두었다.

는 이집트와 메소포타미아 등 다른 문명의 발상지에서도 공통적인 중요 과제였다).

　그러나 중국의 역대 왕조들은 항상 요순시대의 전통인 선양을 덕목으로 꼽으면서도 막상 선양을 몸소 실천한 경우는 극히 드물었다. 하기야 현대의 공화정에서도 최고 권력자의 지위를 순순히 내주는 경우는 없지 않는가? 그렇게 보면 요순시대의 선양도 미덕이라기보다는 아직 왕조의 세습이 이루어지기 전인 원시 국가 형태여서 가능했을 것이다.

구름 속의 왕조들

치수 사업의 공적으로 선양을 통해 순임금의 뒤를 이은 우임금에 이르러 중국은 역사시대로 접어든다. 역사의 무대에 등장한 중국의 첫 고대국가는 하夏나라다. 하나라는 기원전 약 23세기 말부터 기원전 18세기 중반까지 500년 가까이 존재했다고 하는데, 안타깝게도 기록으로는 전하지만 그 기록을 뒷받침할 만한 '물증'은 아직 발견되지 않고 있다. 공자가 편찬한 《시경詩經》에 등장하지만, 공자 역시 자신의 시대보다 1000년 이상이나 앞선 옛날의 역사를 정확히 기록할 수는 없었을 터이다. 공자가 상상만으로 책을 쓰지는 않았을 테니 그의 시대까지는 전설이나 기록이 전해졌을지도 모르지만 어쨌든 역사 자료라고 할 만한 것은 현전하지 않는다.

하나라는 황허 중류, 지금의 뤄양洛陽이 있는 지역에 자리 잡았고, 사姒씨 성의 씨족을 중심으로 하는 국가였다고 전한다. 건국자인 우는 선양으로 왕위에 올랐으나 그 고대적 관습을 답습하지 않고 아들에게 왕위를 물려주었다. 역사상 처음으로 왕위의 세습이 이루어진 것이다. 하지만 하나라만이 아니라 뒤이은 은나라 때까지도 언제나 왕위가 부자간에 세습된 것은 아니다. 그러므로 우의 왕위 세습은 특별한 경우다. 당시 전 세계 문명 가운데 왕위의 세습이 이루어질 정도로 발달한 나라는 이집트 정도였다.

하나라는 주변 씨족들과 치열한 세력 다툼을 벌이는 한편 여러 가지 정치적·군사적 연합을 이루면서 발전했다. 비록 아직까지는 하나라의 유물이라고 확정지을 만한 것이 없지만, 기록에 전하는 양성陽城, 정저우鄭州, 뤄양 등 하나라의 도읍지들을 제대로 발굴

31

중국의 중원　황제가 중국 문명을 일으킨 이래 하·은·주의 삼대 왕조가 발흥한 황허 중류의 중원이다. 춘추전국시대를 거쳐 양쯔 강 이남의 강남이 개발되면서 중국은 중원과 강남이라는 두 개의 지역적 중심을 가지게 된다. 그러나 강남은 경제적 중심에 그친 반면 중원은 한족만이 아니라 북방 민족들에게도 언제나 중화의 중심이었다.

한다면 언젠가 그 유적이 세상에 모습을 드러낼지도 모른다. 다만 그러려면 어릴 때 들은 트로이 전설을 역사로 믿고 결국 트로이 유적을 발굴해낸 슐리만 같은 사람이 있어야 할 것이다.

　여러 씨족과 경쟁하거나 연합하면서 존속하던 하나라는 기원전 18세기 중반에 상商이라는 성씨를 가진 강성한 씨족에게 멸망을 당했다. 상족의 왕인 탕湯은 새로 은殷나라를 세웠는데, 하나라가 기록에 명칭이 전하는 중국 최초의 국가라면 은나라는 유물로 실증되는 최초의 국가다(상족이 세운 탓에 은나라를 상나라라고 부르기도 한다).

오늘날 은허殷墟라고 불리는 은나라의 유적지가 발굴된 것은 바로 슐리만 같은 중국인이 있었기에 가능했다. 1899년에 청의 학자인 왕의영王懿榮(1845~1900)과 그의 제자 유철운劉鐵雲(1857~1909)은 약재로 쓰려던 동물의 뼈에 묘한 문자가 새겨져 있는 것을 발견했다. 그냥 약재상이나 아이의 장난이겠거니 하고 무심코 지나칠 수도 있었지만, 금석학(건축물이나 비문에 새겨진 옛 기록을 연구하는 학문)을 공부한 두 사람은 그 문자들이 현대의 것이 아님을 알아보고 뼈의 출처를 열심히 조사했다. 이들의 노력으로 세상에 드러난 은나라 유적지는 이후 수십 년에 걸쳐 여러 차례 발굴되었고, 고대에 중원 일대에서 널리 세력을 떨쳤다는 사실이 알려지게 되었다.

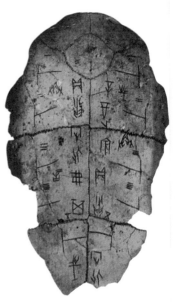

은허에서 발굴된 갑골문자 은나라의 제사장은 짐승의 뼈를 불에 구워 갈라지는 금을 보고 점을 쳤다. 이 소뼈에 새겨져 있는 문자들은 그 점괘를 기록한 것이다.

왕의영과 유철운이 발견한 그 고대 문자는 바로 한자의 옛 형태인 갑골문자였다. 은의 유적지에서는 각종 청동기와 도기, 석기 농구 등이 대량으로 발견되었지만, 그 역사를 가장 잘 말해주는 것은 뭐니 뭐니 해도 갑골문자였다. 비록 문헌의 형태를 갖추지는 못했어도 갑골문은 중국 최초의 역사 기록물인 것이다.

갑골문의 내용은 점괘였다. 점괘를 어떻게 역사 기록물로 볼 수 있을까? 이런 의문은 은나라의 성격을 알면 해소된다. 은나라는 점을 쳐서 나라의 중대사를 결정하던 제정일치의 신정神政 국가였다(제정일치 사회의 종교를 오늘날과 같은 개념의 종교로 여기면 곤란하다. 당시의 종교는 오늘날처럼 개개인이 신앙으로 선택할 수 있는 게 아니라 생활 방식 자체였다). 그러므로 갑골문은 어느 것보다 은나라에 관해 많은 것을 알려주는 훌륭한 기록이다.

갑골의 재료로는 사슴·양·돼지·소 등의 뼈를 사용했고, 나중에는 '갑골'이라는 뜻 그대로 거북의 등껍데기도 썼다. 국가의 중요한 결정 사항이 있을 때면 은나라의 지배 집단은 이런 동물 뼈의 한 면에 몇 개의 홈을 판 다음 제사를 지내고 나서 그 뼈를 불에 지지거나 구웠다. 그 결과 뼈 뒷면에 갈라진 무늬가 생기게 되는데, 이것을 판독해 하늘의 뜻을 알아내는 것이었다. 무늬 자체가 글씨의 형상을 만들어내지는 않으므로 당연히 무늬를 판독하는 일을 전문으로 하는 사람이 있어야 했다. 그리고 그 판독이 곧 점괘가 되었다. 은나라 초기에는 왕이 직접 제사장의 자격으로 점괘를 해석했으나, 점차 제사와 정치가 분리되고 왕권이 강화되기 시작하면서 후기에는 정인貞人이라고 불리는 일종의 무당이 그 일을 대신하고 해석의 결과만 왕에게 보고했다(그렇다면 갑골문은 왕에게 제출하는 국정 보고서인 셈이다). 정인들이 맡았으므로 그 행사를 정문貞問이라고 불렀다.

정문은 원시적인 주술처럼 하늘의 뜻을 묻는 데 그치는 게 아니라 일종의 정치외교적인 행사였다. 그런 탓에 갑골문에는 점괘의 내용과 더불어 은나라 시대의 지명과 관직명, 그리고 전쟁을 비롯한 당시의 수많은 사건에 관한 기록도 있다. 어느 갑골문 기록에 따르면, 은나라는 강씨족光氏族(산둥 반도를 근거지로 삼은 씨족으로, 훗날 은나라를 무너뜨리고 주나라를 건국하는 데 일등공신이 되는 강태공의 성씨다) 포로 300여 명을 한꺼번에 제물로 바친 일도 있었다. 이로 미루어보면 은나라의 국세가 어땠는지 짐작할 수 있다.

또한 갑골문은 은나라 시대의 생활상도 보여준다. 은나라는 청동기시대에 속하지만 당시 청동기는 아주 귀한 물건이었다. 그래서 청동기는 무기나 각종 제기祭器, 지배 집단의 사치품을 만드는 데 사용되었을 뿐 백성들의 일상용품에 사용되지는 못했다. 농민의 농기구는 돌칼이나 돌낫 등 여전히 석기였다. 이런 석기로 논밭을 갈고 벼와 보리를 베는 일은 결코 쉽지 않았다. 도구의 한계때문에 작업의 효율성을 도모하기가 불가능하다면 노동력으로 때울 수밖에 없다. 그래서 은나라의 농경은 여러 사람이 함께 모여 일하는 집단 경작의 형태를 취했다. 효과적인 치수와 관개, 그리고 인분을 비료로 쓰는 선진적인 농법이 사용되었지만*, 아무래도 농기구의 후진성으로 은나라의 농업 생산력은 그리 높지 않았다. 그래도 한 가지 좋은 점은 있었다. 경제가 발달하지 못한 탓에 이권을 놓고 싸우는 본격적인 전쟁이 벌어지지 않은 것이다. 은나라 시대의 전쟁은 주로 씨족들 간의 다툼이었을 뿐 이권 다툼의 성격은 없었다. 이는 뒤이은 주나라 시대나 춘추전국시대의 전쟁과 크게 다른 점이다.

갑골문이 발견되기 전에도 은나라의 존재는 기원전 2세기의 역사서인 사마천司馬遷의 《사기史記》에 나와 있었으나 그전까지는 이 기록을 믿지 않는 학자들이 많았다. 그러나 은나라의 유물을 눈앞에서 보는 이상 이제 은나라가 존재했다는 사실은 명확해졌다. 하

● 인분을 비료로 사용하는 것은 동양의 관습이자 지혜다. 서양에서는 동물의 배설물을 오래전부터 비료로 사용했지만 인분은 사용하지 않았다. 인간이 세상의 주인이라는 그리스도교 이념에 따라 사람의 배설물을 식물의 먹이로 쓴다는 것을 혐오스럽게 여겼기 때문이다. 그러나 인분을 비료로 쓰는 것은 농사에도 도움이 되지만 도시를 청결하게 유지하는 데도 크게 기여한다. 서양의 도시에서는 예부터 인분의 처리가 골칫거리였다. 고대에서부터 중세에 이르기까지 서양 세계를 여러 차례 강타한 흑사병의 유행은 도시가 불결한 데도 원인이 있다.

나라와 더불어 구름 속의 왕조였던 은나라는 갑골문이 발견되면서 구름을 걷고 세상 속으로 나오게 된 것이다.

중화 세계의 영원한 고향

하나라와 은나라는 말기의 현상이 매우 비슷하다. 하나라의 마지막 왕인 걸桀은 말희라는 미녀에게 빠져 나랏일을 돌보지 않았고, 은나라의 마지막 왕인 주왕紂王은 달기라는 미녀에게 탐닉한 폭군이었다. 둘 다 술로 연못을 만들고 고기로 숲을 이루었다는 주지육림酒池肉林이라는 고사성어를 낳은 인물들이다. 수백 년이나 존속한 두 왕조가 결국 한낱 여인 때문에 망했다는 것은 공교로운 사실이다. 하지만 그것은 새 왕조가 옛 왕조를 무너뜨리고 나서 정통성을 주장하기 위해 쿠데타의 주역들이 지어낸 이야기일지도 모른다. 이전 나라의 마지막 왕을 폭군으로 묘사하는 것은 사실 중국 역대 왕조의 특기이기도 하다.

폭군인 걸왕을 무너뜨리고 은나라를 세운 탕왕은 당연히 걸왕과 정반대로 자애롭고 고매한 인덕을 가진 인물로 기록된다. 또한 은나라의 주왕을 타도하고(그는 궁전에 불을 지르고 그 불에 뛰어들어 자살했다고 한다) 주나라를 세운 무왕武王도 마찬가지로 후대에 현군으로 전한다. 하기야, 새 왕조의 건국자 치고 역사에 인품과 지혜를 갖춘 인물로 기록되지 않은 경우가 있을까?

주족周族은 은나라 말기인 기원전 12세기 무렵에 은나라의 서쪽에서 세력을 키워가던 씨족이었다. 그들을 경계한 주왕은 주족의 문왕에게 서백西伯이라는 관직을 주고 왕국의 서쪽 변방을 지키게 했다. 그러나 은나라가 이미 지는 해라는 사실을 간파한 문왕은 도읍을 동쪽 풍豊으로 옮기고 은나라를 공격할 채비를 갖추었다. 그러던 차에 문왕이 병사하고 그 대신 아들 무왕이 왕위에 올라 아버지의 유지를 받들게 되었다.

때마침 주왕은 동쪽 변방의 원정에 나서 승리를 거두었으나 그 때문에 국력이 크게 약해졌다. 이 틈을 타서 무왕은 은나라를 멸망시키고 기원전 1111년경에 주나라를 세웠다. 은나라는 하나라보다 더 오랜 700년 가까이 존속했으나, 그 기간 동안 내내 중원을 강력히 지배한 왕조는 아니었다. 하지만 주나라 때부터는 왕국의 성격이 한층 뚜렷해지고 체제도 훨씬 견고해진다. 사실상 중국 역사의 첫 왕조나 다름없다. 그래서 주나라는 수천 년 뒤, 나아가 현재까지도 중국인들의 영원한 고향 같은 왕조로 남게 된다. 물론 출범할 때부터 그랬던 것은 아니다.

신생국 주나라는 여러 가지 어려움에 처해 있었다. 우선 은나라의 영토를 차지했으니 국토부터 예전과는 비교가 안 될 만큼 넓어졌다. 그런 광대한 중원에는 여전히 수많은 씨족사회가 분립해 있었다. 주나라는 은나라를 멸망시킬 때 엄청난 격전을 치렀는데, 이는 은나라의 잔존 세력이 상당히 남아 있음을 시사한다. 은나라는 역사에서 사라졌어도 전 왕조의 귀족 세력이 전부 주나라에 복속되지는 않았다. 더구나 주나라는 은나라를 무력으로 정복했을 뿐 문화적으로는 선진국 은나라의 수준에 미치지 못했다.

이런 처지에서 무왕은 은나라의 옛 지배 집단을 회유할 수밖에 없었다. 그는 은나라의 왕자인 녹부祿父에게 옛 영토를 다스리게 하고 제사도 그대로 지내도록 했다. 다른 귀족들도 주나라에 반기를 들지 않으면 영토를 나누어주고 지배권을 부여했다. 물론 철저

穆穆元聖
道光八寅
九載頌德
重譯歸仁
思兼勤施
經制大備
太平之業
養及萬世

於穆文王
純一不已
道接演義
皇立其極
於惟丞哉
周之王

聖闢其化
聖關其化
諸道明倫
奉天伐罪
赫赫周武
巍巍大君

神化無迹
重交演義
至德不形
大哉乾元

'중국형' 인물도 　왼쪽부터 주나라 건국의 핵심 인물들인 문왕, 무왕, 주공의 초상이다. 보다시피 앞서 본 황제의 모습과 거의 닮은 얼굴이다. 이후 중국 역사에 등장하는 인물들의 초상도 대개 비슷하다. 중국인의 영원한 고향인 주나라는 인물에서도 중국인의 전형적인 표준인 걸까?

● 중국식 봉건제는 중세 유럽의 서양식 봉건제와 비슷한 점이 있지만 근본적인 성격에서는 크게 다르다. 서양에서는 상급 군주가 하급 군주에게 토지의 소유권 자체를 넘겨준 데 반해(《종횡무진 서양사》 1권, 369쪽 참조), 중국에서는 오로지 최고 지배자만이 토지 소유권을 가질 수 있었다. 그래서 서양에서는 사적 소유의 관념이 생겨날 수 있었으나 중국에서는 천하의 단독 주인, 즉 황제만이 모든 것의 진정한 소유권자였다. 이 차이는 중앙 권력의 차이에서 비롯되는데(서양에서는 역사 전체를 통틀어 강력한 중앙 권력이 존재한 적이 없었다), 후대에 두 문명의 성격을 좌우하게 된다.

한 감시가 따르지 않고서 그렇게 한다면 쿠데타가 발생할 수 있다. 그래서 무왕은 자신의 동생들에게 은나라 잔존 세력을 감시하게 했다. 이것이 바로 중국식 봉건제의 기원이다.*

무왕이 갑자기 사망하고 어린 아들이 왕위에 오르자 무왕의 동생인 주공周公이 섭정을 맡게 되는데, 그의 통치 시기에 주나라는 급속도로 성장했다. 형이 다스리던 시대에 비해 어느 정도 안정을 찾았기 때문에 주공은 아예 중원으로 거처를 옮기고 본격적으로 봉건제를 실시하기 시작했다.

은나라는 존속 기간이 길었어도 수백 개의 씨족국가들 가운데 가장 세력이 강성한 나라였을 뿐 특별히 중심지라 할 것이 없었다. 게다가 주변의 약소국들을 무력으로 제압한 뒤 평상시에 그들에게서 필요한 물자를 약탈하고 전쟁이 일어나면 그들의 군사를 동원할 뿐 별다른 관계를 맺지는 않았다. 그와 달리 주나라는 공식적으로 중원의 중심임을 자처하고 주변의 나라들을 휘하에 거느리고자 했다.

흔히 서양 중세 영주들의 작위를 공작·후작·백작·자작·남작 등으로 구분하는데, 원래 이 5관등의 작위는 주나라 시대에 성립된 것이다. 주나라 왕실은 주변 제후국들에 다양한 작위를 부여하고 그에 따른 영지를 주어 다스리게 했다. 평상시에는 제후국의 내정에 전혀 간섭하지 않고 자치에 맡겨두었지만, 제후들은 정기적으로 주나라 왕실을 방문해 문안 인사를 드리고 자기 지역의 특산물을 바쳐야 했다. 이것이 바로 조공朝貢이다. 이렇게 시작된 조공은 이후 근대에 이르기까지 중국 역대 왕조의 주요한 외교(때로는 무역) 수단이 된다.

이렇게 보면 주나라의 봉건제는 제법 합리적이고 당시로서는 진보적인 제도인 듯이 보이지만, 실상은 일종의 고육지책이었다. 은나라가 망한 이유는 주변 나라들을 복속시키지 못했기 때문이다. 앞에서 보았듯이, 은나라는 멸망하기 직전까지도 동쪽 변방에 있는 나라들과 전쟁을 벌여야 했다. 갑골문에 나와 있는 은나라의 국가 행사들은 대부분이 이웃 나라들과의 전쟁이었다. 그만큼 은나라는 끊임없는 전쟁에 시달렸다.

은나라의 전철을 밟지 않으려면 주나라는 주변 약소국들을 확실하게 제압해야 했다. 그런데 드넓은 중원 일대를 주나라 혼자만의 힘으로 직접 지배할 수는 없다. 각 지역마다 일일이 주나라 군대를 파견하거나 주둔시킬 수는 없는 노릇이다. 그렇다면 방법은 외교적인 수단밖에 없다. 그것이 바로 봉건제였던 것이다.

그러나 주나라에서 아무리 애쓴다 해도 이웃 제후국들이 주나라의 권위를 인정해주지 않으면 아무 소용도 없다. 그래서 주나라는 제후국들과 혈연관계를 맺었다. 무왕이 동생들을 제후국에 파견했듯이, 주나라 왕실은 가족 관계와 혼인 관계를 이용해 인근 나라들과 봉건적 연관을 맺었다. 말하자면 주나라의 봉건제는 서양 중세의 봉건제처럼 계약에 의한 군신 관계라기보다는 본가와 분가의 관계와 같았다. 이렇게 혈연에 기반을 둔 관계를 종법宗法 봉건제라고 부른다. 주나라 초기에 제후국은 100개가 훨씬 넘었는데, 그 가운데는 주나라 왕실의 성인 희姬씨 제후국이 3분의 1 이상이었다(제후국이라고 해서 오늘날과 같은 정식 국경을 가진 나라를 연상하면 안 된다. 당시의 국가들은 서로 국경선을 맞대고 있는 게 아니라 도시국가에 가까웠다. 제후들은 전략적 요충지에 성읍을 조성하고 자신의 세력 기반으로 삼았는데, 이것을 '국國'이라고 불렀다).

또한 각각의 제후국도 나름대로 혈족을 바탕으로 지배 집단을 구성했다. 제후는 휘하에 경卿·대부大夫·사士의 관등 위계를 두어 정치와 행정을 담당하게 했으며, 주의 왕실에서 영지를 분봉받았듯이 귀족들에게 다시 토지를 분배했다. 경제적 생산을 담당한 것은 전통적인 농민과 노예 들이었다.

농민들은 농업 생산을 맡았다. 모든 토지는 지배 귀족의 소유였으므로 농민들은 그들에게서 토지를 빌려 경작하고 그 대가로 조세를 납부했다. 공동체적 경작 방식으로 유명한 정전법井田法이 주나라 시대를 대표하는 토지제도다(토지를 '井자'형으로 9등분하고

봉건 제후국　지도에 등장하는 제후국들은 오늘날과 같은 영토 국가가 아니라 성곽을 중심으로 한 노시국가다. 그러므로 그 사이의 넓은 '여백'에서 살아가는 농민들은 어느 특정한 제후국에 속한 '국민'이 아니다. 도시국가라고 하면 고대 그리스의 폴리스가 잘 알려져 있지만 고대에는 세계 어디서나 보편적인 국가 형태였다.

한가운데 토지는 조세 납부를 위한 공용 토지로 사용하는 방식이다). 그러나 농민들은 그 밖에도 귀족을 위한 각종 노역을 담당해야 했다. 조세와 부역, 이 두 가지는 점차 제도화되면서 고대국가의 재정을 구성하는 양대 축으로 자리 잡게 된다. 또한 주로 피정복민으로 구성된 노예들은 농사를 담당하지 않고 건축과 무기 제조, 귀족을 위한 사치품 제작 등을 담당했다(이 점도 서양과 차이가 있다. 서양에서는 로마 시대부터 중세, 나아가 남북전쟁 이전의 미국에 이르기까지 노예를 거의 농업 생산에만 사용했다).

　봉건제는 중심과 변방의 구분을 전제로 한다. 주나라가 봉건제를 시행함에 따라 중국 역사상 처음으로 대륙의 중심이 형성되었다. 주나라는 원래 도읍인 호경鎬京(지금의 시안 부근)●만으로는 부족하다고 여기고, 정치·경제·군사의 새로운 중심지로 뤄양 서쪽에 낙읍洛邑이라는 신도시를 건설했다. 바야흐로 본격적인 중원 시대가 열린 것이다.

그러나 주나라는 중국의 정치적·경제적 중심인 것만이 아니었다. 중국에 중심이 생겼다는 것은 단순히 현실의 정치적·경제적 '사건'에 불과한 게 아니었다. 주나라는 은나라를 대체했다고 하지만, 사실 경제적으로나 문화적으로나 은나라의 수준을 넘어서지 못했다. 농업 생산에서는 은나라를 능가하지 못했고(농기구는 여전히 석기였고, 생산 방식도 은대와 같은 집단 경작이었다), 청동기 주조 기술은 오히려 퇴보했다. 주나라의 봉건제는 그런 생산적인 분야에 기여한 게 아니라 정치 이념에서 후대에 길이 영향을 미치게 되는 커다란 변화를 가져왔다.

앞서 말했듯이, 주나라는 건국할 때부터 하늘의 뜻, 즉 천명天命을 강조했다. 주나라가 동쪽으로 진출해 은나라를 멸한 것은 천명이다. 심지어 주나라 문왕이 서백으로 재직할 무렵 장차 주나라 건국의 일등 공신이 되는 여상망 태공(강태공)을 만난 것도 꿈에서 천명을 받았기 때문이다. 따라서 천명을 받은 주나라의 왕은 하늘의 아들, 즉 천자天子다. 천자는 당연히 천하를 다스릴 권리가 있다.

천하를 다스리는 천자, 바로 여기에 봉건제를 뒷받침하는 이념이 들어 있다. 천자를 받드는 제후들은 북극성 주변을 따라 하늘을 도는 별자리들처럼 한가운데 있는 천자의 나라를 예禮로써 섬겨야 한다. 그것이 곧 법으로 정해진 질서, 즉 종법 질서다. 중심에서 멀리 떨어진 곳은 자연히 주변이 된다. 그래서 주나라라는 천하의 중심에서 멀리 떨어진 지역, 제후국들의 관할이 미치지 못하는 곳은 모두 '오랑캐'의 나라가 되었다. 이것이 곧 중화사상이며, 주나라 왕실을 받들고 오랑캐를 물리친다는 존주양이尊周攘夷 혹은 존왕양이尊王攘夷라는 중국적 전통의 시작이다.

주나라의 문자 기원전 8세기 서주 시대 청동 종에 새겨진 문자다. 은나라의 갑골문에서 그리 달라진 게 없다. 춘추전국시대를 거쳐 최초로 중국을 통일한 진시황이 지역마다 다르게 쓰던 한자의 서체를 통일하면서 중국의 한자는 오늘날과 비슷한 모습을 취하게 된다.

이렇게 천자의 개념, 예의 관념, 중화사상 등 중국적 유교 질서의 싹은 모두 주나라의 봉건제에서 비롯되었다. 그렇기 때문에 주나라는 이후 3000년 동안 중국 역대 왕조의 영원한 이상향이자 마음의 고향으로 자리 잡게 된다(중국인들은 주나라를 포함해 하·은·주의 세 왕조가 교대한 기원전 2200년경부터 춘추전국시대의 혼란이 시작되는 기원전 8세기까지를 삼대三代라고 부르며 그리워하는데, 여기에 그 이전의 요순시대까지 합치면 중국의 '좋았던 옛날'은 무려 2000년에 달하는 셈이다).

기나긴 분열의 시대

주나라의 봉건제는 일찍 도입되었으나 일순간에 완비된 것은 아니었다. 어찌 보면 봉건제는 주나라의 건국에서부터 멸망에 이르기까지 꾸준히 발달하고 숙성된 제도라고 할 수 있다. 그러나 주나라식의 종법 봉건제는 처음부터 문제의 씨앗을 가지고 있었다. 혈연에 바탕을 둔 관계는 가장 끈끈하지만 생명력이 짧다는 치명적인 결함이 있었던 것이다. 혈연관계란 세대교체가 거듭될수록 아무래도 엷어지게 마련이니까.

주나라가 성장과 발전을 지속하던 전성기까지는 종법 봉건제가 별 문제 없이 기능했다. 그러나 시간이 흐르면서 점차 혈연관계는 희박해질 수밖에 없었다. 강역이 팽창하고 사회가 복잡해질수록 혈연은 힘을 잃었다. 물론 부분적으로는 일종의 계약에 바탕을 둔 제도로 바뀌면서 종법 질서를 발전적으로 대체하는 경우도 있었다. 그러나 주나라 왕실과 점차 관계가 소원해지는 제후국들이 생겨나는 것을 원천적으로 막을 수는 없었다. 경제와 문화가 발달하면서 이들 제후국은 국력이 강성해졌다. 개중에는 막강한 경제력과 군사력을 축적해 주나라에 충분히 맞설 수 있는 제후국들도 생겨나게 되었다. 혈연관계에 기반을 둔 종법 질서에 내재해 있는 근본적인 모순이 발동한 것이다.

게다가 주나라를 뒤흔드는 요소는 바깥에도 있었다. 은나라 때도 부단히 다툼을 벌였던 이른바 '오랑캐' 나라들의 힘이 점차 강해진 것이다. 비록 봉건제 덕분에 제후국들이라는 방패막이 생겨 주나라는 은나라 시절처럼 심각한 위협을 받지는 않았지만, 어차피 변방 너머까지 무력으로 확실히 복속시키지는 못한 터였다.

주나라의 중기를 넘어서면서 중원 바깥 지역의 이민족 나라들은 끊임없이 중원을 넘보며 침략해 들어왔다. 이들 가운데는 주나라의 지배권 안에 자리 잡은 나라들도 꽤 있었으나, 대개는 중원의 북쪽과 남쪽에 세력 기반을 지니고 있었다. 당시 문헌에는 이들을 가리키는 명칭으로 이夷·융戎·만蠻·적狄 등이 등장하는데, 다 오랑캐라는 의미다. 훗날 춘추전국시대에 접어들면 그 오랑캐들을 방위에 따라 동이·서융·남만·북적으로 부르게 된다.

이처럼 내부적 요소(봉건제의 동요)와 외부적 요소(이민족의 침입)가 결합되어 주나라 왕실은 이내 뿌리째 흔들리게 되었다. 마침내 그 동요를 붕괴로 만든 계기가 생겨났다. 역사는 가혹하게 되풀이되었다. 하나라를 망친 걸왕과 말희, 은나라를 망친 주왕과 달기의 콤비가 주나라에도 등장한 것이다. 바로 유왕幽王과 포사가 그들이다. 유왕은 선배들보다 한술 더 떠 포사의 아들을 태자로 임명하려 했다. 왕실이 문란해졌으니 오랑캐고 뭐고 가릴 게 없었다. 유왕의 조치에 반발하는 세력은 북쪽의 이민족 국가인 견융犬戎을 끌어들여 주 왕실을 공격했다. 이 사건으로 유왕이 전사하고 수도인 호경이 함락되었다. 그러나 아직 북방 민족은 중원을 통치하려 하지는 않았다. 승리한 견융이 물러가자 제후국들은 새로 평왕平王을 옹립했다. 견융이 또다시 침입해올까 두려워한 평왕은 수도를 동쪽의 낙읍으로 옮겼는데, 이것이 기원전 770년 주의 동천東遷이라고 알려진 사건이다. 역사학자들은 동천을 기준으로 그 이전의 원래 주나라를 서주西周, 그 이후를 동주東周로 구분한다.

주의 동천이 중요한 이유는 이 사건을 기점으로 중국의 춘추전국시대가 시작되었기 때문이다. 이민족의 침입이 주의 동천을 불

갑골문	청동기에 기록된 문자	전국시대 문자	전서체	오늘날
				馬
				隹
				游

한자의 변천 갑골문에서 오늘날 한자까지 변해온 과정을 보여준다. 두 번째 칸이 주나라 시대의 문자에 해당하며, 네 번째 칸은 진시황제가 중국을 통일한 직후 사용된 전서체다.

러 춘추전국시대의 막을 올렸다면, 그동안 강성해진 제후국들은 이렇게 마련된 무대에서 주나라를 조연으로 물러앉히고 주인공으로 활약하게 된다.

춘추전국시대는 약 550년간 지속된 중국 역사상 최대의 분열기를 가리키는데, 크게 춘추시대와 전국시대로 양분된다. 춘추시대는 주의 동천에서부터 당시 가장 강력한 제후국이었던 진晉이 분열되는 기원전 5세기 중반까지를 가리키며, 전국시대는 이때부터 중원 서쪽의 강국인 진秦이 중국 대륙을 최초로 통일하는 기원전 221년까지를 가리킨다. 춘추와 전국이라는 말은 모두 문헌에서 따온 명칭이다. 춘추는 공자가 편찬한 역사서 《춘추春秋》에서 나왔고, 전국은 전국시대의 역사서인 《전국책戰國策》에서 비롯되었다. 물론 춘추전국시대라는 명칭은 당대의 사람들이 아니라 후대의 역사가들이 붙인 것이다.

동천 이후로 주나라가 유명무실해지면서 중국 대륙은 열강이 지역에 할거해 다툼을 벌이는 혼란기로 접어들었다. 여기서 흥미로운 것은 주나라의 역할이다. 춘추시대에 활동한 열강들은 굳이 동주를 멸하려 하지 않았다. 이미 이빨과 발톱까지 빠져 아무런 힘도 없는 상태인데도 강국들은 동주를 공격하기는커녕 오히려 그전보다 더 보호하고 섬겼다. 주나라에 바치던 조공도 계속 유지하고 제후들이 정기적으로 문안 인사를 드리는 행사도 여전히 계속했다. 주나라 왕실은 사나운 제후국들 틈바구니에서 매년 천제天祭도 계속 지냈고, 제후국에서 새로운 제후가 왕위에 오르면 형식적으로나마 이를 승인하는 권위도 유지했다.

물론 제후국들이 실제로 옛날처럼 주나라를 성심성의껏 받든 것은 아니다. 그러나 이름밖에 남지 않았어도 제후국들에 주나라는 여전히 천하의 중심이라는 상징적 의미를 가졌다. 오히려 주나라 왕실을 보호하는 것은 주나라의 전통을 이어받는다는 적통 제후국의 이미지를 심어주었다. 그 덕분에 주나라는 기원전 770년 동주 시대부터 힘을 완전히 잃어버렸음에도 불구하고 전국시대 말기인 기원전 250년까지도 사직을 보존할 수 있었다(그래서 주나라는 서주와 동주를 합쳐 850여 년이라는 중국 역사상 가장 수명이 긴 왕조가 되었다).

하지만 주나라라는 중심은 상징에 불과할 뿐 현실적으로는 무력해졌다. 그래서 제후국들은 명칭만 제후국일 뿐 사실상 독립국이었다. 이들은 주나라 왕실에 대해 형식적인 예의만 갖추면서 자기들끼리 중원의 패권을 놓고 치열한 다툼을 벌였다. 춘추시대는 강력한 제후국들이 교대로 패권을 잡는 양상으로 전개되었다. 초기에는 잠시 정鄭나라가 세력을 떨치지만 본격적인 패자의 시대는 제齊나라가 중원을 장악하면서부터였다. 이때부터 이른바 춘추 5패로 불리는 제·진晉·초楚·오吳·월越이 번갈아 중원의 패권을 장악했다.

춘추시대의 전반기에 해당하는 제와 진의 지배기는 아직 주나라 왕실의 권위가 상당히 살아 있던 무렵이었다. 제의 환공桓公(기원전 ?~기원전 643)은 제후들의 맏형처럼 처신하면서 동주를 부모의 나라처럼 받들었으며, 이민족들의 침입으로부터 약소 제후국들을 지원하는 등 중원을 이끌었다. 제의 뒤를 이은 진의 문공文公(기원전 697~기원전 628) 역시 환공과 마찬가지로 중원의 관리자 역할을 충실히 수행하면서 존왕양이의 정책을 계승했다. 제와 진은 사실 그럴 만한 처지였다. 제는 일찍이 주의 개국공신인 강태공에게 분봉된 전통에 빛나는 제후국이었고, 진은 원래 주의 성왕成王이 자기 당숙에게 분봉한 제후국이었기 때문이다. 요컨대 제는 주나라 건국 공신의 후예였고, 진은 주나라와 돈독한 혈연관계에 있는 제후국이었다.

그러나 춘추시대의 후반기를 장식하는 초·오·월에 이르면 상황이 달라진다. 이 세 나라는 황허는 물론 화이허보다도 더 남쪽인 양쯔 강 유역에 자리 잡은 남방 국가들이다. 하·은·주의 삼대는 전부 북중국의 중원을 기반으로 삼은 왕조였다. 그러므로 전통 제후국의 입장에서 보면 초·오·월은 원래 '양이'의 대상인 오랑캐들이었다.

초나라는 이미 제 환공 시대부터 남중국의 넓고 비옥한 영토를 기반으로 세력을 키워 중원을 위협하기 시작했다. 제 환공은 초나라의 위협을 받는 중원의 약소국들이 도움을 요청하자 이를 무력

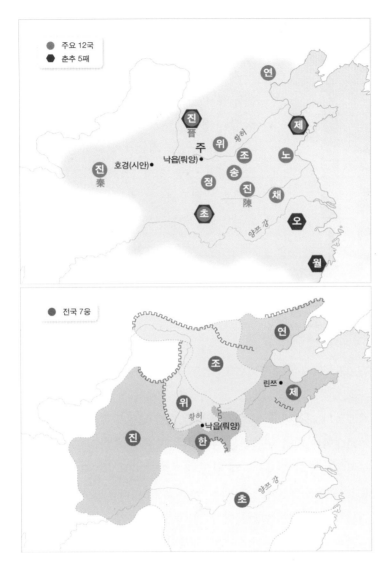

춘추 5패와 전국 7웅   양쯔 강 이남에 자리 잡은 초·오·월 3국은 춘추시대를 거쳐 중원 문화권
에 포함되었다. 만약 중화사상이 춘추시대 이전 서주 시대에 완성되었다면, 중원의 나라들은 강남
의 나라들을 오랑캐로 분류하고 적대시했을지도 모른다. 강남이 중원 문화권에 포함됨으로써 이
제부터 '오랑캐'는 북방 이민족들만 남게 되었다.

와신상담의 무기 왼쪽은 오나라 왕 부차의 동검이고, 오른쪽은 월나라 왕 구천의 동검이다. 춘추시대 장수들이 사용하던 전형적인 무기의 모습을 보여준다. 아직은 청동제 무기지만 전국시대에 들면 철제 무기로 바뀌고 싸움도 더 치열해진다.

으로 막아내고 중원을 지킨 바 있었다. 진 문공 역시 재차 북상을 추진한 초의 공격을 막는 데 최대의 관심을 기울였다. 그러나 제와 진의 세력이 약화되면서 이제 초나라의 발목을 잡는 것은 사라졌다. 진 문공이 죽고 진의 대외 정책이 소극적으로 전환되는 틈을 타 초의 장왕莊王은 진의 군대를 격파하고 채蔡·정·진陳·송宋·노魯·조曹 등의 약소국들을 복속시켜 마침내 중원의 서열 1위로 우뚝 섰다. 남중국 왕조가 중원을 정복한 것은 그때가 처음이었다.

거칠 것이 없던 초의 발목을 잡은 것은 전통의 북중국 제후국이 아니라 같은 남중국의 오와 월이었다. 중원의 진과 남방의 초가 대립하고 있던 기원전 6세기 무렵 오와 월은 양쯔 강 이남에서 세력을 키운 뒤 북쪽으로 진출하기 시작했다. 이후 오와 월은 서로 패권을 주고받으면서 춘추시대의 마지막 50년간을 장식한다. 당시 오의 합려闔閭 대 월의 구천句踐, 오의 부차夫差 대 월의 구천으로 이어지는 오와 월의 다툼은 오월동주吳越同舟와 와신상담臥薪嘗膽이라는 고사성어로 후대까지 전해지는 유명한 이야기다. 그러나 자기들끼리 심하게 다투던 오와 월은 이후 초의 손에 멸망당했다.

여기서 흥미로운 사실은 춘추시대 후반기를 통해 초·오·월 같은 남중국 왕조들이 중원의 질서에 편입되었다는 점이다. 원래 중국 문명은 황허를 중심으로 하는 중원에서 탄생했으며, 주나라(서주) 시대까지도 북중국이 문명의 적통이었다. 그러나 춘추시대를 거치면서 양쯔 강 이남의 남중국 지역까지 자연스럽게 중원 문화권에 포함된 것이다.

이렇게 해서 중원을 포함하는 화북과 강남으로 확정된 중국의 강역은 시대가 지나면서 조금씩 넓어지기는 하지만, 기본적으로는 이 시대의 경계에서 크게 벗어나지 않는다. 17세기 만주족의 정복 왕조 청이 중국을 지배하면서 만주가 중국의 강역에 포함되기까지 2000여 년 동안 중국의 역사는 춘추시대에 정해진 경계를 무대로 해서 전개되는 것이다. 춘추시대 이후에는 '오랑캐'라는 말도 남중국과는 무관해지고 고비 사막 너머 몽골 지역과 서북부 변방의 북방 민족들만을 가리키는 의미로 사용된다(한반도를 가리키는 '동이'라는 이름도 한반도의 역사가 중화 질서에 편입되는 7세기 신라의 삼국 통일 이후부터는 사라지게 된다).

최초의 통일을 향해

춘추시대가 막을 내리고 전국시대의 막이 오른 계기는 남방의 초와 대립하던 전통의 강국인 진이 와해된 것이었다. 앞에서 보았듯이, 종법 봉건제는 시간이 흐르면서 혈연관계가 희박해져 붕괴할 수밖에 없는 운명을 안고 있었다. 더욱이 진은 일찍부터 왕권을 강화하기 위해 주 왕실의 혈연관계를 대폭 제거했으므로 주 왕실과는 다른 성의 귀족들이 세력 가문으로 성장했다. 이들은 치열한 권력 다툼을 벌이다 결국 내분을 빚었다. 기원전 5세기 중반 진은 한韓·위魏·조趙, 세 성씨의 세력가들에게 분할되었다. 이로써 가장 강대한 제후국이던 진은 사라지고 한·위·조의 3국이 생겨났다.

춘추시대에 춘추 5패가 있었다면 전국시대를 주도한 나라들은 전국 7웅이라고 부른다. 7웅이란 진이 붕괴하면서 생긴 한·위·조를 비롯해 연燕·제·진秦·초의 일곱 나라를 가리킨다(송宋이나 노魯 같은 약소국들도 존재했으나 이들은 대세를 좌지우지하지는 못했다). 춘추 5패는 서로 맞교대 형식으로 패권을 장악했던 반면, 전국 7웅은 같은 시대에 공존하면서 서로 활발하게 경쟁을 벌이기도 하고 다양한 국제 관계를 맺기도 했다. 그도 그럴 것이, 춘추시대에는 그래도 각국이 주 왕실에 충성하는 제후국의 위상을 버리지 않았지만, 전국시대의 제후국들은 확고한 영토와 주권을 가진 독립국의 성격이 더욱 강했다.

각국의 세력 판도도 전국시대에 들어 크게 달라졌다. 전국 7웅의 무대는 춘추시대보다 한결 넓어져 중국 대륙 전역을 아울렀다. 또 하나 춘추시대의 판도와 달라진 점은 신흥국 진秦이 서쪽의 광대한 지역을 장악했다는 점이다. 이제 중원은 초의 북상과 더불어 진의 동진으로도 위협을 받게 되었다. 한편 전국시대에도 여전히 강대국으로 남은 초의 입장에서는 과거의 호적수인 진晉이 약화된 대신 이번에는 변방에서 중원으로 접근하는 진秦의 진출을 막아야 하는 대표 주자의 임무를 부여받게 되었다. 따라서 전국시대는 진과 초, 양강의 대립을 중심으로 각국이 이합집산하는 양상을 띠게 된다. 일곱 개의 나라가 맞서는 형국인 만큼 전국시대에 천하의 정세는 춘추시대와 사뭇 달랐다. 전국戰國이라는 이름에 걸맞게 이 시대의 중국에서는 역사상 그 어느 때보다도 가장 복잡하고 치열한 전쟁이 잇달았으며 정교하고 화려한 외교술이 등장했다.

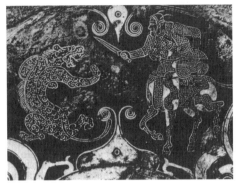

잔인해지는 전쟁　왼쪽은 전국시대의 전투 장면이고 오른쪽은 춘추시대의 전쟁에서 사용하던 전차의 모습을 복원한 것이다. 춘추시대에는 전차를 이용한 차전(車戰)이 많았고 장수들 간의 싸움이 중요했지만, 전국시대에는 기마병 전술이 많이 구사되면서 전쟁이 더욱 잔인해졌다.

　　우선 전국시대의 전쟁은 춘추시대와는 달리 전면전이 많았다. 춘추시대의 전쟁은 주로 각국의 지배 귀족들 간에 벌어졌지만, 전국시대에는 각국이 직접 백성들을 징집해 전쟁에 임했다. 말하자면 춘추시대에는 지배 엘리트들의 전쟁이었던 반면, 전국시대에는 본격적인 군대가 전쟁을 벌이게 된 것이다. 이에 따라 전술도 춘추시대에는 차전車戰이 위주였지만 전국시대에는 보병과 기마병 중심으로 바뀌었다. 전쟁의 목표도 달랐다. 춘추시대에는 적국을 복속시키는 데 주안점이 있었지만, 전국시대에는 토지를 빼앗고 적국의 병력을 말살하는 게 전쟁의 목표였다. 무기도 청동제에서 철제로 바뀌어 전쟁은 더욱 잔인해졌다. 전쟁을 수행하는 전략도 다양하게 개발되었고(이 시기에 손빈이 지은 《손자병법孫子兵法》은 오늘날까지 유명세를 떨친다), 경이나 대부 등 귀족들이 전쟁을 수행했던 춘추시대와 달리 오로지 전쟁만을 치르기 위한 순수한 무장武將 집단도 출현했다.

그러나 전쟁 양식보다 더 중요한 변화는 다양한 외교술이 발달했다는 점이다. 전통의 제후국들은 세력이 약화되었고, 춘추시대를 거치며 이들의 대열에 초가 합류한 가운데 신흥국 진이 동진을 꾀하고 있었다. 이런 극도로 미묘한 국제 정세는 술책에 가까운 교묘한 외교술과 권모술수, 수많은 책략가를 낳았다. 그 가운데 대표적인 것이 소진蘇秦이 제기한 합종책合從策과 장의張儀의 연횡책連橫策이다. 합종책은 7웅 가운데 6국이 연합해 진의 진출을 막자는 것이었는데, 초의 회왕懷王이 제안하고 주동했다. 연횡책은 그 합종책에 맞서기 위해 진이 채택한 책략으로, 6국이 진과 평화로이 공존하자는 주장이었다. 여기서 비롯된 합종과 연횡이라는 말은 오늘날 복잡한 정치 상황을 묘사할 때도 흔히 사용된다. 그 밖에도 온갖 술책이 난무했으나 결국 국력에서뿐 아니라 술수에도 능한 진이 최후의 승리를 거두고 역사상 처음으로 중국 대륙을 통일하게 된다.

전국 7웅 가운데 가장 후진국이었던 변방의 진이 중국을 통일하게 된 과정은 사뭇 극적이다. 춘추시대에 남중국의 초나라조차 오랑캐로 여긴 중원의 나라들은 당연히 진을 오랑캐로 간주했다. 그러나 진의 효공孝公은 위나라에서 자기 뜻을 펼치지 못한 책략가 상앙商鞅을 받아들여 국정 전반에 걸친 개혁과 쇄신을 단행했다(당시의 책략가들은 여러 제후국을 떠돌면서 자신의 지략을 팔고 다녔다. 공자도 그중 한 사람이었다). 이것을 상앙의 개혁이라고 부르는데, 가족 제도에서 군사, 조세에 이르기까지 온갖 제도를 개선하고, 농업 생산력을 증대하고, 도량형을 통일하는 등 사회 전반에 걸친 개혁 조치였다.

이런 부국강병책에 힘입어 진은 일약 강국으로 성장했으며, 전국시대 중기에 접어들 무렵부터 급속히 중원 진출을 꾀했다. 합종책과 연횡책이 실패로 돌아가자 진은 멀리 있는 나라와는 친선을 도모하고 가까이 있는 나라들부터 하나씩 정복하는 전술을 전개했다. 이것이 이른바 원교근공遠交近攻의 전술인데, 쉽게 말하면 각개격파다. 이에 따라 진은 먼저 인근의 한·위·조를 고립시켜 차례로 멸망시켰다. 이제는 호적수인 초나라와 마음 놓고 전면전을 벌일 수 있었다. 이윽고 초마저 정복한 이후에는 진에 맞설 상대가 없었다. 마지막 남은 동북쪽의 연과 제를 정복하는 것으로, 진은 마침내 전란으로 얼룩진 오랜 분열기를 끝내고 중국 대륙 전체를 통일했다.

동양 사상의 뿌리

분열기라고 해서 내내 전쟁만 벌어진 것은 아니다. 춘추전국시대에는 수많은 전쟁이 전개되면서 아울러 여러 가지 사회경제적 발전도 이루어졌다. 가장 특기할 만한 것은 농업혁명이다. 서주 시대까지 답보 상태에 있었던 농업 생산력은 춘추전국시대에 비약적으로 발달했다. 그 이유는 크게 두 가지, 소를 경작에 이용하고 철제 농구를 사용하게 된 덕분이었다. 이제 농민들은 집단 농경에서 벗어나 처음으로 가족 단위로 단독 농경을 할 수 있게 되었다. 이에 발맞추어 서주 말기부터 씨족공동체가 해체되기 시작하자 단독 농경은 더욱 활성화되었다.

　전쟁이 많았던 만큼 전쟁과 관련된 산업도 크게 발달했다. 사실 당장의 필요 때문에 살상용 무기를 개선하려는 각국의 노력이 없었다면 중국의 철기시대는 훨씬 늦어졌을지도 모를 일이다. 야금술이 발달한 것도 전쟁 덕분이다. 청동제 무기를 사용한 춘추시대에도 철이 청동보다 단단하다는 것은 알려져 있었지만, 야금술이 개발되지 않아 철을 가지고 도구를 제작할 수 없었다. 하지만 필요는 발명의 어머니, 강력한 무기의 필요성은 결국 철을 제련하고 가공하는 기술을 발전시켰다. 또한 춘추전국시대에는 각국이 방어를 위해 앞다투어 성을 쌓는 과정에서 토목 기술도 크게 발달했다.

도시가 팽창하면 상업이 발달하는 것은 필연이다. 도시를 거점으로 하는 각국은 서로 다투면서도 활발히 무역을 전개했으며, 도시들을 잇는 도로가 건설되면서 상업적 유통망도 생겨났다. 이미 춘추시대 초기 제 환공이 지배할 무렵에 환공의 참모인 관중管仲은 중상정책을 부국강병책으로 실시한 일이 있었다. 춘추전국시대에 이와 같은 사회경제적 발전이 없었다면 진의 대륙 통일은 불가능했을 것이다.

그러나 사회적 변화보다 훨씬 더 큰 의미를 지니는 것은 사상의 발달이다. 춘추시대 말기부터 전국시대 전체에 걸쳐 활동한 수많은 술사와 책략가는 정치사상을 크게 성숙시켰다(당시의 책략가를 학문적으로 표현하면 곧 사상가, 철학자다). 이 시기에 생겨나고 성장한 각종 사상은 오늘날에 이르기까지 수천 년 동안이나 동양 사상의 거대한 뿌리를 형성하게 된다. 그래서 이 시기를 학문적으로는 제자백가諸子百家의 시대라고 부른다. 그 이후 수천 년간의 동양 철학은 춘추전국시대에 토대가 확립된 사상을 해석, 재해석하는 과정으로 전개된다.•

유가 사상

유가를 창시한 공자는 노나라 태생이었다. 춘추시대 말기에 유서 깊은 제후국에서 성장한 만큼 공자는 전통적 가치와 이념을 자연스레 몸에 익힐 수 있었다. 그래서 그의 유가 사상에는 과거에 대한 향수, 복고주의의 냄새가 풍긴다. 태평성대의 대명사인 요순시대라는 말을 만들어 쓴 사람도 공자다. 그러나 그가 주로 염두에 둔 '과거'는 그의 시대보다도 1000년이나 더 전인 머나먼 요순시대가 아니라 그 바로 전대인 주나라, 즉 서주 시대였다.

하지만 공자가 오로지 과거에 대한 동경만 품고 있었다면 학문의 일가를 구축하지는 못했을 테고 후대에 위대한 사상가로 남지도 못했을 것이다. 서주 시대의 전통적 가치는 주나라의 건국이념이라 할 예禮의 개념으로 집약된다. 이 예의 사상이 종법 봉건제의 정신적 지주가 되었음은 앞에서 본 바 있다. 공자는 이 예에다 인仁의 사상을 덧붙인다. 이리하여 예와 인을 바탕으로 하는 유가의 기본 골격이 생겨났다.

굳이 인의 개념을 포함시켜야 하는 이유는 무엇일까? 공자가 최고의 가치로 꼽는 사회체제는 서주 시대의 봉건제다. 다만 그것은 좋았던 옛날이 되었고 이제는 시절이 변

● 흥미로운 점은 서양의 정신세계도 바로 이 무렵에 골격을 갖추었다는 사실이다. 서양 철학의 근본을 이루는 그리스 고전 철학 역시 중국의 춘추전국시대에 해당하는 기원전 7세기부터 기원전 4세기까지에 걸쳐 완성을 보았다. 탈레스(기원전 625년경~기원전 545년경), 피타고라스(기원전 580년경~기원전 500년경), 소크라테스(기원전 470년경~기원전 399), 플라톤(기원전 428년경~기원전 347년경), 아리스토텔레스(기원전 384~기원전 322) 등 고대 그리스 철학자들의 활동 기간은 공자(孔子, 기원전 551~기원전 479), 맹자(孟子, 기원전 372년경~기원전 289년경), 장자(莊子, 기원전 369~기원전 289년경) 등과 거의 일치한다. 또한 철학이 신학에서 독립하지 못한 중세를 제외한다면 근대 이후의 서양 철학에서도 고대 그리스 철학의 해석과 재해석이 중요한 역할을 차지한다. 당시 그리스와 중국에는 도시국가들이 많았기 때문에 학식과 경륜을 팔러 각국을 떠다딘 학자들이 많았는데, 중국에서 공자가 그 대표 주자라면 그리스에서는 마케도니아까지 가서 어린 알렉산드로스 왕자의 스승 노릇을 한 아리스토텔레스를 예로 들 수 있을 것이다. 영국의 수학자이자 철학자였던 화이트헤드(Alfred North Whitehead, 1861~1947)는 19세기에 서양 철학은 플라톤 철학의 주석에 지나지 않는다고 말했는데, 동양 철학역시 크게 보면 공자와 노자가 확립한 철학에 대한 주석이 아닐까?

공자와 노자가 만났을 때　청년 공자는 자신의 정치사상을 받아줄 만한 나라를 찾아 10년간 여행하다가 노년에 접어들어 은둔 중인 노자와 만났다. 이 만남에서 현실 참여적인 공자와 현실 도피적인 노자는 물과 기름처럼 섞이지 못하고 서로의 입장 차이만을 확인했다. 그러나 좋은 대조를 이룬 덕분에 그들의 사상은 오늘날까지 2000여 년 동안 동양 사상의 양대 뿌리를 이루고 있다.

했다. 봉건제의 군건한 현실적·정신적 토대이자 예의 중심이었던 천자(주나라 왕)는 서주가 끝나면서 사실상 사라져버렸다. 그래서 그는 인의 이념에서 파생된 도덕 정치를 봉건제의 새로운 이념으로 삼아야 한다고 주장한 것이다. 말하자면 유명무실해진 종법 봉건제를 '도덕적 봉건제'로 대체하자는 견해다. 종법 봉건제 시대에 통용된 혈연적 위계를 바탕으로 한 예의 이념이 무너졌으니, 이제는 도덕적 위계를 바탕으로 삼아 예의 이념을 되살리자는 것이다. 쉽게 말하면 덕의 크고 작음을 기준으로 신분 간의 서열, 나아가 나라 간의 위계도 정하자는 주장인데, 말 그대로 이렇게 된다면 군자가 곧 군주가 될 테니 진정한 덕치德治가 가능할 것이다.

　하지만 다분히 공상적인 그런 정치사상이 쉽게 받아들여질 리 없다. 공자는 자신의 뜻을 현실로 옮기기 위해 10여 년간 천하를 주유하면서 각국의 지배자들을 설득하려 했지만 결국 다 실패하고 고향인 노나라로 돌아온다. 그 과정에서 자신의 정치적 꿈을 실현하지는 못했으나 그 대신 훌륭한 제자들을 얻었다. 그래서 그는 제자들과 더불어 고전을 정리하고 자신의 사상을 저술하는 문헌 작업에 여생을 바치는데, 오히려 그 덕분에 수천 년 후까지 이름을 남기게 되었다. 공자의 뜻을 받아준 나라가 있었다면 그는 정치가에 그쳤을 테고 사상가는 되지 못했을 것이다. 하지만 정치가는 짧고 사상가는 길다.

공자의 사상을 계승한 대표적인 인물로 맹자와 순자荀子(기원전 298년경~기원전 238년경)가 있다. 맹자는 공자의 사상을 인·의義·예·지智의 사단四端으로 확장하는 한편, 공자가 제시한 인의 이념을 실천할 수 있는 방안을 중점적으로 모색했다. 그는 인간의 본성은 선하다는 성선性善의 논리를 이용해 인을 토대로 한 어진 정치[仁政]가 가능하다고 보고, 이것이 곧 왕도王道의 실현이라고 주장했다. 맹자가 공자에게서 인의 이념을 강조했다면, 순자는 예의 이념을 계승했다. 그는 악과 욕망이 인간의 본성이라는 성악性惡의 논리에서, 도덕적 품성은 타고나는 게 아니라 후천적으로 습득되어야 한다고 주장했다. 따라서 그는 교육을 중시했으며, 군주의 임무는 예를 가르치는 교사와 같은 것이어야 한다고 믿었다.

흔히 유학은 현실과 유리된 관념 철학으로 여기지만, 그 기원에서나 이후의 발달 과정에서 보듯 현실 정치에 대한 큰 관심으로부터 시작했고, 늘 국가의 통치 철학으로 기능하려는 강렬한 지향성을 담고 있었다. 나중에 보겠지만 유학의 권력 지향성은 수백 년 뒤 한대에 구현되었고(기원전 2세기에 한 무제는 유학을 국가 이데올로기로 채택했다), 역대 중화 제국의 기본 이념이 되었으며, 15세기 이후에는 한반도 조선의 사상적 기틀이 되었다.

묵가 사상

묵가는 전국시대 초기에 묵적墨翟(기원전 480년경~기원전 390년경)이 주창했다(묵적은 현인들을 '子'로 존칭하는 관습에 따라 墨子라고도 부른다). 묵가 사상가들은 주로 무기나 공구의 제작에 종사한 수공업자 집단이었다. 그래서 유가 사상이 예에 기초한 엄격한 신분 질서를 주장한 데 비해 묵가는 훨씬 평민적인 사상을 전개했으며, 이 점에서 유가와 날카롭게 대립했다.

묵가에서 가장 중요한 개념은 사랑이다. 묵적은 이기적인 사랑을 뜻하는 '차별애差別愛'를 버리고 화해적인 사랑인 '겸애兼愛'를 실천해야 한다고 주장했다. 전국시대에 만연한 수많은 전쟁은 모두 자기만의 이익[自利]을 취하기 위한 차별애에서 비롯되었다. 반면 겸애는 상호적인 이익[交相利]을 도모한다. 따라서 겸애를 실천하면 전쟁이 종식되고 평화를 이룩할 수 있으며, 궁극적으로 계급이 소멸된 평등한 이상 세계를 이룰 수 있다.

난세에 그런 사상이라면 현실성이 별로 없다. 이상주의가 흔히 그렇듯이 묵가 사상도 실현하기가 어려웠다. 결국 묵가 사상은 전국시대 중기 간헐적으로 있었던 평화기에 한때 성행했으나 대륙 전체가 다시 전란의 소용돌이에 휘말리는 말기에 이르면 급속도로 발언권을 잃고 만다.

하지만 이후 수천 년 동안 중국 역사에서 신분 질서가 고착되는 것을 고려해볼 때, 당시에 이미 신분의 해체와 만민 평등을 주장한 묵가 사상은 주목할 만한 점이 있다. 게다가 묵가 사상가들은 유가에서 의도적으로 회피한 '이利'의 개념을 과감하게 수용하는 혁신성을 보였다(이렇게 이익의 관점을 끌어들이면 혈연에 기초한 봉건적 관계를 쉽게 부정할 수 있다). 나아가 그들은 봉건 질서의 군주 개념을 받아들이지 않고 근면과 검약을 실천하며 백성들에게 헌신하는 군주상을 제시했으며, 군주의 세습마저 부인하고 선양의 옛 관습을 칭송했다.

묵가 사상의 바탕은 이상주의에 있지만 여러모로 근대 공화정의 색채가 짙다. 묵가 사상이 제대로 발달했더라면 동양식 민주주의가 되지 않았을까? 아니면 묵가 사상은 동양적 풍토에서 애초에 성립하기 어려운 것이었을까?

법가 사상

법가 사상은 제자백가 전체를 통틀어 가장 현실적이고 실천적인 측면을 가지고 있다. 전국시대 중기에 현실 정치의 경험을 토대로 형성된 사상이기 때문이다. 사실 법의 개념은 춘추시대부터 어느 정도 확립되어 있었다. 춘추시대 정나라에서 제정한 법은 중국 최초의 성문법이라고 알려져 있으며, 진晉에서는 형법 서적을 편찬했다고 전한다.

법가는 원래 술術을 중시하는 파, 세勢를 중시하는 파, 법法을 중시하는 파로 나뉘었는데, 이 세 유파를 전국시대 말기에 한비자韓非子(기원전 280년경~기원전 233)가 종합해 완성했다. 법가의 기본적인 정신은 성악설에 바탕을 두고 있다. 사람은 본래 도덕을 내재하고 있지 않으므로 법의 다스림을 필요로 한다. 군주가 백성을 지배하는 질서는 유가의 도덕이라든가 묵가의 사랑 따위가 아니라 오로지 권력과 지위에 따른 힘 관계의 반영일 뿐이다. 세치勢治는 군

61

1장 중국이 있기까지

실천가 한비자 　중국 역사박물관에 전시된 한비자의 초상이다. 역동적이고 실천적이면서도 냉혹할 만큼 현실의 논리를 강조한 법가 사상이 그대로 인격화되어 있는 듯한 표정이다.

주의 권위, 술치術治는 군주가 신하를 대하는 것을 나타내고, 법치法治는 군주가 일반 백성을 다루는 것을 가리킨다. 요컨대 군주는 지위상으로 당연히 권력과 권위를 지니고 있으며, 신하와 백성을 지배하는 술과 법을 제정할 수 있는 권리를 가지고 있다는 것이다. 신하와 백성은 오로지 군주에게 복종할 수밖에 없다(아니면 반란을 일으키든가).

이렇게 일체의 이상이나 관념을 배제하고 철저히 현실적인 이론을 구축했기 때문에 법가는 다른 사상과 달리 현실 정치에 깊숙이 파고들었다. 대륙을 통일한 진의 부국강병에 결정적인 역할을 한 상앙이 바로 그 좋은 예다. "군주는 목적으로 수단을 정당화할 수 있다."라고 말한 르네상스 말기 마키아벨리Niccolò Machiavelli(1469~1527) 군주론의 한참 선배라고 할 수 있겠다.

그러나 마키아벨리의 사상은 유럽 세계가 절대왕정을 확립하고 장차 공화정으로 나아가는 데 기여했지만, 법가 사상은 역사상 유례없이 혹독한 군주 독재 정치의 사상적 뿌리가 되었다. 군주의 지배를 관철하기 위해 법가는 철저한 우민정책과 사상 통일을 강조했다. 법 이외의 모든 지식은 쓸모가 없고 사람들이 알 필요도 없다고 주장했다. 책을 불사르고 학자들을 생매장한 진시황의 만행에는 이런 사상적 배경이 있었다.

도가 사상

도가 사상을 창시한 노자老子는 공자보다 한 세대쯤 위의 인물이 었으나 실존 인물인지는 확실치 않다. 공자와 만났다는 기록도 전 하기는 하지만 《도덕경道德經》이라는 짧은 책 한 권 이외에는 아 무런 흔적도 남기지 않았기 때문이다. 도가 사상이 발달한 것은 노자의 시대보다 수백 년 뒤인 전국시대 중기 장자에 의해서였다.

도가 사상은 제자백가 가운데 가장 철학적인 냄새가 강하다. 세 상에 존재하는 만물은 유有다. 유는 경험 세계에 존재하며, 누구 나 그 존재를 감각으로 인지할 수 있다. 그런데 그 유를 만드는 것 은 무無다. 유는 무에서 생성되어 운동하다가 다시 그 근원인 무 로 되돌아간다. 이 우주 만물의 끊임없는 생성과 소멸 과정을 관 장하는 것이 곧 도道다.

그렇다고 해서 도가 그 과정을 사람이 도구를 다루듯이 의식적 으로 집행하고 관리하는 것은 아니다. 도는 모든 것의 근원이며 근본적인 법칙이다. 따라서 만물의 생성과 소멸은 도와 별개의 것 이 아니라 도가 스스로 자기운동한 결과이다. 이것이 바로 도의 작동 원리라 할 수 있는 무위無爲(아무것도 하지 않음)이며 자연自然 이다.

이렇게 알쏭달쏭한 내용을 현실적인 정치사상으로 전화시키면 더 알기 쉽다. 우주 만물, 즉 국가나 사회, 인간 등은 모두 도의 생 성 원리에 따라 생성하고 운동하고 소멸하므로 군주는 특정한 목 적을 앞세워 신하나 백성을 닦달하지 말고 모든 것을 그대로 내 버려두어야 한다는 것이다. 오늘날의 용어로 말하면 극단적인 자 유방임주의다. 이 원리에 따른 구체적인 국가 형태로서 노자는 소 국과민小國寡民, 즉 작고 인구가 적은 나라를 가장 이상적인 국가로 제시했다(이런 국가상은 엉뚱하게도 19세기 프랑스의 공상적 사회주의자들이 수립한 실험적 공동체에서 재현된다).

노자는 춘추시대의 혼란상을 인위적인 게 지나치게 발달했기 때문이라고 보았다. 이러한 무질서와 혼란을 극복하기 위해서는 무욕의 자연으로 돌아가야 한다. 따라서 인위의 소산인 문명과 문물, 제도, 법 등은 모조리 거부해야 할 대상이었으며, 유가에서 말하는 인이나 예의 개념도 마찬가지였다.

이런 도가 사상을 도시국가에서 영토 국가로 성장하기 위해 각축하는 각 나라가 정치 이념으로 채택할 리는 만무했다. 그래서 도가는 현실 정치에서 실험되지 못했지만, 그 대신 일반 사회에서 인기를 끌어 공자가 창시한 유가와 함께 오늘날까지 동양 사상의 양대 축을 형성하고 있다.

2장

인도가 있기까지

굴러온 돌의 승리

인도의 서쪽 경계 부근을 흐르는 인더스 강 유역은 유명한 인더스 문명의 발상지다. 1922년 영국의 고고학자 마셜은 인더스 강 일대의 모헨조다로에서 대규모 작업을 벌인 끝에 인류 초기 문명의 유적을 찾아냈다. 사막 한가운데 있었던 덕분에 비교적 잘 보존된 상태로 모습을 드러낸 모헨조다로 유적은 바둑판 모양의 도시 구획에다 벽돌로 쌓은 주택, 도로와 하수도 시설, 커다란 목욕탕, 공회당 등 고대 로마에 못지않은 수준의 문명을 보여주었다. 로마에 비해 3000년이나 앞선 기원전 3000년 무렵에 이미 인도에는 이런 선진 문명이 존재했던 것이다.

그러나 인도의 역사는 인더스 문명 이후 1000여 년 동안 후대에 알려지지 않았다. 인도의 역사가 다시 '진행'되는 것은 기원전

인더스 문명의 목욕탕 모헨조다로 유적의 목욕탕 부분이다. 당시의 목욕이란 오늘날처럼 생활 습관으로 한 게 아니라 제사장이 제사를 올리기에 앞서 몸을 깨끗이 하기 위한 행위였다. 제사장은 가운데 계단으로 내려와 수조에서 목욕을 했다. 목욕탕 벽면에 촘촘히 쌓아올린 벽돌들은 당시의 건축술이 3000년 뒤의 고대 로마에 못지않았음을 보여준다.

● 아리아인은 원래 언어학상의 용어로, 정식 명칭은 인도·유럽어족이다. 하지만 거기서 전성되어 인종적인 의미로도 사용하므로 종족의 이름으로 보아도 무리가 없다. 나치 독일의 히틀러가 아리아인을 인종적인 개념으로 사용한 것은 유명하다. 유럽으로 간 아리아인은 수천 년 뒤에 로마를 침공한 게르만족의 조상에 해당한다. 독일 민족 순혈주의에 빠진 히틀러는 고대 아리아인을 숭배하고 미화했다. 거기까지는 뭐라 할 수 없겠지만, 그의 유대인 학살은 명확한 인종주의적 범죄다. 혹시 그는 고대의 자기 조상들이 셈족에게 밀려났다고 여겨 역사적 복수를 시도한 걸까? 고대의 민족이동에서 아리아인은 인도를 정복하는 데는 성공했지만 유대인의 조상인 셈족이 장악하고 있던 메소포타미아를 피해 유럽으로 건너갔기 때문이다.

1500년경 아리아인이 인도에 침입하면서부터다.● 아리아인은 중앙아시아 일대에 살고 있던 유목민족인데, 기원전 18세기~기원전 17세기부터 대이동을 시작했다. 이동의 원인은 정확히 알 수 없으나 중앙아시아 스텝 지역의 기후가 변화하고 인구가 증가했기 때문일 것으로 추측할 수 있다. 환경이 달라지자 그들은 새로운 목초지를 찾아 인도까지 온 것이다.

아리아인은 크게 두 갈래로 나뉘어 이동했는데, 한 무리는 인도 방면으로 진출했고, 다른 무리는 서아시아와 터키를 거

아리아인의 이동 경로 중앙아시아의 초원 지대가 고향인 아리아인은 일찍부터 철제 무기를 가졌던 수수께끼의 민족이다. 이들은 두 갈래로 나뉘어 하나는 서쪽의 유럽으로 이동했고, 다른 하나는 남쪽의 인도 북서부 펀자브로 왔다. 서쪽으로 간 아리아인은 터키를 지난 다음 그리스 남부 펠로폰네소스까지 남하해 그리스의 원주민들과 어울려 미케네 문명의 주역이 되었다. 그러나 기원전 12세기에 미케네 문명을 파괴한 도리스인도 아리아인의 후예일 것으로 추측된다. 까마득한 고대에도, 느리기는 하지만 대규모 민족이동이 있었고 동서 교류도 있었다.

쳐 유럽 지역으로 이동했다. 유럽으로 간 아리아인은 오늘날 유럽인의 조상이 되었다. 그 증거는 인종적으로도, 언어적으로도 뒷받침된다. 유럽 백인의 인종적 조상은 중앙아시아의 캅카스인이며, 로마 제국의 공용어인 라틴어는 인도의 고대어인 산스크리트어로부터 큰 영향을 받았다.

인더스 문명에서 보듯이, 고대 인도는 상당한 수준의 문명을 지니고 있었다. 그러나 불행하게도 아리아인은 문명보다 무력에서 뛰어난 민족이었다. 유목민족이었으므로 정착 문명의 수준은 보잘것없었으나, 아리아인은 그 당시에 이미 철기를 사용하고 있었던 것이다. 기원전 1500년경이라면 동서양 어느 곳에서도 철기시대가 도래하기 전이었다.

아리아인이 인도를 침입한 것은 단기간에 작정하고 이루어진 게 아니라 수백 년에 걸쳐 서서히 진행되었다. 처음에 그들은 인도 북서부의 펀자브 지방에 들어와서 한동안 정착 생활을 했다. 여기서 농경 생활을 익힌 그들은 이윽고 유목 생활을 완전히 청산하고, 인도 중부 지역과 동부 갠지스 강 유역에까지 진출했다. 당연히 원주민과 충돌할 수밖에 없었다. 당시 인도 원주민의 대표적인 부족은 드라비다인이었다. 그러나 양측의 싸움은 의외로 싱겁게 끝났다. 오늘날의 서구인에게서 보듯이 우세한 체력 조건에다 철기를 지닌 막강한 유목민족 출신에게 작은 체구에 청동제 무기밖에 없는 농경민족은 상대가 되지 않았던 것이다.

이렇게 원주민을 정복하고서 함께 어울려 잘 살았으면 좋았겠지만, 아리아인은 그렇게 하지 않았다. 그러기는커녕 그들은 자신들의 우위를 아예 제도로 확립했다. 그것이 바로 악명 높은 카스트 제도다.

바로 그 무렵 중국에 존재한 은나라는 제사를 받들 때 언제나 은 왕실을 위해서만이 아니라 주변 부족들과 함께 공동으로 지냈다. 또 은의 뒤를 이은 주나라는 이민족 '오랑캐'를 정복하고 나서도 제후 자신이 직접 제사장을 맡아 토착민의 신을 받드는 제사를 올렸다. 토착민의 지역신은 사社였고, 농업신은 직稷이었다. 이것이 후일 합쳐져서 한 왕조를 가리키는 사직社稷이라는 말이 되었다. 중국의 고대 왕들은 자기 조상을 받드는 종묘宗廟와 피정복민의 문화에서 비롯된 사직을 함께 지키는 역할을 한 것이다(이것이 곧 중화의 원리다).

그러나 아리아인은 피정복민의 문화를 무시하고 카스트 제도로 노골적인 신분 차별 정책을 실시했다. 이리하여 인도는 단순한 신분제를 넘어 철저한 계급사회가 되었다. 더욱 불행한 일은 그 카스트 제도가 오늘날까지도 인도의 발전을 가로막는 장애물이 되고 있다는 점이다.

카스트는 모든 사람을 브라만Brahman, 크샤트리아Kshatriya, 바이샤Vaisya, 수드라Sudra의 네 가지 계급으로 구분했다(반드시 네 가지만은 아니었고, 일부 지역에서는 브라만을 제외한 모든 계급을 수드라로 구분하기도 했다). 최고 신분인 브라만은 사제 계급으로 종교의식을 담당했고, 크샤트리아는 귀족과 정치적 지배층, 군인 계급이었으며, 바이샤는 농업이나 공업에 종사하는 평민, 최하층 수드라는 노예 계급이었다. 이 가운데 상위 세 계급은 아리아인이었고, 원주민은 모조리 수드라였다. 즉 원주민의 최상층도 아리아인의 최하층만 못했으니 얼마나 철저한 차별 제도인지 알 수 있다.

물론 보편적 인권의 관념이 생겨난 근대 이전까지 모든 인류 사회는 신분제를 취했다. 하지만 고대 인도의 카스트 사회는 특이한 점이 있었다. 일반적인 사회라면 당연히 정치와 군사의 지배층이 제1신분일 것이다. 하지만 인도의 최고 지배층은 사제 집단인 브라만이었고, 이들이 정치적 지배층인 크샤트리아를 통제했다. 이 점은 고대 인도가 종교 사회였음을 말해주는 동시에 (고대만이 아니라 현대에도) 인도에서 종교란 단순히 신앙의 문제가 아니라는 것을 나타낸다.

인도와 종교

인도 하면 언뜻 생각나는 것이 종교다. 석가모니와 불교가 탄생한 나라이기도 하지만 오늘날에도 종교를 떼어놓고는 인도를 생각하기 어렵다. 그러나 지금의 인도에서 종교를 연상하는 것은 당연하지만 불교를 떠올리면 곤란하다. 현재 인도는 힌두교(브라만교를 모태로 하고 있다) 국가이기 때문이다(힌두와 인도는 같은 어원이니, 힌두교는 결국 인도의 전통 종교라고 할 수 있다). 원래 인도 서쪽의 이슬람 국가인 파키스탄과 한 몸이었지만 20세기 중반에 종교 문제로 분리되었다. 또 인도 동쪽의 방글라데시도 이슬람 국가다. 그래서 현재 인도 아대륙 주변에서 불교 국가로 남아 있는 나라는 스리랑카뿐이다. 오히려 타이나 미얀마 등 동남아시아 나라들이 불교를 국교로 채택하고 있다.

우리로서는 선뜻 이해하기 힘들지만, 서아시아와 인도에서 종교는 곧 생활이다. 사실 알고 보면 우리나라처럼 종교를 단순한 신앙의 측면에서 선택 사항으로만 여기는 곳은 세계적으로 드물다. 그리스도교 역시 서구인들에게는 신앙이기에 앞서 생활 방식에 가깝다(서부 개척 시대에 미국인들이 한 마을을 개척할 때 맨 먼저 교회부터 세운 것은 교회가 종교 시설이라기보다 마을 공회당 같은 의미를 가졌기 때문이다). 그러나 인도에서의 종교는 세계 어느 나라보다도 오랜 역사를 가지고 있다. 종교를 떼어놓고 생각하면 인도의 역사를 설명할 수 없을 정도다.

아리아인이 인도를 지배하게 된 역사에 관한 기록도 그들이 남긴 《베다Veda》라는 일종의 종교 문헌에서 나왔다. '성스러운 지식'이라는 뜻의 《베다》는 시집과 같은 형식으로 되어 있다. 한마디로《베다》는 인류 최초의 문학적 성전이라고 할 수 있다.《베다》가운데서도 가장 중요한 문헌은 기원전 1500년에서 기원전 1000년 사이에 기록된 것으로 추정되는 《리그베다 Rig-Veda》다. 이 문헌에는 신을 찬양하는 송가 1028수가 수록되어 있는데, 시가들을 통해 아리아인이 인도를 침입한 역사와 그들의 생활상을 보여준다.

《리그베다》에서 보는 고대 인도의 모습은 형식상으로 군주제를 취하기는 했지만 종교가 세속의 권력보다 훨씬 우위에 있는 사회였다. 왕은 자기 영토를 '소유'하지 못했으며 백성들에게서 세금을 징수하지도 못했다. 다만 다른 나라를 정복하면 전리품만은 가질 수 있었다. 왕보다 상위의 위치를 차지하고 결정적인 영향력을 행사한 것은 사제인 브라

불의 신   아그니 신은 《리그베다》에 등장하는 불의 신으로서, 신과 인간을 중재하는 역할을 했다. 그 밖에 《리그베다》의 주요 신들로는 전쟁을 관장하는 인드라, 우주의 질서를 유지하는 물의 신 바르나 등이 있다.

만 계급이었다. 후기 베다 시대(기원전 1000~기원전 600)에는 왕권이 한층 강화되지만, 그래도 종교의 권력에 미치지는 못했다.

《리그베다》의 종교는 자연 숭배의 형태를 띤 원시적 다신교의 성격을 가지고 있었다. 그런데 후기 베다 시대에 접어들면 종교적 초점이 자연에 대한 관심에서 점차 인간의 문제로 이행하고 신의 성격도 달라진다. 그에 따라 브라만교의 형식적인 종교 의식에서 벗어나 참된 신앙을 찾자는 운동이 일어났는데, 이 시기에 등장한 철학을 우파니샤드Upanisad('비밀 모임'이라는 뜻)라고 부른다. 우파니샤드에 따르면, 우주는 브라만(신)이며 브라만은 아트만

Atman(자아)이다. 내가 곧 우주가 되는 이른바 범아일여梵我一如의 사상이다.

우파니샤드 시대에 뒤이어 기원전 6세기 무렵부터는 그토록 막강했던 브라만교의 권위가 해체되기 시작하면서 새로운 종교들이 생겨났다. 이 가운데 가장 주요한 것들이 불교와 자이나교다. 불교와 자이나교가 기존의 브라만교에 도전하면서 이후 인도는 그 세 가지 종교를 정신적 축으로 삼고 발전하게 된다. 당시의 신흥 종교였던 불교와 자이나교를 간단히 살펴보고 넘어가자.

불교

불교를 창시한 석가(본래 이름은 고타마 싯다르타)는 기원전 6세기 중반 지금의 인도와 네팔 국경 언저리에 있었던 카필라의 왕자로 태어났다. 당시는 아직 영토 국가의 시대가 아니었으므로 고만고만한 도시국가들이 많았는데, 카필라도 그중 하나였다.

싯다르타는 열여섯 살에 결혼해 이듬해 아들을 낳고 평온하게 살다가 스물아홉 살에 갑자기 출가出家를 결심한다. 당시 출가는 널리 행해지던 사회적 관습이었으므로 출가 자체로 싯다르타의 사람됨을 평가할 수는 없다. 이후 그는 6년여 동안 여기저기를 떠돌면서 현인들을 만나고 온갖 고행을 하지만, 애초부터 그가 품고 있던 생로병사의 문제에 해답을 얻지는 못했다.

그러자 싯다르타는 고행으로 해결될 수 없는 문제라고 판단하고 명상을 통해 진리를 구하고자 했다. 7일간의 좌선(49일이라는 설도 있다) 끝에 그는 드디어 깨달음을 얻었고, 자신을 스스로 붓다(부처, Buddha, 佛陀 등으로 표기하는데 '깨달은 자'라는 뜻이다)라고 불렀다. 이후 석가는 45년간 인도 전역을 여행하면서 자신의 깨달음

을 널리 전파했다. 기원전 5세기 초에 그가 열반에 들자, 중생을 구제하려는 그의 염원은 제자들에 의해 이어졌으며, 불교라는 심원한 종교로 확립되었다.

흔히 불교라고 하면 윤회나 업業 같은 개념들을 연상하지만, 원래는 그것들도 불교 이전에 힌두교의 전통적인 종교 관념이다. 석가 역시 윤회와 업을 불교 속에 받아들인 것이다. 그러나 힌두교는 기본적으로 유신교, 그것도 다신교인 반면에 불교는 처음에 무신교로 시작했다(부처는 신이 아니라 선각자일 뿐이다. 부처가 일종의 신과 같은 성격을 지닌 존재로 변하는 것은 후대에 대승불교의 발달로 불교가 체계적인 종단의 구조를 지니게 되면서부터다). 따라서 힌두교는 신을 윤회보다 상위에 속하는 것으로 보았으나 불교는 신성神性 자체가 선행의 결과라고 보았다.

불교는 이렇게 신의 존재를 인정하지 않았으므로 전통적인 카스트 제도도 부정했다. 불교의 만민 평등사상에서 보면 하층계급도 얼마든지 해탈에 이를 수 있었다. 불교는 가히 혁명적인 종교였다. 그렇게 보면 이후 불교가 인도에서 계속 발달하지 못한 이유는 충분히 이해할 수 있다. 지금도 인도에는 카스트가 살아 있으니까. 이후 불교는 포교 종교로 전환되면서 부처를 신처럼 받들기 시작했고 종단 조직을 갖추었다. 종교가 조직으로 성장하고 발달하면 내용적으로는 타락하기 쉽다. 불교는 얼마 안 가 본래의 혁명성을 잃었다.

자이나교

자이나교도 힌두교나 불교처럼 인도에서 발생한 종교답게 윤회와 업을 받아들인다. 그러나 자이나교의 교리는 힌두교보다 불교와 유사한 측면이 많았다. 우선 《베다》 성전의 권위를 부인한 데다 종교 의식을 거부하고 카스트 제도를 배척했으므로, 자이나교역시 불교처럼 힌두교 질서에 반발하는 혁명적인 성격을 지니고있었다. 또한 불교에서처럼 금욕을 강조하고 불살생의 계율을 중시했다. 그러나 자이나교는 그 점에서 불교보다 한층 극단적인 성격을 지녔다.

자이나교의 5대 계율은 살생, 거짓말, 도둑질, 음행, 소유의 다섯 가지를 금하는 것이었다. 이 가운데 가장 중요한 것은 살생을하지 말라는 계율이었는데, 그 대상으로 인간과 동식물은 물론 바람이나 물, 흙, 불까지도 포함시켰다. 자연의 모든 것은 영혼을 가지고 있기 때문에 고통을 주어서는 안 된다는 것이다. 이에 따르면 해충을 잡고 잡초를 뽑고 익은 작물을 베어내 수확하는 농민들도 큰 죄를 짓는 셈이 되었다. 그래서 자이나교의 신도들은 주로 농업보다 상업을 택했다. 자이나교도는 주로 상업과 대금업, 무역업에 종사하면서 막대한 부를 쌓았다(그리스도교와 이슬람교를 비롯해 대다수 종교들이 대금업을 죄악시하는 데 비하면 자이나교는 특이하다). 그 덕분에 19세기 이전까지 자이나교도는 인구로 보면 인도 전체의 1퍼센트도 안 되었으나 총 자본량의 절반 이상을 소유했다.

다섯 가지 계율 가운데 거짓말과 도둑질을 하지 말라는 것 정도는 보편적인 도덕으로 볼 수 있다. 하지만 아무것도 죽이거나 고통을 주지 말아야 하고, 철저한 금욕과 무소유로 생활하라는 것은 곧 괴롭게 살라는 말이나 다를 바 없다. 실제로 자이나교에서는 고행을 거쳐야만 해탈에 이를 수 있다고 가르쳤다.

그럼 해탈은 무엇에서 벗어나는 걸까? 그것은 윤회다. 영혼은 자신이 지닌 업 때문에 결박되어 있고 부단히 고통 속에서 윤회할 수밖에 없다. 이 비참한 상태를 벗어나 영원한 고요의 상태에 도달하는 게 바로 해탈이다. 가장 순수한 해탈은 육신이 죽어야만 가능하다. 고행과 육신의 죽음을 통해 해탈에 이를 수 있다는 자이나교의 극단적인 교리는 원래 종교적 심성이 강한 고대 인도인들에게 깊은 반향을 불러일으켰다.

이와 같이 고대 인도에서는 전통 종교인 힌두교와 불교, 그리고 자이나교가 성행했다. 불교와 자이나교는 평등사상을 주창하며 무신론이라는 점에서 대략 색깔이 비슷한 종교였다. 그에 비해 힌두교는 다신론 종교였으며, 카스트 질서를 만들고 고착시켰다.

주지하다시피 오늘날 인도는 대표적인 힌두교 국가다. 불교는

돌 도장　힌두교와 불교, 자이나교에서는 모두 살생을 금지했다. 특히 힌두교에서 소를 숭배한다는 것은 잘 알려진 사실이다. 이 돌 도장은 기원전 2000년 무렵의 것인데, 이미 이때에도 인도인들에게 소가 숭배의 대상이었던 것을 보면 힌두교의 역사는 인도의 역사만큼이나 오래라는 것을 알 수 있다.

한동안 크게 융성하다 4세기 무렵 굽타 왕조 시대부터 힌두교에 밀려 인도에서 물러났다. 역사는 발전하게 마련인데, 왜 불교와 자이나교는 진보적이었음에도 힌두교에 패배했을까? 누가 보기에도 문제가 많은 카스트 제도의 신분 질서를 부정하는 혁명적인 종교가 왜 민중의 전폭적인 지지를 받지 못했을까?

그 이유는 바로 윤회 사상 때문이었다. 윤회는 인도의 모든 종교에 내재한 전통적인 관념이다. 윤회를 믿는 인도인들은 지금 비록 노예의 처지라 해도 꾹 참고 성실하게 살아가면 다음 세상에서는 더 좋은 신분으로 태어날 수 있다고 여겼다. 이렇게 생각하는데, 굳이 현재 삶에서 평등을 추구할 필요가 없다. 다른 민족의 관점에서 보면 힌두교가 문제 많은 종교인 듯하지만, 인도인들에게는 그렇게 보이지 않았던 것이다. 그래서 불교는 이후 윤회의 관념이 없는 동남아시아 지역과 동북아시아의 중국, 한반도, 일본 등지에서 더 찬란하게 꽃피우게 된다. 특히 동북아시아에서는 불교의 알맹이라 할 윤회를 떼어버리고 껍데기만 받아들였기에, 윤회의 자리를 '국가'로 채워 호국 불교의 양상으로 발전하게 된다.

정치적 공백이 이룬 통일

카스트 제도가 처음 성립할 때와 같은 강력한 힘을 이후에도 내내 발휘했다면, 인도에는 고대국가의 성립이 훨씬 늦어졌을지도 모른다. 신분 질서가 워낙 강한 탓에 국가라는 질서의 중심이 존재할 필요가 없었기 때문이다. 그러나 아리아인의 지배가 계속되면서 카스트의 힘은 점차 약해졌다. 처음에는 아리아인과 인도 원주민이 외양에서부터 현저한 차이가 나서 카스트의 구분도 쉬웠으나, 나중에는 서로 융화되면서 인종적 구별이 사라져 직업으로 카스트를 구분해야 했다(코가 뾰족하고 눈동자와 피부색이 검은 오늘날의 인도인들은 수천 년에 걸쳐 아리아인과 원주민이 혼혈을 이룬 결과다).

카스트 제도가 약화되면서 그에 반비례해 각 도시국가에서는 왕권이 강화되기 시작했다. 처음에는 일종의 원시적 공화정과 같이 부족장들의 원로 회의가 국가를 지배하고 왕은 상징적 존재에 불과했으나(심지어 왕이 세습되지 않고 부족 연맹에서 선출하기도 했다), 점차 강력한 왕권을 지니는 도시국가들이 출현하게 되었다.

마가다, 비데하, 코살라, 아반티, 앙가 등 10여 개에 이르는 주요 왕국들이 갠지스 강 유역을 따라 퍼져 있었다. 중국의 춘추전국시대에 해당하는 기원전 7세기부터 기원전 4세기까지 인도에서도 여러 도시국가가 각축전을 벌였다. 특히 마가다는 빔비사라 왕과 그 아들 아자타사트루의 지배기에 코살라와 비데하를 병합하고 북인도를 거의 석권하는 데 성공했다.

인도의 역사가 이대로 지속되었더라면 마가다가 인도를 통일하는 최초의 왕조가 되었을 것이다. 그러나 마가다의 세력이 커지던 기원전 4세기에 인도의 서쪽에서 엄청난 말발굽 소리가 들려왔다. 멀리 그리스에서 출발한 알렉산드로스의 동방 원정군이 페르시아를 멸망시키고 인도 서북부까지 들이닥친 것이다.

인도를 가장 먼저 침공한 사람은 페르시아의 다리우스였다. 한

최고의 카스트　브라만 승려의 모습이다. 사실 브라만 승려는 귀족보다 신분이 높았다. 현실 정치보다 종교를 우위에 두는 인도 특유의 관습은 이때부터 시작되었다.

때 그는 펀자브 지방을 점령해 통치하기도 했다. 그런데 그 강국인 페르시아를 무찌른 자가 바로 알렉산드로스였다. 당시 알렉산드로스는 인도가 세상의 동쪽 끝이라 믿었고, 인도를 정복하면 아시아의 주인이 된다고 생각했다. 그가 히말라야를 넘기는 어려웠겠지만 혹시 인도를 침공한 뒤에도 동방 원정을 계속했더라면 전국시대 말기 한창 강성했던 진 제국과 한판 승부를 벌였을지도 모른다 (하지만 그는 동쪽 끝을 정복한 뒤 말머리를 돌려 멀리 세상의 서쪽 끝인 에스파냐를 정복할 계획이었다. 그러던 차에 기원전 323년 병사하게 된다).

알렉산드로스는 보병 3만과 기병 5000의 군대로 동방 원정을 출발해 불과 7년 만인 기원전 327년에 인도의 서북부까지 진출했다. 이것이 중요한 이유는 인도 역사에서 연대가 정확하게 알려진 최초의 사건이기 때문이다.

이미 북아프리카를 손에 넣고 동방의 강국인 페르시아를 무찌른 알렉산드로스에게 인도는 적수가 되지 못했다. 오히려 그의 적은 내부에 있었다. 인도 서북 방면의 탁실라와 제룸, 두 나라를 간단히 제압하고 라비 강변에서 10만에 달하는 인도 연합군의 방어망까지 뚫는 데까지는 좋았다. 그러나 북인도 전역을 노려볼 즈음 오랜 원정에 지친 병사들이 더 이상 진군을 원치 않았다. 할 수 없이 알렉산드로스는 인도의 변방만 건드려보고 철군했다.

청년 알렉산드로스   알렉산드로스는 3만 5000명의 병력으로 이소스 전투에서 페르시아의 대군을 물리쳤다. 그는 당면한 숙적 페르시아를 무찔러야 한다는 일념으로 전투에 임했지만, 자신의 정복 전쟁이 장차 세계사에 지대한 영향을 가져올지는 알지 못했다.

알렉산드로스의 인도 침공은 편자브의 일부에 불과했고 점령 기간도 짧았지만, 인도로서는 처음으로 외부 세계를 접한 것이었으니 영향은 엄청났다. 드디어 인도는 서양 세계에 모습을 드러내게 되었다. 동양과 서양은 비로소 교류를 시작했으며(여기서의 동양이란 아직 중국까지 포함하는 것은 아니고 오리엔트 세계만을 가리킨다), 알렉산드로스의 원정로는 육해상의 교통로가 되었다.

특히 알렉산드로스의 원정이 초래한 커다란 문화사적 사건은 간다라 예술이다. 간다라는 편자브 지역의 한 지방인데, 알렉산드로스의 침공을 계기로 헬레니즘 문화가 유입되었다. 고대 그리스의 발달한 조각 기술이 인도 예술에 원용된 것은 이 시기부터다.

가장 주목할 만한 변화는 인도에서 처음으로 불상이 제작된 것이다. 불교의 발생과 더불어 불교 예술도 발달했지만, 원래 인도에서는 부처의 모습을 조각상으로 만드는 것을 불경스럽게 여겼다. 그래서 인도의 초기 불교 예술가들은 부처를 인간의 형체가 아니라 발자국이나 빈 의자 따위로 묘사했다. 그런데 그리스인들은 달랐다. 그들은 자신들이 믿는 신을 마음대로 인간과 똑같이 묘사했다(세속과 거리를 둔 부처와 달리 그리스 신들은 인간처럼 사랑도 하고 화도 내고 질투로 속도 끓이는 인격신이었던 탓이 크다).

처음 만드는 불상이니 모델이 필요했다. 그리스인들은 불상의 영감도 주었지만 기법도 제공했다. 그리스 조각상이 좋은 모델이 되었다. 그 때문에 처음 등장한 불상은, 웅장하고 이상적인 묘사를 중시한 당시 인도의 전통 미술과는 달리 옷 주름 하나하나까지 섬세하게 표현해내는 그리스식 조각 기술로 제작되었다. 이것이 간다라 미술인데, 이후 이 양식은 불교와 더불어 동아시아 일대에 전해졌다. 신라 석굴암의 불상이 곱슬머리에다 고대 그리스 신과 같은 의상을 입은 것은 바로 간다라 양식의 영향을 받은 탓이다.

세계사적 관점에서는 간다라 미술이 더 큰 관심사일지 모르지만, 사실 당시 인도인들은 알렉산드로스의 침공으로 인해 예술적인 측면보다 사회적인 측면에서 더 큰 변화를 겪었다. 외부의 침략을 받아본 나라는 대개 그렇듯이, 무엇보다 인도인들은 그 사건을 계기로 민족적 자각성을 일깨우게 되었다. 이런 원동력은 곧이어 인도에 최초의 통일 국가가 들어서는 계기로 작용했다.

알렉산드로스의 군대가 물러가자 옛 마가다의 영토는 난다 가문이 잠시 지배했다. 그러나 이내 마가다의 크샤트리아 계급 출신인 찬드라굽타Chandragupta(재위 기원전 321년경~기원전 298년경)가 난다 왕조를 무너뜨리고 왕위를 빼앗았다. 찬드라굽타가 권력을 장악할 수 있었던 이유는 알렉산드로스의 침공으로 인도 국민의 민

간다라 양식　　지금까지 존재하는 고대의 모든 불상은 간다라 시대 이후의 것들이다. 헬레니즘 시대 이전까지는 불상 자체가 없었기 때문이다. 앞서의 고행하는 불상과 대비되는 이 잔잔한 모습의 불상은 간다라 양식의 특징을 잘 보여준다. 섬세하고 부드러운 옷 주름과 몸의 굴곡은 그리스 신상과 닮았다.

족적 자각성이 일어난 데에 힘입은 바도 있지만, 알렉산드로스가 철군함으로써 인도 서북부에 힘의 공백이 생긴 탓이 컸다.

　하지만 탄약이 장전되어 있어도 방아쇠가 없으면 탄알은 발사되지 않는다. 지역의 패자를 노리고 처음부터 상비군을 육성한 찬드라굽타는 20여 년에 걸쳐 60만 명의 대규모 군대로 북인도를 통일하고 마우리아 제국을 세웠다. 인도 역사상 최초의 강력한 제국인 마우리아는 얼마 안 가 아프가니스탄에서 벵골 만에 이르는 대제국으로 발전했다. 이때부터 인도의 역사는 세계사의 일부로 확실히 자리 잡게 된다.

3장

일본이 있기까지

금속의 빛을 던져준 야요이 문화

우리나라 역사를 처음 배울 때 신석기시대의 유물로 빗살무늬토
기라는 것이 나온다. 일본의 신석기시대에도 이와 비슷한 줄무늬
토기가 있었다. 빗살무늬는 한자어로 즐문櫛文이지만 줄무늬는 새
끼줄로 만들기 때문에 승문繩文이라고 하는데, 일본식 발음으로는
조몬이다. 그래서 기원전 8000년경부터 시작된 일본의 신석기 문
화를 조몬 문화라고 부른다.

앞서 중국이나 인도의 역사에서는 생략한 신석기시대를 일본
의 역사에서 소개하는 데는 이유가 있다. 중국은 문명의 발상(황
허 문명)에서부터 씨족국가, 고대국가에 이르기까지의 과정이 자
생적이고 연속적으로 이어졌다. 또 인도는 인더스 문명이라는 발
달한 자생적인 문명이 있었으나 아리아인의 침입으로 파괴되고

이후에는 예전과 다른 새로운 역사를 시작하게 되었다. 반면 일본에서는 조몬 시대가 수천 년 동안 이어지다가 기원전 3세기경 외부에서 새로운 문화가 들어오면서 토착 문화와 합쳐지게 된다. 이 외부 문화가 유입된 지역에서 생산된 토기가 최초로 발견된 곳이 야요이彌生이기 때문에 그 문화를 야요이 문화라고 부른다.

흙으로 만든 장신구　조몬 시대 말기인 기원전 500년 무렵의 귀고리다. 이처럼 작은 물건들까지도 흙으로 정교하게 가공한 것을 보면 대륙 문화와 교류 없이 자생적으로 발달한 조몬 문화도 상당한 수준에 이르렀음을 알 수 있다.

인도를 침략한 아리아인은 일방적으로 원주민을 정복했지만, 야요이 문화를 가지고 들어온 인종은 조몬 원주민들과 어울려 일본 문화의 뿌리를 이루었다(섬이라는 지형적 여건으로 외부인이 아리아인처럼 대규모로 일본으로 이동할 수 없었기 때문일 것이다). 오늘날과 같은 일본의 인종과 언어는 조몬과 야요이가 만나면서 형성되었다.

야요이 문화가 수입되기 전에 조몬인들은 아직 본격적인 농경 생활을 하지 못하고 채집과 고기잡이에 의존해 생활했다. 게다가 문명이 발생한 지구상의 대부분 지역이 청동기를 사용하던 시대(기원전 10세기 이후)에도 일본의 원주민들은 여전히 석기 문명의 수준에 머물렀다. 농경 생활과 청동기, 나아가 철기까지 가져다준 것은 바로 야요이인이었다(그 덕분에 이후 한동안 일본에서는 청동기와 철기가 동시에 사용되는 특이한 문화가 발달한다).

거의 원시적인 수준의 조몬인들에게 생활의 안정과 함께 금속의 빛을 던져준 야요이인들은 과연 누구였을까? 일본의 지도를

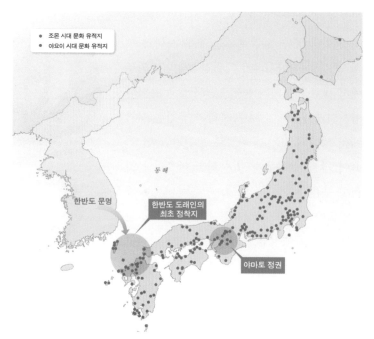

바다 건너온 문명   일본 문명은 토착 문화와 한반도에서 유입된 야요이 문화가 결합된 독특한 양식으로 전개된다. 최초의 고대국가 형태인 야마토 정권이 씨족들 간의 격렬한 전쟁으로 탄생했다는 사실은 이후 일본사를 특징짓는 '내전의 역사'를 예고한다. 또한 야마토 정권의 세력권이 문화의 유입지인 한반도 쪽에 편중되지 않았다는 사실은 토착 문화의 수준도 만만찮았다는 것을 보여준다.

보면 충분히 추측할 수 있다. 그들은 대륙과 한반도에 가장 가까운 지역인 지금의 기타큐슈에 처음으로 정착했다. 그곳에 쉽게 갈 수 있는 외부인이라면 한반도인밖에 없다. 야요이인은 바로 변한(지금의 경상남도와 전라남도에 걸친 지역)에 자리 잡고 있던 한반도인이었다.

야요이 문화의 수입과 더불어 일본은 급속히 씨족국가 사회로 접어든다. 일본 열도에서는 거의 1만 년에 달하는 조몬 시대에 있었던 변화보다 불과 수백 년의 야요이 시대에 이루어진 변화가 훨씬 컸다. 하나의 증거로, 중국의 전한前漢 시대 역사서인《한서漢書》에는 이런 기록이 있다. "낙랑의 바다 가운데 왜인이 100여 국을 이루고 있다." 아무리 작은 나라라 해도 100여 개 나라를 셀 수 있을 정도라면 문명이 상당히 밝았다는 이야기다. 미개에서 문명으로 접어들자마자 짧은 기간 동안 일본은 눈부신 발달을 이룬 것이다.

빛은 서방에서

조몬 문화처럼 채집과 어업에 의존하는 사회는 인구 이동이 잦기 때문에 온전한 정착 생활이 이루어질 수 없다. 야요이 문화의 도입으로 농경이 지배적인 생활 형태가 되면서 비로소 일본에서는 곳곳에 씨족사회들이 생겨났다. 일본은 가장 큰 섬인 혼슈만 해도 한반도 전체보다 조금 클 정도이기 때문에 원래부터 인구 밀도는 적지 않았다. 이 인구가 씨족사회로 편제되자 이내 씨족들 간에 격심한 경쟁과 전쟁이 잇달았다. 제법 큰 규모의 씨족사회들은 이미 이 무렵부터 중국과 직접 교섭을 시작했다.

200~300년에 걸친 전란 끝에 드디어 강력한 씨족국가가 탄생했다. 당시 일본은 문자도 없었고 직접 역사를 기록하지도 못했으므로 중국의 사서인《삼국지三國志》의〈위지魏志〉(이 문헌은 한반도의 상고사에 관해서도 귀중한 정보를 주는 역사서다)에 이 국가가 등장한다. 바로 일본 최초의 국가 형태라 할 수 있는 야마토邪馬臺 정권이다.

중국의 왜인　6세기 중국 남조의 한 나라였던 양(梁)의 문헌에 기록된 왜국 사절의 모습이다. 야마토 정권 시절에는 아직 일본이라는 국호가 없었으므로 중국과 한반도에서는 일본을 왜국이라고 불렀다. 이들은 백제의 사절과 함께 중국에 조공하러 오는 경우가 많았다.

야마토 정권은 여러 부족의 족장들이 힘을 합쳐 28개 씨족사회를 복속시켜 이루어진 나라였다. 왕은 있었지만 아직 왕위 세습이 이루어지는 단계가 아니었고 부족장들이 협의해 추대하는 식이었다. 게다가 야마토의 왕은 정치적·군사적 실력보다도 종교적 권위가 우선하는 경우가 많았다. 그렇게 보면 왕은 일종의 제사장과 같은 역할을 했을 것으로 추정된다. 부족 사회 특유의 모계적 전통도 강했으므로 여왕이 즉위하는 경우도 적지 않았다. 일본 천황가의 신적 조상으로 지금도 전통 신앙인 신도神道의 주요 신으로 섬겨지는 아마테라스 오미카미天照大神도 태양의 '여신'이다.

야마토 정권은 그 기원도 외부에서 온 사람들(일본인들은 바다를 건너왔다는 뜻에서 고대의 외부인을 도래인渡來人이라고 부른다)이 계기가 되었지만, 발달하는 과정에도 외부 문화의 도움이 컸다. 고대 로마인들은 문명이 동쪽(그리스와 오리엔트)에서 왔다는 뜻으로 '빛은 동방에서'라는 말을 한 적이 있는데, 일본의 경우에는 '빛은 서방에서'라고 해야 할 것이다. 기본적으로 그 외부 문화는 중국의 것이었으나 그것을 전달한 사람들은 바로 일본 서쪽의 한반도인들이었기 때문이다. 변한인들이 최초의 도래인이었다면, 야마토 시대에 그 역할은 한반도 남부에서 일찌감치 고대국가를 확립하고 있던 백제인들이 담당했다. 4세기 중반과 후반에 백제의 아직

기阿直岐와 왕인王仁이 《논어》와 《천자문》을 전한 것을 비롯해 백제인들은 한자와 한문, 각종 과학과 기술 등 선진 문화를 일본에 보급했다.

5세기 후반에는 백제의 귀족과 유력가 들이 대규모로 이주해왔는데, 이것은 백제의 국내 사정에 기인한다. 475년에 백제는 고구려 장수왕의 침공으로 개로왕이 죽고 수도가 함락되는 비극을 당한다. 이로 인해 백제는 수도를 웅진(지금의 공주)으로 옮기고 권력자들 사이에 내분까지 일어나게 되는데, 일부 학자들은 이것을 사실상 백제가 망했다가 재건국한 것으로 본다. 그 과정에서 백제인들이 대거 일본으로 이주했다. 백제의 실력자들까지 일본행을 택할 정도로 당시 일본과 백제의 관계는 아주 돈독했다.●

한반도의 선진 문화는 규슈뿐 아니라 일본 본토에까지 널리 퍼져 5세기경에는 야마토 정권의 세력이 간토關東 지방(지금의 도쿄 일대)까지 파급되었다(대개 문명은 그 빛이 처음 전해진 곳을 중심으로 발달하게 마련인데, 규슈에서 멀리 떨어진 곳까지 순식간에 퍼져나갔다는 것은 당시 일본의 자체 문명의 토양도 어느 정도 형성되어 있었음을 시사한다). 이때부터 비로소 야마토의 왕권은 크게 강화되기 시작했고 왕위

● 고대 일본 천황의 가계에 백제 혈통이 있다는 설은 그 점을 말해준다. 어쨌든 한반도 고대 삼국 가운데 백제가 일본과 관계를 맺고 왕래를 가졌다는 것은 확실한 듯하다. 8세기 초에 편찬된 일본 최초의 역사서 《니혼쇼키(日本書紀)》에도 한반도 삼국 가운데 유독 백제에 관한 이야기가 압도적으로 많이 등장한다. 또 우리나라의 《삼국사기(三國史記)》에는 660년 백제가 당과 신라의 연합군에 멸망당할 때 일본이 군함 400척을 보내 백제를 지원했다는 기록도 나온다.

세습도 이루어졌다. 이 무렵의 왕들은 초기 야마토 정권의 왕처럼 종교적 권위만 가진 게 아니라 정치·군사·제사의 모든 권한을 장악한 명실상부한 권력자였다. 야마토 정권은 한반도를 통해 계속 선진 문물을 전해 받으면서도 한반도의 고구려·백제·신라와 대

등한 관계를 자처했으며, 때로는 중국과의 직접 교류를 시도하기도 했다. 그러나 중국과의 교류는 뭔가 특별한 것을 얻기 위함이 아니라 주로 중국의 인정과 승인을 받음으로써 주변 부족들에 세력을 과시하고 아직 미약한 왕권을 강화하기 위해서였다.

야마토 정권 후기의 왕들(이들은 '오키미'로 자처했는데, '대왕'이라는 뜻이다)이 바로 오늘날까지 이어지는 일본 천황의 기원이 된다. 일본 전 역사를 통틀어 몇 손가락 안에 꼽히는 존경받는 영웅 쇼토쿠 태자聖德太子(574~622)가 등장하는 것도 이 무렵이다.

한편 야마토 정권은 부족 연맹체의 성격이 강했기 때문에 정식 고대국가라고 부를 수 없다. 후기에 들어 왕권은 상당히 강화되었으나 아직 다른 부족장들을 경제적·군사적으로 굴복시킬 만한 수준은 되지 못했다. 왕위 세습 역시 왕이 직접 자기 아들에게 계승시키는 게 아니라 그저 왕가의 가계만 고정되어 있는 정도였다. 따라서 왕족 중에서 누구를 옹립할 것인가에 대해서는 부족장들의 발언권이 강했다. 당연히 세력이 큰 씨족들 간에 다툼이 없을 수 없었다.

대규모 씨족 집단들은 군사 조직을 거느리고 있었으므로 권력 다툼이 대단히 치열하고 살벌했다(《니혼쇼기》는 왕위 계승을 둘러싼 피비린내 나는 이야기들로 가득 차 있다). 6세기 중엽 불교를 공인할 것인가, 말 것인가를 둘러싸고 대립한 끝에 불교 공인에 찬성한 소가蘇我씨의 세력이 오토모大伴, 모노베物部 등 권력가들을 물리치고 승리했다. 권력을 잡은 소가 우마코蘇我馬子(?~626)는 자기 집안의 어린 딸을 왕으로 세우고 섭정을 정했는데, 그 섭정이 바로 쇼토쿠 태자다.

쇼토쿠 태자는 왕을 권력의 정점으로 하는 중앙집권 국가를 수립하기 위해 노력했다. 원래 건국자는 빈 도화지에 그림을 그려야 하므로 할 일이 많게 마련이다. 쇼토쿠는 행정 구조를 쇄신해 관료 기구를 창설하고, 17조의 헌법을 제정하고, 《덴노기天皇記》와 《고쿠기國記》 등 일본 최초의 역사서들을 편찬하며 다방면으로 활약했다. 특히 그는 당시 신흥 종교였던 불교를 열심히 보급했는데, 여기에는 전통적인 씨족의 구분을 극복하고 귀족 세력의 사상적 통일을 꾀한다는 정치적 의미가 컸다.

일본의 토대를 닦은 인물 일본 고대사의 영웅 쇼토쿠 태자의 화상이다. 양 옆에 두 아들을 거느리고 있다. 그는 당시의 실력 가문인 소가씨와 공동 정권을 구성해 일본 고대국가의 주춧돌을 놓았다.

　이 시기에 일본은 본격적으로 중국과 국교를 맺으려 했다. 이전까지는 왕권의 강화라는 소극적인 목적에서였다면, 이제부터는 중국과 대등하다는 자부심을 가지고 수평적으로 교류하려는 것이었다. '천황'이라는 명칭을 쓰게 되는 것도 이 무렵의 일인데, 이것 역시 중국의 천자와 대등함을 과시하기 위해서였다. 쇼토쿠는 607년에 중국의 통일 제국 수에 보내는 국서에서 "해가 뜨는 곳의 천자가 해가 지는 곳의 천자에게 편지를 보냅니다."라고 말하는가 하면, 그 이듬해에는 "동천황東天皇이 서천황西天皇에게 아룁니다."라는 내용의 국서를 보낸다. 물론 수의 황제인 문제는 태자의 의도처럼 일본을 대등한 관계로 여기지 않고 조공국으로만 보았지만, 그래도 당시 일본의 자주적 의식은 이후 일본이 중화 세계에 편입되지 않고 독자적인 역사를 전개하는 큰 원동력이 되었다.

왜에서 일본으로

불교를 일본에 도입하는 데 결정적인 역할을 한 쇼토쿠 태자는 만년에 들어 현실 정치에 흥미를 잃고 불교에 깊이 빠져들었다가 622년에 세상을 떠났다. 또한 태자와 더불어 강력한 소가씨의 수장으로 군림한 소가 우마코도 4년 뒤에 사망했다. 이로써 약 30년간 장기 집권하면서 국가의 기틀을 마련한 일본 고대사의 두 기둥은 사라졌다. 호랑이가 없으면 여우가 군림하는 법이다. 최고 세력가인 소가 가문은 제 세상을 만난 듯이 권력을 휘두르기 시작했고, 때마침 대흉작과 대기근이 들어 사회 전체가 매우 어지러워졌다.

사회 불안은 사실 단기적인 흉년만이 원인인 게 아니라 수백 년 동안 왕족과 귀족, 세력가 들이 각자 영지를 늘리고 세력을 키우기 위해 백성들을 수탈하기만 하고 재생산을 도모하지 않았던 것이 마침내 곪아터진 결과이기도 했다. 소가 우마코의 뒤를 이은 소가 에미시蘇我蝦夷(?~645)와 그의 아들 이루카入鹿(?~645)는 호랑이가 사라진 숲에서 여우의 노릇을 너무 심하게 했다. 그들은 과거 귀족들의 횡포를 답습했을 뿐 아니라 나중에는 스스로 천황을 자처할 정도로 만용을 부렸다.

모처럼 골격을 갖추기 시작한 국가 체제가 물을 흐리는 미꾸라지 몇 마리 때문에 위협을 받을 즈음, 소가씨의 전횡에 반대하는 귀족들은 한데 뭉치지 않으면 함께 몰락할지 모른다는 위기의식을 느꼈다. 이들은 나카노 오에中大兄(625~672) 태자와 나카토미 가마코中臣鎌子(614~669)를 중심으로 뭉쳤다. 이렇게 해서 개혁의 주체가 형성되었는데, 때마침 개혁의 모델도 있었다. 7세기 초·중반은 동아시아 전역이 급변하는 정세 속에 휩싸여 있던 시기다. 중국에서는 오랜 분열기가 끝나고 대륙 통일이 이루어진 뒤 신흥국 당이 안정된 기반을 닦아나가고 있었고, 한반도에서도 역시 중국의 지원을 업은 신라가 세력을 떨치며 삼국 통일을 준비하고 있었다. 이런 국제 정세에서 일본의 개혁 세력은 율령을 갖추고 법과 관료제에 의한 정치를 다져나가는 당이야말로 본받아야 할 모델이라고 여겼다.

645년에 그들은 대담한 쿠데타를 거행했다. 조정에서 외국의 국서를 읽는 자리를 틈타 천황 앞에서 이루카를 살해한 것이다. 쿠데타로 실각한 에미시는 자기 집을 불태우고 자결했다. 소가씨의 우두머리가 죽은 다음에는 쿠데타 세력을 가로막을 게 없었다. 그들은 다른 황족과 귀족 들이 지지하는 가운데 소가씨의 잔당을 토벌하고, 소가씨가 세운 고교쿠皇極(594~661) 천황을 폐위시킨 뒤 그의 동생 고토쿠孝德(596~654)를 천황으로 옹립했다. 나카노오에는 다시 그의 태자가 되고 가마코는 행정 수반을 맡아 두 사람이 전권을 장악했다. 한 세대 전의 지배자였던 쇼토쿠 – 소가 우마코 페어의 완벽한 재현이다.

그 쿠데타를 다이카 개신大化改新이라고 부른다. 집권 직후 중국의 연호 제도를 본받아 일본 역사상 처음으로 다이카라는 연호를 정했기 때문이다. 연호와 더불어 온갖 개혁 정책이 실시되었다. 그 모델은 물론 중국이었다. 개혁 세력은 먼저 황족과 귀족, 호족 들의 모든 토지와 농민(당시 농민은 부민部民이라고 불렸는데, 토지와 함께 귀족들의 소유물처럼 취급되는 노예나 다름없었다)을 몰수해, 전 국토와 백성을 천황이 지배하는 공지公地와 공민公民으로 만들었다. 그리고 이 토지와 백성을 지배하기 위해 중앙집권적 행정 기구를 갖추고 전국을 국國, 군郡, 리里의 행정구역으로 나누었다. 조세제도도 중국을 본떠 조租(토지에 매기는 세금, 즉 농작물), 용庸(사람에 매기는 세금, 즉 부역), 조調(비단이나 베 같은 옷감 또는 지역 특산물)라는 단일한 제도로 묶었으며, 원활한 세수 집행을 위해 호적을 만들었다.

중앙집권 체제와 행정제도, 조세제도를 갖추었다면 명실상부한 국가로 볼 수 있다. 그래서 다이카 개신으로 일본은 비로소 고대국가 시대로 접어들게 된다. 667년 나카노 오에는 수도를 아스카飛鳥에서 오쓰大津로 옮기고 이듬해에는 천황에 올라 덴지天智 천황이 되었다.

그러나 어떤 나라든 개국 초기에는 정권이 불안정한 법이다. 특히 쿠데타로 집권한 정권이라면 더욱 그럴 수밖에 없다. 669년 개혁의 일등공신인 가마코가 사망하고, 2년 뒤 덴지마저 죽자 국가의 기틀을 확립한 두 인물이 사라졌다. 이들은 권력을 장악하고 개혁을 단행한 것만이 아니라 죽음의 과정과 이후 정세마저도 쇼토쿠 태자-소가 우마코 페어를 재현한 셈이다.

덴지가 죽자 계승권자인 아들 오토모大友와 덴지의 동생인 오아마大海는 조카-삼촌 관계가 무색하게도 치열한 권력투쟁을 벌였다. 이 다툼은 삽시간에 일본 전역에 걸친 내전으로 발전했다. 이 내전은 한반도와 연관되어 있어 흥미를 끈다(당시 한반도에서는 신라에 의해 삼국 통일이 이루어진 직후였다). 일본의 조정에는 백제계 유민들이 많이 들어가 있었고, 반대 세력인 오아마에게는 신라계 도래인들이 협력하고 있었던 것이다. 우리나라의 입장에서보면 백제와 신라가 일본 땅에서 다시 대결한 셈인데, 결과는 한반도에서처럼 신라계의 승리로 끝났다. 결국 오아마가 덴무天武(631~686) 천황으로 즉위했다. 임신년에 일어났기 때문에 일본 역사에는 이 사건을 진신壬申의 난이라고 부른다(훗날에는 역사적 사건의 명칭에 일본의 연호가 들어가지만, 이 무렵에는 아직 연호가 일반화되지 않은 듯하다).

정권을 잡은 덴무는 잠시 내전으로 중단된 개혁을 마무리하고자 했다. 그는 먼저 시급한 관리 임용 제도를 완비하고, 지배 세력의 이념적 안정을 위해 불교를 중흥시켰다. 특히 덴무는 천신만고 끝에 천황위에 오른 탓인지, 천황의 존엄성을 새삼 과시하기 위한 각종 행사에 지대한 노력을 기울였다. 심지어 천황으로 있는 14년 동안 신하를 두지 않고 만사를 독재로 일관해 신적인 권위를 확립했다.

신라계의 도움으로 승리했으므로 당연히 신라와의 교류가 활발해졌다. 덴무는 한반도에 통일 국가를 건설한 신라의 경험을 열심히 배워 새로운 율령도 반포했다. 이 율령을 모델로 삼아 701년에는 다이호 율령大寶律令이 제정됨으로써 일본은 명실상부한 고대 국가로 발돋움했다.

더욱이 이 무렵에는 일본이라는 오늘날의 국호가 처음으로 사용되기 시작했다(우리는 지금까지 편의상으로 일본이라는 명칭을 써왔다). 그 이전까지는 야마토라는 국호를 계속 쓰면서 한자 표기로는 '倭', '大和'라고 했는데, 이제는 '해가 뜨는 곳' 일본이라는 이름을 가지게 된 것이다(大和에서 나온 和는 오늘날에도 일본인들에게 친숙한 뜻으로 쓰인다. 예를 들어 和食은 일본의 전통 음식을 가리킨다). 일본이라는 국호를 새로 제정한 이유는 야마토 정권처럼 한 지역에 국한된 국가가 아닌 전국적인 고대국가가 되었다는 것을 선포하기 위해서였지만(물론 오늘날과 같은 일본 전체를 말하는 건 아니고 간토 지방까지만을 말한다), 당시 중국과 한반도에서 '왜倭'라는 경멸적인 이름을 사용한 데 대한 반발도 작용했을 것이다.

2부

자람

:::::::

나라와 민족의 꼴이 제법 갖추어지면서 중국, 인도, 일본은 독자적 발전의 시대를 맞는다. 제국 체제로 접어든 중국은 동아시아 문명권의 중심이자 국제 질서의 핵으로 자리 잡는다. 중국과 달리 인도는 내내 분권화된 역사를 전개하다가 결국에는 이슬람 왕조의 지배를 받는다. 일본은 대륙과의 교류를 끊고 치열한 내전의 역사로 접어드는데, 그 결과 무사 정권이 탄생하게 된다.

4장

세상의 중심이었던 중국

1. 중화의 축

죽 쒀서 개 준 통일

기원전 221년 최초로 드넓은 중국 대륙을 통일하고 나서 진의 왕인 정政이 최초로 한 일은 자신의 호칭을 바꾸는 것이었다. 그는 이제 중국 대륙이 하나의 강력한 제국을 이루었으니 과거 제후들의 호칭인 왕이나 공公은 적절치 않다고 생각했다. 그가 만든 새 호칭은 바로 황제皇帝였다. 그는 최초의 황제가 되므로 자신을 시황제始皇帝라고 불렀다. 그래서 역사에서는 보통 그를 진시황秦始皇이라고 부른다. 또한 사극에서 흔히 보듯이, 왕이 자신을 지칭할 때 쓰는 '짐朕'이라는 호칭도 진시황이 처음 만들었다.

진 제국은 존주양이를 이념으로 하는 전통의 제후국 출신이 아니었다. 서쪽 변방에서 오로지 자체의 힘만으로 국력을 키워 중원의 패자가 되었기 때문에 처음부터 운신의 폭이 한결 자유로웠다. 진시황에게는 존주의 명분도, 양이의 의무도 없었다. 따라서 그는 처음부터 강력한 중앙집권을 실시할 수 있었다. 게다가 복속된 제후들이 언제 반란을 일으킬지 모르므로 만일의 사태에 대비하기 위해서도 중앙집권은 반드시 필요했다. 주나라 시대에는 주왕실이라는 정신적·이념적 중심이 있었으나 이제는 그런 게 사라졌다. 그렇다면 그 봉건 질서를 '제도적으로' 대체해야만 한다. 그 제도는 군현제郡縣制였다. 군현제는 통일 이전부터 진시황을 충실히 보좌해오던 법가 사상의 책략가인 이사李斯(기원전 280년경~기원전 208)의 건의로 시행되었다.

각 지방을 독립국처럼 다스리던 제후들이 사라졌으니 우선 그들의 통치를 대신할 행정 기구가 필요했다. 진시황은 전국을 36개 군郡으로 나누고 각각의 군을 군수郡守, 군위郡尉, 군감郡監이 관장하도록 했다. 또 중앙에는 승상丞相(국무총리 격), 태위太尉(국방장관 격), 어사대부御史大夫(검찰총장 격)의 3공三公과 오늘날 각 부서 장관에 해당하는 9경九卿을 두었다. 이로써 황제를 권력의 정점으로 하는 일사불란한 중앙집권적 관료제가 성립되었다(사실 군현제란 특별한 의미를 가지는 것이 아니다. 도시국가 형태의 봉건시대를 거쳐 통일 국가가 수립되었다면 어떤 형태로든 군현제와 비슷한 관료 행정제도가 생겨날 수밖에 없다. 오늘날에도 낯익은 정부 부서의 편제는 물론 군수라는 직함도 이 시대에 기원을 두고 있다).

행정 기구만 갖추었다고 통일 제국의 기틀이 확립되는 것은 아니다. 정치행정만이 아니라 사회경제의 측면에서도 통일되지 않

시황릉(여산릉)　진시황은 '최초의 황제'답게 즉위 초부터 자신의 능을 짓기 시작했다. 산시의 여산에서 발굴된 시황릉은 무려 사방 약 500미터나 된다. 능의 동문 밖에서 발굴된 이 6000개의 병사 인형들은 시황릉을 수비하는 부대로, 실물 크기에 세각기 표정이 다르게 제작되었다. 시황릉의 공사에는 연인원 70만 명의 피와 땀이 필요했다. 현전하는 역사 유적은 대개 당대 백성들의 피와 눈물을 요구했다.

으면 하나의 나라라고 할 수 없다. 그래서 진시황은 지역마다 달리 쓰던 도량형과 화폐를 통일하고, 문자도 예전부터 진이 사용하던 전서체篆書體만 사용하게 했다. 중국에서 한자가 생겨나고 쓰인 것은 까마득한 옛날이지만, 오랜 기간이 지나면서 지역마다 서체가 달라져 거리가 먼 곳끼리는 같은 한자라도 서로 식별하지 못하는 상황이었다. 이를 억지로 통일하려면 대단히 어려웠을 것이다. 그러나 긴 춘추전국시대를 거치면서 각국의 교류가 활발해져 이미 통일의 기반이 숙성되어 있었고, 오히려 그간 도량형이나 문자가 서로 달라 많은 어려움을 겪었기 때문에 통일 작업은 순조롭게 진행될 수 있었다.

앞서 말했듯이, 춘추시대를 거치면서 '남쪽의 오랑캐'(초나라)는 중원의 질서에 편입되었다. 또한 전국시대에 서쪽 변방에서 발흥한 진이 대륙을 통일함으로써 중원 서부 지역의 이민족도 자연스럽게 중화 세계로 들어왔다. 끝까지 '오랑캐'로 남은 것은 북방의 이민족들뿐이었다. 북방 이민족들을 배제한 상태에서 중국이 통일되었다는 것은 이제부터 중원의 한족 문화권과 북방 유목민족 문화권 간에 벌어질 기나긴 투쟁을 예고하고 있었다(만약 전국 7웅 중에서 북동부에 터를 잡은 연나라가 중국을 통일했다면 북방 민족들도 중화 세계에 편입되었을지도 모른다). 그에 대한 사전 대비가 만리장성이었다.

진시황이 동쪽의 산하이관山海關에서 서쪽의 중앙아시아까지 6000여 킬로미터나 길게 뻗은 만리장성을 전부 다 쌓은 것은 아니다. 원래 전국시대에는 성을 둘러싼 공방전이 치열했던 탓에 각국은 방비를 위해 성을 많이 쌓았다. 그러나 중국이 통일되었으니 이제 성 따위는 별로 필요치 않았다. 북방을 방어하는 성벽만 있으면 되었다. 그래서 진시황은 대부분의 성을 파괴한 다음, 북방에 자리 잡은 성들의 무너진 곳을 보수하고 서로 연결시켰다. 이렇게 해서 생겨난 게 만리장성이다(만리장성은 그 후에도 계속 연장되고 개축되어 처음보다 더욱 길어졌다).

진시황 자신은 변방 이민족 출신이었지만, 만리장성은 더 이상의 이민족을 중화 질서에 받아들일 수는 없다는 의지의 표출이었을 것이다. 그런 의미에서 만리장성은 단지 물리적 용도만이 아니라 중화 세계의 범위를 한정하는 상징적 의미도 있었다. 만약 만리장성이 더 후대에 축조되었다면 만주와 한반도까지 중화 세계

책을 태우고 산 사람을 묻고 앞마당의 왼쪽에는 금서로 분류된 책들을 불사르는 분서가, 오른쪽에는 유학자들을 생매장하는 갱유가 진행되고 있다. 누가 금서를 가지고 있다는 제보가 들어오면 관리들이 즉각 들이닥쳤나고 하니 현내의 이네올로기적 사상 탄압보다 훨씬 혹독했던 셈이다.

에 편입되었을지도 모른다.

　유사 이래 최초로 탄생한 통일 국가의 기틀을 다지겠다는 진시황의 열의는 대단했으나 그만큼 부작용도 심했다. 우선 그의 통치는 너무 과격했다. 법가를 신봉하고 한비자를 존경한 그는 법가 이외의 사상을 일체 용인하지 않았다. 그렇기 때문에 그는 진기秦紀(진의 역사)와 농서, 의학서를 제외한 모든 책을 불살라버리고 460여 명의 유학자들을 생매장한 역사에 길이 남을 분서갱유焚書坑儒를 일으켰다. 이런 진시황의 혹독한 사상 탄압은 지식인들의 큰 반발을 낳았다. 당시의 지식인들은 후대인들처럼 유약한 이미지가 아니라 아직 각 지방에서 힘을 완전히 잃지 않은 옛 제후국의 관료 출신들이었다.

또한 대규모 건축 사업도 문제가 되었다. 만리장성은 용도라도 있으니 그렇다 치더라도 제국의 위엄을 과시하기 위해 진시황이 시작한 각종 건설 사업, 예컨대 아방궁이나 여산릉의 축조는 농민 들에게 가혹한 요역의 부담을 안겼다. 가뜩이나 농민들은 오랜 전 란의 시대가 끝나고 새로운 평화의 시대를 맞아 꿈에 부풀어 있 었기에 실망과 좌절이 더했다.

그래도 시황제의 생전에는 그와 같은 지식인과 농민 들의 반발 심이 겉으로 표출되지 않았다. 하지만 기원전 210년 지방 순례 중 에 그가 병으로 급사하자 그간 곪았던 고름이 터져 나왔다. 황제 가 죽자마자 권력을 차지한 사람은 환관인 조고趙高였다. 그는 황 제의 둘째 아들을 끼고 음모를 꾸며 실권을 장악했다. 욕은 좀 먹 었어도 대제국을 건설하기 위해 백방으로 노력한 진시황으로서 는 죽 쒀서 개 준 격이었다. 그러나 조고는 권력을 차지했어도 최 초의 황제가 누린 권위마저 갖지는 못했다.

촌놈이 세운 대제국

반란은 농민들이 먼저 일으키고, 지식인들이 뒤를 잇는 식으로 진 행되었다. 진시황이 죽은 지 불과 1년 만인 기원전 209년에 중국 역사상 최초의 농민 반란이 일어났다. 주동자인 진승陳勝과 오광 吳廣은 하급 장교 출신이었다. 처음에는 이들이 징용에 끌려가던 농민 병사들을 이끌고 반란을 일으켰으나 이내 일반 농민도 가세 하면서 삽시간에 대규모 농민 반란으로 확대되었다. 반란군은 황허 이남의 수십 개 성을 함락하고 1년 가까이 맹위를 떨쳤다. 내친 김에 진의 타도를 목표로 삼은 진승은 장초張楚라는 국호까지 정하고 자신을 왕으로 자칭했다(국호에 초가 붙은 것은 옛날의 강국 초나라를 계승한다는 의미였다). 이듬해 반란은 간신히 진압되었으나 이 사건은 진의 붕괴를 알리는 신호탄이 되었다.

진승과 오광이 '그리운 옛날'을 들먹인 것은 그만큼 옛 제후국들의 힘이 아직 살아 있음을 반증하는 것이었다. 과연 진승과 오광의 반란을 계기로 통일 이전의 6국(전국 7웅 가운데 진을 제외한 나라들) 세력들이 각자 자기 지방에서 들고일어나 옛 제후국의 부활과 계승을 표방했다. 그러자 수십 년 전의 세력 판도가 금세 부활했다. 다른 반란 세력들은 그런대로 진압할 수 있었지만, 옛날 진과 당당히 맞섰던 강적 초의 후예들은 역시 만만찮았다. 옛 초의 귀족 출신 항량項梁은 초의 왕족을 왕으로 옹립하고 반란군을 조직했는데, 이들 세력은 옛날을 그리워하는 지역 백성들의 지원을 받으며 크게 세를 떨쳤다. 항량이 전사한 탓에 전권을 인수받은 항우項羽(기원전 232~기원전 202)는 드디어 관군의 핵심인 장한章邯의 군대를 물리치고 기원전 206년에 진을 멸망시켰다.

그러나 패기와 용맹으로 무적이었던 항우는 전혀 예상치 못한 복병을 만나게 된다. 바로 항우와 달리 왕족 혈통도 아니고 변방의 하급 관리에 불과한 유방劉邦(기원전 247년경~기원전 195)이라는 인물이었다. 더구나 거병할 무렵 유방의 군대는 초라한 농민군에 지나지 않았다. 어느 모로 보나 그는 명망 있는 초의 귀족에다 정규군을 거느린 항우의 적수가 되지 못했다. 실제로 처음에 그의 군대는 항우의 휘하에 소속되어 있었다.

진을 무너뜨릴 때까지 두 사람은 공동의 이해관계를 가지고 있

홍문의 사건　홍문(鴻門)에서 유방이 살아남지 않았더라면 오늘날 중국 민족은 한족(漢族) 대신 초족(楚族)이라고 불릴지도 모른다. 항우는 유방을 불러 연회장에서 살해하려 했다가 유방의 부하인 번쾌(樊噲)의 기지와 용맹, 충절에 감복해 그를 살려 보냈다. 그 장면을 되살린 게 위 그림이다. 왼쪽에 항우와 유방이 위, 아래로 앉아 있고 오른쪽 아래 서 있는 인물이 번쾌다.

었다. 그러나 천하의 패권은 하나였다. 진이 멸망하자 두 사람은 6년간 치열한 결전을 펼쳤는데, 결과는 유방의 대역전승이었다. 항우를 무너뜨린 유방은 새 제국 한漢을 세웠으므로 두 사람의 결전은 훗날 초와 한이 싸우는 장기판으로 이어졌다. 패배한 초패왕 항우는 해하에서 자결로 삶을 마쳤다.

이후의 역사까지 통틀어 중국 역사상 가장 미천한 신분의 '촌놈'이 천하의 대권을 장악했다(1500년 뒤 명을 건국하는 주원장은 정규군을 거느리지는 못했으나 그래도 홍건군紅巾軍이라는 명칭을 가진 군대의 두목이었다). 촌놈 유방의 승리는 옛 제후국의 귀족과 백성 들에게 아직도 남아 있는 '그리운 옛날'에 대한 향수를 완전히 불식시켰다. 드디어 안정된 통일 제국의 기반이 구축되었다.

잠시의 분열기를 끝내고 중국을 재통일한 유방은 기원전 202년 부하들의 추대를 받아 한의 고조高祖로 즉위했다. 새 세상이 되었으니 제도도 바뀌어야 했으나 워낙 진시황이 기틀을 잘 잡아놓은 덕분에 큰 문제는 없었다. 한은 진의 중앙 관료 기구인 3공과 9경도 그대로 유지했고, 진의 관료 제도도 거의 답습했다. 손보아야 할 것은 행정제도, 즉 군현제였다. 춘추전국시대 수백 년간의 분열기를 극복하는 첫 단추는 이미 진의 군현제가 제시한 바 있었다. 다만 군현제는 너무 급진적이었다. 중앙집권제는 필요하지만 군현제처럼 강력한 제도는 부작용이 컸다. 게다가 평민 출신의 한 고조는 진시황보다 권위도 크게 부족했다. 그래서 그는 군현제와 옛 봉건제를 병용해 새로이 군국제郡國制를 시행했다.

군현제는 전국을 군으로 나누고 그 아래 현을 두는 제도였으므로 중앙집권을 도모하기에 유리했으나, 군국제는 군의 편제만 그대로 두고 지역에 나라[國]의 위상을 부여하는 것이었으니 중앙집권을 반쯤 포기한 것이나 다름없었다. 실제로 군국제는 수도인 장안長安 부근만 중앙집권제로 통치하고 각 지방에서는 봉건제를 실시하는 절충책이었다.

사실 오래전 주나라 시대의 봉건제를 재활용하겠다는 고조의 결심에는 논공행상의 문제가 깊숙이 개재해 있었다. 개국에는 공신들이 있게 마련이다. 이들을 배려하지 않을 수는 없었다. 그러나 공신들을 마냥 우대하다가는 지방들이 분립하는 봉건시대로 되돌아갈 우려가 있었다. 따라서 한 고조는 개국공신들만이 아니라 자신의 성씨인 유劉씨 일가들도 함께 제후로 봉했다. 그러고도 마음이 놓이지 않았던 그는 차후 중앙 권력의 안정을 기하기 위해 온갖 구실을 붙여 공신 제후국들을 하나씩 제거했다. 하지만 그의 우려는 금세 현실로 드러났다. 지방 관리의 임용이나 재정 등을 마음대로 처리할 수 있었던 제후들은 옛날처럼 독립국으로 행세하려 했다. 그래서 고조의 사후에 후임 황제들은 일가붙이인 동성同姓 제후국마저 억압해야 했다.

우여곡절 끝에 차츰 국가 권력은 자리를 잡아갔지만, 아직 큰 문제가 남아 있었다. 그것은 한 제국만의 문제가 아니라 이후 중국 역대 왕조들을 끊임없이 괴롭히는 문제였으며, 종국에는 한족 중심의 중화 세계마저도 바뀌게 하는 실로 중요한 문제였다.

한 무제의 두 번째 건국

전국시대를 거치며 초·오·월 등 남중국의 이민족들도 중화 질서 속으로 편입되었고, 때마침 통일 제국이 들어서면서 중원을 중심으로 하는 중화 세계가 완성되었다. 그러나 중원과 북중국에서 보기에는 오와 월보다 지리적으로 멀지 않은 북방 민족들은 여전히 오랑캐로 배척을 받았다. 왜 그랬을까?

물론 그들의 강성함을 두려워한 중원 세력이 일찌감치 그들을 배척한 탓도 있다. 하지만 그보다는 북방 민족들 스스로의 선택이라고 보아야 할 것이다. 전국시대 남중국 민족들은 중원의 질서를 동경하고 거기에 속하고자 애썼지만, 북방 민족들은 유목민족 특유의 생활 방식과 자주적이고 강인한 기질로 인해서 남에게 쉽게 동화되지 않았다. 그들 역시 중원의 선진 문화를 높이 평가했지만, 언제나 일정한 거리를 두려 했고 자신들의 정체성과 독립성을 훼손하지 않으려 했다.

중국 대륙이 분열기에 있을 무렵에는 북방 민족에 대한 견제가 그리 심하지 않았다. 그러나 통일 제국이 들어서자 그들은 갑자기 중원 문화에 최대의 적으로 변했다.● 이때부터 중국과 북방 민족 간에 대립 구도가 형성되었고, 북방 민족들은 중국의 역대 왕조들이 늘 경계하고 경원하는 대상이 되기 시작했다. 한대에 중화 세계가 완성되면서 남방의 이민족들은 모두 '한족'이라는 하나의 민족으로 통합되었고, 나머지는 모두 중화의 외부, 즉 비중화 세계

● 이때부터 생겨난 전통으로, 중국의 역대 통일 왕조들은 예외 없이 개국 초 북변을 정리하는 것을 최우선의 과제로 삼았다. 때로는 그 여파가 한반도에까지 미쳤다. 7세기에 수와 당이 고구려 정벌에 나선 것도 그 때문이며, 14세기 말 신생국 명이 당시 한반도의 신생국인 조선을 경계한 것도, 17세기 초 후금(청)이 대륙 정복을 눈앞에 두고 후방 다지기의 일환으로 조선을 정벌한 것도 맥락을 같이하는 사건들이다.

화친을 위해 시집가는 왕소군　흉노와의 오랜 싸움으로 불안정했던 한나라는 평화와 안정이 필요했다. 이에 한은 흉노에 조공과 더불어 미녀도 바쳤는데, 대표적인 이가 왕소군이다. 그의 설화는 흉노와의 화친 정책 때문에 희생된 비극적 여인으로 윤색되어 중국 고전문학에 많은 소재를 제공했지만, 사실과는 거리가 있다. 과연 왕소군이 흉노로 시집간 후 60여 년 동안 전쟁이 일어나지 않았다.

의 '오랑캐'가 된 것이다.

당시 북방 민족들 가운데 최대의 세력을 떨친 민족은 흉노匈奴('匈'은 오랑캐이고 '奴'는 종이라는 뜻이니 결코 좋은 이름은 아니다. 물론 중국의 고대 역사가들이 붙인 이름이다)였다. 바야흐로 중원 세력과 북방 세력, 중화와 비중화가 본격적인 대결을 앞두고 있었다. 신흥 제국 한이 안정을 찾아갈 즈음, 흉노 역시 묵돌선우冒頓單于라는 걸출한 영웅의 영도 아래 크게 발흥하는 중이었다.••

농경 사회의 수호자인 중원의 통일 제국과 유목 사회의 대표자인 북방의 흉노의 대치는 갈수록 첨예해졌다. 사실 개국 초기만 해도 한은 흉노의 적수가 되지 못했다. 한 고조 유방은 흉노 정벌을 위해 대규모 부대를 동

•• 중국 역사서를 참고할 때 주의해야 할 점은 한자 표기의 문제다. 예를 들어 묵돌선우(冒頓單于)라는 이름은 고대의 중국 역사가들이 한자로 표기한 것일 뿐 한자의 뜻과는 아무런 관계가 없다(그 한자명을 우리식으로 읽으면 '모돈단우'가 된다). 지금도 그렇지만 외국의 명칭을 표기할 때는 훈역보다는 음역, 즉 뜻보다는 발음을 중시할 수밖에 없다. smith가 대장장이라는 뜻이라고 해서 Smith라는 서양 이름을 '대장장이'라고 옮기지 않는 것과 같다. 따라서 冒頓單于라는 이름의 실제 발음은 당시 한자어의 발음이 어떠했는가와 관련이 있을 것이다.

원했다가 묵돌선우의 책략에 빠져 하마터면 자신마저 포로가 될 뻔한 적도 있었다. 호되게 쓴맛을 본 고조는 어쩔 수 없이 외교 노선으로 전환해 흉노와 화친을 맺고 매년 흉노에게 대량의 조공을 보냈다. 명분상으로는 천하의 주인을 자처했으면서도 사실상 흉노의 힘 앞에 무릎을 꿇은 것이다.

이런 관계가 역전되기 시작한 것은 중국 역사상 몇 손가락 안에 꼽히는 걸출한 황제 한 무제武帝 때였다. 고조가 신생 제국 한의 명패를 올렸다면, 무제는 오랜 통치 기간(기원전 141 기원전 87) 동안 제국의 하드웨어와 소프트웨어를 완비해 명실상부한 제국으로 업그레이드한 군주였다.

우선 무제는 즉위하자마자 연호부터 제정했다. 역사상 첫 연호답게 그것은 '기원을 세우다'라는 뜻의 건원建元이었다. 그전까지는 제후국마다 각기 나름대로 해를 셈했으므로 혼란이 많았다. 하나의 제국으로 통일된 이상 공동의 연호를 쓰는 것은 당연했다. 그러나 무제의 의도는 그보다 깊은 데 있었다. 그는 나중에 주변국들을 차례차례 복속시키면서 중국의 연호를 쓰도록 강요했다. 연호는 단일한 중국 문화권의 상징이었으며, 다른 문화권을 용인하지 않겠다는 중화적 자부심의 발로였다(우리나라에서도 고대에는 독자적인 연호를 사용했다. 그러나 중국과의 교류로 중국 문화권에 합류하면서 중국의 연호를 쓰게 되었다. 그래서 우리 역사서나 심지어 판소리에서도 해를 셈할 때는 중국 황제의 연호를 썼다).

연호가 통일되니 자연히 역법曆法도 통일될 수밖에 없다. 무제는 태음력과 태양력을 합쳐 태초력太初曆을 만들었다. 원래 역법은 농경 사회에서 필수적인 것이었으므로 어느 나라에나 있었지만, 이것도 무제는 연호처럼 주변국들에 중국의 것을 쓰도록 강요

피와 땀을 흘리는 말   한 무제는 당시 서역에 '제비를 밟고 달린다'는 한혈마(汗血馬: 겨드랑이에서 피가 섞인 땀을 흘린다고 해서 그런 이름이 나왔다)가 있다는 소문을 듣고 이 말을 구하기 위해 원정대와 상인들을 보냈다고 한다. 이렇게 개별적이고 우연적인 동기들이 모여 중요한 역사적 사건들이 이루어지는 것이다. 사진은 간쑤 성에서 출토된 청동 한혈마다.

했다. 무제 이후로 역대 황제는 매년 달력을 만들어 주변국들에 하사하는 것을 전통으로 확립했다. 중화사상에 따르면 하늘의 뜻, 천리를 받은 천자는 중국의 황제 한 명뿐이므로 아무나 함부로 달력을 만들 수는 없었다. 연호와 마찬가지로 역법도 중국 황제의 종주권을 의미하는 상징적인 조치였다.*

또한 무제는 유학을 통치 이념으로 공식 선포했다. 제국이 탄생하고 60여 년이라는 기간이 지났음에도 불구하고 새로운 국가에 걸맞은 사상이 아직 뿌리를 내리지 못하고

● 고대국가가 성립되었다는 기준은 군주·영토·백성 등 몇 가지가 있지만, 그 가운데 흔히 경시되는 중요한 요소는 달력이다. 군대를 소집하고, 관료 회의를 열고, 심지어 왕의 생일이나 국가 기념일을 정하는 데도 달력이 필요하다는 것을 생각하면 알기 쉽다. 지금이야 누구나 달력을 쉽게 가질 수 있고 전 사회, 나아가 지구촌 대부분이 같은 달력을 쓰고 있지만 고대에는 그렇지 않았다. 까다로운 역법을 알아야 만들 수 있는 데다 달력은 주권 국가의 상징이었으므로 독자적으로 사용할 수도 없었다.

제국의 건설자 한 무제　우리 역사에서는 한4군을 설치한 인물로 악명이 높지만 중국 역사에서 한 무제는 진시황이나 한 고조 유방보다도 중요한 인물이다. 미약한 통일 제국 한을 일거에 강대국으로 만들었을 뿐 아니라 대외적으로도 흉노를 물리치고 서역에까지 진출하는 등 탁월한 업적을 쌓았기 때문이다. 진시황과 유방이 통일 제국의 뼈대를 만들었다면, 한 무제는 거기에 살을 붙인 인물이다.

있었다. 사회 전반적으로는 진의 통치 이념이었던 법가에 싫증을 느낀 지식인들이 법가에 도가 사상을 결합해 만든 황노黃老(말 그대로 황제와 노자의 사상을 결합했다는 뜻이다) 사상이 팽배해 있었다. 진의 경험에서 보듯이 법가 사상이 중앙집권적 대제국을 건설하는 데 큰 도움이 되었던 것은 사실이다. 그러나 법가는 지나치게 독선적인 탓에 사회를 효과적으로 운영하는 데는 문제가 많았다. 자동차는 배터리 전력의 힘으로 시동이 걸리지만 달릴 때는 다른 동력, 즉 휘발유의 힘을 사용한다. 시작할 때는 순간적인 에너지의 집중이 필요하므로 법가가 좋았으나 새 왕조가 출범한 뒤 정상 궤도로 돌입하면서부터는 법가처럼 인위적인 제도보다 뭔가 주나라 시대의 봉건 질서처럼 아름답고 몸에 맞는 자연스런 질서가 필요했다. 어디 그런 게 없을까?

답은 바로 유학이었다. 유학이라면 충과 효를 기본으로 하는 사상이다. 주나라의 전통을 계승하고 황제를 정점으로 하는 수직적 사회 질서를 대변하면서도 (당시로서는) 낡고 케케묵은 사고방식에 젖어 있지 않은 신흥 학문, 바로 유학이 새 질서를 만들어줄 수 있는 사상적 무기였다. 더구나 유학은, 공자의 생애에서 보듯이, 원래 생겨날 때부터 국가 통치 이념으로 사용되기 위한 목적을 담고 있는 학문이 아니던가? 그래서 무제는 당시의 대유학자인 동중서董仲舒의 건의를 받아들여 유학을 통치 이념으로 채택했다. 공자가 유학을 정치사상으로 확립하고 '구매자'를 찾아 나선 지 350여 년 만에 그의 꿈은 결실을 본 것이다. 이때부터 유학은 2000여 년 동안이나 동아시아 사회와 국제 질서의 이념적 뿌리로서 역할하게 된다.

흉노 정벌의 도미노

한 무제는 내치에서 뒤늦게 국가 기틀을 만드느라 애썼지만, 정작 그의 야심은 바깥에 있었다. 바깥이 안정되지 않으면 안이 튼튼할 수 없고, 바깥을 안정시키려면 정복과 복속이 필요하다. 그래서 그는 대내적으로 분주한 상황에서도 대외 정복 사업을 서둘렀다. 무엇보다 시급하고 중요한 것은 건국 이후 한을 괴롭혀온 흉노와의 대결이다. 무제는 고조 때부터 이어오던 화친 정책을 버리고 강공으로 나아갔다. 그것도 단순히 방어에 치중하는 게 아니라 멀리 고비 사막을 넘어 흉노의 근거지인 몽골 초원까지 공략하는 것이다. 정복을 지휘한 인물은 위청衛靑과 그의 조카인 곽거병霍去病이었다.

흉노 정벌의 부산물로 무제는 바라던 것 이상의 큰 소득을 얻었다. 바로 서역 원정이었다. 그때까지 무제는 서역이라는 곳이 존재한다는 사실을 알지 못했다. 흉노의 포로들에게서 서역을 알게 된 무제는 장건張騫에게 군사를 주어 서역으로 파견했다. 장건은 지금의 아프가니스탄에 해당하는 대월지大月氏(고대국가 박트리아)까지 가서 안식국安息國(파르티아)과 페르시아 등에 관한 상세한 정보를 가지고 돌아왔다. 그 과정에서 장건이 개척한 동서 교통로는 이후 당 시대에 비단길실크로드이라는 중요한 무역로로 쓰이게 된다(중국의 입장에서 '개척'된 것일 뿐 원래 비단길은 수천 년 전부터 현지 상인들이 이용하던 교역로였다. 그런데 당의 비단이 유럽 세계에 많이 수출되어 실크로드, 즉 비단길이라는 이름이 붙었다).

그러나 원래 흉노 정벌을 목적으로 시작된 무제의 팽창정책은 무제 자신까지 포함해 어느 누구도 예상치 못한 엄청난 결과를 낳았다. 가히 유라시아 전역이 연관된 변화였다. 중국 북방에서 밀려난 흉노가 서쪽으로 진출하면서 도미노 현상처럼 거대한 민족 대이동이 빚어진 것이다. 우선 흉노가 중앙아시아로 이동하는 바람에 그곳에 자리 잡고 있던 대월지의 부족들이 남쪽으로 밀려나 인도에서 쿠샨 왕조를 열었다. 또한 서쪽으로 진출을 계속한 흉노의 한 갈래는 소아시아와 발칸 반도 북부를 거쳐 중부 유럽까지 갔다. 당시 문명의 오지였던 중부 유럽의 게르만족은 그들을 훈족Hun이라 부르며 두려워했다(5세기 훈족의 지도자 아틸라는 초기 유럽의 민담 속에 무시무시한 전설의 마왕으로 전해졌다).

흉노의 압박으로 게르만족은 서양 고대사에 일대 풍파를 가져온 민족대이동을 일으킨다. 4세기부터 이탈리아 북부의 게르만족은 로마 국경을 자주 넘었고, 결국 476년에는 게르만 용병대장 오도아케르가 로마 제국을 멸망시켰다. 또한 게르만족의 다른 일파인 루마니아의 고트족은 동유럽의 끝에서 서유럽의 끝으로 이베리아 반도까지 진출해 서고트 왕국을 건설했으며, 독일의 반달족은 에스파냐를 거쳐 북아프리카로 넘어갔다. 중부 유럽에 눌러앉은 흉노의 일파인 마자르는 수백 년 뒤 헝가리를 건설하게 된다(Hungary의 어원은 바로 흉노의 Hun이다). 결국 한 무제의 흉노 정벌은 중국의 역사만이 아니라 유라시아 세계사의 흐름을 바꾼 셈이다.

흉노의 병사들 　후대에 한족 중심의 역사가 주로 전해진 탓에 북방의 이민족들은 상세히 알려지지 않았지만, 춘추전국시대를 거치는 동안 그들도 꾸준히 발전했다. 한대 초기만 해도 북방의 흉노는 한의 조공을 받을 정도로 강성했다. 그러나 한 무제의 공략으로 흉노는 중국에서 힘을 잃고 서쪽으로 이동하게 되는데, 이 민족대이동은 유라시아 전역에 엄청난 영향을 미쳤다.

　　물론 당시 한 무제는 자신이 한 일의 진정한 역사적 의미를 알지 못했다. 그에게는 그저 난적인 흉노를 물리쳤다는 게 중요했다. 그 뒤에도 무제는 팽창정책의 고삐를 늦추지 않고 여세를 몰아 남쪽으로는 월남을 복속시키고 동북 방면에서는 한반도를 공략했다. 당시 한반도와 요동 일대에는 위만조선衛滿朝鮮이 터를 잡고 있었다. 한에 대해 강경책으로 대응한 위만조선의 우거왕右渠王은 적을 맞아 한껏 저항했지만 흉노마저 제압한 한의 군대를 이길 수는 없었다. 결국 위만조선은 한에 의해 멸망하고 그 지역에는 네 개의 군이 설치되었는데, 이것이 바로 낙랑·임둔·진번·현도의 한4군漢四郡이다.* 이곳만이 아니라 당시 무제는 변방 지역

• 한4군은 군이라는 이름만 보면 중국 내
의 군현과 똑같았지만, 중국 본토가 아닌
주변 지역의 군현은 사실상 독립국이나 다
름없었다. 4군 가운데 세 곳은 얼마 안 가
랴오둥 지역으로 물러났고, 낙랑군만이 남
아 있다가 313년 고구려가 고대국가로 발돋
움하면서 멸망했다. 그때는 이미 본체인 한
이 멸망하고 100년 가까이 지났을 무렵인
데, 한4군이 사실상 독립국의 위상이었음을
말해준다(《종횡무진 한국사》 1권, 53~56쪽
참조).

을 군사적으로 복속시키고 군을 설치한 다음 군대를 철수하는 전략을 즐겨 구사했다(한4군 이외에도 월남 지역에는 9군, 남서 지역에는 6군, 북서 지역에는 4군이 설치되었다).

점령지를 군이라는 행정구역으로 만들고 물러나는 전략은 둔전제屯田制라는 중요한 제도를 낳았다. 둔전은 말 그대로 군대가 주둔한 곳의 토지를 가리키는데, 처음에는 북서 방면의 변방을 수비하기 위해 고안된 제도였다. 사람들이 거의 살지 않는 점령지의 경우에는 보급 문제가 있기 때문에 병사들이 오래 주둔하기 어렵다. 그래서 무제는 병사들과 함께 농민들을 그곳으로 이주시켜 국경을 방어하는 데 소요되는 비용과 군량을 자체 조달하도록 했다. 둔전의 생산물은 전량 군수물자로만 사용되었다. 이렇게 생겨난 둔전제는 이후 역대 왕조에서 변방을 수비하는 기본 방침으로 자리 잡는다(중국만이 아니라 한반도의 고려와 조선에서도 둔전을 기본적인 국경 방어 체제로 이용했다).••

•• 사실 둔전제는 춘추전국시대의 도시
국가 체제에서 영토 국가 체제로 발전한 데
따르는 필연적인 제도라고 할 수 있다. 도
시국가는 각 성곽을 중심으로 영토를 거느
리는 점(點) 개념의 국가인 데 비해, 영토
국가는 선(線) 개념의 국가다. 그래서 도시
거점보다 성과 성, 도시와 도시를 잇는 영
토의 개념이 중요해졌다.

무제의 대외 정복 사업은 큰 성과를 거두었다. 주변국들을 복속시켜 안정을 꾀했고, 동아시아는 물론 멀리 서역에까지 제국의 위명을 크게 떨쳤다. 그러나 여기에도 문제는 있었다. 그것은 돈이 많이 드는 게임이었다. 정복에는 막대한 군비가 지출되었다. 군대가 한 번 원정을 떠났다 하면 몇 달씩 걸리는 데다 부대 편성도 대규모였다. 이에 비하면 춘추전국시대에 열국이 벌인 전쟁은 소꿉장

난에 불과했다. 정복 전쟁이 오래 지속되자 국가 재정은 금세 바닥나버렸다.

어떻게든 재원을 마련해야 했던 무제는 새로운 경제정책을 시행했다. 재원이 부족하다고 해서 농민들에게서 지나치게 많이 거두어들이면 자칫 농업 사회의 근본이 뒤흔들릴 수도 있을뿐더러, 사실 농민들이 가진 것이라고 해봐야 뻔했다. 그렇다면 방법은 하나뿐이다. 전국시대부터 상당한 부를 쌓은 상인 계층에게서 갹출하는 것이다. 어떻게 할까? 여기서 무제는 묘안을 생각해낸다. 상인들이 돈을 버는 품목은 바로 소금과 철이다. 그래서 무제는 소금과 철의 민간 유통을 금지하고 국가에서 전매하는 제도를 시행했다. 물론 소금과 철의 유통으로 부유해진 상인들에게서 이익의 일부를 세금으로 거둘 수도 있었지만, 국가가 독점한다면 그 수익은 세금에 비할 바가 아니었다.

무제는 국가 권력을 이용해서 '물류'를 도맡았다. 우선 균수법均輸法을 시행해 상인들 대신 정부가 직접 물품의 구입과 운송을 담당했다. 처음에는 전쟁을 위한 군수물자를 위주로 했는데, 이 정도라면 오늘날의 조달청 업무라고 할 수도 있겠지만 나중에는 일반 물품까지 취급했다. 이 때문에 물자 보급이 원활치 못해 물가가 상승하자 이번에는 물가 안정을 위해 평준법平準法을 시행했다. 외견상으로 이 조치들은 국가가 상인의 이익을 빼앗은 것에 해당하지만, 다른 측면에서 보면 정치와 행정에 이어 경제마저 중앙집권화가 이루어졌음을 뜻하는 것이다.

화려한 겉과 곪아가는 속

이렇듯 강력하고 대내외적으로 안정된 기틀을 갖추었다면 한 제국은 오랫동안 존속하고 발전해야 마땅할 것이다. 실상 한은 중국의 역대 통일 왕조 가운데 가장 오랜 기간 동안 존속한 나라다. 그러나 한은 무제의 지배 시절이 전성기인 동시에 퇴조의 시작이었다. 막강한 제국이 왜 일찌감치 퇴조기에 접어들었을까?

초기의 권력기관은 앞에서 말한 3공 가운데 우두머리인 승상이 관할하는 승상부丞相府였다. 그러나 무제는 전형적인 전제군주인데다 대외 정복 사업이라는 국가의 생존이 달린 명제가 시급한 상황에 처해 있었다. 그래서 승상부는 위축되었고 모든 것이 황제의 전권에 맡겨졌다. 하지만 거대한 통일 제국을 황제 혼자서 일일이 관장할 수 없었기 때문에 무제는 실무를 담당할 행정 기구를 측근에 두었는데, 이것이 내조內朝였다. 원래 내조는 한 초기에 어린 황제들이 연속 등장할 무렵에 중앙 권력을 안정시키기 위해 생겨난 것이지만, 당시에는 실권이 별로 없었다가 무제 시절부터 권력의 핵심이 되었다.

그런데 문제는 그 내조를 담당하는 인물들이 황제를 어떻게 '내조內助'하는가에 있다. 황제의 입장에서는 나라가 커지고 할 일이 많아졌으므로 실무자급의 관료들이 절실히 필요하다(그래서 일찍이 무제는 인재가 부족한 문제를 해소하기 위해 신하들에게 인재를 추천하도록 하는 제도를 시행했는데, 이것이 훗날 과거제도로 발달한다). 아직 실무를 담당할 만한 직업 관료층이 형성되어 있지 않으니 내조가 그 일을 맡을 수밖에 없다. 내조는 황제의 명령을 전달하고 시행하는 중요한 역할이므로 누구보다도 믿을 만한 인물들로 채워야

역사적인 역사서　사마천(왼쪽)은 한 무제의 미움을 사 거세의 형벌인 궁형을 당하는 치욕을 겪으면서도 20년에 걸쳐 고대 중국 최고의 역사서인 《사기》(오른쪽)를 완성했다. 《사기》는 본기(本紀), 세가(世家), 열전(列傳), 표(表), 서(書) 등으로 구성되었는데, 이것은 이후 기전체(紀傳體)라는 형식으로 정립되어 중국 공식 역사서의 편찬 방식이 된다(12세기에 간행된 김부식의 《삼국사기》도 기전체로 되어 있다). 삼황오제의 전설, 춘추전국시대의 역사 등은 대부분 이 《사기》에 기록되어 있다.

한다. 황제에게 가장 가까운 인물들이라면 가족이다. 그렇다면 황족일까? 아니다. 바로 외척이다. 천자는 세상에 단 한 명이기 때문에 직계가족은 소수에 불과하다. 이 소수의 황족을 제외하면 황제와 가장 가까운 혈연관계에 있는 사람들은 처가밖에 없다. 이런 이유에서 내조는 주로 외척들이 담당하게 되었다.

무제처럼 명철한 판단력과 강력한 권위를 가진 군주라면 그것도 괜찮다. 하지만 그가 아무리 우월한 유전자를 가졌다 해도 후대에도 걸출한 황제들이 계속 배출될 수 있을까? 이 우려는 금세 사실로 드러나고 만다. 무제 이후 권한이 커진 내조는 승상부를 누르고 최고의 권력기관이 된다. 당연한 사실이지만, 황제의 외척이라고 해서 꼭 현명하고 유능하리라는 보장은 전혀 없다. 더구나

4장 세상의 중심이었던 중국

무제의 사후 한의 황제들은 주로 어린 나이에 즉위한 탓에 외척들의 입김이 더욱 거세다. 이리하여 내조 정치는 곧바로 외척 정치가 된다.

이러한 외척 정치는 마침내 제국의 숨통마저 끊어버린다. 우선 원제元帝(재위 기원전 48~기원전 33) 이후부터는 왕씨 가문이 누대에 걸쳐 외척으로 실권을 잡는다. 급기야 그 집안의 왕망王莽(기원전 45~기원후 23)이라는 자는 어린 황제를 제멋대로 옹립하고 스스로 가황제假皇帝라고 자칭하기에 이른다. 8년에 가황제는 마침내 '진황제'가 된다. 왕망은 교활하게도 요순시대 선양의 형식을 빌려 어린 황제에게서 황위를 빼앗고, 국호마저 신新으로 바꾼다. 명칭 그대로 새 나라를 건국한 셈이다.

유씨 황실을 왕씨 황실로 바꾸자 이제 전국이 다시 빈 도화지가 된다. 여기에 왕망은 마음껏 그림을 그린다. '새 나라'답게 '신 나게' 과감한 개혁 조치를 연달아 시행한 것이다. 화폐제도를 개선하는가 하면, 모든 토지를 국유화해 그간 농민들을 괴롭혀온 대토지 독점을 막는다. 빈민 구제에 힘쓰고, 균수법과 평균법을 본받아 상공업 개혁도 실시한다. 그러나 그의 정책은 일관성이 없었으며, 현실을 무시하고 이상에 치우친 것이었다. 더구나 그가 얼치기로 만든 새 왕조는 그의 부실한 개혁조차 지탱해줄 권력 기반이 취약했다.

외척이 권력을 마음대로 휘두르고 심지어 나라까지 빼앗는 것을 본 유씨 황실은 각지에서 반란이 속출한 데 힘입어 23년에 나라를 되찾았다. 다시 유씨가 황족이 되었고 왕망이 통치한 기간이 그리 오래지 않았지만, 후대의 역사가들은 이 시기를 기준으로 한 제국을 두 부분으로 나누어 앞의 것을 전한, 뒤의 것을 후한이라 부른다(전한의 수도는 장안, 후한의 수도는 그 동쪽인 뤄양이었기 때문에 각각 서한과 동한이라고도 한다).

외척과 환관의 악순환

후한은 시기적으로만 전한과 구분될 뿐 권력 구조와 각종 제도 등은 전한 시대의 것을 그대로 이어받고 답습했다. 이는 곧 전한 시대의 문제점들이 후한에 그다지 개선되지 않았다는 이야기다. 왕망 같은 모리배조차 개혁을 구상했을 정도라면 다시 복귀한 제국 정부가 당장 개혁에 착수하는 것은 당연했다.

그 과제는 제국을 재건하고 왕망 시대의 후유증을 치유한 후한의 첫 황제인 광무제光武帝(재위 25~57) 정권의 몫이었다. 전한을 멸망시킨 외척 정치의 폐단을 바로잡으려면 무엇보다 새로운 관료 정치를 구축하는 게 급선무였다. 이를 위한 무기는 역시 유학이었다. 후한 초기의 황제들이 유학을 적극 장려한 덕분에 국가의 제도적 뒷받침 속에서 유학의 여러 학파가 생겨나고 토론이 활성화되었다. 특히 당시 유학의 발달에 기폭제가 된 것은 금문학今文學과 고문학古文學의 대립이었다. 지금의 문학과 옛 문학의 갈등은 사실 한 제국 초기부터 있었던 문제다.

일찍이 진시황의 분서 사건으로 유가의 경전과 주석서 들은 거의 대부분 소실되고 말았다. 그런데 한 무제가 유학을 국학으로 공인하자 당장 그 문제가 시급해졌다. 국가에서 정책적으로 장려하려는 학문의 교과서들이 없는 것이다. 마침 다행스런 점은 진의 통치 기간이 그리 길지 않았다는 사실이다. 그래서 유학자들은

후한의 '무제' 중국 역대 왕조들의 역사는 건국 초기에 영명한 군주가 등장했다가 점차 무능한 군주가 들어서면서 부패하고 쇠퇴하는 과정을 되풀이한다. 신생국이나 다름없는 후한을 성장시킨 인물 역시 첫 황제인 광무제다. 그는 전한의 한 무제에 비견되는 역할을 했으나 인물됨은 전혀 달라 온유하고 너그러웠다고 한다. 실제로 그는 호족 세력들을 억누르는 게 아니라 아우르고 통합하는 정책을 구사해 일종의 제휴 권력을 유지했다.

기억과 구전으로 전해지는 유학 경전들의 내용을 재구성해 새로이 학문으로 정립했는데, 이것이 금문학이다. 그런데 아무리 국가적으로 서적들을 소각하고 폐기했다 해도 각 가정의 장롱 속에 고이 간직되어온 문헌들까지 일일이 찾아내 없앨 수는 없는 노릇이다. 진시황의 폭압이 지나고 유학이 공인되자 민간에서는 옛날의 경전과 주석서 들을 주섬주섬 꺼내놓기 시작했다. 이것을 금문학과 대비시켜 고문학이라고 불렀다.

전한 시대에는 무제 시절에 집대성된 금문학이 주로 연구되었으므로 고문학을 연구하는 학자들은 그 기간 동안 학설을 정비하고 체계화하는 데 주력했다. 그러다 후한 시대에 접어들면서 유학이 제2의 부흥기를 맞게 되자 고문학파는 금문학에 도전장을 내밀었다.

광무제 시대까지만 해도 고문학을 배척하고 금문학을 장려한 덕분에 금문학이 우위에 있었다. 그러나 사본이 원본을 따를 수는 없는 법, 점차 고문학의 학문적 성과가 금문학을 능가하게 되었다. 후한의 중기를 넘어서면서부터는 고문학이 확고한 우위를 점했으며, 옛것과 새것을 두루 연구하고 섭렵한 통유通儒들도 출현했다. 이렇게 학파 간의 대립과 토론이 활발해지면서 유학은 점점 깊이를 더해갔다.

이대로 별 탈 없이 진행되었더라면 자연스럽게 유학을 기본 이념으로 하는 관료 집단이 형성되었을 터이다. 원래 유학은 치국과

평천하를 목표로 삼은 데서 보듯이 현실 정치와 밀접한 연관을 지닌 학문이 아니었던가? 그러나 불행하게도 후한의 현실 정치는 그렇게 평온하게 진행되지 않는다. 유학 세력이 장차 국가를 운영할 힘을 축적하는 동안 현실의 정치 구도는 다시 부패하기 시작했다.

2세기 초반부터 나이 어린 황제들이 연이어 즉위하면서 전한을 멸망시킨 바오밥 나무에 대한 경계심도 점차 엷어졌다. 외척 정치가 부활한 것이다. 나이 어린 황제는 섭정을 필요로 했고, 섭정은 자연히 외척이 도맡았다. 하지만 여기서 전한과는 다른 새로운 변수가 등장했다. 어릴 때 즉위한 황제는 나이가 들면서 친정親政의 의지를 강하게 드러냈다(당시 발달한 유학의 영향 때문이었을 것이다).

외척의 힘을 물리치려면 황제의 개인적 세력이 필요하다. 말하자면 왕당파가 있어야 한다. 외척이 아니면서 외척만큼 의지할 수 있는 세력, 황제가 선택한 것은 바로 환관宦官이었다. 하지만 그것은 답일지언정 정답은 아니었다. 외척은 밀어낼 수 있었으나 환관이 그 자리를 꿰찼기 때문이다. 이 허점을 노리고 권좌에서 물러난 외척이 다시 환관을 밀어내고 권좌에 복귀하기도 했다. 이리하여 후한 말기에 들어서는 외척 정치와 환관 정치가 맞교대하는 희한한 상황이 벌어졌다. 환관 정치는 일찍이 춘추시대 제 환공의 시대에도 있었고, 진 제국의 환관 조고도 승상의 지위까지 올라 전횡을 일삼은 일이 있었다. 하지만 본격적인 환관 정치의 시작은 후한대에 와서의 일이었다.

그러나 후한의 정치적 환경은 전한 시대와는 달랐다. 우선 유학 세력이 있었다. 유학으로 무장한 지식인들은 이미 비판적인 시각을 충분히 갖추고 현실 정치의 흐름을 예의주시하는 중이었다.

오늘날의 뤄양　후한의 수도인 뤄양의 오늘날 시가지 모습이다. 현재 개발 공사가 한창인데, 공사 현장에서 후한 시대의 유물들이 대량으로 출토되고 있다.

외척·환관 정치의 부패상을 목격한 그들은 강력한 반정부 여론을 형성하고 일제히 비난의 화살을 쏘았다. 이것을 청렴한 의견, 즉 청의淸議라고 부른다. 수도 뤄양만 해도 3만여 명의 유학자들이 있었던 데다 유학은 그 원리상 향촌 사회의 질서를 존중하는 학문이었으니, 당시 유학 세력의 반발은 전국적인 양상을 띠었다. 당연히 환관들은 황제를 움직여 유학 세력을 탄압하고 나섰다. 그들은 두 차례에 걸쳐 유학자들을 유배시키거나 옥에 가두거나 심지어 사형시키는 혹독한 탄압 정책으로 맞섰다. 일단 이 대결은 환관 측의 승리로 끝났고, 유생들의 정치 활동이 금지되었다.

그러나 유학자들의 패배는 아직 정치 세력화될 만큼 충분히 성장하지 못한 탓이 컸다. 그래서 정부 시책에 대해 이의를 제기하는 지식인 운동 정도가 고작이었다. 그들과 달리 현실적이고 물리적인 '수권受權' 능력, 즉 군대를 갖춘 세력도 있었다. 바로 지방 호족들이었다.

또다시 분열의 시대로

후한은 처음부터 호족 연합 정권의 성격을 지니고 있었다. 후한을 세운 광무제 역시 황족이긴 했으나 원래부터 황위 계승권자인 게 아니라 지방 호족 출신이었다. 이처럼 후한 시대에는 한 황실의 일족이나 옛 전국시대 명문가의 자손, 전직 고위 관리, 상업으로 부를 쌓은 부호 등이 지방 호족으로 각지에 군림하고 있었다. 이들의 공통점은 대토지를 소유했다는 것이다.

호족은 전한 중기부터 본격적으로 성장하기 시작했다. 우선 그들이 성장할 만한 여건이 좋았다. 철제 농구가 전면적으로 사용되고 관개시설이 확대됨에 따라 농업 생산력이 크게 발달하고 황무지도 많이 개간되었다. 게다가 비교적 평화로운 통일 제국 시대가 오래 지속되었기 때문에 계급 분화가 일어났고 이 과정에서 대토지 소유자가 대거 출현했다. 이들은 농민에게서 토지를 사들여 겸병하거나 황무지를 대규모로 개간해 토지를 더욱 늘려갔다. 이렇게 해서 늘어난 토지는 더러 노비들을 시켜 경작하기도 했지만, 대개는 하호下戶라고 부르는 가작인假作人(당시에는 토지를 빌려주는 것을 '假'라고 했다)에게 맡겼다. 이것이 소작농의 시작이다. 하지만 말이 소작이지 소작인들은 지주에게 거의 예속되어 있어 노비나 별반 다를 게 없는 신분이었다. 게다가 하호들은 주로 몰락한 농민이나 유랑민, 빈민 들이었다. 그들은 가진 것이라고는 오로지 자기 몸뚱이밖에 없는 처지였다.

대토지 소유자들이 그냥 토지를 많이 가진 대지주에 그쳤다면 굳이 호족이라는 용어로 부를 필요가 없을 것이다. 그러나 정경유착은 오늘날만의 부패 현상이 아니다. 권력을 가지면 그것으로 부를 얻고 싶고, 부를 가지면 그것으로 권력을 사고 싶게 마련이다. 지방에서 경제적인 실권자가 된 대지주들은 차차 정치적인 영향력을 넘보기 시작했다. 그렇잖아도 중국은 워낙 땅덩어리가 크고 인구가 많기 때문에 아무리 강력한 중앙집권제 아래 묶여 있다 하더라도 중앙정부가 전국 각 지방을 일률적인 정도로 통제할 수는 없다. 게다가 거의 독립국이었던 춘추전국시대 제후국들의 역사적 경험도 있다.

옛날의 제후라, 좋지! 당시 제후국들은 각국을 떠돌던 책략가나 지식인 들을 받아들여 인재로 삼았다지 않은가? 호족들은 그런 선례를 본받아 집 안에 수많은 식객을 거느리고, 이들의 지식과 재능, 그리고 힘을 자신의 두뇌와 손발로 활용했다. 또한 호족들은 다른 지역의 호족과 통혼하거나 여러 가지 경제적 관계를 맺어 긴밀한 유대의 그물을 형성했다. 자연히 지방의 행정조직이나 관료들은 호족의 눈치를 볼 수밖에 없었다.

어느새 중앙정부의 힘이 미치지 못할 정도로 세력이 커진 지방의 호족들은 점차 본격적인 권력 집단으로 성장하면서 문벌 귀족으로 발전해갔다. 호족에 뿌리를 둔 이 신흥 귀족들은 마침내 400년간 군림해온 한 제국의 문을 닫고 귀족 세력을 중심으로 하는 새 시대의 문을 열고자 했다.

부패한 외척·환관 정치에 호족들의 등쌀이 더해지고, 게다가 그 영향으로 탐관오리들이 들끓게 되자 농민들의 삶은 갈수록 피폐해져갔다. 강력한 시황제의 진 제국도 진승과 오광의 농민 반란이 일어나면서 무너지지 않았던가? 그보다 훨씬 오래 존속한 한 제국의 말기도 비슷했다. 후한 중기부터 치솟던 농민들의 분노는 이윽고 184년에 대규모로 터져 나왔다.

이번의 농민 반란은 진승과 오광의 난에 비할 바가 아니었다. 우선 중국 전역에서 36만 명이라는 엄청난 수의 농민이 일제히 봉기한 것은 규모로 보나 조직력에서 보나 결코 우연이 아니었다. 노란 깃발을 두르고 있다고 해서 정부로부터 황건적黃巾賊이라 불린 이 반란군은 장각張角을 우두머리로 삼고 치밀한 모의 끝에 거사한 것이었다.

그럴 만도 한 것이, 황건 반란군은 정신적·종교적 이념을 가지고 있었다. 후한 중기부터 사회적 혼란이 극심해짐에 따라 일반 농민들 사이에서는 황노 사상이 만연했다. 이것은 점차 황노 신앙으로 바뀌어 종교적인 색채를 강렬하게 띠기 시작했다. 마침내 이를 토대로 태평도太平道와 오두미도五斗米道(교에 가입할 때 쌀 다섯 말을 바친 데서 이런 명칭이 붙었다)라는 종교 교단이 형성되었다(사회 엘리트=유가, 일반 민중=도가의 공식은 10세기 넘어서까지도 기본 구도였다).

당시 한의 정권은 외척이 잡고 있었다. 그 어느 때보다도 조직적이고 이념적이고 강력한 반란군을 맞아 외척 정권은 총력을 기울여 대항했다. 우두머리인 장각이 죽자 황건의 난의 주류는 어느 정도 진압되었으나, 그 불길은 작은 불씨로 변해 오히려 전국으로 번져나갔다. 그러자 지방 호족들도 가만히 있을 수 없게 되었다. 그들은 원래 사병 조직을 거느리고 있었던 데다, 황건의 난에 맞서기 위해 중앙정부는 지방 호족들의 군사 활동을 허락하고 장려한 터였다. 이제 비축된 힘을 가지고 실력 행사에 나설 때다.

호족들은 앞다투어 군비를 확장하고 자기 영지의 방어에 나섰다. 환경이 맞으면 방어는 쉽게 공세로 전환된다. 얼마 안 가 호족들은 춘추전국시대처럼 각자 나라를 세우고 독립국처럼 행세하기 시작했다. 호족들에게 자체 경비를 권장할 정도로 허약해진 중앙정부는 더 이상 통일 제국을 이끌어갈 힘이 없었다. 220년 후한 황실은 지방 호족 출신의 신흥 귀족인 위魏나라의 문제文帝에게 선양의 형식으로 나라를 넘기고 말았다. 이로써 최초의 통일 제국인 한은 410년의 사직(왕망 시대 제외)을 뒤로하고 역사의 뒤안길로 사라졌다.

2. 분열 속의 발전

《삼국지》의 막후에는

후한 말기 황건적을 진압한다는 명분으로 들고일어나 각 지방을 할거한 호족들의 세력 판도는 한동안 매우 혼란스러웠으나 시간이 지나면서 차츰 분할과 정립의 구도가 고착되었다. '정립鼎立'의 '정'이란 원래 세 발 달린 솥을 뜻하는 말이다. 당시의 '세 발'은 위魏·오吳·촉蜀의 삼국인데, 이들이 벌인 60여 년간의 전쟁이 소설《삼국지》, 즉《삼국지연의三國志演義》(진수陳壽가 편찬한 역사서

《삼국지》와는 다른 책이지만 다루는 시대는 같다)의 소재가 되었다.

삼국 가운데 가장 먼저 등장하고 세력 판도에서도 선두를 달린 주자는 후한의 무관 출신인 조조曹操(155~220)가 세운 북중국의 위나라였다. 조조의 가문은 후한의 정치를 쥐고 흔든 환관이었다. 그 반면 촉한蜀漢의 유비劉備(161~223)는 황실의 후예임을 자처하면서 남중국 내륙의 형주荊州 지역을 장악하고 있었다. 사실 유비가 황실의 후예라지만 완전히 믿을 수는 없었다. 당시 호족들 가운데 유씨는 흔한 성씨였다. 한 고조 유방 시절부터 공이 큰 신하들, 심지어 투항해온 북방 민족의 수장들에게까지 유씨 성을 하사하는 전통이 있었기 때문이다. 또한 손권孫權(182~252)은 옛날 전국시대의 강국인 오나라의 후예임을 자처하며 양쯔 강 이남의 옛 오나라 지역에 자리 잡고 있었다. 조조가 막강한 정치권력을 가졌다면, 강남의 곡창지대에 있는 손권은 경제적으로 풍요한 상황이었다. 요컨대 삼국은 당대의 실력자(위), 적통嫡統의 상속자(촉한), 전통의 계승자(오)라는 신분으로 맞선 셈이다.

이런 식의 대립에서는 으레 적통과 전통보다는 현실적인 힘이 말하게 마련이다. 삼국 정립기의 기본 구도는 오와 촉한이 힘을 합쳐 위의 남하에 맞서는 형세였다. 조조의 위는 일찌감치 후한의 헌제獻帝를 끼고 제국의 실질적인 지배자로 군림하면서 각지의 호족들을 차례로 정복하고 화북 전역을 손에 넣었다. 하지만 조조는 꿈꾸던 제위에 오르지는 못했고, 그가 죽은 해인 220년 그의 아들 조비曹丕(187~226)가 헌제를 핍박해 후한의 문을 닫고 위 제국의 황제가 되었다. 촉한은 명신인 제갈량諸葛亮(181~234)의 도움으로 적벽대전에서 조조의 대군을 물리치고 명맥을 유지하지만, 결국 263년에 위에 병합되고 말았다. 손권의 오는 조금 더 버

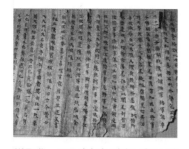

《삼국지》 중국 역대 왕조에서는 새로 들어선 왕조가 전 왕조의 역사서를 편찬하는 것이 전통이었다. 사진은 위·오·촉 삼국 정립기의 역사를 다룬 서진의 진수가 지은 《삼국지》의 일부다. 소설 《삼국지》는 후대인 원대의 소설가 나관중(羅貫中)이 쓴 《삼국지연의》다. 역사적으로 더 중요한 것은 소설보다 역사서 《삼국지》다. 이 책에는 한반도 고대사에 관한 사실도 기록되어 있다. 우리 고대사에도 고구려의 역사서인 《유기(留記)》와 《신집(新集)》, 백제의 《서기(書記)》, 신라의 《국사(國史)》 등이 있었다고 하나 모두 전하지 않는다.

티다 280년에 위의 뒤를 이은 진晋에 의해 멸망했다.

소설 《삼국지》는 이 과정이 주요 내용이지만, 역사적으로 중요한 사건은 그 막후에 있다. 삼국 정립기는 전란으로 얼룩진 시대였으나 그와 동시에 여러 가지 내외적 개혁과 쇄신이 일어났던 시기이기도 하다. 그 이유는 삼국이 대립하면서 경쟁적으로 부국강병에 힘썼기 때문이다. 그러는 가운데 최초의 통일 제국인 진·한 시대의 경험에서 노출된 모순이 해결되고 새로운 통일을 위한 토대가 조성되었다.

특히 삼국 중 가장 강성했던 위는 후대에 큰 영향을 미치게 되는 각종 개혁을 단행했다. 새로운 관리 임용 제도인 9품 중정제九品中正制, 병역제도인 병호제兵戶制, 세금 제도인 호조제戶調制 등 본격적인 국가 체계의 골격이 모두 이 무렵에 만들어졌고, 둔전제도 새로이 정비되었다.

후한 시대는 외척과 환관이 중앙 정치를 주무르고, 호족이 지방 행정을 좀먹은 탓에 늘 쓸 만한 인재가 부족했다. 그러나 인재가 없는 것은 아니었고 오히려 많은 편이었다. 앞에서 보았듯이, 후한 중기에 발언권을 높였다가 정권의 철퇴를 받고 한 발 물러난 유학 세력은 그 뒤로도 계속 양적으로나 질적으로 발전해 상당한 인력 집단을 형성하고 있었다. 다만 문제는 그 인재를 어떻게 하면 적절히 발탁하고 중용하느냐는 것이었는데, 이 문제를 해결한 정책이 9품 중정제다. 이 제도는 각 군마다 중정이라는 인재 발탁

요원을 배치해 관내의 인재를 아홉 가지 등급에 따라 분류하도록 하는 것이었다. 인재가 필요할 경우에는 그 등급을 참고로 임용할 수 있었다.

또한 삼국시대는 긴 전란기였으므로 병력의 장기적인 공급이 중요했다. 종전까지 전통적인 병역제도는 백성을 징발하는 방식이었다. 그런데 전란이 잦아 백성들의 이동이 심한 데다 호족들이 마음대로 유민들을 흡수해버린 탓에 병력을 충원하는 것이 쉽지 않았다. 이런 사태를 시정하기 위해 조조가 도입한 병호제는 병역을 대상자 개인이 아닌 그 가족 전체에게 맡기는 방식이었다. 예를 들어 아버지가 도망치면 아들에게, 형이 도망치면 아우에게 병역이 계승되었다. 요즘으로 치면 연좌제보다 심한 악법이었으나 당시에는 합리적인 개선이었다. 그전에는 일반 백성들 전부가 평생 동안 병역의 의무를 지고 국가의 부름이 있을 때마다 수시로 징발되었지만, 병호제가 시행되면서 병역 대상자가 확정되었고 시기도 대충 예측이 가능해졌다. 물론 국가의 입장에서는 일종의 '국가 상비군'을 마련할 수 있어 대만족이었다.

특히 중요한 것은 둔전제였다. 이 제도는 한 무제가 처음 도입한 바 있지만, 당시에는 변방에서 군사적 목적으로만 사용했을 뿐이고 전국적으로 폭넓게 사용한 것은 삼국시대의 위나라였다. 병호제처럼 이것도 역시 전란기였기에 가능한 제도였다. 잦은 전란으로 주인 없는 토지가 늘어난 게 문제였다. 자칫하면 또다시 후한 시대처럼 호족들이 겸병해버릴 가능성이 있었다. 그래서 조조는 호족을 대신해 국가가 그 토지를 운영하도록 한 것이다. 주인 없는 토지나 새 개간지가 생기면 국가가 유민이나 가난한 농민들을 모집해 경작하게 하고 조세를 받는 것이다(국가가 지주로서 소

둔전제의 고향　삼국 정립기는 전란의 시대였으나 여러 가지 정책이 실험되기도 했다. 그 가운데 주목할 만한 것이 바로 둔전제다. 사진은 조조가 196년 최초로 둔전제를 실시했던 광대한 허도(許都)의 모습이다. 당시는 백성들이 이 넓은 땅을 버리고 유민이 될 정도로 난세였다.

작료를 받는 제도라고 볼 수 있다). 이 둔전민은 군 태수의 지배 아래 놓이지 않고 국가의 직접 관리를 받았으므로 국가 재원에 크게 기여할 수 있었다. 둔전제는 위가 진으로 바뀌면서 폐지되지만, 나중에 고대의 가장 혁신적인 토지제도인 균전제均田制(137~139쪽 참조)의 모태가 된다. 그리고 호조제 역시 전통적인 인두세人頭稅 대신 호戶를 단위로 세금을 부과하는 새로운 방식으로서, 이후 조세제도가 발달하는 계기가 된다.

　그 밖에 삼국시대에는 대외적인 팽창도 이루어졌다. 분열기에 팽창이라면 어울리지 않을지 모르지만, 삼국의 경쟁적인 부국강병책에 힘입어 중화 세계는 전체적으로 더욱 넓어졌다. 가장 중요한 것은 남방의 오나라가 삼국 가운데 당당히 한몫을 차지함으로써 양쯔 강 이남이 본격적으로 중화 문화권에 편입되었다는 점이다. 물론 강역상으로는 전국시대를 거치면서 그 지역도 중국의 일부가 되었지만 한 제국 시절 내내 중원과 거리를 두고 겉도는 처지였다. 더 남쪽의 산월山越 때문에 마음 놓고 위의 남하에 맞서지 못한 오나라는 50여 년이나 걸려 간신히 산월을 제압했으며, 이후 해외로 진출해 대만을 손에 넣고 멀리 인도 지역과도 수교했다. 이러한 성과를 바탕으로 삼국시대에 뒤이은 남북조시대에는 강남 지역이 처음으로 중국 역사의 주 무대로 등장하게 된다.

또한 위의 동북 방면 공략으로 고구려의 수도인 환도성이 함락된 것은 우리 역사를 통해 잘 알려진 사실이다. 그 덕분에 역사책 《삼국지》 중 〈위지 동이전魏志東夷傳〉에 고대 한반도에 관한 중요한 기록이 후대에 전해지게 되었다. 위와 오에는 미치지 못하지만 촉한도 양쯔 강 상류의 쓰촨四川, 윈난雲南, 구이저우貴州 등지를 복속시켜 강역의 확대에 기여했다.

고대의 강남 개발

권력의 정통성이 취약했던 위는 삼국을 통일하고도 오래가지 못했다. 위는 비록 선양의 형식으로 한 제국의 뒤를 이었지만, 한 황실의 전통과 역사를 이어받은 게 아니라 실력으로 패권을 잡은 것이었다. 그렇다면 더 힘센 자가 나올 경우 위나라도 무너질 수밖에 없다. 강적 촉한을 물리치는 데 빛나는 공을 세운 호족 가문인 사마씨가 곧 그 실력자로 떠올랐다. 과연 그 가문의 사마염司馬炎 (236~290)은 265년 위의 원제元帝에게서 다시 선양의 형식으로 제위를 물려받아 진晉을 세우고 초대 황제 무제武帝가 되었다.

춘추시대의 옛 제후국들 가운데도 서열 1위를 자랑하는 진이라는 국호를 재활용했다면 사마염의 고민을 읽을 수 있다. 새 왕조의 최대 문제는 정통성의 확립이었다. 진 무제는 애초에 없는 정통성을 만들기 위해 일가붙이들을 한꺼번에 제후로 봉했는데, 이게 엄청난 무리수였다. 정통성이라면 내가 근본 없는 황실과 다를 게 뭐냐? 신참 제후들은 자기 영지를 제멋대로 운영하고 아예 독립국으로 행세했다. 건국자인 무제가 죽자 그들은 즉각 '팔왕의 난'을 일으켰다. 그러나 제후들이 10년 넘도록 아귀다툼을 하고 있는 광경을 흐뭇하게 바라보는 눈들이 있었다. 어느새 중원의 맞수로 떠오른 북방 민족들이었다.

일찍이 전국시대의 구도에서 북방 민족들을 제외한 나머지를 한족으로 규정하고 한 제국이 세워진 이래, 북방 민족들은 오랑캐이자 한족의 영원한 적이 되었다. 한 무제에게 호되게 당한 이후 이들은 수백 년 동안 힘을 키워왔다. 4세기 초반 북방 민족들 중 강성했던 흉노와 선비鮮卑, 저氐, 갈羯, 강羌의 다섯 민족을 중국 역사서에서는 5호五胡(다섯 오랑캐)라고 부른다. 이 5호는 삼국시대 60여 년간 위나라에 다소 눌렸으나 이제는 중원이 예전 같지 못하다. 이들은 차츰 자신감을 회복하고 호시탐탐 중원을 노린다.

중원 진출의 계기는 엉뚱하게도 '초청'의 형식이었다. 팔왕의 난을 일으킨 진의 어느 제후가 흉노 세력을 이용하기 위해 끌어들인 것이다. 그는 이이제이以夷制夷(오랑캐로써 오랑캐를 친다)의 전략이라고 여겼겠지만 실은 안방을 적에게 내준 격이었다. 흉노의 지도자 유연劉淵(한 고조의 화친책으로 당시 흉노는 한 황실과 통혼해 중국 황실의 성인 유씨를 가지게 되었다)은 기다렸다는 듯이 군대를 몰고 쳐들어와 진을 접수하고 한 제국의 뒤를 이었노라고 선포한다. 316년 진 황실은 속절없이 흉노 앞에 무릎을 꿇고 50년 만에 문

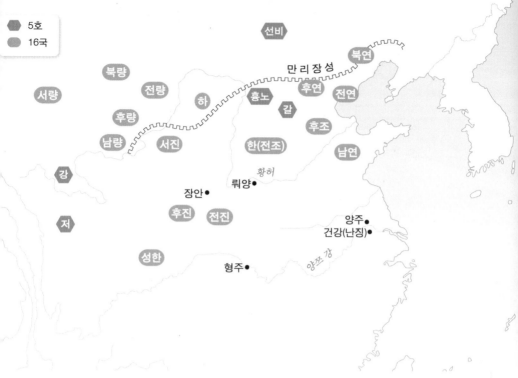

5호
16국

선비
만리장성
북연
북량
전량
하
흉노
후연
전연
서량
갈
후량
서진
후조
남량
강
한(전조)
남연
저
황허
장안 ●
뤄양 ●
후진
전진
양주 ●
건강(난징) ●
성한
형주 ●
양쯔 강

중원을 노리는 민족들 중원이 분열되고 약해지면서 수백 년간 눌러 지내온 북방 민족들이 기지개를 켰다. 삼국 정립기에 위의 통제를 받은 그들은 중원에 진(晉)이라는 '약한 통일 국가'가 들어서자 중원을 넘보기 시작했다.

을 닫았다.

　이 사건은 최초로 북방의 이민족에게 중원을 내준 계기였다. 하지만 이런 역사적 흐름은 아직 시작에 불과하다. 흉노에 뒤이어 북방 민족들은 본격적으로 중원으로 진출하기 시작했다. 이들은 북위北魏가 화북을 통일하는 439년까지 100여 년 동안 서로 다투면서 10여 개의 나라를 세운다. 다섯 오랑캐가 모두 열여섯 나라를 세웠다고 해서 이 시기를 5호16국 시대라고 부른다.

　한편 흉노에게 멸망당한 진의 귀족과 백성 들은 이듬해인 317년 강남으로 건너가 오나라의 도읍이었던 건업建業(지금의 난징)을 수도로 삼고 새 나라를 열었다. 뒤이어 중원이 북방 민족들의 놀이터가 되자 중원의 명문 세가와 호족 들도 속속 남하해 새 나라의 발전에 크게 기여했다. 역사서는 이때부터의 진을 동진東晉이라 부르고, 이전까지의 진을 서진西晉으로 기록한다.

동진은 일찍이 삼국시대의 오나라가 닦아놓은 터전을 밑천 삼아 본격적으로 강남 개발에 착수했다. 양쯔 강 이남은 원래 기후가 따뜻하고 물이 풍부한 지리적 여건을 가지고 있음에도 진·한 시대부터 원시적 농업을 해왔을 뿐 물을 이용한 선진적인 관개 농업이 이루어지지 않고 있었다. 북에서 내려온 호족들은 이러한 유리한 환경에다 선진 농경 기술과 함께 데려온 이주민의 노동력을 결합시켜 습지와 호수만 즐비하던 강남을 비옥한 농토로 바꾸었다.

기술은 새것이라도 옛 습관은 바뀌지 않았다. 토지가 늘어나자 호족들은 중원에서처럼 다시 토지 겸병에 나섰다. 그나마 이 경우에는 남의 토지를 빼앗는 게 아니라 새로 개척한 토지를 차지하는 것이므로 비교적 '건전한 토지 겸병'이라 하겠다. 이러한 경제적 토대 위에 중원의 선진 문화가 꽃을 피우면서 강남은 비약적인 발전을 이루어 중원에 필적할 만한 위치에 오르게 된다.

하지만 동진은 지배층이 항상 불안정하다는 근본적인 문제를 안고 있었다. 이주민 출신인 북방 귀족층과 오나라 이후 거의 토착민이 된 남방 귀족층은 수시로 대립했다(물론 수적으로나 문화적으로나 뒤진 남방 귀족들이 대체로 눌려 지냈다). 게다가 남북이 분단된 상황에서 생겨난 문제도 있었다. 화북을 장악하고 있는 이민족 국가들이 걸핏하면 남침해온 것이다.

휴전 상황에서는 자연히 군인의 입김이 세어지는 법이다. 끊임없는 남침 위협에 시달리자 동진 북부 국경의 요충지에 터전을 가진 군벌들의 발언권이 점차 강화되었다. 결국 이들이 황권에 도전하는 일까지 터졌다. 진·한 시대부터 왕조의 말기적 현상으로 자리 잡은 농민 반란이 때마침 일어나자 반란의 진압을 구실로 환현桓玄이라는 군벌이 제위를 찬탈했다.

The winner takes it all! 사랑을 묘사한 이 노래 제목은 그대로 난세의 법칙이 된다. 힘센 자가 최고라면 환현이 권력을 계속 유지할 가능성은 적다. 이윽고 북방 군벌 휘하에서 여러 차례 무공을 세운 바 있는 무장인 유유劉裕(363~422)가 반란들을 모조리 진압하고, 420년에 진 황실의 선양을 받아 송宋을 건국한다(더 유명한 송 제국은 훨씬 후대인 10세기에 건국되는데, 중국 역사에서는 이처럼 국호가 반복되는 현상을 많이 볼 수 있다).

따로 또 같이

남중국의 주인이 송으로 귀착될 때까지 북중국도 심한 몸살을 앓았다. 중원에 진출한 북방 민족들은 유연이 한漢을 부활시킨 것을 필두로 전통적인 국호들을 총동원해 나라를 세웠다. 조趙·연燕·진秦·진晉 등 춘추전국시대의 유명한 국호들이 부활했고, 심지어 삼대에 속하는 하夏까지 등장했다. 이 10여 개의 나라들을 '원조들'과 구분하기 위해 후대의 역사학자들은 국호 앞에 前, 後, 東, 西, 南, 北 등의 접두사를 붙였다(이를테면 後趙, 南燕, 前秦, 東晉 하는 식이다).

역사에는 통합과 분열의 시기가 교대하게 마련이지만 중국의 분열기는 특이한 데가 있다. 로마 제국 이후 분권화의 길을 걸은 유럽과 달리 중국 역사에서 분열은 늘 통일을 지향했다. 100년이 넘도록 여러 나라가 쟁패하는 난립상이 지속되는 가운데서도 통일의 기운은 서서히 무르익었다. 일단 전진前秦이 잠시 중원을 통일하는 데 성공했다. 그런데 여세를 몰아 동진마저 통일하려던 전진은 비수淝水라는 곳에서 예상 밖의 참패를 당한다. 그러자 전진의 휘하에 있던 부족들이 독립하면서 한꺼번에 일곱 나라가 생겨난다. 분열기에서도 가장 격심한 분열상이다. 하지만 그것은 통일을 위한 마지막 몸부림이었다. 이후 약 50여 년간 분열이 이어진 끝에 마침내 439년 선비족의 척발拓跋씨가 세운 북위가 북중국 거의 전역을 통합했다.

드디어 대륙 전체를 아우르는 통일 왕조는 아니라 해도 남중국과 북중국에 각기 통일 왕조가 들어섰다. 이때부터 약 150년 동안 중국은 중원의 북위와 강남의 송이 공존하는 남북조南北朝시대를 겪게 된다. 하지만 북부와 남부가 내내 완벽한 통일을 이루었던 것은 아니다. 화북에서는 북위·동위·서위·북제北齊·북주北周의 다섯 나라, 강남에서는 송·제齊·양梁·진陳의 네 나라가 교대하는 식이었다. 그래도 예전의 극심한 분열기에 비해 안정된 바탕에서 역사가 전개되고 시대적 성격도 비슷하기 때문에 한 시대로 구분될 수 있다.

중국 대륙이 남과 북으로 갈린 만큼 남북조시대에는 두 역사가 어느 정도 별개로 진행된다. 개략적으로 보면 북조에서는 사회경제적인 변화가 중요하고 남조에서는 문화적 변화가 큰 역사적 의미를 지닌다.

북부의 이민족 정권들은 5호16국 시대부터 기본적으로 한화

漢化, 즉 중국화 정책을 추구했다. 사실 그들은 자신들이 물리력에서만 앞설 뿐 문화적으로는 중원의 한족 문화에 미치지 못한다는 것을 잘 알고 있었다. 오히려 그들의 지배층은 중원을 차지한 참에 유목 생활을 청산하고 농경 사회에 합류하려는 강렬한 욕구를 가지고 있었다. 중원에 입성하자 곧바로 부족제를 포기하고 유목민 부락을 해산한 것은 이제부터 '착하게 살겠다'는 결심의 표현이다.

그러자면 최고 권력은 손에 쥐더라도 관료 행정에는 한족을 끌어들여야 한다. 이민족 정권들은 한족 출신의 명문가를 정치와 행정에 참여시켜, 각종 관료제와 율령을 맡기고 조세 정책을 입안하게 했다. 특히 북위의 효문제孝文帝(재위 471~499)는 도읍을 한족 왕조들의 전통적인 수도인 뤄양으로 옮기고, 자기 성마저 중국식의 원元씨로 바꾸었다. 나아가 그는 복식과 제도, 의식, 풍습 등도 중국식으로 개혁했다. 이러한 적극적인 한화 정책은 이후 북조의 다른 나라들에도 이어졌으며, 더 긴 호흡으로 보면 수백 년 뒤에 등장하는 몽골족 정권(원)과 만주족 정권(청)으로 계승된다.

효문제가 한족 관료들을 시켜 만들게 한 정책 가운데 특기할 만한 것은 균전제. 485년에 한족 관료인 이안세李安世의 건의로 처음 시행된 균전제는 사실상 최초의 토지제도였다. 예전에도 토지제도가 없지는 않았으나 거의 다 제도라기보다는 원시적 관행에 가까웠다.

춘추전국시대에는 토지만이 아니라 농민들까지도 제후들의 소유물이나 다름없었다. 또한 처음으로 도시국가 체제에서 벗어나 영토적 개념의 국가를 형성한 진·한 시대에는 미개간지도 워낙 많았고 토지의 소유 관계가 확고하지 않았다. 이 시대에 중요했던

원강 석굴의 내부　'오랑캐' 선비족이 세운 나라라고 해서 북위의 문화 수준을 의심해서는 안 된다. 당시 북방 민족들은 사실상 중원 문화권에 속해 있었다. 북위 시대에 건축된 원강(雲岡) 석굴의 불상들을 보면 당시 예술이 얼마나 뛰어났는지 알 수 있다. 미켈란젤로가 시스티나 성당의 천장을 그림으로 장식하기 1000년 전에 동양에서는 이런 웅장한 '천장 조각'이 제작되었다.

것은 토지보다 토지 생산물의 소유 여부였으므로 토지제도보다 지방 호족들에 의한 소작제도가 발달했다. 그러다 삼국시대에 들어 중국의 영토는 처음으로 '꽉 찬 느낌'을 주게 되었다. 그래서 앞서 본 것처럼 위나라의 조조는 후한 시대의 소작제도를 이용해 국가가 토지를 직접 운영하는 방식의 둔전제를 시행했다. 그 이후 여러 왕조는 위의 둔전제의 골격을 그대로 유지했다.

둔전제는 원래 국가 재정을 확보하기 위한 수단으로 토지를 사용하는 제도였다. 다만 지방 호족들이 소유한 토지는 건드리지 않고 방치되어 있는 토지를 대상으로 한다는 점이 문제였다. 영토의 경계가 명확하지 않았던 시대에는 어쩔 수 없는 한계이기도 했다. 위나라와 달리 화북의 통일 제국인 북위는 그럴 필요가 없었으며, 오히려 국가 수입의 확대가 절실히 필요했으므로 둔전제를 보완하고 세분화해 균전제를 만들었다.

균전제는 토지 국유와 급전給田을 기본 개념으로 하는 제도다. 쉽게 말해 모든 토지는 국가의 소유이며, 국가가 토지를 농민들에게 지급하고 경작시켜 일정한 비율의 세금을 받는 방식이다. 지금 생각하면 당연한 제도지만 원래 제도란 처음 고안하기가 어려운 법이다. 춘추전국시대의 제후들, 진·한 시대의 호족들을 토지 소유자로 당연시했던 당시로서는 국가가 토지의 주인이라는 발상은 무척 획기적이었다. 균전제를 시행하게 되자 국가는 단기적으로 전란 때문에 유민이 된 농민들을 정착시킬 수 있었고, 장기적으로는 안정적인 재원을 확보할 수 있었다. 더 나아가 균전제는 이후 들어설 수·당 같은 통일 제국에 전승되는 역사적 의미를 갖게 된다.

문화의 르네상스

남조의 네 나라(송·제·양·진)는 평균 수명이 40여 년밖에 안 된다. 이 점에서 알 수 있듯이, 네 나라는 전부 정치적으로 불안정했고, 군사력도 북조의 이민족 국가들보다 약했다. 그러나 중원의 호족과 지식인 들이 이민족 치하를 피해 대거 남하하면서 강남 지역의 귀족 문화가 크게 발달했다. 처음으로 강남에 중원을 능가하는 화려한 문화가 꽃피우게 된 것이다.

삼국시대의 오와 동진, 그리고 남조의 네 나라를 합쳐 보통 6조六朝라고 부른다. 이 6조시대에 남중국에서 발달한 귀족 문화(6조 문화)는 동양의 르네상스로 불릴 만큼 다채롭고 화려했다(시대로 보면 서양의 르네상스보다 1000년이나 앞서니까 오히려 르네상스를 '서양의 6조시대'라 불러야 하지 않을까 싶다).

정치와 경제, 제도와 문물 같은 것들은 사회생활을 통해 집단적으로 생성되지만, 예술이란 동서고금을 막론하고 개인적 창의성을 바탕으로 발달하게 마련이다. 그런 점에서 볼 때 6조시대는 예술이 숙성하기에 최적의 조건을 지니고 있었다. 무엇보다 6조 사회는 귀족 사회였다. 대중이 예술의 생산자와 소비자로 참여하는 것은 세계사적으로 근대 이후의 일이므로 고대에 문화와 예술이 발달하려면 아무래도 귀족 중심의 사회여야만 했다.

　6조시대에는 짧은 기간에 여러 왕조가 흥망성쇠를 했던 만큼 황제의 권력은 상대적으로 허약했다. 심지어 전통적인 명문 세가의 지위는 황제라 해도 함부로 건드리지 못할 정도였다. 이렇게 사회경제적으로 안정적인 문벌 귀족 사회가 정착된 덕분에, 예술적 자질을 타고난 개인은 마음껏 자신의 예술적 창의성을 발휘할 수 있었다(이탈리아의 르네상스 예술 역시 교회와 귀족 들의 재정적 후원을 바탕으로 꽃을 피웠다는 점에서는 다를 바 없다).

　물론 개인이라고 해서 누구나 가능한 것은 아니다. 예술은 귀족에게만 허용된 값비싼 취미였다. 당시의 귀족들은 자기만의 독자적인 세계를 추구할 수 있는 여건이 주어진 데다 강남 지역 특유의 따뜻한 기후와 아름다운 풍광에 사로잡혀 사뭇 탐미적인 자세로 예술을 추구했다. 수많은 문장가와 화가가 출현해 창작과 비평을 활발히 전개했으며, 그때까지 전인미답의 분야였던 예술 이론을 확립했다. 서성書聖이라 불리는 왕희지王羲之, 회화의 사조인 고개지顧愷之, 시인 도연명陶淵明과 사영운謝靈運 등이 모두 이 시기에 활동한 예술가들이다. 중국 역사상 가장 오래된 문학 평론서로 꼽히는 유협劉勰의 《문심조룡文心雕龍》도 이 무렵에 탄생했다. 6조시대에 확립된 문학과 예술의 기본 골격은 이후 당 제국에 계승되어 당을 중국 시문학의 최고봉으로 올려놓는 데 기여했다.

　이 시대의 문화 현상 중에서 주목할 만한 것은 사상의 발달이다. 한 제국의 지도 이념이었던 유가 사상은 고문학과 금문학의 대립을 통해 큰 발달을 이루었지만, 그 과정에서 유가의 지나치게 형식적이고 허식적인 측면이 부각되는 부작용을 낳았다. 또한 유가 사상은 원리상으로 현실 정치와 깊은 연관을 지닐 수밖에 없

6조문화의 진수   문화는 안정기보다 분열기에 더욱 발달하게 마련이다. 고대 중국의 르네상스를 이룬 고개지의 그림(왼쪽)과 왕희지의 글씨(오른쪽)다.

는데, 이 점은 남북조시대의 분방한 개인주의적 사고방식과 마찰을 빚었다(개인주의의 측면에서 보면 6조시대의 문화는 이후까지 통틀어 가장 서양 문화와 가까웠을 것이다). 더욱이 후한 말기에 유학자들이 현실 정치의 참여를 위해 국가 권력에 도전했다 패배의 쓴잔을 맛본 경험은 지식인들의 좌절을 가져왔다.

유가에 대한 반발로 성행한 것은 도가, 즉 노장老莊 사상이었다. 춘추전국시대의 노자와 장자를 원조로 하는 도가 사상은 유가처럼 국가를 중심으로 보지 않고 개인을 위주로 여긴다는 점에서 6조 귀족들의 체질에 잘 맞았다. 또한 사회 불안이 가중되고 전란이 잦은 시대였기 때문에 귀족들은 어지러운 현실로부터 도피하는 수단으로 도가 사상에 의지하는 경우가 많았다. 이것을 청담淸談 사상이라고 불렀는데, 그 한 예가 유명한 죽림칠현竹林七賢이다.

그러나 이 시대의 도가 사상은 오로지 현실 도피만을 위한 것이었으므로 주로 소극적이고 퇴폐적인 방향으로 흘러갔다. 게다가

4장 세상의 중심이었던 중국

사회가 차츰 안정되어가면서 유희적이고 탐미적인 측면이 지나치게 두드러져 본격적인 사상으로 성숙되지는 못했다. 그런 상태에서도 후한 말기의 태평도와 오두미도의 전통을 이어받아 하나의 교단으로서 면모를 갖춘 도가 사상의 한 갈래가 있었다. 동진의 갈홍葛洪은 이 도교의 이론을 체계적으로 확립했으며, 북위에서는 이것을 정식 국교로 채택했다.

또 한 가지 이 시대의 중요한 사상적 변화는 불교가 도입된 것이다. 불교는 후한 중기에 서역에서 전래되었는데, 당시의 귀족들은 노장 사상에 심취해 있었기 때문에 도가적인 관점에서 불교를 보았다. 이를테면 불교의 '공空'을 도가의 '무無'로 이해하는 식이다. 그 덕분에 초기 불교는 노장적인 성격이 짙었으나 불교는 적어도 도가보다는 체계화와 조직화의 가능성이 컸다. 즉 교단화할 수 있었던 게 장점이다. 그 덕분에 불교는 점차 노장 사상을 누르고 지배적인 사상으로 자리 잡았다.

교리상으로도 불교는 도가보다 친사회적이었다. 무엇보다 노장 사상에서는 소극적인 현실 도피 외에 달리 실행할 교리가 없었지만, 불교는 대단히 중요한 문제를 제기했다. 그것은 바로 윤회와 업의 개념이다. 현실 도피라는 수단은 현세에만 적용될 뿐이지만, 불교의 윤회와 업은 과거·현재·미래의 3세를 모두 염두에 두어야 한다. 불교의 도입으로 중국인들은 처음으로 육신만이 아닌 영혼과 영원의 문제를 고찰하게 되었다. 불교는 동진 시대에 크게 성행했고, 이어 남북조시대에 접어들면서는 귀족만이 아니라 서민의 마음속에까지 깊이 파고들었다.

한편 이민족들의 북조 사회에서는 불교의 호국적인 측면이 유목민족 출신 지배층의 호응을 얻어 정책적으로 장려되었다. 또한 불교가 융성하자 중국의 불교는 이 시기에 동방의 한반도로도 전래되는데, 남북조시대인 만큼 그 길도 두 가지였다. 371년에는 북조의 전진이 한반도 북부의 고구려에 불교를 전했고, 384년에는 남조의 동진이 백제에 전했다. 신라에는 한참 뒤인 528년에 고구려에서 불교가 전해졌다(《종횡무진 한국사》 1권, 192~193쪽 참조).

3. 안방의 세계 제국

반복되는 역사

중국 역대 왕조는 망할 무렵에 이르면 거의 대부분 외적의 침입이나 농민의 반란과 같은 말기적 증상을 보인다. 하지만 따지고 보면 그것은 권력의 부패와 대토지 겸병 같은 사회적 모순이 수백 년씩 덧쌓인 결과로 나타나는 현상이다.

후한이 멸망한 때부터 6세기 말까지 수백 년간의 분열기에는 하나의 왕조가 오래 지배하지 못했으므로 그런 모순이 쌓일 겨를이 없었다. 그 덕분에 북조의 마지막 나라인 북주의 귀족 양견楊堅(541~604)이 새로운 통일 제국 수隋를 세우는 과정은 예상외로 순탄하게 진행된다. 그는 먼저 자기 딸을 태자비로 넣어 외척 권력을 손에 쥐고 나서 반대파를 제거한 뒤 제위를 양도받아 581년에 손쉽게 수 제국을 세웠다(5호16국이나 남북조시대의 여느 나라들처럼 춘추전국시대 유명 제후국들에서 국호를 따오지 않은 것으로 미루어보면,

수 문제 오랜 분열기를 끝내고 진시황 이래 두 번째로 중국 대륙을 재통일한 수 문제 양견의 모습이다. 그러나 수 제국은 400년 만에 이룬 천하통일을 불과 40년 만에 당 제국에 내주면서 진시황과 같은 길을 걷게 된다.

혹시 양견은 새로운 통일이라는 점을 한껏 과시하고 싶었던 걸까?). 그리고 589년에는 남조의 마지막 나라인 진陳을 함락시켜 마침내 370년 만에 중국 대륙을 재통일했다.

그러나 수 제국은 40년도 채 못 가 당 제국으로 교체된다. 어쩌면 그렇게 800년 전의 진·한 교체기와 똑같을까? 오랜 분열기를 종식시켰다는 점에서, 또한 뒤이은 새 제국들(한과 당)의 예고편 노릇밖에 하지 못했다는 점에서, 진시황의 제국과 양견의 제국은 정확히 닮은꼴이다. 더욱이 비슷한 점은 두 나라 모두 죽 쒀서 남 준 격으로, 짧은 존속 기간 동안에 통일 제국의 터전을 잘 닦아놓고 나서 나라를 넘겨주었다는 사실이다. 진과 수가 크게 고장 난 자동차의 시동을 애써 다시 걸어놓았다면, 한과 당은 그 덕분에 평탄대로를 신 나게 달린 셈이 되었다.

옛날의 진 제국과 마찬가지로 오랜만에 대륙을 통일한 수 제국도 맨땅에서 시작하는 자세로 모든 제도를 재정비하거나 새로 갖추어야 했다. 무엇보다 시급한 것은 통일 제국에 어울리는 행정제도였다. 새 술은 새 부대에 담아야 하듯이, 수 문제文帝 양견은 중앙과 지방의 행정 기구를 대대적으로 수술했다. 우선 진·한 시대의 전통적 중앙 관제인 3공 9경을 3성 6부三省六部로 바꾸었는데, 이것은 각 부서의 이름만 약간씩 바뀌면서 당 제국에도 그대로 이어진다. 또 수백 년 동안 여러 나라가 난립하다 보니 각 지방에

과거 시험장　수 문제가 처음으로 실시한 과거제는 이후 중국 역대 왕조의 관리 임용 제도가 되었다(한반도에서도 고려 초에 광종이 처음 도입했다). 그림은 과거제가 가장 활성화되었던 송대의 과거 시험장의 광경이다.

는 행정 관청만 잔뜩 늘어났다. 신생국은 늘 '작은 정부'를 주창하게 마련이다. 수 문제는 공무원을 감축하기 위해 한 제국의 군현제부터 유지되어오던 주州, 군郡, 현縣의 지방 행정제도에서 군을 없애고 주와 현만 남겨놓았다. 또 지방 수령이 가지고 있던 관리 임명권과 병권을 중앙 정부로 회수했다. 이리하여 언제 어디서나 통일 제국의 기본이라고 할 수 있는 중앙집권적 관료제의 절반은 달성했다.

　관료제를 완성하려면 관리 임용 제도를 완비해야 한다. 종래의 임용 제도인 9품 중정제는 남북조시대를 거치면서 유명무실해졌다. 원래 지방 호족들의 세력이 커지는 것을 억제하기 위해 위나라가 도입한 9품 중정제는 그 핵심인 중정이 부패한 인물일 경우에는 오히려 해가 많은 제도였다. 아닌 게 아니라 남북조시대에 귀족 세력은 9품 중정제를 악용해 세력을 키우고 관직을 거의 독점한 터였다. 귀족의 그런 전횡을 막으면서 더 합리적으로 운용될 수 있는 관리 임용 제도는 없는 걸까? 고민 끝에 절묘한 답이 나왔다. 바로 과거제였다.

관리 후보들에게 시험을 치르게 해서 고득점자를 관리로 선발하면 된다. 귀족의 자의적인 관리 임용을 방지할 수 있을 뿐 아니라 시험 점수는 객관적이므로 누구도 합리성을 의심할 수 없다. 당대에는 관리 임용 제도로서의 의미가 컸지만, 과거제는 이후 필답고사로 필요한 인력을 선발하는 동양 특유의 역사에 지대한 영향을 미치게 된다. 오늘날의 대학입시, 각종 고시, 입사 시험과 승진 시험 등 시험과 관련된 모든 제도는 과거제에 뿌리를 두고 있다(과거제가 과연 겉으로 표방한 취지만큼 합리적인 제도인지는 이미 출범 당시에도, 또 이후에도 의문시되었다).

● 관리 임용 제도는 대개 왕권 강화를 위해 실시되는 게 보통이다. 중국에서처럼 한반도에서도 그랬다. 우리 역사에서 9품 중정제와 비슷한 것으로는 788년에 신라의 원성왕이 시행한 독서삼품과(讀書三品科)가 있다. 또 과거제는 958년 고려의 광종이 중국의 예를 좇아 처음 도입했다. 재미있는 것은, 신라의 원성왕과 고려의 광종 모두 왕권 강화를 절실히 필요로 했다는 점이다. 신라의 원성왕은 쿠데타로 집권했으며, 광종은 고려 초 치열한 왕자의 난을 치르고 즉위했다.

587년 역사상 처음으로 실시된 과거제는 다른 제도들처럼 후속 왕조인 당 제국 시절에 꽃을 피웠으며, 이후 20세기 초 청 제국 말기까지 1500년 동안이나 중국의 기본적인 관리 임용 제도가 된다. 이와 같은 수의 관제와 과거제 이외에 남북조시대의 균전제와 부병제 등도 모두 당 제국에 그대로 이어졌다.

과거의 진 제국을 연상시키는 또 한 가지 닮은꼴은 대운하의 건설이다. 진이 만리장성을 쌓았다면, 수는 대운하를 건설했다. 건국자인 문제의 뒤를 이은 수 양제煬帝는 옛날의 진시황처럼 여러 가지 대형 토목 사업을 일으켰는데, 그 가운데 진의 만리장성에 해당하는 업적이 대운하였다. 중국 지도를 보면 서쪽에서 동쪽의 황해로 흘러드는 세 개의 큰 강이 있다. 북쪽에서부터 말하면 황허, 화이허, 양쯔 강의 세 강이다. 이 강들은 모두 큰 강이므로 상류에서 하류까지 선박을 이용한 운송이 가능하다. 그러나 문제는 남북 방향의 운송로가 없다는 점이다. 이 단점을 해소하려 한 것이 바로 대운하였다.

남조와 북조로 분립하던 시대가 끝나고 통일 제국이 들어섰으니, 수 양제로서는 강남과 화북을 잇는 교통로가 절실하게 필요했을 것이다. 610년에 완공된 대운하 덕분에 항저우杭州에서 베이징北京까지 선박 운송이 가능해졌으며, 쌀을 비롯한 강남의 풍부한 물자를 화북으로 수송할 수 있게 되었다. 남북조시대에 각개 발전을 통해 성장해왔던 강남과 강북이 이제 대운하로 이어졌으니 명실상부한 통일이 아닐 수 없다.

그러나 역사에 길이 남는 위업은 대개 백성들의 고통을 바탕으로 하므로 당대에는 욕을 많이 얻어먹게 마련이다. 오늘날 인류의 위대한 문화유산으로 평가되는 이집트의 피라미드, 진시황의 만리장성과 여산릉 등은 당대의 무수한 인명을 희생하고 재원을 탕진한 결과로 완성되었다. 물론 당대에는 문화유산으로 기획된 게 아니라 현실적인 용도를 가지는 것이었다. 그중에서도 대운하는 물자 유통을 편리하게 하는 시설이었기 때문에 다른 문화유산에 비해 훨씬 실용도가 높았다. 그러나 문제는 정작 그 이익이 실현된 것은 당 제국 때였다는 점이다. 수 제국은 대운하 건설로 국력이 크게 약화되었으며, 특히 양제는 개인적으로도 비운을 맞았다.

오랜만의 통일로 중국만이 아니라 동북아시아의 패자가 된 수 양제에게는 골칫거리가 있었다. 바로 중국의 분열기에 힘을 쌓고 강성해진 북방의 '오랑캐'였다. 중원의 북방에는 한 무제 이래 오랜 토벌과 동화 정책으로 흉노가 사라진 대신 돌궐突厥이 자리 잡고 있었다. 건국자 수 문제는 탁월한 이간책을 구사해 돌궐을 동돌궐과 서돌궐로 분리시켜 세력을 약화시킨 바 있었다.●

● 흉노의 경우도 그랬듯이, 수 제국이 돌궐을 압박한 것은 유라시아 전역에 걸친 대규모 민족이동을 낳았다. 서돌궐은 옛 흉노처럼 비단길을 거쳐 중앙아시아로 가서 그곳의 작은 나라들을 짓밟았다. 게다가 명칭도 돌궐에서 음차되어 튀르크(Türk: 오늘날 터키의 어원)로 바뀌었다. 계속해서 튀르크는 서아시아의 이슬람권과 융화되어 족장의 이름에 따라 셀주크, 오스만 같은 명칭을 달게 되었다. 14세기부터 강성해진 오스만튀르크는 1453년에 서쪽 동유럽의 비잔티움, 즉 동로마 제국을 정복했다. 1000년 전 서로마 제국이 멸망한 과정과 비슷하다. 결국 한족 제국(한과 수)의 압박 정책, 한 무제와 수 문제의 북변 정리는 수백 년 뒤 멀리 두 로마 제국을 멸망시키는 도미노 효과를 낳은 것이다. 물론 당시에는 누구도 기획하지도, 예상하지도 않았지만 역사에는 이처럼 어떤 행위가 무의식적인 결과를 낳는 경우가 많다.

그러나 돌궐보다 조금 더 변방에는 그들보다 더 막강한 상대가 있었다. 한반도의 대표 주자인 고구려. 고구려는 중국의 남북조시대가 한창이던 4세기 초반부터 비약적인 발전을 이루어 수가 통일하는 6세기 말에는 만주와 한반도 일대를 호령하는 강국이 되었다(한반도의 고대 삼국이 크게 발전한 것은 당시 중국이 분열기에 있었던 덕분이 크다). 수 문제는 한 차례 고구려 정벌에 나섰다가 실패한 뒤 포기했지만, 야심만만한 양제는 고구려를 복속시켜 명실상부한 천하의 주인이 되고자 마음먹는다.

그 불타는 야심에 기름을 끼얹어준 게 바로 대운하였다. 지금까지 고구려 정벌을 어렵게 하는 최대의 문제점은 보급로였는데, 이제 대운하가 해결해주었다. 그렇다면 더 이상 망설일 이유가 없지 않은가? 마침내 양제는 611년 전투군 113만 명에 함선 300척의 어마어마한 병력을 동원해 고구려를 침공하기 위해 나섰다. 바

강국 고구려　후한의 몰락 이후 중국 대륙의 오랜 분열기를 틈타 한반도에도 강력한 고대국가가 생겨났다. 그림은 고구려의 무용총 벽화로, 4세기경 낙랑을 몰아내고 한반도의 패자가 된 고구려인의 기상을 잘 보여준다. 중국의 통일 제국 수와 당은 명실상부한 동북아시아 천하통일을 이루기 전에 고구려의 호된 시험을 치러야 했다.

야흐로 동아시아 고대사상 최대의 국제전이 벌어진 것이다. 그러나 보급로만 해결하면 될 줄 알았던 양제의 의도와는 달리 수군은 고구려의 뛰어난 유격전술(그중 유명한 것이 을지문덕의 살수대첩이다)에 말려 참패하고 만다.

복수심에 불탄 양제는 이후에도 재차 3차 고구려 원정을 준비하지만, 대규모 토목 사업에다 전쟁 준비로 민심이 등을 돌리고 각지에서 무수한 반란들이 일어나면서 두 손을 들 수밖에 없었다. 그것으로 끝이었으면 좋겠는데, 양제는 혹독한 대가를 치렀다. 부하의 손에 피살되고 만 것이다. 결국 그의 업적인 대운하는 신생 제국 수의 명운과 아울러 그 자신의 목숨까지 재촉하는 결과를 빚었다.

진시황과 수 양제, 만리장성과 대운하, 의도하지 않게 엄청난 역사적 결과를 낳은 북변 정리. 이렇듯 역사는 가혹하게 되풀이된다. 진·한 교체기와의 마지막 닮은꼴은 곧이어 새 제국이 들어섰다는 점이다. 각지에서 일어난 반란으로 혼란스런 와중에 변방의 방어를 담당하던 수의 장수 이연李淵(566~635)은 드디어 거사에 나서 수의 도읍인 장안을 점령하고 당 제국을 세웠다.

중화 세계의 중심으로

수·당 시대는 진·한 시대와 비슷한 출발을 보였으나 성격은 크게 달랐다. 사실 오늘날과 같은 의미를 지니는 국가의 성립은 수·당에 이르러서였다고 할 수 있다. 진·한 제국은 다분히 봉건적 질서에 의존한 반면, 수·당 제국은 처음으로 율령律令에 의한 통치가 이루어지기 때문이다. 율령이란 말하자면 오늘날의 헌법에 해당하는데, 수 제국 때 처음 도입되었다가 당 제국 때는 통치의 근간으로 자리 잡았다.

당 고조 이연은 수의 제도를 거의 그대로 계승했다(이연은 수 양제와 이종사촌 간으로 반란 세력도 아니었으니 당연한 일이다). 3성 6부와 어사대(감찰 및 사법), 구시九侍(제사 주관), 감監(황실의 교육 담당) 등 중앙 행정 기구도 기본적으로 달라지지 않았다. 특히 핵심 관료 기구인 3성의 활동을 보면 당 제국이 이전의 국가들보다 훨씬

당과 조선의 이씨 부자　실제로도 부자간에 이렇게 닮았을지는 모르겠으나, 왼쪽은 당의 건국자 이연(고조)이고 오른쪽은 그의 아들인 이세민(태종)이다. 당을 건국한 이씨 부자는 공교롭게도 800년 뒤 한반도에서 조선을 건국한 이씨 부자와 여러모로 닮은꼴이다. 조선의 건국자 이성계의 다섯째 아들 이방원이 두 아우를 죽이고 아버지에게서 왕위를 물려받는 '왕자의 난'은 우리에게 잘 알려져 있다. 이연의 둘째 이들인 이세민은 황태자로 책봉된 형 건성과 이 우 원길을 죽이고 아버지에게서 황위를 물려받는다. 이세민과 이방원은 둘 다 골육상잔의 권력투쟁 끝에 건국자가 살아 있는 동안 권력을 강제로 양위받는다는 점에서도 닮은꼴일뿐더러 우연이겠지만 '태종(太宗)'이라는 묘호마저 같다. 형제를 살해한 당 태종과 조선 태종은 다행히 재위 시절 뛰어난 치적을 보였다.

발달한 관료제를 실시했음을 알 수 있다. 전문 관료들로 구성된 중서성中書省에서 각종 정책과 제도, 황제의 명령 등을 입안해 제출하면 전통의 귀족들로 구성된 문하성門下省에서 그것을 심의해 가부를 결정한다. 여기서 통과된 정책은 상서성尙書省으로 넘어가 상서성 소속의 6부를 통해 시행에 부친다. 이처럼 통치 행위가 훨씬 전문화되었고, 황제와 귀족층의 합의에 의해 국정이 운영되었다.

　이렇게 전문화되고 방대해진 관료 기구라면 예전처럼 황제의 명령만으로 기능할 수는 없다. 그래서 법이 필요해지는데, 이것이 바로 율령이었다. 고조의 뒤를 이은 당 태종太宗(598~649)은 수 문제의 개황율령開皇律令과 고조의 무덕율령武德律令을 참고해 정관율령격식貞觀律令格式을 만드는데, 이것으로 당 제국은 최초의 율령 국가로 발돋움한다(율령의 이름들은 모두 해당 황제의 연호다). 오늘날의 용어로 말하면 율은 형법이고, 령은 행정법, 격은 율령을 개정할 때 추가되는 법규, 식은 시행세칙에 해당한다.

신생국을 반석에 앉힌 당 태종은 중국 역사상 손꼽히는 걸출한 군주였다. 그의 재위 시절 23년간은 '정관貞觀의 치治'라고 불리는 번영기였다. 그는 내치만이 아니라 대외적으로도 당의 강역을 크게 넓혔다. 우선 아직 잠재적 위협 요소로 남아 있던 북쪽의 돌궐을 마저 복속시키고 서쪽으로는 탕구트와 고창국을 정복했다. 계속해서 당의 영향력은 중앙아시아 파미르 고원 일대, 오늘날의 파키스탄까지 확장되었다. 이 정복 사업의 부산물이 바로 서역 교류다.

일찍이 한 무제 시절 서역에 파견된 장건에 의해 중국에 알려진 비단길은 당 제국 때 본격적으로 이용되면서 동서 문화의 교류에 기여한다. 당의 전성기에 수도인 장안에는 색목인色目人이라 불리는 서역인들이 무수히 드나들었으며, 귀족들의 집에서는 서역풍의 요리가 크게 유행했다. 당시 장안은 비잔티움 제국의 콘스탄티노플과 함께 세계 최대의 국제 도시였다. 이처럼 국제 문화에 익숙한 분위기에서 외래 종교인 불교도 크게 진작되어 천태종과 화엄종, 삼론종, 법상종, 정토종, 진언종, 그리고 달마達磨의 선종까지 각종 종파가 범람했으며, 이들 종파는 대부분 종단화되어 후대에까지 지대한 영향을 미쳤다.

그러나 당 태종에게는 한 가지 아픔이 있었다. 수 제국 때부터 중국의 숙제로 남아 있던 고구려 정복을 이루지 못한 것이다. 정복은커녕 그는 644년의 고구려 원정에서 안시성주인 양만춘楊萬春의 완강한 저항에 가로막혀 물러나고 말았으며, 화살에 맞아 한쪽 눈까지 실명하는 비극을 당했다. 이 원한은 그의 아들 고종高宗(재위 649~683)이 푼다. 당 고종은 고구려와 직접 맞붙지 않고 우회 전략으로 전환해 신라와 손을 잡고 동맹국 백제부터 공략했다. 백제를 멸망시킨 뒤 마침내 667년에는 고구려를 정복하는 데 성공했다. 중국 한족 왕조의 동북아시아 제패를 끝까지 사수한 최종 수비수였던 고구려는 역사의 지도에서 지워졌다(고구려의 저항을 끝으로 한반도는 이후 1200년간 중국에 사대하는 처지로 전락한다). 고구려가 무너짐으로써 당 제국은 명실상부한 동북아시아의 패자가 되었으며, 동쪽으로 한반도, 남쪽으로 월남, 서쪽으로 중앙아시아, 북쪽으로 몽골에 이르는 방대한 중화 세계를 구축하고 그 중심이 되었다.•

• 일본의 경우는 중국 문화권의 일부로 역사를 출발했으나, 한반도에 친일본 세력인 백제가 사라지면서부터는 중국과 어느 정도 거리를 두는 관계로 접어든다. 이때부터 일본은 한동안 중국의 당과 교류를 지속했지만 한반도와 달리 중화 세계에서 벗어나기 시작했다. 나중에 살펴보는 일본사에서 그런 점이 확연히 드러날 것이다.

해프닝으로 끝난 복고주의

아무리 관료제가 발달했다 하더라도 황제의 권력과 권위는 천자라는 별칭처럼 하늘에 이르는 것이었다(르네상스를 거치며 종교적·정신적 굴레를 벗고서야 비로소 '인간에 의한 인간의 지배' 체제인 절대왕정이 탄생하는 서양 역사와 달리, 이미 고대부터 합리적인 관료제와 절대적인 황권이 공존한 중국의 역사는 서구 역사가들에게 커다란 수수께끼다).

태종의 뒤를 이은 고종은 아버지가 이룩한 성과를 이어받아 과업을 마무리했을 뿐 개인적으로는 병약하고 무기력한 인물이었다.

신생국의 중앙 권력이 미흡하다면 아무래도 문제다. 이때 고종의 총애를 받아 권력자로 나선 인물은 놀랍게도 무조武曌라는 이름을 가진 여성이었다. 후궁의 신분으로 실권을 장악한 그 여성은 바로 역사에 중국 최초의 여제女帝로 기록된 측천무후則天武后다.

사실 무후는 열세 살의 어린 나이에 고종의 아버지인 당 태종의 후궁으로 황궁에 들어왔다. 그러나 태종이 죽을 무렵 그녀는 이미 아들 고종의 애첩이 되어 있었다.* 고종에게는 황후가 따로 있었지만 황제의 애정을 잃은 황후는 껍데기일 뿐이었다. 무후는 곧 그 껍데기를 폐위시키고 황후가 되어 황제 대신 국사를 처리하기 시작했다. 30년 가까이 허수아비 황제로 살아가던 고종이 죽었을 때 무후는 제위를 염두에 두었을지도 모른다. 하지만 여성이 황제가 된다는 것은 꿈꿀 수 없는 일이었다. 그래서 그녀는 일단 아들들을 내세워 중종中宗과 예종睿宗의 두 황제로 삼았다가 이내 폐위해버리고, 690년에는 드디어 직접 제위에 올랐다.

● 어린 나이에 후궁이 되었으니 이해할 수 없는 일은 아니지만, 아버지의 후궁을 아들이 물려받은 것은 황궁에서도 유학 이념이 확고히 뿌리 내리지는 않았음을 반증한다. 유학이 중화 제국의 공식 이념으로 채택된 지 수백 년이 지났어도 아직 일상생활에까지 침투하지는 않았던 것이다. 강고한 성리학 국가로 알려진 조선도 초기에는 항렬의 관념조차 철저하게 지켜지지 않았다. 수양대군은 동생이자 정적인 안평대군이 숙모와 놀아났다는 나쁜 소문을 퍼뜨린 바 있는데, 설령 무고라고 해도 궁중에서 그런 소문을 조작할 정도라면 유학이 궁중에서도 생활 윤리가 아니었다는 이야기다(《종횡무진 한국사》 2권, 82~83쪽 참조).

여제가 이상하다면 아예 나라를 바꿔주마. 제위에 오른 무후는 대담하게도 신성황제神聖皇帝라고 자칭하면서 국호를 주周로 바꾸었다(여기서도 주나라는 중국 역대 왕조들의 이상향이자 영원한 고향임을 알 수 있다). 이것을 가리켜 무주혁명武周革命이라고도 부르는데, 제위를 잠시 찬탈한 것일 뿐 실제로 혁명적

최초의 여제   한 고조 시절 고조의 황후인 여태후가 세도를 부린 일이 있었지만, 정식 여제로는 당의 측천무후가 최초다. 온갖 치장에 화려한 옷을 입고 환관들의 보좌를 받으며 걷는 측천무후의 얼굴에서 첫 여제로서의 자신감을 엿볼 수 있다. 그녀가 50년 동안이나 권력을 잡은 탓에 이후 제국의 권력 구조는 크게 변하게 된다.

인 성격은 없었다.

측천무후의 지배는 15년간에 불과했다. 705년에는 아들 중종이 측천무후를 퇴위시키고 다시 황제로 복귀하면서 무후의 정치 실험은 해프닝으로 끝났다. 그러나 짧은 기간에 비해 그녀의 치세는 이후의 권력 구조에 상당히 의미심장한 후유증을 남기게 된다.

첫째는 측천무후로 인해 관롱關隴 집단이 몰락했다는 점이다. 관롱 집단이란 관중關中과 농서隴西 일대의 귀족 집단을 가리키는데, 여기에는 오랜 남북조시대를 거치면서 한족화된 선비족의 귀족 세력도 포함되어 있었다. 수와 당의 건국자인 양견과 이연, 나아가 두 나라의 개국공신 세력도 대부분 관롱 집단의 소속이었다. 개국한 지도 한참 되는 마당에 개국공신이라니, 눈에 거슬리는 그들을 측천무후가 가만 놓아둘 리 없다. 무후는 그들을 하나씩 제거하고 자신의 무씨 일가를 중용하는데(무후가 유달리 과거제에 집착한 이유도 그들을 견제하기 위한 것이었다), 바로 여기서 두 번째 후유증이 생긴다. 바로 외척 세력의 성장이다. 무씨 일가 자체는 중종이 복위하면서 몰락했지만, 이를 계기로 외척 권력이 당의 역사에 등장하게 된 것이다. 일찍이 한 제국이 멸망한 것도 외척과 환관 정치가 주요 원인이었는데, 당 제국도 비슷한 조짐을 보이기 시작한다.

측천무후 시대의 직접적 후유증은 무후를 폐위시키고 복위한 중종 대에 벌써 드러난다. 그것도 바로 전의 폐해를 그대로 답습한다. 무후의 며느리이자 중종의 황후인 위韋씨가 정치에 관여하다 남편까지 독살한 다음 권력을 장악하고 일가붙이들을 끌어들인 것이다. 그녀도 시어머니처럼 아예 제위를 차지해버릴까 고려하던 중 예종의 아들 이융기李隆基가 반란을 일으켜 아버지를 복위시킨다. 그렇게 태자의 지위를 되찾은 이융기는 2년 뒤 아버지가 죽자 제위에 오른다. 그가 바로 당의 6대 황제인 현종玄宗(재위 712~756)이다.

정점에서 시작된 퇴조

태종이 '정관의 치'를 펼쳤다면, 현종의 치세는 '개원開元(현종의 연호)의 치'라고 부른다. 이 무렵 당은 정치도 안정되고, 경제·사회·문화·예술 등 모든 분야에서 큰 발전을 이루어 전성기를 맞았다. 외척 정치를 직접 깨부수고 황제가 된 현종은 당연히 외척과 환관을 멀리해야 한다고 굳게 믿었다. 그러나 너무 오래 재위한 탓일까? 아니면 시아버지와 며느리가 인륜을 저버리는 게 당 황실의 전통으로 굳어져버린 탓일까? 치세 40년 가까이 되자 현종은 며느리 양귀비에게 빠져 국사를 등한시하기 시작한다. 거기

양귀비   서양의 클레오파트라에 해당하는 동양의 미녀인 양귀비다. 클레오파트라는 로마의 영웅들과 사귀었으나 양귀비는 시아버지인 현종과 불륜의 사랑을 나눈 대가로 현종의 사후 사약을 받고 죽었다. 양귀비의 6촌 오빠 양국충이 중용된 것은 측천무후 시절에 외척 세력과 전통의 관롱 귀족이 무너지고 힘의 공백이 생긴 데도 원인이 있다.

까지는 그렇다 치더라도 양귀비의 6촌 오빠인 양국충楊國忠을 중용한 것은 중국 역사상 가장 큰 규모의 반란을 부른다.

원래 양국충과 사이가 좋지 않던 절도사 안녹산安祿山은 양국충이 재상으로 전권을 장악하자 그것을 구실로 755년에 반란을 일으킨다. 이 반란은 안녹산의 부하 사사명史思明에게 이어졌고, 9년간이나 지속되었다. 이것을 두 사람의 성을 따 안사安史의 난이라고 부른다. 반란군이 장안을 함락시키는 바람에 현종은 수도를 버리고 쓰촨까지 도망쳐 목숨을 부지했다. 훗날 시성詩聖으로 추앙받은 두보杜甫는 안사의 난으로 고생하는 전국 각지 백성들의 피폐한 삶을 시로 전해주었다.

그러나 두보가 묘사한 백성들의 고통은 안사의 난 때문만은 아니었다. 또한 안사의 난도 안녹산과 양국충의 갈등 때문만은 아니었다. 진정한 원인은 당 제국이 때 이르게 노쇠해가고 붕괴의 조

짐을 보인다는 점이었다. 현종 치하의 개원의 치는 제국의 전성기인 동시에 퇴조기의 시작이었다.

언제나 그렇듯이 계기는 대토지 겸병이 성행하면서 농민들이 몰락하는 것이었다. 무릇 새 나라가 출범할 무렵에는 항상 토지가 남아돌게 마련이다. 이전의 토지 소유를 무효화하고 모든 토지를 국유화해 새로 농민들에게 나누어줄 수 있기 때문이다. 그러다 중기쯤 되면 새로 분급할 토지가 사라진다. 미개간지를 개간하는 데는 한계가 있는데, 인구는 자꾸만 늘어나고 나라 살림은 갈수록 커진다. 먹고살기 힘들어진 농민들은 토지를 팔아넘기고, 그 토지를 부패한 지방 관리나 대토지 소유자 들이 사들이거나 빼앗아 겸병한다. 중기에 든 당 제국의 상황도 마찬가지였다. 지방 관리의 횡포와 상업 자본, 고리대 자본의 압박으로 농민들의 생활은 점점 빈궁해졌다. 게다가 관료 기구가 팽창하고 변방에서 전란이 끊임없는 데다 황실의 사치까지 겹쳐 국가 재정도 메말라갔다.

당의 토지제도인 균전제는 농민들에게 토지를 분급하고 국가에서 조세를 걷는 방식이다. 따라서 농민들이 주어진 토지를 제대로 경작해야만 백성들의 살림살이도 나아지고 국가 재정도 튼튼해진다. 생활이 어려워진 농민들이 농사를 팽개치고 토지에서 이탈해버리면 모든 게 어긋날 수밖에 없다. 현종 대에 이르러 그런 현상이 대폭 증가했다. 균전제가 붕괴하는 것은 균전제에 뿌리를 둔 모든 제도가 무너진다는 것을 뜻한다. 우선 국가의 기틀인 국가 재정과 국방이 흔들린다. 균전제는 토지와 농민을 하나로 묶어 조세와 병역을 부담시키는 것이므로 조세제도인 조용조租庸調(앞에서 본 일본의 조용조 제도는 당의 것을 모방했다)나 병역제도인 부병제府兵制와 긴밀한 연관을 가지고 있다. 그런데 농민들이 토지를 버

성인과 신선 당의 시문학은 오늘날까지도 고금을 통틀어 최고 수준으로 높이 평가되고 있다. 왼쪽은 시성(詩聖)이라고 불리는 두보이고, 오른쪽은 시선(詩仙) 이백(李白)이다. 이백은 호방하고 낭만적인 시를 쓴 반면, 개인적으로 안사의 난 때문에 곤경을 겪은 두보는 사회성이 짙은 시편을 많이 남겼다. 균전제가 무너지는 사회적 혼란이 두보 작품의 배경이었던 셈이다.

리고 도망치는 판이니 국가에서 조용조를 제대로 거둘 수 없었다. 당장에 큰일은 나라를 지킬 병력이 없다는 점이었다.

이제 균전제를 온전한 상태로 되돌리기란 불가능해졌다. 제멋대로 소유권이 이전된 토지를 개국 초기로 되돌릴 수는 없는 노릇이었다. 누가 봐도 고육지책이지만, 결국 정부에서는 조세제도와 병역제도를 개선해서 버티기로 작정했다.

우선 세금 제도에서는 조용조를 버리고 양세법兩稅法을 실시했다. 기본적인 골격은 토지를 부과 대상으로 삼는 것인데, 1년에 두 차례 징세하는 방식이기 때문에 '양세'라는 명칭이 붙었다. 그 취지는 두 가지다. 첫째, 조용조는 먹을 것[租]과 입을 것[調], 그리고 국가사업이 있을 때 노동력을 부리는 것[庸]을 뜻하므로 모두 농민을 대상으로 하는 세금이다. 그런데 사회가 발달하고 다변화됨에 따라 농민만이 아니라 상업, 서비스업에 종사하는 백성도 많아졌다. 조용조를 고집하면 농사를 짓지 않는 이들에게서 세금을 거둘 방법이 없다. 이 문제를 해소하고자 한 게 양세법이다. 둘째, 토지가 거의 사유화된 현실을 인정해야 한다. 대토지 소유가 엄존하고 있는 마당에 애초에 농민들에게 분급한 토지를 기준으로 세액을 매길 수는 없다. 그보다는 토지 소유자에게 재산세를 물리는 편이 낫다. 이리하여 양세법은 모든 세금을 토지 기준으로 단일화하고(조용조 제도에서는 정식 세금인 조용조 외에 잡세로 불리는 기타 세금들이 많았다), 이것을 여름과 가을 두 차례에 걸쳐 내도록 했다. 6월에는 호세戶稅, 11월에는 지세地稅를 받았는데, 백성들의 토지와 재산 소유 여부에 따라 세액을 매기고 현물 대신 돈으로 납부하도록 했다.•

• 조용조가 전근대적 세제라면 양세법은 고대에 성립되었어도 근대식 세제에 해당한다. 조용조는 토지의 사유 자체를 인정하지 않았지만 양세법은 사적 토지 소유에 의거하기 때문이다. 그런 만큼 양세법은 수명도 길어 20세기 중반 중국이 사회주의 공화국으로 환골탈태할 때까지 시행되었다. 하지만 현물 대신 화폐로 납부하는 방식은 화폐경제가 도입되기 전까지 늘 실패했다. 명대의 은납제는 당의 양세법보다 600년이나 뒤에 시행되었는데도 실패했다.

양세법을 시행한 결과 정부는 농민 외에 상인이나 유통업, 숙박업자 들에게서도 세금을 징수할 수 있게 되었다. 또한 토지 재산이 많은 사람에게서는 더 많은 세금을 거둘 수 있었다. 그러나 국가의 기틀이 무너지면 아무리 좋은 제도라도 제대로 기능하기 어려운 법이다. 양세법도 금세 한계를 드러냈다. 조용조보다는 분명히 진일보한 세제였지만 더 나빠진 점도 있었다. 조용조의 경우에는 분급한 토지에 따라 세액을 결정할 수 있었지만, 양세법의 경우에는 과세의 표준이 없었다. 양세법을 유지하려면 정확한 토지조사를 수시로 해야 하는데, 힘을 잃어가는 당 조정으로서는 능력 밖의 일이었다.

원래 중국에서는 《시경詩經》에 나오는 왕토 사상王土思想의 이념에 따라 나라의 모든 것이 왕의 소유였다. 토지 생산물은 토지를 경작하는 농민이나 토지에서 소작료를 거두는 지주의 몫이지만, 토지 자체는 근본적으로 국가, 즉 천자의 것이었다. 따라서 원칙적으로는 소유권의 양도가 불가능할 뿐 아니라 소유권의 개념 자체도 희미했다. 이런 상황에서 토지의 사적 소유를 전제로 하는 양세법은 현실적으로 말끔하게 적용되기 어려웠다.

부패한 지방관들은 양세법이 도입되자 더욱 심하게 농간을 부려 농민들의 부담을 가중시켰다. 또한 화폐로 세금을 내는 금납제金納制(은납제와 같은 의미다)였기 때문에 농민들은 곡물과 베를 수확하고 나서도 그것을 돈으로 바꿔 세금을 내야 했다. 물건을 팔아 돈을 사는 격이었으니, 이 과정에서도 농민들은 큰 손해를 보았다.

새로운 세금 제도가 좌초한 것과 더불어 병역제도를 개선하려는 노력도 실패로 돌아갔다. 부병제는 원래 병농일치兵農一致를 기본으로 하는 징병제다. 즉 변방의 농민들에게 다른 세를 면제해주는 대신 농한기에 군사 훈련을 시켜 유사시에 군사로 동원하는 제도다. 그러므로 농민들이 토지를 이탈해버리면 부병제는 유지할 수 없게 된다(부병제의 가혹한 부담으로 인해 도망치는 농민들도 많았으니 뭐가 원인이고 뭐가 결과인지 모를 일이다).

병역 의무제를 유지할 수 없다면 상비군이라도 만들어야 한다. 그래서 병역제도는 점차 징병제를 포기하고 모병제와 직업군인 제도로 바뀌었다. 그러나 이들은 일종의 용병이므로 자신을 고용한 주인에게 충성을 바치게 마련이다. 당 초기에는 변방에 도호부를 설치했지만, 이민족들의 침입이 잦아지자 그것으로는 감당할 수 없어 더 강력한 경비 체제로 절도사를 두었다. 당시 변방에서 절도사는 군사권만이 아니라 행정권과 재정권도 지니고 있어

절도사의 세상   당 중대에 절도사들의 배치 상황이다. 중앙이 튼튼하다면 아주 좋은 수비 형태겠지만, 안사의 난 이후 중앙 정부가 힘을 잃은 사정에 비추어보면, 절도사들이 국경을 수비하는 게 아니라 오히려 중원을 둘러싼 채 위협하고 있는 것으로 보인다. 실제로 이 절도사들은 점차 번진으로 성장했고, 가장 힘센 절도사가 당 제국을 접수했다.

왕이나 다름없었다. 모병된 병사들은 절도사의 사병私兵으로 전락했다. 안녹산이 손쉽게 장안을 함락시킬 수 있었던 것은 바로 사병 조직을 거느린 절도사였기 때문이다. 더구나 안사의 난을 계기로 반란에 더욱 예민해진 정부는 변방에 둔 절도사를 국내 요지에 두루 배치했는데, 이들은 정부의 의도를 거슬러 번진藩鎭이라는 군벌로 성장했다. 결국 훗날에 당은 이들 번진에게 나라를 내주게 된다.*

이렇듯 사회경제가 무너지자 더 이상 율령 정치도 불가능해졌다. 당 제국을 있게 한 율령이 유명무실해지면서 정치 현실은 더욱 혼탁해졌다. 이미 여러 차례 보았듯이, 외척과 환관은 중국 역사에서 전통적인 정치 불안 요소였다. 측천무후와 위씨 황후의 몰락을 계기로 외척 세력은 잡았다 싶더니 이번에는 환관 문제가 불거져 나왔다.

● 당 제국이 실시한 조용조와 부병제는 한반도와 일본에도 도입되었다(그런 점에서도 당은 중화 세계의 기틀을 이룬 제국이다). 조용조는 신라시대에 도입되어 조선에도 존속했으며, 부병제는 고려가 채택했다. 일본은 앞에서 본 것처럼 중화 세계에 속했던 7세기 중반에 다이카 개신으로 중국의 문물을 전면 모방하면서 조용조를 시행했다. 다만 일본은 국가 통일을 16세기에나 이루었으므로 부병제는 시행할 수 없었다.

원래 환관은 개국 초부터 황실의 대소사를 맡아 처리하던 집단이었는데, 현종 때부터는 직접 정치에 개입하기 시작했다. 안사의 난에서 교훈을 얻은 후대의 황제들은 절도사의 힘을 견제하기 위해 감군사監軍使를 보내 그들을 감독했는데, 환관들이 주로 그 업무를 맡았다. 이래저래 환관의 위세는 하늘을 찌를 듯 높아졌다. 당 말기인 9세기에 이르면 환관들의 세력은 황제도 건드리지 못할 정도였다. 심지어 환관들은 자신들을 제어하려 한 황제 두 명을 살해하기까지 했다.

하나의 세력이 권력의 정점에 오르면 다음부터는 자기들끼리 다투게 마련이다. 이윽고 환관들은 자기들끼리 편을 갈라 당쟁을 벌였다. 9세기 초반의 덕종德宗 이후 당 제국이 문을 닫는 907년까지 100년 동안 열한 명의 황제들 중 한 명만 제외하고는 전부 환관들이 옹립했다. 환관의 시험을 거쳐 제위에 올랐다고 해서 이 황제들을 '문생천자門生天子'라고 부를 정도였다(문생이란 과거에 갓 급제한 사람을 가리키는 말이니 천자가 졸지에 환관의 문하생이 된 것이다).

쓰러지는 세계 제국

균전제의 붕괴로 뿌리가 흔들리는 가운데 중앙에서는 환관, 지방에서는 절도사의 전횡이 나날이 심해지자 당 제국은 이제 존망의 기로에 놓였다. 사실상 당은 이 무렵(9세기 초반)에 무너졌어야 하는데, 그나마 양세법과 환관들의 당쟁이 멸망을 지연시켰다고 할 수 있다. 당 제국은 여러 가지 면에서 이후 중화 제국들의 원형이었다. 각종 법과 제도도 그렇지만 붕괴하는 과정도 그랬다. 개국 초기에는 너무도 완벽했던 제국이 쓰러지는 과정은 이후 중국 역대 왕조들에서 자주 보게 되는 전형적인 드라마였다.

시간이 지나면서 믿었던 양세법마저 약효를 잃자 정부에서는 어떻게든 재정을 늘리려는 일념에서 지극히 단기적인 처방을 내세웠다. 이를테면 소금의 전매를 강화하는 조치다. 소금 전매는 일찍이 한 무제의 '전매'특허였다. 1000년 전의 낡은 미봉책을 다시 꺼내 쓸 만큼 당은 말기 암 환자 같은 처지였다. 물론 그때도 듣지 않던 약이 이제 와서 들을 리는 만무하다.

소금을 전매한다는 방침에 소금 장수들이 반란을 일으켰다. 특히 간당간당하던 당의 체력에 결정타를 가한 반란은 황소黃巢라는 소금 장수가 일으킨 난리였다. 황소는 과거에 낙방하자 돈이라도 벌겠다는 생각으로 소금 판매에 뛰어들었다. 국가 전매 품목을 사적으로 거래한다면 당연히 암시장이고 밀매다. 이 소금 밀매업에서 생긴 전국적 비밀 조직망은 황소의 거사에 긴요한 역할을 했다. 황소의 난은 농민들의 지지를 얻어 순식간에 맹위를 떨쳤다. 반란군은 장안으로 황소처럼 밀고 들어갔다. 소금 장사꾼에서 일약 제위를 차지한 황소는 국호와 연호도 새로 정했다.

장안을 점령한 황소　소금 장수 출신의 황소가 일으킨 반란은 쇠락하는 제국에 치명타를 가했다. 부하들이 둘러멘 수레를 타고 수도 장안에 입성하는 황소 앞에 백성들이 머리를 조아린다. 안사의 난 시절에 현종이 쓰촨까지 피난을 갔듯이 황소의 난 때는 희종(僖宗)이 쓰촨으로 달아났다. 당시 당에 유학중이던 신라의 최치원은 〈토황소격문(討黃巢檄文)〉이라는 명문으로 당의 조정을 감격케 했다.

　　그러나 힘이라면 누구에게도 뒤질 게 없다고 생각하는 절도사들이 가만있을 리 없다. 난리를 피해 달아난 황제가 도움을 요청하자 절도사 이극용李克用은 군대를 몰고 와서 황소의 세력을 진압했다. 그 과정에서 공을 세운 자는 바로 황소 휘하에 있다가 투항한 주전충朱全忠이었다. 이극용이 공을 믿고 발언권을 내세우지 않을까 두려워한 정부는 속이 빤히 들여다보이는 하책을 구상했다. 주전충을 절도사로 임명해 그를 견제하려 한 것이다. 예상대로 신·구 절도사들은 서로 맞대결을 벌였다. 여기서 승리한 주전충은 내친 김에 황궁으로 쳐들어가 환관들을 모조리 잡아 죽였다. 환관의 문하생인 허수아비 황제는 주전충에게 제위를 '선양'할 수밖에 없었다.

결국 당은 허망하게 멸망했으나, 그래도 (짧은 기간 존속한 진과 수를 제외하면) 역사상 두 번째 중화 제국이었으므로 그 역사적 의의는 작지 않다. 실제로 당은 첫 번째 제국인 한을 상당히 업그레이드했다. 한 제국이 동북아시아 고대 질서의 주춧돌을 마련했다면, 당 제국은 그 위에 기둥과 벽, 지붕을 얹어 웅장한 건축물로 완성했다. 한이 영토적·정치적으로 동북아시아를 지배했다면, 당은 거기에 정신적·문화적 지배를 추가했다. 하지만 그런 만큼 붕괴의 후유증도 컸다. 중국을 동북아시아 질서의 중심으로 만든 당이 멸망함으로써 고대의 질서는 일단락되었다. 이제부터 동북아시아는 예전에 없던 새로운 국제 질서를 향해 나아가기 시작한다.

4. 중원과 북방의 대결

군사정권이 세운 문민정부

거대 제국 당이 쓰러지면서 중국은 남북조시대가 끝난 이래 400년 만에 다시 분열기를 맞았다. 당이 멸망한 907년부터 960년까지의 분열기를 5대10국 시대라고 부르는데, 남북조시대의 도입부에 해당하는 5호16국 시대와 이름도 비슷하고, 짧은 기간 동안 여러 나라가 떴다 지는 양상도 닮은 데가 있다. 사실 이 시기는 남북조시대를 압축해놓은 것 같은 정치적 격변기였다. 제국의 심장을 쏜 주전충은 후량後梁을 세워 5대의 첫 단추를 꿰었다. 5대는 후량-후당後唐-후진後晉-후한後漢-후주後周로 이어지는 북방 이민족들의 다섯 개 중원 왕조이며, 10국은 전촉前蜀·후촉後蜀·형남荊南·초楚·오吳·남당南唐·오월吳越·민閩·남한南漢·북한北漢 등 주로 당 말기의 절도사들이 세운 10개 지방 왕조를 가리킨다. 5대는 맞교대 형식으로 바뀌었고, 10국은 서로 공존하면서 각축을 벌였다.

재미있는 것은 그 무렵 한반도도 중국처럼 '후後' 자를 붙여 옛 왕조의 계승을 자처한 시대였다는 점이다. 신라 말기에 궁예는 후고구려, 견훤은 후백제를 세워 신라와 함께 후삼국시대를 열었다. 결국 궁예를 대신한 왕건이 936년 신라와 후백제를 멸망시키고 한반도를 재통일했다. 당시 한반도의 상황은 나라의 명칭만 비슷한 게 아니라 중국의 사정과 밀접한 관련이 있었다. 신라의 든든한 후원자였던 당이 멸망하고 중국이 분열기에 접어들면서 일어난 변화의 여파였던 것이다(신라 역시 당처럼 9세기부터 극심한 정치적 불안정을 보였다). 이렇게 한반도 역사와 중국의 역사가 함께 맞물리는 경우는 드물지 않다.●

불과 50여 년 동안 수많은 나라가 난립한 데서 알 수 있듯이, 5대10국 시대의 나라들은 거의 다 정식 국가라기보다는 당 말기의 번진에 가깝고 군벌이 지배하는 체제였다. 또다시 힘센 자가 천하를 제패하는 형국이

● 한반도 역사에서 왕조 교체는 중국의 상황, 특히 '한족 왕조'의 변동과 밀접한 관련이 있었다. 중국이 삼국 정립기와 남북조시대를 거칠 무렵(2~6세기)에는 한반도도 삼국시대였고, 당·송 교체기(10세기)에는 후삼국시대였다. 또 이후 중국이 남송으로 약화된 시기(12세기)에 고려에는 무신 정권이 들어섰고, 원에서 명으로 교체될 때(14세기)는 고려에서 조선으로 바뀌었다. 명·청 교체기(17세기)에 조선왕조가 그대로 유지된 이유는 청이 만주족(여진족)의 왕조라는 사실과 무관하지 않다.

문치의 무장 조광윤　절도사의 우두머리로 새 제국을 건국한 조광윤의 얼굴은 문관 같기도 하고 무관 같기도 하다. 그는 강력한 중앙집권제를 확립하고 문치주의를 추진해 당의 귀족 관료제보다 업그레이드된 사대부 관료제를 구축했다. 그러나 거기에는 50여 년의 분열기를 거치면서 전통의 귀족 세력이 완전히 몰락했다는 배경이 있다.

되었다. 다행인지 불행인지 이번 분열기는 수백 년 전의 남북조시대에 비해 훨씬 짧았다. 점차 강한 군벌의 휘하로 작은 군벌이 모여들더니 이윽고 통일의 기운이 무르익었다. 이런 대세에 편승해 최대 우두머리인 후주의 절도사 조광윤趙匡胤(927~976)이 부하들에 의해 황제로 추대되어 송宋 제국을 세웠다.

송 태조 조광윤의 앞에 놓인 정치적 과제는 두 가지다. 하나는 통일 제국이면 당연한 의무로, 강력한 중앙집권 체제를 확립하는 일이다. 다른 하나는 비록 자신은 절도사로서 새 제국을 열었으나 이제 두 번 다시 그런 일이 없어야만 한다. 두 마리 토끼를 잡는 돌팔매질은 하나, 문치文治에 입각한 군주 독재 체제를 만드는 것이다. 중앙집권은 태조 자신이 절도사들의 우두머리였으므로 가능했지만, 문치주의는 다른 때 같으면 실현 불가능한 과제였을 것이다. 문치주의를 위해서는 전문 관료 집단이 필요한데, 당시까지 수백 년 동안 전통의 귀족 가문이 득세하면서 관료 집단의 형성을 가로막고 있었기 때문이다. 그러나 마침 송을 건국한 시기의 주변 환경은 그 일을 가능하게 해주었다.

우선 5대10국 시대를 거치면서 문벌 귀족 세력이 완전히 몰락했다. 일찍이 측천무후의 외척 정치 시대에 전통의 문벌 귀족(관롱 집단)이 크게 약화된 적이 있지만, 정치적으로만 그랬을 뿐 사회경제적으로는 당 말기까지도 전혀 힘을 잃지 않았다. 그러나 당

사대부의 생활 당 제국이 귀족 지배 체제였다면, 송 제국은 관료제 사회였다. 과거제를 통해 관료로 임용된 이들 신흥 지배 세력을 사대부라고 불렀다. 그림은 송대 사대부의 생활양식을 보여준다.

이 멸망한 뒤 50여 년의 군벌 시대를 주름잡았던 절도사들은 대개 이민족이거나 하층민 출신이었다. 명망가 따위는 안중에도 없는 그들은 손쉽게 문벌 귀족을 제압하고 재산까지 몰수해버렸다.

이제 전통적인 지배층은 사라졌다. 그럼 그 공백을 메울 새로운 사회 엘리트는 누굴까? 그것은 바로 사대부 세력이다. 원래 사대부란 봉건제의 주나라 시절 공公(제후), 경卿 아래의 지위인 대부大夫와 사士에서 나온 말이었지만, 후대에 오면서 의미가 달라졌다.

우선 한 제국 이래로 중앙집권적 제국들이 연이어 등장하면서 공과 경 같은 봉건 제후의 냄새를 물씬 풍기는 직위들이 없어졌고, 그 아래의 사와 대부는 6세기에 과거제가 등장하기 전까지 제국의 실무 행정을 맡으면서 자연스럽게 관료 집단으로 자리매김했다. 게다가 송대의 사대부는 후한 제국 이후 수백 년 동안 존속해온 전통의 문벌 귀족과 달리 중소 지주 계층 출신이었다.

이렇게 당과 송은 시간적 거리가 불과 50여 년밖에 안 되지만, 정치와 사회의 성격에서는 판이하게 달랐다. 당은 남북조시대의 귀족 정치와 균전제, 부병제 등 각종 제도를 거의 그대로 이어받아 완성시킨 나라였지만, 송은 오히려 전통과의 철저한 단절을 통해 나라의 기틀을 만들었다. 그렇다면 분열기 50여 년 동안 그렇게 커다란 변화가 있었던 걸까? 그렇지는 않다. 그 변화는 사실 8세기 중반 안사의 난 이후 당 제국의 틀 안에서 시작된 것이었다. 그렇게 따지면 50여 년간의 변화가 아니라 200여 년간의 변화가 된다(그래서 안사의 난 이후 송의 건국까지를 하나의 시대로 묶어 '당말오대唐末五代'라고 부르기도 한다).

꽃피운 문화의 시대

문벌 귀족이 사라졌다는 것을 확인 사격이라도 하듯이, 송 태조는 당의 최고 행정기관인 3성 6부에서 귀족들의 이해관계를 대변하던 문하성과 상서성을 중서성에 통합해버렸다. 이에 따라 문하성이 지니고 있던 황제 명령에 대한 거부권도 없어져 황제의 전제권이 크게 강화되었다. 이렇게 보강된 중서성과 더불어 군사권을 담당하는 기관으로 추밀원樞密院을 두어 중서성과 추밀원의 2부二府가 최고 정책 결정 기관이 되었다. 또한 지방 행정 기구로는 전국에 15개의 로路를 설치했는데, 절도사가 전횡하던 시대처럼 지방 권력이 권력자에게 집중되는 현상을 방지하기 위해 로를 관장하는 책임자는 따로 임명하지 않았다. 그 대신 로에도 중앙 관제를 도입해 각 로를 부서별로 나누고 행정을 전문화하는 방식을 취했다.

이렇게 관료 제도를 새로 정비하자 실무자급의 전문 관료들이 대량으로 필요해졌다. 옛날처럼 문벌 귀족이 공급하는 인력은 필요하지도 않거니와 이제는 그런 집단이 제거되어 존재하지도 않았다. 그럼 어떻게 필요한 인력을 수급할까? 답은 과거제였다.

물론 과거제는 당 제국 시대에 효율적으로 기능한 제도다. 하지만 당과 송, 두 나라는 과거제에서도 상당히 달랐다. 당 시대에는 과거에 합격했다 하더라도 문벌 귀족 출신의 정부 부서장들이 관장하는 별도의 구술시험을 치러야 했다. 그러나 송의 과거제는 각 지방의 예선을 거친 합격자들을 대상으로 황제가 직접 관장하는 전시展試를 치러 여기서 최종 합격자를 선발하는 방식이었다. 그래서 전시 합격자들은 '천자의 문생'이라 부를 정도였다. 당 말기에 환관들이 옹립한 황제, 즉 문생천자에 비해 글자의 순서만 뒤바뀐 것 치고는 엄청난 차이다. 과거제를 통해 선발된 인력이 바로 사대부 세력의 주축이 되었다. 이들은 역사상 최초로 '문민정부'를 표방한 송의 정치에 결정적인 기여를 했다.

문치주의를 실시한 덕분에 송은 화려하고 찬란한 문화의 제국이 되었다. 문화의 꽃이라 할 수 있는 예술은 그 이후까지 포함해 중국 역사상 송 시대에 가장 번성했다. 특히 회화는 송대부터 독

립적인 예술 장르로 자리 잡았다. 당 시대까지 회화는 의뢰인의 요구에 따라 초상화를 그리거나 건축물을 장식하거나 종교적인 목적에서 제작되는 등 기능적이고 장식적인 역할이 위주였다. 그러나 송대에 와서는 회화 자체가 독자적인 예술 활동으로 인정되었다.

또한 직업적 화공이 아닌 사대부 출신 문인들의 문인화가 발달했으므로 주제나 기법도 매우 다양해졌다. 과거에 회화 과목까지 포함시킬 정도였다고 보면 시절이 한참 달라졌다는 것을 알기 어렵지 않다. 12세기 초반의 황제 휘종徽宗은 권력자이기 전에 뛰어난 화조화가花鳥畵家이기도 했다. 회화와 더불어 송대에는 음다飮茶 풍습이 성행해 다기를 비롯한 도자기 관련 산업과 예술도 크게 발달했다. 오늘날까지도 도자기의 최고로 치는 송자宋瓷는 특히 고려청자에 큰 영향을 주었다.

황제의 작품　문치주의에 걸맞게 송대의 황제는 직접 붓을 들고 그림을 그렸다. 오언시까지 첨부된 이 멋들어진 화조도는 화가로서도 유명했던 휘종의 작품이다(오른쪽 아래 글자 중 '宣和'는 휘종의 연호다). 그러나 예술가 황제 휘종은 재위 시절 대외적으로는 여진족 금나라의 포로가 되는 치욕을 당했으며, 대내적으로는 이후 소설 《수호지(水滸誌)》의 무대가 되는 혼란기를 겪었다.

문학에서도 송은 독보적인 경지에 이르렀다. 시 문학은 당에 비해 처지지만(중국 문학에서는 지금까지도 당시唐詩를 능가하는 시는 없다는 평가가 지배적이다), 송대에는 그 대신 사詞(일종의 노랫말)와 산문 문학이 크게 발달했으며, 서민 문화의 성장에 힘입어 소설도 인기를 끌었다(시 문학과 소설 문학의 관계는 귀족 문화와 서민 문화의 관계와 유사하다). 후대에 이른바 당송팔대가唐宋八大家로 알려진 위대한 문장가들 중에는 송의 문인들이 여섯 명이나 된다.

그러나 뭐니 뭐니 해도 송의 문치주의에 가장 어울리는 문화적 현상은 학문의 발달이다. 송대에는 특히 유학이 크게 발달했다. 오늘날까지도 그 시대의 유학을 송학宋學이라는 별도의 용어로 부르면서 유학 사상의 핵심으로 간주한다.

앞서 말했듯이 유학은 원리부터 현실 참여적인 사상이다. 그런데 유학은 춘추전국시대에 기본 골격이 형성되었고, 한대에 국가 공식 이데올로기로 채택되었으나, 당 시대까지도 사회에 완전히 침투하지는 못했다. 사실 충효의 예를 강조하고 존왕양이라는 수직적 상하 질서의 세계관을 기본으로 삼는 유학의 성격은 지배자라면 누구든 관심을 갖지 않을 수 없다. 그래서 한 제국 이래 중국의 역대 황제들은 늘 유학을 정치와 사회의 지도 사상으로 도입하려 애썼다.

하지만 그때마다 유학은 지배자의 짝사랑으로만 끝났다. 현실적인 학문이지만 현실에 녹아들지 못했으니 어찌 보면 불우한 학문이었다. 후한 제국 시절에 유학은 환관 정치에 도전했다가 패배의 쓴잔을 마셨고, 당 제국 시절에는 도교와 불교에 밀려 오히려 퇴보하기까지 했다. 그러나 당 말기에 성행한 도교와 불교의 철학적 탐구 방식은 수백 년 동안 훈고학적 학풍에만 젖어 있던 유학을 크게 각성시키는 계기가 되었다.

사실 유학이 불운했던 이유는 고비마다 환관이나 외척, 귀족 등 기존의 정치 세력의 반발을 만났기 때문이다. 역대 황제들은 언제나 유학에 후한 점수를 주었지만, 황제 이외의 기득권층은 유학을 썩 환영하지 않았다. 유학적 세계관이 천자를 중심으로 하는 동심원적 구조이므로 기득권층은 기껏해야 천자를 보필하는 관료 세력에 불과해지는 것이다. 그런데 이제는 그 '기득권층'이 없어졌다. 당말오대의 200년에 걸쳐 문벌 귀족이 크게 약화되었고, 부패한 환관 세력은 당이 망하면서 주전충에게 모조리 도륙되었다. 똑같은 출발선에서 달리기를 한다면 유학은 언제든 1등을 할 수 있다는 자신감을 갖고 있었는데, 이제 균등한 출발선이 마련된 것이다. 더구나 유학을 숭상하는 신흥 사대부 세력은 문벌 귀족들의 장원이 무너지면서 새로이 생겨난 형세호形勢戶라는 지주층(송대에 발달한 형세호와 전호佃戶의 관계는 근대적인 지주-소작인 관계의 기원이다) 출신이므로 경제적 배경도 튼실했다.

이렇게 주변 조건이나 주체 역량이 충분했기 때문에 송학은 우호적인 토양에서 크게 발달할 수 있었다(나중에 보겠지만, 송대에는 주변 이민족에게서 굴욕을 많이 당한 탓에 민족적 자각의 일환으로 존왕양이를 앞세우는 유학이 자연스럽게 힘을 얻기도 했다). 그전까지의 유학과 달리 송학은 단순한 국가 통치 이념인 것만이 아니라 철학적 체계성도 확보했다.

우주의 본체를 태극으로 보고 음양설과 오행설을 세운 주돈이周敦頤(1017~1073)를 비롯해 소옹邵雍(1011~1077), 장재張載(1020~1077), 정호程顥(1032~1085), 정이程頤(1033~1107) 형제는 후대에 북송 5자北宋五子로 불린다. 이들이 정초한 유학의 이론은 남송의 주희朱熹(1130~1200)에게서 완성된다. 주희는 기존의 유학 이론을 집대성해 태극을 이理(불변의 이치, 만물의 존재 근거)로, 음양과 오행을 기氣(가변적인 요소, 만물의 운동 원리)로 보는 이기론理氣論과 일종의 수양론인 성리론性理論으로 정립했다. 이것이 바로 성리학 또는 주자학이라고 불리는 송학의 완성판이다.

여기까지는 철학으로서의 유학이지만, 주희는 나아가 이것을 하나의 이데올로기로 변형시킨다. 불변의 '이'를 한족으로, 가변

백록동 서원　주희는 황폐한 이 백록동(白鹿洞) 서원을 부흥시켜 자신이 창시한 신흥 학문인 주자학(성리학)의 중심지로 삼았다. 그가 죽은 이후에도 제자들은 이 서원을 계속 발달시켜 송학의 '성지'로 만들었다.

의 '기'를 이민족으로 환치하는 것이다. 그 의도는 명백하다. 한족은 모든 것의 중심이며 이민족은 모두 오랑캐라는 뜻이다. 비록 지금은 오랑캐의 힘에 눌려 있지만 결국에는 모든 것이 한족 중심의 중화로 돌아오는 게 이치라는 이야기다. 결국 주희가 정립한 신유학은 중화사상의 요체였다.●

● 당시 한반도 왕조는 고려였지만 성리학의 측면에서 보면 중국의 송과 짝을 이루는 한반도 왕조는 후대의 조선이다. 조선에서 이기론은 16세기에 퇴계와 율곡의 논쟁으로 나타났고, 청의 침략을 받은 17세기에는 인물성동론과 인물성이론의 대립으로 이어졌다. 둘 다 급변하는 동북아시아의 정세 속에서 비중화 세계(청과 일본)의 거센 도전을 받은 중화 세계(명과 조선)의 이데올로기적 대응책이었다. 자세한 내용은 《종횡무진 한국사》 2권, 286~288쪽을 참조하라.

문민정부의 아킬레스건

송대에는 학문과 예술만 발달한 게 아니었다. 도시와 상업의 성장으로 서민들의 생활수준도 높아지고 서민 문화가 화려하게 꽃을 피웠으며, 해외 무역도 활발해 광저우廣州와 항저우 등 항구 도시들이 크게 번영했다. 또한 조선업과 제철업, 군수 산업 등 국가 기간산업도 가히 세계적인 수준이었다. 게다가 과학기술 분야에서도 눈부신 성과가 있었다. 송대의 발명품은 거의 다 세계 최초의 것들이다. 동양 세계의 4대 발명품 가운데 종이는 후한대인 2세기에 발명되었으나 화약과 나침반, 활판인쇄술은 모두 송대에 발명되었다. 지폐를 사용한 것도 세계 최초다.

문민정부를 토대로 했고 학문과 예술, 산업과 과학기술까지 두루 발달했으니 송은 명실상부한 최고의 강국이 되었어야 한다. 하지만 실은 정반대였다. 송은 이전과 이후를 통틀어 역대 중국의 통일 제국 가운데 가장 허약한 나라였다. 왜 그랬을까? 송의 아킬레스건은 바로 물리력에 있었다. 황제를 정점으로 하는 중앙 권력과 이를 보필하는 관료제는 완벽했지만, 송은 문치주의를 표방한 만큼 아무래도 군사 부문에서는 미진할 수밖에 없었다.

더구나 환경도 예전과는 달라졌다. 문명이 발달한 것은 송만이 아니었다. 당말오대를 거치면서 중화 세계를 둘러싼 비중화 세계가 강성해졌다. 오히려 송 제국이 성장하는 것보다 한족의 전통적 맞수인 북방 민족들의 힘이 더 먼저, 더 빠르게 성장했다.

송이 건국될 당시 북방 민족의 판도는 거란족이 세운 중원 북쪽의 요遼와 티베트 계통의 탕구트족이 세운 서북쪽의 서하西夏로 양분된 상태였다. 거란은 원래 당 초기에는 돌궐과 위구르에 복속되어 있었다. 그러나 당의 집요한 공세에 그들이 서쪽으로 멀리 물러나자 거란은 그 공백을 틈타 세력을 키웠다. 그러던 중 당이 멸망하고 중원이 정치적 혼란에 빠져 있던 916년에 거란은 대거란국大契丹國(936년에 중국식 국호인 요로 바꾼다)을 세웠다. 신생국은 10년 뒤 만주의 터줏대감인 발해를 병합했으며, 5대 군벌 국가의 하나인 후진의 건국을 도운 대가로 중원 북동부의 비옥한 지대인 연운燕雲 16주(지금의 베이징이 있는 지역)를 획득했다.[●]

아직 신생국인 송의 입장에서 북방의 동향은 잠재적 위기 상황이었다. 그저 대외적으로 안정을 중시할 수밖에 없었던 태조는 요와 무역을 계속하면서 평화 관계를 유지하려 했다. 그러나 그의 아우로 제위를 물려받은 태종太宗(939~997)은 같은 정세를 다르게 판단했다. 애초에 의도가 달랐을 수도 있다. 그는 형의 뜻을 거슬러 조카의 제위를 찬탈하다시피 했고 황제가 된 뒤 조카를 사실상 살해했으므로 권력의 정통성에 문제가 있었다.

어쨌든 태종은 미수복지 연운 16주가 못내 아까웠다. 그래서 979년과 986년에 그는 두 차례에 걸쳐 대군을 이끌고 요에 도전했으나 결과는 일패도지였다. 힘으로는 안 되겠다 싶었던 송은 이후 국경을 폐쇄하고 통상을 단절하는 노선으로 바꾸었는데, 이게 또 문제였다. 요는 송의 경제 보복 조치에 군사 보복 조치로 대응했던 것이다. 태종이 말썽

● 북방 민족들에 관해서는 중국 측 기록 이외에 별로 전하는 게 없기 때문에 막연히 그들이 문화적으로 크게 뒤처진 것으로 여기기 쉽다. 특히 우리 역사는 일찌감치 한족 문화권에 합류한 탓에 스스로를 한족과 동일시하고 예로부터 북방 민족을 경시하는 경향이 짙었다. 우리 역사를 통해 중국과 대등한 관계에 있었던 시기는 고대 삼국 시대가 마지막이었다. 이후 한반도 왕조들은 외교권과 군사권을 중국 한족 왕조에 내주었기 때문에 '대외 관계'가 사라지고 한반도 내의 역사만 전개했다(중국에 이민족 왕조가 들어설 때는 중화 세계의 일원으로서 한족 왕조의 편에서 항쟁했다). 거란의 요는 문화적으로도 결코 후진국이 아니었다. 그들은 거란 문자를 만들어 사용했으며, 불교를 발전시켜 대장경도 조판했다. 이 대장경의 영향으로 고려대장경이 조판될 수 있었다. 당시 거란의 이름은 유럽에까지 널리 알려졌는데, 오늘날에도 그 영향이 남아 있다. 현재 홍콩에 있는 영국계 항공사의 명칭이 캐세이퍼시픽(Cathay Pacific)인데, 마르코 폴로가 거란을 캐세이로 부른 데서 연유한다.

만 일으키고 죽은 탓에 그 불똥을 그의 아들 진종眞宗(968~1022)이 고스란히 떠안았다. 1004년 요의 군대가 파죽지세로 송의 수도 카이펑開封 부근까지 쳐들어오자 송은 실지 회복은커녕 수도 사수에 사력을 다해야 했다. 치열한 공방전을 벌이던 양측은 마침내 화의를 도모하기로 하고 전연澶淵의 맹약을 맺었다.

그 조약의 결과로 송은 요의 상국上國, 즉 '형님 나라'라는 명분을 얻었다. 그러나 조약에서 송이 얻은 것은 그게 다였다. 형(송)은 아우(요)에게 매년 은 10만 냥과 비단 20만 필을 주기로 했다. 또 형은 잃어버린 땅 연운 16주를 완전히 포기하고 현 상태의 국경을 유지하며 다시는 국경 부근에 군사 시설을 설치할 마음을 먹지 말아야 했다. 말이 형님이지 송은 요에 매년 막대한 세폐歲幣를 바치는 '조공 국가'로 전락해버린 것이다. 굴욕도 굴욕이거니와 송은 이후 요가 여진족의 금에 망할 때까지 100년 이상이나 공물을 바쳤으니 그로 인한 재정적 피해도 막심했다.

첫 단추를 잘못 꿴 송의 대외 관계는 서하와의 접촉에서도 되풀이되었다. 송은 요나라를 견제하기 위해 서북의 탕구트족을 섣불리 복속시키려 했다가 오히려 그들의 잠재된 민족의식을 일깨우는 역효과를 빚었다. 그러자 송은 거란과 상대할 때처럼 또다시 국경을 폐쇄하고 무역을 금지하는 노선으로 돌아섰다. 탕구트의 대응도 거란과 똑같았다. 1038년 그들은 서하를 세우고 송과 싸웠다. 놀랍게도 결말마저 다를 바 없었다. 7년간의 전쟁 끝에 송은 결국 화의 정책으로 돌아섰다. 전연의 맹약에서처럼 송은 상국의 명분을 얻은 대신 매년 은 5만 냥과 비단 13만 필, 차 2만 근을 주고 무역을 재개하기로 했다.

이렇듯 명분을 확보하고 실리를 내주는 비정상적인 대외 관계

화려한 도시로 송의 수도 카이펑은 정치의 중심지일 뿐 아니라 최대의 상업도시로 크게 번영했다. 그림에서 도시의 생동감이 느껴진다.

는 송의 비정상적인 체제에 기인하는 것이었다. 산업과 문화는 대단히 발달했으면서도 군사력은 뒤처지는 이상한 중화 제국이었던 것이다. 더구나 그 대가로 얻은 미미한 명분조차도 실은 이민족의 힘에 굴복한 결과였다. 굴욕감과 더불어 막대한 재정적 피해가 내치에도 위협 요소로 작용하자 제국 내에서는 점차 자성의 소리가 드높아졌다.

개혁의 실패는 당쟁을 부른다

화려한 문화의 선진국인 송이 물리력이 약하다는 한 가지 원인 때문에 일찌감치 쇠미의 징후를 보인 것은 역사의 아이러니가 아닐 수 없다. 그러나 아직 건국한 지 100년밖에 안 되는 젊은 나라이므로 반전의 실마리는 얼마든지 찾을 수 있다. 이제 개혁이 필요하다는 것은 주지의 사실이 되었다. 그래서 등장한 게 왕안석王安石(1021~1086)의 신법新法이다.

스무 살의 청년 황제 신종神宗(재위 1067~1085)의 적극 지원으로 발탁된 왕안석은 일찍이 볼 수 없었던 공격적인 부국강병책을 전개했다. 조공이 야기한 재정난은 부국책으로 막고, 부족한 군사력은 강병책으로 키운다. 왕안석은 부국책의 목적을 농민 생활의 안정, 생산력의 증가, 국가 재정난 타개로 삼고, 이를 위해 청묘법靑苗法, 시역법市易法, 균수법均輸法, 모역법募役法, 방전균세법方田均稅法을 시행했다. 청묘법은 봄에 농민에게 자금을 빌려주고 가을 수확기에 받는 것으로, 고리대금업자가 농민을 수탈하는 것을 방지하려는 것이었다. 시역법과 균수법은 정부가 물가 조절에 적극적으로 대처하는 제도였으며, 모역법은 농민에게 요역을 부담시키는 대신 돈으로 내도록 하는 제도였다. 그게 그거 아니냐 싶겠지만 그 돈으로 정부가 일손을 구해 요역을 충당하면 실업자를 구제할 수 있고 지방 정부의 재정을 강화할 수 있었다. 또 방전균세법은 토지조사를 상시화함으로써 부호들이 은닉한 토지를 찾아내 과세하려는 방책이었다.

이러한 부국책과 아울러 왕안석은 강병책으로 보갑법保甲法과 보마법保馬法을 실시했다. 보갑법은 농민들을 직접 군사력으로 키우는 방책인데, 당말오대에 직업군인 제도를 택하면서 무너진 병농일치제를 부활시키려는 의도에서 시행되었다. 또한 보마법은 농가에 말을 사육하도록 해서 유사시에 군마로 활용하려는 제도였다.

이와 같은 개혁 조치는 누가 보아도 당연하고도 분명한 것이었으나 당시 상황에 비추어보면 가히 혁명이라 할 만큼 급진적이었다. 재원은 어차피 한정되어 있는데 그 운용을 달리하자는 것이었으니, 누군가(예컨대 국가) 이득을 보면 누군가는 손해를 볼 수밖에 없었다. 청묘법과 시역법은 송대에 크게 성장한 대상인 세력의 이해관계를 위협하는 것이었으며, 방전균세법은 대지주의 이익을 노골적으로 침해하는 것이었다. 자연히 왕안

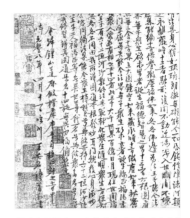

왕안석의 글씨 청년 황제 신종의 전폭적인 지원으로 과감한 개혁을 실시한 왕안석은 후대에 당송팔대가의 한 사람으로 꼽힐 만큼 글씨와 문장도 빼어났다. 그러나 그의 개혁 정책은 당쟁의 회오리에 휘말렸고, 결국 당쟁으로 인해 실패하고 말았다. 우리 역사에서 왕안석과 꼭 닮은 행적을 보인 인물은 조선의 조광조다. 여러 가지 면에서 송은 한반도의 조선과 닮았다.

석의 신법에 대해 전통 기득권층은 반발했다. 그래도 개혁의 취지 자체를 모조리 부인할 수 없었으므로 반발 세력은 개혁파(신법당)와 보수파(구법당)로 나뉘었다. 신법당은 대체로 신법을 지지하면서 기층 민중의 성장을 부국강병의 요체라고 주장한 반면, 구법당은 "정치란 사대부들을 위한 것이지 서민들의 이익을 대변하는 것이 아니다."라는 주장으로 팽팽히 맞섰다. 지금처럼 공화제와 국민주권의 관념이 확고하다면 당연히 신법당의 논리가 우세하겠지만, 유럽에서도 시민사회가 탄생하기 500년 전인 당시에는 구법당의 논리도 터무니없는 게 아니었다.

왕안석의 든든한 후원자였던 신종이 죽자 갈등은 어느덧 부국

강병과 거리가 먼 정쟁으로 발전했다. 이리하여 송 제국의 정치를 좀먹게 되는 당쟁黨爭이 등장했다. 사실 당쟁은 당 시대에도 크게 일어난 적이 있었을 뿐 아니라(그때는 환관들의 당쟁이었다) 그 생리상 어느 시대든 있을 수 있는 것이었지만, 송대에 당쟁이 특히 치열한 데는 원인이 있었다. 그것은 바로 과거제였다.

과거제는 전통적인 귀족 집단의 혈연 대신 '학연學緣'이라는 새로운 '연줄'을 만들어냈다. 과거를 통해 관료로 임용된 자는 자신을 길러준 스승보다 뽑아준 과거 시험의 감독관을 존경했고, 함께 시험에 합격한 동기와 선후배 등과 부지런히 연고를 맺었다. 관료의 임용이나 승진에는 고관의 보증이 필요했는데 이 과정도 연줄이 자라날 수 있는 토양이 되었다. 하나의 세력이 생기면 대항 세력이 나타나는 법이다. 점차 이들은 끼리끼리 뭉치면서 여러 당파를 형성했다.

이런 상황에서 왕안석의 신법이 도입된 것이다. 이 혁명적인 조치가 시행되자 이제 예전처럼 당파들이 연고만 맺고 세력을 늘리는 데 머물 수만은 없게 되었다. 신법과 구법 중 한 가지를 선택하는 적극적인 정치 행동으로 나서야 했다. 신법으로 인해 더욱 격렬해진 송대의 당쟁은 마침내 송 제국을 멸망으로 이끌게 된다. 왕안석의 부국강병책은 전혀 의외의 결과를 낳았던 것이다.•

새로운 남북조시대?

송 제국이 당쟁으로 몸살을 앓고 있을 즈음 요에도 강적이 출현했다. 요가 한창 강성할 때 복속되었던 여진족이 힘을 얻기 시작한 것이다. 여진은 몽골계의 거란과 달리 만주에서 반농반목半農半牧 생활을 하던 민족이었다(요는 발해를 멸망시킨 뒤 발해 유민들도 여진이라고 불렀고 그들의 근거지인 만주는 옛 고구려의 영토였으니, 여진은 우리 민족과 대단히 가깝다고 할 수 있다). 12세기 초반 요의 국세가 약해지는 틈을 타서 완안부完顏部의 족장 아골타阿骨打는 여진 부족들을 통합해 1115년에 금金을 세웠다.

100년이 넘도록 요에 세폐를 바치고 있던 송은 금의 등장을 반겼다. 어차피 제 힘으로 적을 물리칠 수는 없는 상황이었으므로 송은 계책을 통해 요의 손아귀를 벗어날 마음을 먹었다. 그래서 등장한 게 역대 한족 왕조의 전통적인 수법인 이이제이와 고대 진시황의 통일 전략이었던 원교근공을 합친 방책이다. 그러나 원래 이이제이나 원교근공은 주체의 힘이 강력해야 구사할 수 있는 전략이다. 그렇지 못할 경우 오히려 부메랑을 맞게 된다.

과연 그랬다. 1125년 송은 금과의 협공으로 숙적인 요를 멸할 수 있었지만, 그 결과 더 힘센 강적과 단 둘이 마주치게 되었다. 이미 송의 국세를 충분히 알게 된 금은 1127년 카이펑을 포위하고, 휘종과 흠종欽宗의 두 황제와 황족, 후궁 등 무려 3000여 명의 황실

● 중국의 송과 한반도의 조선이 닮은꼴이라는 것은 당쟁에서도 드러난다. 사대부가 정치 세력으로 등장했다는 점에서 비슷하기 때문이다. 심지어 당쟁의 주제마저 비슷했다. 11세기 송에서는 인종(仁宗)이 후사가 없던 탓으로 조카인 영종(英宗)이 즉위하는데, 영종의 아버지를 어떻게 예우할 것인가를 두고 당쟁이 벌어졌다. 17세기 조선에서는 효종의 어머니 자의대비의 복상(服喪) 기간을 두고 서인과 남인이 격돌한 '예송(禮訟)논쟁'이 치열했다(《종횡무진 한국사》 2권, 243~247쪽 참조).

송과 조선은 대외 관계도 비슷했다. 송은 요와 서하에 세폐를 바친 대가로 상국의 명분을 가까스로 유지했는데, 이것은 조선이 여진과 왜를 대하는 이른바 교린(交隣) 정책과 비슷하다. 조선은 왜구의 위협에 못 이겨 3포를 개항하고 그들을 먹이느라 매년 쌀 1만 석씩 들였는가 하면 수시로 북변을 침입하는 여진을 무마하느라 토지와 가옥, 노비까지 내주기도 했다.

이 문제를 해결하기 위해 송에 왕안석의 신법이 있었다면, 조선에는 조광조의 개혁이 있었다. 또한 송이 요와 금의 공격을 받았을 때 내부에서 주전론과 주화론이 팽팽하게 대립했듯이, 조선도 청의 침략(병자호란)을 당했을 때 주전론과 주화론으로 대신들의 의견이 갈렸다(둘 다 결과적으로 주화론을 택했다).

게다가 금에 억눌린 남송과 청에 항복한 조선은 모두 실현 가능성이 없는 북벌 계획을 수립했다가 결국 포기하고 만다(공교롭게도 북벌을 계획한 남송의 황제와 조선의 왕은 모두 효종이었다). 이 정도면 우연의 일치라고 할 수 없는 사실이다.

여진족 병사 여진족 병사의 모습이다. 이들은 거란을 대체해 송을 위협하다가 끝내 제국을 강남으로 몰아내고 중원을 차지했다. 그뿐만 아니라 여진은 후일 17세기에 다시 중국 대륙 전체를 통일해 중국 역사상 최후의 제국이 되는 청을 세운다.

식구들을 포로로 잡아갔다. 이것을 '정강靖康의 변變'이라고 부르는데, 이 사건으로 송 제국은 일단 멸망한다.

송으로서는 금이 강남까지 정복할 여력이 없었다는 게 큰 행운이었다. 이후 휘종의 아들 한 명과 대신들이 강남으로 도피해 임안臨安(지금의 항저우)을 수도로 삼고 무너진 제국을 일으켜 세웠다. 국토는 동강났지만 그래도 송의 사직은 명맥을 유지했다. 역사학자들은 이때부터를 강남의 송, 즉 남송南宋이라 부르고, 그 이전까지 있었던 원래의 송을 북송北宋이라 부른다.

요에 세폐를 바칠 때보다 훨씬 더 큰 비극과 수모를 겪고서 탄생한 남송은 이후 두 차례에 걸쳐 실지를 회복하려는 싸움을 걸었으나 그때마다 대패하고 굴욕적인 화의 조약을 맺었다. 공물도 요에 보내던 것보다 훨씬 많아져 은 25만 냥과 비단 25만 필에 달

남송의 수도　무력 이외에 모든 게 발달한 송은 남송으로 축소되고 나서도 특유의 활력을 잃지 않았다. 새로이 남송의 수도가 된 항구도시 임안의 시가지는 앞서 본 카이펑의 모습보다 오히려 더 번영한 듯하다.

했다. 남송으로서는 여우를 물리치고 호랑이를 집 안에 불러들인 격이었다. 더욱이 굴욕적인 일은 그나마 유지하던 상국의 명분마저 잃었다는 사실이다. 금은 남송에 신하국의 예의를 취하라고 요구한 것이다.

　남송은 이후 북송 시대(168년간)와 얼추 비슷한 153년 동안 존속하면서 북송의 체제와 문화적 전통을 그대로 유지했다. 영토도 크게 줄어들었지만 한족의 민족적 자부심은 더더욱 줄어들었다. 북송과 남송 전체에 걸쳐 한족 왕조는 이민족과의 싸움에서 거의 한 차례도 승리한 적이 없었다. 시대를 앞서간 문치주의의 대가는 혹독했다.

남송이 몽골에 정복되는 13세기 후반까지 중국 대륙에는 화이허를 경계로 금과 남송이 공존했다. 600여 년 만에 다시 남북조시대가 재현된 셈이다. 그렇게 보면 남송 시대도 일종의 분열기라고 할 수 있을 것이다.

5장

분열이 자연스러운 인도

1. 짧은 통일과 긴 분열

'법'에 의한 정복

인도 최초의 통일 제국인 마우리아 왕조는 기원전 322년부터 기원전 187년까지 불과 150년밖에 존속하지 못했다. 비슷한 시기 지중해의 로마 제국과 중국의 한 제국이 400년 이상이나 수를 누린 것에 비하면 마우리아는 미니 제국인 셈이다(인도 역사에서는 무굴 제국을 제외하면 나중에도 수명이 200년 이상 지속된 왕조가 거의 없었다).

그런 만큼 제국의 성격도 크게 다르다. 마우리아를 비롯해 인도의 역대 통일 왕조들은 중국이나 유럽의 제국에 비해 그다지 강력한 힘을 지니지 못했다. 남인도(인도 반도)까지 포함한 인도 아

대륙 전체를 강역으로 하는 국가가 출현한 것도 근대에 와서의 일이다. 사실 인도 역사에서는 중국의 역대 왕조들처럼 강력한 중앙집권을 꾀한다거나 인도 전역을 통일하려 애쓴 제국이 없었다.

여기에는 지리적인 요인도 크다. 중국 대륙에는 중원이라는 지리적 중심이 있으나 인도 아대륙의 한복판에는 중원 같은 벌판은커녕 거대한 덩치의 데칸 고원이 사방의 교통을 가로막고 있다. 그래서 인도에는 고대부터 해안을 중심으로 많은 소국가가 발달했다. 어느 정도 규모의 제국이라 해도 남인도까지 강역으로 포함하지는 못했다.

● 인도 역사를 지역으로 구분하면 북인도와 남인도, 그리고 데칸 고원에 자리 잡은 소국가들의 세 부분으로 나뉜다. 중세에 이르기까지 인도에서 역대 통일 제국이나 큰 세력을 떨친 왕조들은 주로 북인도를 지배했고, 그에 비해 남인도는 비교적 독립적인 역사를 꾸렸다. 데칸 고원을 활동 무대로 하는 소국가들은 북인도와 남인도의 완충지대와 같은 역할을 했다. 그런 탓에 남북 방향의 교류는 어느 정도 이루어졌으나 정치적인 통합은 없었다.

그래도 마우리아 제국은 인도 역사 전체를 통틀어 가장 넓은 영토를 지닌 국가였다. 인도 반도 남단까지 이르지는 못했으나 파키스탄이 분리된 오늘날의 인도보다도 컸다. 이것은 마우리아가 그 전신이라 할 수 있는 마가다 왕국 시절에 축적한 부와 문물, 제도를 바탕으로 삼아 활발한 정복 활동을 펼쳤기 때문에 가능했다.

건국자인 찬드라굽타에 이어 그 손자인 아소카Asoka(?~기원전 238) 왕의 치세에 마우리아는 최전성기를 맞았다. 인도 역사에서 가장 걸출한 군주로 꼽히는 아소카는 젊은 시절 군사력을 앞세운 정복 전쟁을 많이 벌였다. 그러나 기원전 261년의 칼링가 전투에서 무수한 인명이 살상당하는 비극을 겪고는 불교에 깊이 귀의하게 되었다. 진정한 정복은 무력을 통해서가 아니라 법dharma(불법)에 의해 가능하다는 깨달음을 얻은 것이다. 이후 그는 군대 지휘관들을 종교 사절단으로 만들었으며, 비폭력과 자비에 의한 정치를

펼쳤다. 또한 그 자신부터 불경을 열심히 공
부하고 수많은 불탑과 성지 순례자를 위한 숙
박 시설 등을 건축했다.

피비린내 풍기는 '정복왕'으로 역사에 남
을 뻔한 아소카 왕은 불교를 접한 덕분에 마
음의 평화를 얻었을 뿐 아니라 불교를 세계
종교로 확립한 군주로 길이 남게 되었다. 게
다가 그는 불교 이외의 다른 종교에 대해서
도 관용을 베풀었다. 백성들에게 군이 불교
를 강요하지는 않았으나 포교 활동에는 열
심이었다. 그 덕분에 당시까지 북인도에서만
발달했던 불교는 인도의 지배적인 종교로 성
장했다. 하지만 그가 믿고 포교한 불교는 개
인의 깨달음을 중시하는 소승불교였기 때문
에 널리 해외에까지 전파되었어도 본격적인
포교 종교로 발달하는 데는 한계가 있었다.

아소카 왕의 석주　만년에 들어 불교에 심취
한 아소카 왕은 불교 성지에 10여 개의 석주
를 남겼다. 이 석주들에는 아소카 왕의 조칙이
새겨져 있는데, 높이가 10미터에 이르는 것도
있다. 사자 네 마리가 조각되어 있는 이 석주
는 그중 최고의 걸작으로 알려져 있다.

비록 영토는 넓었지만 마우리아 제국 전역
이 황제의 직접 지배하에 있었던 것은 아니
다. 마우리아의 통치 방식은 옛 마가다 왕국
의 영토만 황제의 직할지로 두고, 나머지 영
토는 네 개의 구역으로 나누어 총독에게 통
치를 맡기는 것이었다. 각 지방에는 정기적으로 순회 감사관을 파
견해 관리했다. 전반적으로 중앙의 황제와 지방 총독들 간의 연락
시스템을 통해 국가 조직이 운영되는 식이었으므로 일종의 종주
국-속국과 같은 봉건제라고 할 수 있다. 강력한 상비군과 재판권,

마우리아의 유적　마우리아 제국에서는 위와 같은 석조 건축이 상당히 발달했다. 마우리아는 서쪽으로 펀자브, 동쪽으로 벵골을 넘어 지금의 미얀마에 이르는 강역을 구축해 오늘날의 인도보다 영토가 넓었다. 그러나 이름만 제국이었을 뿐 중앙집권이 미약한 탓에 '속 빈 강정'과 같았다.

관리 임면권, 조세제도 등을 중앙에서 관리한 점에서는 분명히 제국이지만, 비슷한 시기 중국의 진·한 제국과 같은 중앙집권 체제와는 거리가 멀었다. 또한 중국의 통일 제국과 달리 문자나 화폐의 전국적인 통일도 이루어지지 않았다(지배자는 당연히 통일을 원했으나 현실적으로 불가능했다).

이렇게 중앙집권이 미약했으므로 아무래도 황제의 능력에 따라 제국의 운명이 크게 좌우될 수밖에 없었다. 과연 아소카 왕이 죽고 얼마 지나지 않아 마우리아 제국은 여러 개의 나라로 분열

인도와 접촉한 로마 황제 　이탈리아에 있는 유명한 트라야누스 개선문이다. 쿠샨 왕조는 마우리아 제국과 달리 대외 교섭 활동이 활발했는데, 당시 로마 제국의 트라야누스 황제에게도 사절단을 보냈다. 이렇게 교류가 활성화되어 있었던 것을 보면 쿠샨 왕조에서 대승불교가 발달한 것은 우연이 아니다.

되어 해체되었다.* 법에 의한 통치가 지속되면서 마우리아의 군사력은 크게 저하되기도 했지만, 아소카 왕의 후계자들은 더 이상 그런 이상적인 통치를 할 능력도 없었다. 결국 마우리아의 군 사령관이던 푸샤미트라Puhsyamitra가 마지막 황제를 살해하고 숭가Sunga 왕조를 여는 것으로 인도 최초의 통일 제국은 신고식만 치른 채 역사의 문을 닫았다.

● 나중에 보겠지만, 인도의 왕조들은 대체로 시작과 끝이 중국에서처럼 분명하지 않다. 중국의 경우에는 이전 왕조가 멸망하고 새 왕조가 들어서는 과정이 마치 문을 닫고 여는 것처럼 명백하지만, 인도의 역대 왕조들은 그렇게 분명한 바통 터치가 없다. 그렇게 보면 인도 역사에서는 어느 왕조가 '멸망'했다는 것보다 '쇠퇴', '분열', '해체' 같은 표현이 더 어울릴 것이다.

인도판 춘추전국시대

마우리아가 멸망한 뒤 4세기에 굽타 왕조가 들어설 때까지 인도는 500년간의 분열기를 겪게 되는데, 이 긴 기간 동안 수많은 나라가 생겨났다가 사라졌다. 분열된 상황에다 정치적 구심점조차 없었던 탓에 이 시기 인도에는 이민족의 침략도 잦았다. 그 가운데 가장 잘 알려진 게 바로 알렉산드로스의 원정이다. 그가 잠시 펀자브를 장악한 것을 계기로 그리스인들의 일부는 아예 인도의 서북부에 눌러앉아 그 일대에 상당한 영향력을 행사했다. 숭가 왕조와 그 뒤를 이은 칸바Kanva 왕조는 전력을 다해 그리스계 민족의 남하를 저지해야 했다. 그러나 이미 서북부 지역은 인도인의 손에서 벗어난 상황이었다.

일찍이 아소카 왕 시절에 인도의 서북부에는 그리스계의 박트리아(대월지)와 파르티아(안식국)가 발흥하고 있었다. 박트리아는 펀자브 지방을 지배하면서 한때 북인도의 중앙부까지 영향권으로 거느렸다. 그런데 기원전 2세기에 급격한 민족이동이 일어나면서 이 지역의 세력 판도는 크게 변하게 된다. 발단은 중국의 한 무제다. 무제의 압박 정책으로 중국에서 밀려난 흉노가 서쪽으로 진출해 이 지역에 자리 잡고 있던 대월지를 밀어낸 것이다. 대월지는 또 아프가니스탄에 자리 잡고 있던 이란계 유목민족인 사카족Saka을 밀어냈다. 졸지에 터전을 잃은 사카족은 인도 쪽으로 남하해 그곳에 있던 박트리아를 멸망시켰다. 이런 도미노 현상이 벌어진 끝에 사카와 파르티아는 지금의 이란과 아프가니스탄, 파키스탄에 이르는 넓은 지역을 손에 넣었다.

한편 멸망당한 박트리아에서는 쿠샨족Kushan(인도인들은 대월지를

안드라의 불교 미술　북인도에 쿠샨 왕조가 강성할 무렵 데칸과 남인도에는 안드라의 사타바하나 왕조가 있었다. 남인도는 북인도처럼 외부의 침입이 잦지 않았던 덕분에 왕조 교체가 비교적 빈번하지 않아 사타바하나는 3세기까지 존속했다. 위 탑문에 새겨진 정교한 부조와 조상 들을 보면 당시 불교 미술이 얼마나 발달했는가를 알 수 있다.

쿠샨이라고 불렀다)이 일어났다. 쿠샨의 카드피세스 1세는 인근 부족들을 통합해 세력을 키우고, 파르티아를 서쪽으로 밀어붙여 펀자브 지방을 중심으로 하는 쿠샨 왕조를 열었다. 이리하여 1세기 무렵에는 인도 서쪽의 이란과 아프가니스탄 지방에는 파르티아가 자리 잡고, 인도 서북부와 북인도는 쿠샨이 지배하는 형국이 되었다.

쿠샨 왕조는 2세기 중반 카니슈카Kanishka의 치세에 전성기를 맞이한다. 카니슈카 왕은 동쪽으로 갠지스 강 유역까지 세력을 넓히고 남인도의 상당 부분까지 손에 넣어 거의 통일 왕조에 맞먹는 강역을 구축했다. 특히 그는 정복 사업뿐 아니라 불교의 진흥에도 열심이었으므로 제2의 아소카라고도 불린다. 그는 학문 활동을 적극 후원하는 한편 불교의 여러 종파를 통합하고 표준 이론을 세우기 위해 카슈미르에서 최초의 불교 회의를 열었다. 그 결과로 생겨난 대승불교의 교리는 훗날 중국과 한반도, 일본에까지 전해지게 된다.•

쿠샨 왕조는 통일 제국이라고 할 수는 없어도 마우리아 제국보다 한층 확고한 기반을 갖춘 데다 인도의 존재를 대외적으로 널리 알린 나라였다. 특히 수도인 페샤와르가 있는 간다라 지방은 동서 문명이 융합하는 중심지였다. 때마침 2세기경에는 로마 제국의 국경이 동쪽으로 시리아까지 확장되어 알렉산드로스가 뿌린 헬레니즘의 씨앗이 개화할 조건이 충분히 성숙해 있었다. 당시에 사용하던 화폐에는 그리스 신들의 모습도 많이 보이며, 이란계 군주의 이름, 심지어 로마 황제의 칭호도 등장한다. 또한 쿠샨은 동쪽으로부터 중국 문화도 받아들였다. 쿠샨의 왕들은 중국 황제처럼 '천자'를 자칭할 정도였으니, 중국의 중앙집권 체제를 꽤나 부러워

• 역사 교과서에는 아소카가 소승불교를 전파하고 카니슈카가 대승불교를 확산시켰다고 나오지만, 아소카의 시절에는 어차피 소승불교밖에 없었다. 실은 소승불교라는 명칭도 없었는데, 훗날 대승불교파가 기존의 불교를 경멸하는 의미로 소승불교라는 이름을 붙인 것이다('승'은 수레라는 뜻이다). 소승불교는 부처를 신이 아니라 성불(成佛)한 존재, 인간의 궁극적 단계인 열반에 도달한 존재로 본다. 불교는 원래 이런 무신론을 바탕으로 하고 있었으나 아소카 시절에 영향력 있는 종교가 되면서부터는 정식 '교단'으로서의 성격이 필요해졌다. 개인적 수양만 강조하는 무신론으로 교세를 확장하기는 어려웠다. 그래서 이후에는 부처를 신의 화신으로 섬기는 대승불교가 발달했다(여기에는 헬레니즘으로 인한 그리스 다신교의 영향이 있었을 것이며, 다른 한편으로 인도의 토착 다신교인 힌두교와 맞서면서 자연스럽게 불교가 유신론으로 발달한 측면도 있을 것이다). 대승불교에서는 부처가 몇 번이고 다시 태어나며, 중생을 제도하는 임무를 가지고 있다. 원래 불교의 교리와 비교하면 어떨지 모르지만, 불교가 체계적인 교단으로서의 면모를 지니게 된 것은 대승불교의 덕분이 크다.

했던 듯하다.

쿠샨 왕조가 지속적으로 발전했더라면 마우리아를 능가하는 제국의 면모를 갖추었을 것이다. 그러나 동서 문물의 활발한 교류는 쿠샨에 약도 되었지만 병도 가져왔다. 지리적 요충지에 있다는 것은 자체의 힘이 강할 때는 중심이 되지만 약할 때는 남의 먹잇감이 될 따름이다. 3세기 초반 쿠샨 왕조는 파르티아를 대신해 일어난 강국 사산 왕조 페르시아에 멸망당하고 만다. 이후 인도 전역은 약 100년 동안 다시 수많은 소국가로 분열되었다가 굽타 왕조에 의해 재통일된다. 중국의 춘추전국시대는 한 번뿐이고 무척 길었지만, 인도판 춘추전국시대는 짧으면서도 여러 차례 반복되었다.

2. 고대 인도의 르네상스

중앙집권을 대신한 군주들

쿠샨 왕조가 무너진 이후 약 1세기 동안 지속된 분열 상태를 해소한 사람은 찬드라굽타 1세였다(마우리아의 건국자인 찬드라굽타와 이름이 같기에 보통 1세라는 말을 붙여 구분한다). 그는 320년 소국가들을 통일하고 굽타 제국을 세웠다. 찬드라굽타는 마가다 지방의 지주 출신이었다고 전하지만, 수백 년의 전통을 가진 명문 귀족인 리치비 가문의 공주와 정략결혼하고 이후에도 그 혈연을 지나칠 정도로 강조한 것을 보면 원래는 변변찮은 신분이었을 것으로 추정된다. 그런 콤플렉스 때문인지 그는 쿠샨 왕조 때 생겨난 '마하라자 드히라자maharaja dhiraja(왕 중의 왕)', 즉 황제라는 칭호를 사용했다.

한 왕조의 건국자는 후대에 영원히 기억되지만, 따지고 보면 대부분의 활동은 전 왕조를 타도하는 데 투입되므로 새 나라에 관해서는 명패만 만든 업적에 그치게 마련이다. 찬드라굽타도 역시 자신의 이름을 딴 제국을 세운 데 불과했고, 신생 제국을 반석에 올려놓은 사람은 그의 아들인 사무드라굽타였다.

사무드라굽타는 인도 역사상 보기 드문 탁월한 정복 군주였다. 그의 정복 활동으로 굽타는 벵골에서 인더스 하류 지역까지 북인도를 완전히 장악할 수 있었다. 심지어 직접 지배를 받지 않는 남인도와 데칸 지방의 소국들도 그에게 충성을 맹세하고 조공을 바쳤다. 사무드라굽타의 치세에 이르러 굽타 왕조는 이전의 쿠샨 왕조와 달리 제국으로서의 면모를 제법 갖추었으나, 진정한 제국에 어울리는 중앙집권은 역시 미약했다.

사무드라굽타에 뒤이어 찬드라굽타 2세, 쿠마라굽타 등 유능한 군주들이 계속 출현하면서 굽타의 국력은 크게 신장되었다. 찬드라굽타 2세는 오랜 숙적이던 사카족을 완전히 제압하고 서부의 국경을 튼튼하게 안정시켰다. 또한 쿠마라굽타는 중국에서 밀려난 흉노족의 침입을 물리쳐 다시는 그들이 인도를 넘보지 못하게 만들었다.•

그러나 느슨한 중앙집권 체제로 강적을 만나 장기전을 치르는 것은 결코 쉽지 않은 일이었다. 흉노의 남하를 간신히 막은 굽타 제

• 여기서 잠깐 중국 대륙의 북방을 고향으로 하는 유목민족의 계보에 대해 알아보자. 지역적으로 이들은 크게 둘로 나뉜다. 중국 북쪽 몽골 출신으로는 흉노(훈족)와 돌궐(튀르크)이 있으며(이들은 별개의 민족이라기보다 시대에 따라 중국 역사서에서 다른 명칭으로 불렸을 뿐이다), 중국 동북쪽 출신의 민족은 랴오둥의 거란과 만주의 여진이 대표적이다. 거란이나 여진은 지리적으로나 역사적으로 우리 민족과 밀접한 연관을 갖고 있는데, 아주 옛날에 하나의 뿌리에서 갈라져 나왔다는 설도 있다.

굽타의 성 문화 굽타 시대에는 사람들의 생활과 문화 수준이 상당히 높았다. 위 그림은 당시에 젊은이들에게 사랑의 기술을 가르치기 위해 간행된 《카마수트라》의 한 장면이다. 이를테면 오늘날 성교육용 서적인 셈이다.

국은 이후 쿠샨, 사산 등의 민족들에게 서부 변경을 계속 침탈당하면서 100년 동안이나 잦은 전쟁에 시달렸다. 그나마 전성기에는 유능한 군주들이 미약한 중앙집권을 보완해주었지만, 쿠마라굽타 이후에는 그런 행운도 계속되지 못한다. 결국 굽타는 점차 추락하다가 5세기 중반 이후 급격히 쇠퇴했다.

굽타가 멸망한 뒤 또다시 100여 년 동안 인도는 분열과 정치적 혼란의 시대를 맞았다. 벌써 몇 번째 춘추전국시대인지 모를 일이지만 또다시 통일은 이루어졌다. 난립하던 소국들을 통합하고 강력한 중심으로 떠오른 것은 바르다나Vardhana 가문의 하르샤Harsa(590년경~647년경)였다. 그는 606년에 즉위해 카슈미르와 네팔, 발라비 등 여러 나라를 정복하고 북인도를 평정했다.

인도 역사에서는 특이하게도 정복 군주일수록 학문에도 열정적인 모습을 보이는 경우를 자주 볼 수 있다. 아소카, 카니슈카, 사마드라굽타 등이 모두 그랬는데, 하르샤도 같은 유형의 군주였다. 그는 종교와 문학에 관심이 컸고 직접 희곡을 쓰기도 했다.

그러나 굽타 제국의 재현을 꿈꾸었던 바르다나 왕조는 하르샤가 암살당하면서 급격히 몰락한다. 언제 통일이 되었는가 싶더니 어느새 인도는 예의 수많은 소국이 공존하는 분열기로 접어들었다. 중국의 역사는 통일 제국의 시대가 기본이고 분열기가 사이사이에 잠깐씩 존재했다면(그래서 분열기에는 다들 통일을 지향했다), 인도의 역사는 그 반대로 특별한 중심이 없는 분열기 위주로 전개되면서 이따금씩 통일 왕조가 들어서는 양상이었다.

가장 인도적인 제국

굽타와 바르다나 시절은 인도의 르네상스라고 할 만큼 문화가 발달했다. 특히 이민족의 침탈이 잦은 시대였기 때문에 인도인들의 민족의식이 크게 성장하고 토착 문화가 꽃을 피웠다.

중앙집권이 미약하고 속국들이 거의 독립국이나 다름없었던 것은 이미 인도의 고유한 현상으로 자리 잡았다. 마우리아부터 굽타에 이르기까지 그 점은 거의 변한 게 없었다. 그러나 정치적으로는 후진을 면치 못했어도 학문은 전에 없이 크게 발달했다. 특히 인도의 수학과 천문학은 당시 세계 첨단의 수준이었다. 인도인들은 당시에 세계 최초로 0의 개념을 발견했으며, 십진법도 일상적으로 사용하고 있었다. 오늘날 아라비아 숫자로 알려진 숫자 체계와 십진법은 사실 인도의 것을 아랍 세계에서 도입해 로마에 전

੧	੨	੩	੪	੫	੬	੭	੮	੯	੧੦

한 것이었으니 근원을 찾자면 아라비아 숫자가 아니라 인도 숫자라고 불러야 할 것이다(십진법은 로마 숫자 체계에 비해 훨씬 간편했다. 예를 들어 십진법에서는 78이라고 간단히 표기할 수 있는 숫자도 로마 숫자로 표기하면 LXXVIII라는 길고 복잡한 기호가 된다).

또한 굽타 시대는 산스크리트 문학의 전성기였다. 어찌 보면 이것은 오랜 이민족의 침입으로 인도의 고유한 문화가 변질되지 않도록 하려는 의식적인 운동의 소산이었다. 굽타 왕실이 앞장서서 산스크리트어로 된 시와 산문을 적극 장려했던 것이다. 고대 인도의 2대 서사시인 《라마야나Ramayana》와 《마하바라타Mahabarata》는 이 시기에 정리된 산스크리트 문학의 정수다.

앞에서 보았듯이, 알렉산드로스의 원정으로 탄생한 간다라 양식은 부처를 형상화하면 안 된다는 미술의 금기를 깨주었다. 그 덕분에 불상의 조각이 자유로워졌고 종교 미술도 크게 성행했다. 수많은 불상과 힌두 신상이 이 시기에 제작되었고, 동서양의 양식과 기법이 혼합되어 독특한 예술이 찬란하게 만개했다. 안타깝게도 그 상당 부분은 흉노의 침입과 이후 이슬람 세력의 지배기에 파괴되었다.•

• 10세기 이후 이슬람교가 인도를 지배하던 시대에 인도의 전통적인 문화 유적과 유물이 대거 파괴되었다. 그 이유는 이슬람교가 일신교이기 때문이다(2001년 아프가니스탄의 바미안 석불이 탈레반 세력에 의해 파괴된 것도 같은 맥락이다). 신이 하나라고 믿는 일신교는 신앙 자체로야 누가 뭐라 할 수 없지만, 자칫하면 독선적이고 교조적인 방향으로 나아갈 가능성이 크다(그래서 일신교에는 다신교에 없는 난폭하고 무지한 근본주의 혹은 원리주의가 있다). 대표적 일신교인 그리스도교와 이슬람교는 우상숭배를 철저히 금한다. 그러나 '우상'의 규정이 모호한 탓에 다른 문화나 종교를 우상숭배로 여기고 배척할 수 있다는 위험이 늘 존재한다. 그것은 문명을 가장한 야만이다.

날란다 사원　북인도 동부의 파트나에 세워진 날란다 사원은 불교 사원인 것만이 아니라 교육 시설과 기숙사 등을 갖춘 일종의 국립대학이었다. 특히 이 시기 날란다에는 해외의 구법승들이 많이 찾아와서 불법을 배우고 토론했다.

다행히 아잔타와 엘로라 등지의 석굴 사원들은 오늘날까지 전해지고 있다. 유명한 비단길의 둔황 석굴도 굽타 시대 인도의 영향을 받아 만들어진 것이다.

　가장 흥미로운 변화는 종교 분야에서 볼 수 있다. 아소카 시절 이후 불교는 인도의 지배적인 종교로 발달해왔다. 하지만 그런 불교가 인도에 널리 퍼지지 못한 이유는 바로 브라만교, 즉 힌두교 때문이었다(자이나교도 있으나 상인들을 중심으로 신도를 유지했을 뿐 교세가 불교와 힌두교에 필적하지는 못했다). 역대 제왕들은 대개 불교를 장려하고 포교에 힘썼으나 수천 년에 걸쳐 일반 백성들의 마음속에 깊이 뿌리내린 힌두교를 완전히 몰아낼 수는 없었다.

　불교의 보급에 앞장선 바르다나의 하르샤 치세에는 북인도 동부의 파트나에 세워진 날란다(Nalanda) 사원이 불교의 발달에 크

게 기여했다. 날란다는 불교 사원인 것만이
아니라 교육 시설과 기숙사 등을 갖춘 일종
의 국립대학이었다. 특히 이 시기 날란다에
는 해외의 구법승들이 많이 찾아와서 불법을
배우고 토론했다.《대당서역기大唐西域記》를
저술한 당의 고승 현장玄奘도 날란다에 유학
했으며,《왕오천축국전往五天竺國傳》으로 유
명한 신라의 혜초慧超는 날란다에서 이미 전
에 다녀갔던 한반도 승려들의 이름을 확인하
기도 했다.

　하지만 인도에서 불교가 성행한 것은 그
때가 마지막이었다. 굽타 시대는 모든 분야
에서 인도 고유의 전통이 부활하는 시기였
다. 이 흐름을 타고 전통의 힌두교가 널리 퍼
지면서 신흥 종교인 불교는 차츰 위축되었
다. 그렇잖아도 불교는 대승불교로 발전하면
서 힌두교와 상당 부분 비슷해졌으므로 초기
의 참신성을 많이 잃은 상태였다. 게다가 신
의 모습을 조각으로 형상화할 수 있게 되자

불경을 짊어진 현장　날란다의 유학생 현장
은 이렇게 불경을 잔뜩 짊어지고 당으로 돌아
왔다. 그는 당 태종의 명을 받고 자신이 겪은
여정을 《대당서역기》로 펴냈다. 이 책은 당시
중앙아시아와 비단길 주변에 있는 138개국에
관한 사실을 전하고 있어 귀중한 문헌으로 꼽
힌다.

불교보다 다신교인 힌두교가 포교에 더욱 유리해졌다. 힌두교의
3신인 브라마, 비슈누, 시바를 비롯한 수많은 신이 신상으로 만들
어져 일반에 널리 퍼진 것이다.

　이에 따라 불교는 점차 인도 내에서 세력을 잃고 동쪽의 동남아
시아와 동북아시아로 옮겨갔다. 불교가 중국에 처음 전래된 것은
후한 시대의 일이지만, 인도의 굽타 시대에 해당하는 남북조시대

에 중국에서 불교가 크게 성행한 것은 결코 우연이 아니다. 한반도와 일본에도 바로 그 무렵에 불교가 전래되었다.

3. 이슬람과 힌두가 만났을 때

정체를 가져온 태평성대

굽타 제국이 붕괴한 이후 12세기에 이르기까지 약 400년 동안 또다시 인도의 고질병이 도졌다. 특별한 중심 세력이 형성되지 않고 소국들이 공존하는 분열의 시대다. 다행스런 것은 이 오랜 기간 동안 이민족의 침입이 거의 없었고 비교적 태평성대가 이어졌다는 점이다. 강적이었던 흉노는 인도 남하를 포기하고 터키와 유럽으로 가버렸다. 비록 소국가들 간의 충돌과 분쟁은 끊이지 않았으나 전체적으로는 평화로운 시기였다. 그러나 평화란 반드시 좋은 것만은 아니다. 진통이 없이는 새 생명을 탄생시킬 수 없듯이 발전과 성장을 위해서는 태평성대보다는 적절한 자극이 필요하다.

더구나 당시 세계 무대는 땅 밑에서 용암이 막 분출되려는 듯한 기세였다. 유럽에서는 십자군 전쟁으로 중세 사회가 해체를 눈앞에 두고 있었고, 중국에서는 대륙 북방의 몽골족이 유사 이래 최대 규모의 세계 정복을 꿈꾸고 있었다. 바야흐로 세계사의 흐름은 13세기부터 시작되는 몽골의 세계 제국과 동서 교통, 유럽의 대항해시대라는 일련의 흐름을 향해 나아가고 있었던 것이다. 그런데 그런 세계사적 격변의 분위기는 인도에까지 전해지지 않았다.

장기간 이민족의 침입이 없었던 탓에, 굽타 제국 시대부터 싹트기 시작한 인도인들의 민족의식은 언제 그랬느냐는 듯이 자취를 감추어버렸다. 태평성대는 경제와 정치가 반비례하게 마련이다. 경제가 발달해 생활수준은 풍족해졌으나 정치조직은 거의 발전이 없었다. 당연히 통일 제국에 대한 염원은 굽타나 쿠샨 시대보다도 희박해졌다.

이 시대에 딱히 중심이 될 만한 세력을 꼽자면 라지푸트Rajput가 그 후보다. 이들은 원래 5~6세기경에 인더스 하류 지역으로 들어온 이민족이었을 것으로 추정되는데, 수백 년이 지나면서 토착민과 뒤섞이고 인도 문화에 동화되어 실상 이민족이라 할 수도 없었다. 이렇게 종족적으로 잡다해진 탓에 라지푸트는 하나로 통합되어 살아간 게 아니라 여러 소국가로 분열되어 서로 간에도 다툼이 잦았다. 하지만 이들은 때마침 찾아온 인도의 평화기에 북인도의 중심 세력으로 발돋움했으므로 8세기부터 13세기까지 북인도의 역사는 '라지푸트의 시대'라고 부르기도 한다.

남인도 역시 여러 소국가가 분립된 형세를 기본으로 하지만, 그 중에서 촐라Chola 왕조는 주목할 만하다. 1세기경 조그만 부족으로 출발한 촐라는 굽타 제국이 북인도를 장악하고 있던 시대부터 본격적으로 성장했으며, 10세기에서 12세기까지 약 300년 동안에는 여러 속국을 거느리면서 일약 남인도의 중심 세력으로 떠올랐다. 특히 촐라의 걸출한 군주인 라젠드라 1세Rajendra I(?~1044)는 11세기 초반 데칸의 패자였던 찰루키아Calukya를 정복하고 중부 인도까지 손에 넣었다. 이후에도 그는 북진을 계속해 갠지스 강까지 진출했다. 인도 전체의 역사를 놓고 본다면 이때가 굽타

아라비아 해상무역　원래 인도양은 아라비아 무역상들의 텃밭이었다. 그들은 위와 같은 목선을 타고 남인도와 지중해 세계를 연결해주었다. 그러나 남인도가 발달하면서 아라비아 무역상들은 점차 밀려나고, 남인도의 인도양 연안 국가들이 인도양은 물론 인도차이나나 동남아시아까지의 해상무역을 제패하게 되었다.

제국의 사무드라굽타 이래 두 번째 맞는 남북 인도의 대통합 기회였으나 끝내 성사되지는 못했다.

통일 대신 라젠드라 1세는 해상 활동에 주력했다. 원래 남인도는 반도라는 지리적 여건을 이용해 일찍부터 해상무역이 활발하던 지역이었다. 남인도의 해상무역은 서쪽으로 아라비아와 지중해권, 동쪽으로 동남아시아와 중국에 이르는 가히 세계적인 규모였다. 남인도의 무역상들은 이미 로마 제국 시대에 후추와 향료, 진주, 보석 등을 유럽에 수출했다(오늘날 인도에서는 당시 로마가 무역 대금으로 지불한 로마 금화들이 발견되고 있다). 4세기 중반에 남인도의 판디아Pandya 왕국은 당시 로마 황제인 율리아누스에게 사절을 파견한 일도 있었다.

8세기부터 서부의 말라바르 해안에는 아라비아 상인들이 들어와 거주하면서 무역 활동에 종사했는데, 촐라 왕조는 이들을 쫓아내고 남인도 무역을 독점했다. 이렇게 보면 라젠드라의 위업은 군주 개인의 공로라기보다 수백 년간 촐라 왕조가 무역에 기울인 노력의 소산이라고 할 수 있다. 라젠드라의 시대부터 유럽과 서아시아, 동남아시아, 중국의 해상무역로는 촐라의 독차지가 되었다. 이때의 해상로는 이후 유럽의 에스파냐와 포르투갈이 동남아시아 향료 시장과의 직거래에 나서면서 시작된 지리상의 발견, 대항해 시대에 중요한 역할을 하게 된다.

상인들이 퍼뜨린 종교　이슬람교가 6세기에 생겨나 순식간에 세계종교로 성장한 과정은 세계사적인 수수께끼다. 알라만을 유일신으로 섬기라는 가르침 덕분일까? 아니면 아라비아에서 생겨나 서쪽으로 간 그리스도교와 인도에서 생겨나 동쪽으로 간 불교 사이의 '종교적 공백'을 잘 이용한 덕분일까? 이슬람교가 급속히 퍼진 데는 활발한 정복 전쟁도 큰 몫을 했지만, 아라비아 상인들의 역할도 무시할 수 없다. 예로부터 동서 교역에서 활약을 한 그들이 아니었다면 이슬람교는 확산되지 못했을 것이다.

이슬람이 지배한 힌두

평화와 안정에 지나치게 익숙해지면 변화에 무뎌진다. 인도는 결국 오랜 기간 평화(아울러 정체)를 누린 대가를 톡톡히 치러야 했다. 11세기부터 북인도에는 그전의 어느 이민족보다도 더 강하고 무자비한 이민족이 쳐들어왔다. 그들은 바로 이슬람 세력이었다.

아프가니스탄에 자리 잡은 가즈니Ghazni 왕국의 마흐무드 Mahmud 왕은 편자브의 비옥한 영토를 노리고 북인도에 침입했다. 그는 재위 시절에 10여 차례나 인도를 침략해 약탈과 파괴를 일삼았으니, 인도의 입장에서 보면 두렵고도 끔찍한 원수였다. 오랜 평화에 나태해져 있던 인도군은 이슬람군의 빠른 기동력에 속수무책으로 당할 수밖에 없었다. 게다가 인도에는 원래부터 양질의 말이 태부족이었고 인도군은 전통적으로 코끼리를 애용했으므로 중앙아시아 유목민족의 기동력을 따라갈 수는 없었다.

유서 깊은 인도의 불교 사원과 힌두 사원 들이 이슬람군의 말발굽 아래 무참하게 파괴되었다. 당시 사원들은 재물과 귀중품을 많이 소장하고 있었으므로 적의 주요 표적이 되었을 뿐 아니라, 이슬람의 군주들은 이슬람 문화가 아니면 모조리 파괴해야 할 불경스런 우상으로 여겼던 것이다.

하지만 마흐무드의 침략은 서곡에 지나지 않았다. 그는 인도를 지배하려 한 게 아니라 단지 노략질을 했을 뿐이지만, 12세기 말부터 시작된 주제곡은 서곡과 분위기부터 크게 달랐다. 그 지휘자는 1150년 가즈니를 타도한 구르Ghur 왕조의 무이즈-웃-딘 무함마드Muizz-ud-Din Muhammad였다. 그는 마흐무드와 달리 인도를 완전히 정복하고 강력한 제국을 건설하려는 야망을 가지고 있었다. 사실 마흐무드가 처음 인도를 침략했을 때 이미 인도의 실력이 백일하에 드러났으니 무함마드가 아니라 누구라도 그런 자신감을 품을 만했다. 무함마드는 13세기 초반 마침내 라지푸트를 격파하고 북인도를 손에 넣었다.

그러나 무함마드의 야망은 꿈으로 그쳤다. 제국을 건설하고 얼마 못 가 암살되고 말았던 것이다. 그 틈을 타서 무함마드의 총애를 받으며 무장으로 활약하던 쿠트브-웃-딘 아이바크Quṭb-ud-Dīn Aybak(?~1210)가 술탄에 올랐다. 상관의 꿈은 그에게서 실현되었다. 아이바크는 델리를 수도로 삼고 정식으로 북인도를 지배하는 정복 국가를 선포했다. 그는 원래 궁정 노예 출신이었으므로 그가 세운 국가를 노예 왕조(1206~1290)라고 부른다. 한 왕조가 100년 가까이 존속한 것은 중세 후기 인도에서 기록적인 사건이다.

이후 노예 왕조는 터키계의 칼지Khalji에 정복되었고, 칼지는 또 투글루크Tughluq에게 정복되었다. 이런 식으로 15세기 전반까지 200년 동안 북인도는 터키와 아프가니스탄 세력이 번갈아가면서 장악하게 된다. 이들은 모두 델리를 중심으로 했고, 예전처럼 소국가들이 분립한 시대와 달리 서로 같은 시대에 공존한 게 아니라 대체로 정복을 통해 맞교대했다. 그래서 그 나라들을 총칭해 델리 술탄국이라고 부른다.

분열기는 아니지만 그렇다고 통일 국가가 지배한 시대라고 보기에도 어정쩡하다. 그래도 북인도의 패자가 된 델리 술탄국은 내친 김에 데칸과 남인도에까지 진출하려 했다. 하지만 남인도의 힌두 왕조인 비자야나가라Vijayanagara가 사력을 다해 저지했기 때문에 그 시도는 결국 성공하지 못했다. 만약 이때 비자야나가라가 무너졌다면 인도는 일찌감치 전역이 이슬람권에 편입되었을지도 모른다. 남인도까지 통합하지 못한 데다 라지푸트 세력을 중심으로 하는 여러 소국가가 여전히 명맥을 유지했으므로, 델리 술탄국은 인도에서 가장 강성한 세력이었을 뿐 제국과 같은 전일적인 지배를 관철한 것은 아니었다.

남인도는 힌두권으로 남았으나 북인도는 역사상 처음으로 이슬

인도의 후추 인도 남부에서는 오래전부터 후추를 재배했으나 유럽인들은 당시 향료의 원산지를 그냥 인도라고만 알았을 뿐 정확한 위치를 몰라 아라비아 상인들에게서 매우 비싼 값으로 사들이고 있었다. 그러던 차에 14세기에 오스만튀르크가 중앙아시아 일대를 지배하면서 향료 무역을 독점한 탓에 향료의 값이 천정부지로 솟았다. 아라비아를 거쳐 지중해로 들어오는 뱃길은 북이탈리아가 중개무역을 독점했다(이 경제력을 바탕으로 이탈리아 르네상스가 만개했다). 동방의 향료가 이탈리아 상인들의 손을 거쳐 서유럽의 실수요자에게 왔을 때는 원래 가격의 30배로 치솟았다. 그래서 대서양에 인접한 포르투갈과 에스파냐의 상인들은 동양에 가기 위해 아프리카를 통째로 돌아가는 바닷길을 개척하게 되었다.

람의 지배를 받게 되었다. 그렇다면 종교 문제는 어땠을까? 그간 이민족의 침입은 많았어도 이번처럼 전혀 다른 종교를 가지고 들어온 이민족은 없었다. 불교가 인도를 떠난 굽타 시대부터 인도의 지배적인 종교는 늘 힌두교였다. 평소에 이교도를 대하는 이슬람의 태도로 미루어보면 지배층과 피지배층의 종교가 다를 때 어떻게 될지 예상할 수 있지 않을까? 더구나 이슬람의 군주들은 전통적으로 강력한 전제정치를 행하지 않는가?

2부 자람

그러나 사실은 예상을 거스른다. 아무래도 타지에서 온 이민족 정권인지라 델리 술탄국의 나라들은 기반이 그리 튼튼하지 못했다. 더구나 지배층은 하나로 뭉쳐 인도를 지배하는 데 힘쓴 게 아니라 자기들끼리 치열한 권력 다툼을 벌였다. 술탄들은 모두 전제 군주였으나 중국의 경우처럼 세습되지 않고 주로 무장들이 선출하는 방식이었다. 자고 나면 암살로 정권이 바뀌는 일도 대단히 흔했다. 따라서 이슬람의 침입과 지배로 북인도는 수많은 문화재만 잃었을 뿐 정치나 행정의 쇄신은 거의 이루지 못했다.

백성들에 대한 통치도 상당히 느슨했다. 지배층이 이슬람인 만큼 피지배층에게도 서서히 이슬람교가 전파되었지만 다수의 백성들이 개종하지는 않았다. 그렇다고 소수의 이슬람교도를 위해 다수를 차별하기에는 권력의 짜임새가 부족했다. 따라서 정부가 비이슬람교도에게서 특별 세금을 징수하는 지즈야Jizya(일종의 인두세로 19세기까지도 존속했다)라는 제도를 시행한 것 이외에 별다른 종교적 차별을 하지는 않았다. 이슬람 교리도 이슬람 본토에서만큼 엄정하게 지켜지지는 않았고 힌두 고유의 전통이 강력히 존재했다. 예를 들어 이슬람의 율법에 순장殉葬의 풍습은 죄악이었지만 힌두교도들 사이에서는 계속 유지되었다. 이슬람 교리에 어긋나는 카스트 제도도 역시 마찬가지였다.●

하지만 이슬람 세력이 델리 술탄국으로 인도를 처음 지배한 경험은 후대의 인도 역사에서 두 가지 커다란 변화를 낳는다. 하나는 16세기에 강력한 무굴Mughal 제국이 들어선다는 사실이다. 다른 하나는 20세기에 드디

● 훗날 인도를 식민지로 경영하게 된 영국이 인도의 근대화를 주도하면서 순장의 풍습은 법으로 금지되어 사라졌다. 그것은 근대 영국이 중세 이슬람보다 인도주의적이었기 때문이라기보다는 18세기와 14세기의 시대적 차이라고 보아야 할 것이다. 하지만 영국도 카스트마저 없애지는 못했다. 오늘날 카스트는 법적으로 폐지되었으나 현실에서는 잔존하고 있다.

어 인도는 이슬람 세력과 힌두 세력으로 아예 나라가 갈라진다는 사실이다.

4. 최초이자 최후의 제국

다양한 매력의 지배자

16세기 초반 아프가니스탄계의 로디Lodi 왕조가 델리 술탄국의 맥을 잇고 있을 무렵, 우즈베크 출신의 한 영웅이 아프가니스탄을 장악하는 사태가 일어났다. 칭기즈 칸의 16대손이자 중앙아시아의 '칭기즈 칸'이었던 티무르Timur(1336~1405)*의 5대손을 자처하는 그는 바로 바부르Babur(1483~1530)라는 인물이었다. 칭기즈 칸이나 티무르의 후예로 자처한 것은 정통성을 표방하려는 정치적 태도로 볼 수도 있지만, 두 사람은 자손이 워낙 많았으니 바부르가 그들의 후손일 가능성도 없지는 않다.

뛰르크계의 족장으로서 중앙아시아의 패자가 된 바부르는 원래 티무르 제국을 재현하려는 야망을 가지고 있었다. 그러나 로디 왕조의 허약함을 깨닫게 된 그는 방침을 바꾸어 중앙아시아보다 인도 정복에 매력을 느꼈다. 1526년 바부르는 델리 근방에서 뛰어

● 티무르는 14세기 중앙아시아 뛰르크족의 지배자인데, 인도사에 속하는 인물은 아니므로 여기서 간단히 살펴보자. 몽골이 중앙아시아에 수립한 차가타이 칸국이 와해되자(7장 참조) 티무르는 그 혼란을 수습하고 몽골 제국의 후예로 자처했다(물론 종교와 문화는 이슬람이다). 뛰어난 정복자였던 그는 사마르칸트를 중심으로 중앙아시아에서 남러시아 일대에 이르는 넓은 지역을 손에 넣었다. 1405년 그가 병사한 뒤 후손들이 제국을 분할했는데, 이것을 총칭해 티무르 왕조라고 부른다. 이런 상황이 16세기까지 지속되는 가운데 바부르가 등장한 것이다.

난 용병술과 기병대로 수적으로 훨씬 많은 로디 군대를 무찌르고 델리에 입성했다.

북인도의 지배자들은 선선한 기후의 아프가니스탄에서 살던 바부르가 인도의 무더위를 견디지 못하리라고 생각했다. 아닌 게 아니라 칭기즈 칸의 후예라면 인도를 정복의 최종 목적지로 삼지는 않을 것이다. 그러나 결과는 전혀 뜻밖이었다. 바부르는 점령지 곳곳에 페르시아식 정원을 만들고 더위에 시달리는 병사들을 독려하며 인도에 그냥 눌러앉은 것이다. 이렇게 해서 인도 역사상 최후의 제국으로 기록될 무굴 제국이 탄생했다.

바부르의 무굴 제국은 아프가니스탄의 카불과 간다라를 포함해 데칸 고원의 일부, 동쪽으로는 벵골에까지 이르는 드넓은 영토를 장악했다. 인도 지역에 국한한다면 고대의 마우리아나 쿠샨, 굽타보다 통일 제국으로서의 위상이 약하겠지만, 북인도만을 놓고 따지거나 그 북쪽의 중앙아시아까지 포함시킨

정원을 좋아한 바부르　바부르는 아프가니스탄의 작은 왕국에서 순식간에 국력을 키워 북인도까지 정복하고 무굴 제국을 세운 흥미로운 인물이다. 무굴(Mughul)이란 바부르의 부족 이름으로서 몽골(Mongol)을 가리킨다. 그렇다면 바부르는 몽골의 후예일 텐데, 역사책에는 튀르크계라고도 되어 있다. 실상 흉노, 돌궐(튀르크), 몽골은 시대마다 이름이 달라졌을 뿐 모두 중국 북방을 고향으로 하는 민족이다. 몽골이 중앙아시아를 정복한 이후 칭기즈 칸과 티무르의 지배를 거치면서 돌궐족과 몽골족이 혼혈을 이루었는데, 무굴의 바부르는 바로 그 혼혈 출신일 것이다.

다면, 무굴 제국은 인도 역사상 가장 강력한 통일 제국일 것이다. 게다가 수명도 중세 이후 어느 인도 왕조보다 긴 200여 년에 달했다.

바부르는 파괴적인 정복자일지언정 적어도 무지한 정복자는 아니었다. 정원에 심취한 데서 보듯이 심미안을 가진 지배자였으며, 문학에 조예가 깊고 시와 산문을 즐긴 팔방미인이었다. 튀르크어

로 된 그의 저서 《바부르의 회상》은 오늘날까지도 이슬람 문학의 명작으로 손꼽힌다.

그러나 무굴 제국은 건국자인 바부르가 돌연히 사망하면서 하마터면 단명 왕조로 끝날 뻔했다. 새 제국이 아직 충분히 안정되지 못했을 때 바부르의 아들 후마윤Humayun(1508~1556)은 신흥 세력의 우두머리인 셰르 칸 수르Sher Khan Sur(1486~1545)에게 패배하고 아프가니스탄으로 달아났다. 아버지의 명성에 걸맞지 않게 후마윤은 각지를 떠돌며 지원을 부탁하는 처지로 전락했다.•

한편 델리를 정복한 셰르 칸 수르는 황제로 자칭하면서 아프가니스탄계 델리 술탄국을 복구하려 했다. 그는 북인도를 지배하는 5년 동안 화폐를 통일하고 물가를 안정시켰으며, 토지조사와 대규모 도로 건설을 했고, 그밖에 여러 가지 개혁 조치도 단행했다.

셰르 칸 수르의 통치가 제대로 이어졌더라면 무굴 제국은 이후 인도 역사에서 한 문단으로 정리되고 대신 아프가니스탄 제국이 한 개 장 정도를 차지했을 것이다. 그러나 권위 있는 건국자가 죽으면 정세가 혼탁해지는 것은 동서고금의 진리다. 그가 죽으면서 아프가니스탄 제국은 급격히 무너졌고, 마음을 고쳐먹은 무굴의 후마윤이 재도전 끝에 델리를 수복하는 데 성공했다. 뒤이어 후마윤의 아들인 아크바르Akbar(1542~1605)의 시대에 무굴은 제국의 기틀을 갖추고 장기적인 번영과 안정을 이루게 된다.

최초의 중앙집권 제국

아크바르는 1556년 열세 살의 나이로 왕위에 올라 50년 가까이 재위하면서 무굴 제국을 크게 발전시킨 탁월한 군주다. 무굴 제국 초기만 해도 라지푸트족의 반발과 저항이 만만치 않았다. 델리까지 위협하는 이들을 복속하지 않고서는 제국이 반석에 오를 수 없었다. 그래서 그는 라지푸트와 격전을 벌여 제압했다. 거기서 그쳤다면 아크바르는 평범한 군주에 머물렀을 텐데, 과연 그는 싹수가 달랐다. 힘으로 적의 항복을 받아낸 다음에는 그들을 포용해 사회의 지도층으로 폭넓게 등용한 것이다.

아크바르가 어떤 의도를 품었는지는 몰라도 그 정치적 효과는 매우 컸다. 북인도의 전통적인 지배층이자 상류층인 라지푸트를 제압하고 동화시키자 이내 나머지 인도인들도 뒤따르게 되었다. 나아가 아크바르는 라지푸트의 공주와 결혼해 혈연관계를 맺었다. 이렇게 인도인들을 무력으로 억압하는 게 아니라 어르고 달래 동화시키는 정책이 바로 무굴과 델리 술탄의 중요한 차이였다. 이로써 아크바르는 이슬람 세력뿐 아니라 모든 인도인의 명실상부한 지도자가 될 수 있었다.

무굴 제국이 그 이전의 어느 왕조보다 제국으로서의 면모를 더 충실히 갖추게 된 것은 바로 아크바르의 공로 덕분이었다. 인도 역사에서 제국의 명칭을 가진 나라는 몇 개 있었어도 다 명칭만 그럴 뿐 명실상부한 제국은 없었다. 아크바르의 치세에 이르러 인도는 역사상 처음으로 중앙집권제를 갖춘 제국의 시대를 맞게 되었다.

제국이라면 뭐니 뭐니 해도 황제를 정점으로 하는 강력한 중앙집권이 필수적이다. 그 점에서 아크바르는 성공을 거두었다. 하지만 인도의 경우에는 단지 막강한 정치권력을 가졌다는 것만으로 참다운 황제가 되지는 못한다. 다른 곳이라면 몰라도 인도의 황제라면 권력의 정점인 동시에 '신성한 존재'여야만 한다. 고대부터 종교적 심성이 강한 인도 특유의 정서를 고려한다면 단순히 무력으로만이 아니라 정신적으로도 모든 인도인에게 강력한 전제군주로 군림할 수 있어야 한다.

그러기 위해서는 무엇보다 종교 문제가 중요했다. 국민을 다른 종교로 개종시키는 것은 예나 지금이나 지극히 어려운 일이다. 이 점을 깨달은 아크바르는 이슬람교와 조로아스터교, 힌두교 등 여러 종교를 절충하는 정책을 폈다. 무굴 제국은 집권자나 지배층이나 이슬람교를 근본으로 출범했는데, 어떻게 그런 절충이 가능했을까? 아크바르는 전제군주였기 때문에 그렇게 할 수 있었다. 즉 종교적으로 부족한 측면을 정치적으로 보완한 것이다. 그는 정치와 종교의 아슬아슬한 줄다리기에서 멋지게 버텨냈다. 심지어 그는 지즈야도 폐지해 완전한 종교적 탕평책을 실시했다(하지만 지즈야는 곧 부활한다). 그런 노력 덕분에 무굴 제국은 이슬람 제국의 정체성을 잃지 않으면서도 종교적 균형을 유지할 수 있었다.

전제군주는 최고 권력자이지만 그렇다고 해서 모든 일을 혼자 처리할 수 있는 슈퍼맨은 아니다. 그래서 중앙집권적 제국은 황제의 권위와 더불어 관료제가 필요하다. 아크바르가 도입한 관료제는 만사브다르mansabdār(만사브는 '관직'이라는 뜻의 아랍어이고, 다르는 페르시아어로 '가진 사람'을 나타내는 접미사다. 따라서 만사브다르는 '관직의 소유자'라는 뜻이다)라고 불린다. 우선 그는 무굴 제국의 넓은 영토를 주, 도, 군으로 나누고 관리들을 임명해 행정을 맡겼다.

인도의 정복 군주   무굴을 강력한 중앙집권의 제국으로 만든 아크바르가 동생의 집을 방문해 영접을 받고 있다. 그림은 16세기 후반의 작품으로 당시의 모습이라고 보아도 좋을 것이다. 아크바르는 어린 시절부터 글을 읽는 것보다 말을 타고 노는 것을 더 좋아했다고 한다. 인도 역사에서는 드물게 타고난 정복 군주다.

하지만 이 정도의 느슨한 관료제라면 고대의 굽타 시대에도 있었다. 아크바르는 지방관들을 중앙에서 감독하면서 이들로부터 각 지방에 관한 보고를 받았다. 또한 만사브다르는 지방관들이 행정과 아울러 해당 지역의 군 사령관 역할을 겸하는 군정일치軍政一致 성격의 제도였다. 중국의 관료제에 비할 수는 없었지만, 그래도 인도 역사상 처음으로 제대로 된 관료제가 성립된 것이다.

유능한 군주들이 일군 전성기

역사에 이름을 남긴 뛰어난 군주는 대개 한 측면에서만 위대하다는 평가를 받지 않는다. 아크바르도 역시 대외 정복이나 정치와 행정 같은 제국의 하드웨어에서만 성과를 거둔 게 아니라 문화와 예술 같은 소프트웨어에서도 치적을 남긴 군주였다(그가 해결한 종교 문제는 일반적으로 제국의 소프트웨어에 속하겠지만 인도의 경우에는 하드웨어로 보아야 한다). 또한 그는 호화로운 궁전에서 각종 화려한 행사를 주최해 절대 권력과 권위를 과시하면서도 매일 이른 아침에 창문을 열고 백성들의 인사를 직접 받을 정도로 여론에 민감했다. 그런 자질을 갖추었기에 아크바르는 정복 군주이자 문화 군주라는 보기 드문 선례를 보여주었다.

전통과 첨단을 매끄럽게 접합하는 아크바르의 솜씨는 종교만이 아니라 문화에서도 빛났다. 전통적인 힌두 양식과 당시 첨단에 해당하는 이슬람 양식이 절묘하게 어우러진 그 시대의 건축은 그가 두 문화를 융합하려는 자세를 가졌기에 가능했다. 게다가 그는 유럽의 그리스도교도 마다하지 않았다. 그의 궁정화가들은 유럽에서 발달한 사실주의 기법은 물론 원근법까지 차용해 동양의 정신에 서양의 기법이 접목된 독특한 '무굴 양식'을 개발했다. 아크바르의 치세에 인도는 유럽보다도 이르게 계몽주의 시대를 맞았다고 볼 수 있다.

하지만 훌륭한 소프트웨어는 튼튼한 하드웨어가 있어야만 성능을 발휘하는 법이다. 비록 중앙집권과 관료제가 이루어졌다고는 하지만, 무굴 제국 역시 중국의 역대 제국들에 비하면 토대가 취약했다. 무굴이 한동안 잘나갈 수 있었던 이유는 제도가 미

순백의 궁전 '낭만 군주' 샤 자한이 서른아홉 살에 죽은 왕비를 추모해 지은 대리석의 묘지 궁전 타지마할은 인도 중세의 최대 건축물로 꼽힌다. 돔형의 건물을 받치고 있는 기단은 사방 56미터의 정사각형 모양이다.

비해도 인물로 보완이 가능했기 때문이다. 즉 전성기 무굴 제국의 번영은 유능한 군주들이 계속 출현한 덕분이 컸다. 강력한 군주인 아크바르가 죽은 뒤 아들 자한기르Jahangir(1569~1627)의 치세에 제국은 잠시 정치적 혼란을 겪었으나 그의 아들 샤 자한Shah Jahan(1592~1666)이 즉위하면서부터는 다시 궤도에 올라섰다.

샤 자한은 모계가 힌두 왕비였기 때문에 힌두의 피를 타고난 인물이었다. 그런 탓인지 샤 자한은 예술을 매우 사랑했고, 역대 인도 왕들 가운데 손꼽히는 낭만적인 군주였다. 특히 젊은 나이로 세상을 떠난 왕비 뭄타즈 마할을 추모하며 지은 무덤 궁전인 타지마할은 오늘날까지 당당한 위용과 아름다운 자태를 자랑하는 세계적 건축물이다.

문화를 사랑한 낭만 군주라고 해서 샤 자한이 심약한 군주였던 것은 아니다. 그는 남쪽으로 데칸 일대의 소국들을 병합해 영토를 늘렸고, 북쪽으로는 왕조의 고향에 해당하는 아프가니스탄의 칸다하르까지 정복했다. 그의 사후에 아들들이 권력다툼을 벌였지만 그것도 잠시뿐이었고 이내 또다시 걸출한 지배자가 제위를 계승했다.

샤 자한의 아들인 아우랑제브Aurang zeb(1618~1707)는 1658년 마흔 살에 제위에 올라 50년 가까이 인도를 지배했는데, 몇 대째 이어져온 문화 군주의 전통은 일단 그에게서 끊겼다. 그는 아버지와 달리 무자비하고 잔혹한 정복자였고 권력욕도 대단히 강했기 때문이다. 아크바르가 백성들의 존경을 받았고, 샤 자한이 백성들의 사랑을 받았다면, 아우랑제브는 백성들에게 두려움을 안겨주었다. 그는 진지하고 경건한 데다 냉혹하고 무자비하면서도 열정적이었다. 하지만 인도와 무굴 제국의 입장에서 보면 그는 그 시기에 꼭 필요한 군주였다.

아우랑제브는 한동안 중단한 정복 사업을 재개해 데칸과 남인도의 소국들을 차례로 점령했다. 아우랑제브의 치세에 이르러 무굴 제국의 영토는 사상 최대를 자랑했다. 그러나 그가 남쪽의 인도 중부와 남인도를 경략하는 동안 북부의 상황이 어수선해졌다. 북인도를 거점으로 하는 모든 인도 제국의 공통적인 문제점이었다. 북인도는 사방이 트인 지역이기 때문에 마치 풍선처럼 한쪽을 누르면 다른 쪽이 부풀기 때문이다. 아우랑제브가 증조부 아크바르의 종교적 탕평책을 포기한 이유는 그 때문이었다.

개인적으로 신앙심이 독실한 이슬람교도이기도 했지만 복잡한 정치적 변수들을 완벽하게 처리할 수 없다고 판단한 아우랑제브

이슬람의 철권 군주   샤 자한이 낭만 군주였다면 그의 아들 아우랑제브(한가운데 앉아 있는 인물)는 '냉혹 군주'였다. 그는 아버지처럼 낭만을 위해 재정을 낭비하지 않고, 그전까지 힌두-이슬람의 절충 정책을 취한 무굴을 완전한 이슬람 제국으로 만들었다. 이로 인해 강력한 그의 재위 기간 중에도 힌두인들의 반란이 곳곳에서 일어났다.

는 결국 철저한 이슬람 중심주의 노선으로 전환했다. 한동안 지배적이었던 종교적 절충주의는 그의 시대에 이르러 완전히 자취를 감추게 되었고(지즈야를 부활시킨 사람은 바로 그다), 힌두 동화 정책도 뒷전으로 물러났다. 아우랑제브는 고위직 관료들을 이슬람교도로만 충당했으며, 많은 힌두 사원을 파괴하고 모스크로 대체했다. 11세기 마흐무드의 인도 침략을 능가할 정도의 가혹한 종교 탄압이었다.

그러나 무굴의 전성기를 가져온 유능한 군주들은 아우랑제브에게서 대가 끊겼다. 공교롭게도 최대 강역을 자랑하던 그의 치세 이후 무굴 제국은 몰락의 길을 걷게 된다. 실은 음으로 양으로 무굴 제국에 힘을 실어주던 힌두인들이 인도의 이슬람화를 진심으로 환영할 리 없었다. 관료제의 실무자인 이들이 황제에 반감을 품으면서 강력한 중앙집권 체제도 무너지기 시작했다. 중앙 권력이 약화되자 그간 무굴의 지배하에 있던 소국들도 조공만 계속할 뿐 예전과 같은 충성심은 보이지 않았다.

이런 내부 정세 이외에 바깥에서도 무굴의 목줄을 죄는 환경이 조성되었다. 데칸 지방에서는 마라타Maratha가 크게 일어나 델리 근방을 자주 침략했다. 마라타족은 산악 지방 특유의 강인함과 기동성을 갖추고 유격전에도 능해 대단히 까다로운 상대였다. 1761년 마라타의 대공세 앞에 속수무책이었던 무굴 제국은 급기야 왕조의 고향인 아프가니스탄에 도움을 청했다. 그 덕분에 파니파트 전쟁에서 간신히 마라타를 물리칠 수 있었지만, 약효는 오래가지 않았다. 그 사건을 계기로 가뜩이나 쇠퇴 일로에 있던 무굴 제국은 붕괴 상태에 이르렀다. 마라타와 아프가니스탄이 대치하고 있는 가운데 북인도는 서서히 정치적 공백 상태로 빠져들었다. 이후 영국이 힘들이지 않고 무굴 제국을 거의 접수하는 형식으로 손에 넣게 되는 것은 이미 그런 배경이 있었기 때문이다.

6장

군국주의로 치닫는 일본

1. 무한 내전의 출발

모방의 한계

645년의 다이카 개신을 통해 일본은 비로소 고대국가의 기틀을 갖추고 당대의 동북아시아 여러 민족과 어깨를 나란히 하게 되었다. 7세기 중반이면 한참 늦은 출발이기는 하지만, 중국 문화권의 한반도보다 800년이나 늦게 신석기시대를 졸업한 일본 민족으로서는 비약적인 발전이라 하겠다. 그런 성과를 이룬 데는 섬나라라서 외적의 침입이 없었다는 지리적 여건과 아울러 일본 민족 특유의 뛰어난 모방 솜씨가 큰 역할을 했다.*

당시 중국의 당 제국은 동북아시아의 패자일 뿐 아니라 세계적

● 섬이란 사실 양면적인 조건이다. 외부의 '침략'을 막기에는 더없이 좋지만 동시에 외부의 '영향'마저 가로막혀 폐쇄적으로 될 수도 있기 때문이다. 이런 양면적 조건은 주체의 역량에 따라 좋게 작용할 수도 있고 나쁘게 작용할 수도 있다. 고대의 일본 민족은 열도 안에 갇혀 지내려 하지 않고 외부의 영향, 특히 중국의 선진 문물과 제도를 수용하고 모방하고자 노력했다. 그 덕분에 섬이라는 지리적 조건은 중세까지 일본의 성장에 플러스 요인이 된다. 하지만 근대에 접어들면 일본은 외부에 위협 요소로 등장하는데, 여기에도 섬의 조건이 암암리에 작용했다.

으로도 선진국이었으므로 일본이 모방의 모델로 삼은 것은 당연했다. 한반도가 고대 삼국으로 분리되어 있을 무렵, 일본은 가까운 백제를 통해 당의 문물을 받아들였다. 그러나 신라가 통일을 이룬 뒤부터는 그럴 수도 없고 그럴 필요도 없어졌다(일본은 신라와의 교류를 끊지는 않았으나 신라를 상국으로 받들지는 않았다).

무역과 거래에서 수익을 올리려면 가급적 중간의 유통 과정이 적은 편이 좋다. 신라가 삼국을 통일한 뒤부터 일본은 한반도를 거치지 않고 당의 문물과 제도를 직수입하기 시작했다. 당의 제도를 모방해 율령을 만들고, 당의 수도인 장안을 모방해 나라奈良에 새 수도인 헤이조平城를 건설했다(이때까지 일본은 특정한 수도가 없고 천황이 사는 곳이 수도의 역할을 했으므로 천황이 바뀔 때마다 수도가 달라졌다. 나라에 도읍을 정한 이때부터를 '나라 시대'라고 부른다). 또한 귀족들은 당의 문화라면 무조건 수입하고 모방했다. 가장 중국적인 것일수록 가장 크게 환영받았다. 천하의 중심 '대당국大唐國'의 이미지는 일본인의 뇌리에서 떠나지 않았다.

그러나 현존하는 제도와 문물을 모방할 수는 있어도 역사와 전통까지 모방하는 데는 한계가 있다. 일본의 한계는 바로 그것이었다. 우선 수도인 헤이조('평평한 성'이라는 뜻)의 이름에도 '성城'이라는 글자가 버젓이 들어가 있지만, 그 성은 여느 성과 크게 달랐다. 헤이조에는 건물들만 옹기종기 모여 있을 뿐 한 나라의 수도라면 당연히 있어야 할 성벽이 없었다. 성벽이란 외적의 침입을

222

헤이조의 성문　새 수도 헤이조의 남쪽에 있는 주작문(朱雀門)이다. 헤이조는 당의 수도 장안을 모방한 성이지만 성벽도 없이 성문만 있는 어설픈 성이었다. 문 앞에 의식을 거행하기 위한 공간이 배치되어 있는 것으로 보아 방비보다는 제례의 구실이 더 컸던 듯하다.

막아 수도를 보위하는 한편 성 안에 사는 주민들의 생활 근거지와 바깥의 일반 농촌 사회를 구분해주는 역할을 한다. 그런데 일본에는 중국이나 한반도와 달리 이민족이 없어 침입할 만한 외적이 없었고, 수도라고 해야 정치 행정만을 위한 장소일 뿐 시민 생활이 없었기 때문에 성벽이 애초에 필요 없었던 것이다. 그러므로 헤이조의 성은 순전히 중국의 문물을 그대로 모방하겠다는 의지의 산물이었다.

　그보다 더 큰 모방의 한계는 율령이었다. 4장에서 보았듯이, 당의 율령은 하늘에서 뚝 떨어진 게 아니라 한 제국과 남북조시대에 무수한 시행착오를 거치면서 싹이 트고 잎이 자란 결실을 당 태종이 거둔 것이었다. 이런 역사적 배경을 가진 율령은 기본적으로 전제군주제와 관료제를 조화시키기 위한 제도였다. 하지만 일본에는 천황이라는 전제군주는 있어도 관료제는 없었다(게다가 천황도 고대까지는 상징적 중심이라는 이미지가 강했고 실제 통치를 담당하지는 않았다). 관료제를 발달시키려면 행정 실무자인 관료를 발탁하는 제도가 필수적이다. 그것이 과거제이지만 이런 제도가 없다면 최소한 중국의 고대처럼 외척이나 환관 같은 관료의 역할을 맡아줄 세력이 반드시 필요하다. 일본에는 그런 세력이 부재했다.

게다가 다이카 개신은 당 제국처럼 전대의 왕조를 실력으로 타도하고 들어선 게 아니라 예전의 지배 세력이 쿠데타로 명패만 바뀌었을 뿐 그대로 유지되면서 국가 체제를 바꾼 것이었다. 그러므로 새로운 관리 임용제 같은 것은 필요 없었다. 그래서 일본의 율령제는 필수 요소인 과거제가 없는 기형적인 제도에 불과했다. 굳이 의미를 찾자면 율령제는 일본의 중앙집권화에 제법 기여했지만 당시 일본의 체제상 그것이 꼭 율령제일 필요는 없었다. 결국 그런 모방의 한계는 이후 일본의 역사를 동북아시아의 다른 지역과 상당히 다른 방향으로 이끌어가게 된다.

귀족이 주도한 율령제

다이카 개신으로 탄생한 율령 체제의 경제적 토대는 모든 토지가 국가, 즉 천황의 것이라는 공지제公地制였다.● 그러나 처음에는 기세 좋게 시작했어도 세월이 어느 정도 흐르면 모든 토지에는 '사실상의 소유자'가 생겨나게 된다. 공지제가 무너지면서 이 사실상의 토지 소유자인 묘슈名主가 늘어나자 형식상의 토지 소유자인 국가에서도 이를 인정할 수밖에 없었다. 이쯤 되면 차라리 토지 소유를 현실로 인정하고 조세를 부과하는 편이 낫다. 그래서 국가는 점차 묘슈를 과세 대상으로 삼기 시작했는데, 이는 사실상 율령제의 경제적 기초를 부인하는 것이나 다름없었다(이때부터 일반 백성 가운데서도 제법 토지를 모은 묘슈들이 출현하기 시작했다).

유력 가문과 지방 호족 들이 소유하는 장원이 확대되면서 율령은 법제화된 지 50년도 채 안 되어 변질되기 시작했다. 애초에 율령 체제의 문제점은 중국의 모방에 있지 않았다. 만약 제대로 모방했다면 일본의 환경에서도 나름대로 유용하게 기능했을 것이다. 그런데 율령 체제를 확립한 주체는 다이카 개신에서 공을 세워 일약 스타가 된 후지와라藤原 가문이었다(천황은 다이카 쿠데타의 일등공신 가문인 나카토미 씨족에게 후지와라라는 새 성을 하사했다). 귀족계급이 관료제를 핵심으로 하는 율령 체제의 주역이라니, 고양이에게 생선을 맡긴 격이지만 이는 앞서 말한 기형적 모방의 결과물이었다.

당시 일본의 정치는 귀족 지배 체제였다. 천황은 물론 절대적 권위를 지닌 존재였지만, 현실 정치에 관한 권력을 가졌다기보다는 상징적인 권력자에 가까웠다. 그래서 천황은 실력 가문과 결탁하지 않으면 허수아비와 같은 존재였다. 실은 천황의 등극에도 귀족들의 입김이 거셌다. 최고 실력자인 후지와라 가문은 천황을 등에 업고 자기들끼리 치열한 다툼을 벌였다. 모처럼 정한 수도도

● 앞에서 보았듯이, 왕토 사상은 동북아시아 문화권에 내재해 있었다. 일본의 공지제가 아니더라도 어느 나라 어느 왕조든 개국 초에는 왕토 사상을 철저히 지키게 마련이다. 사회적 원리의 면에서도 그렇지만 지배층에게는 부수적인 효과도 있다. 이전 왕조의 경제적 토대를 무너뜨리는 동시에 개국 공신을 비롯한 새 정치 세력에게 토지를 분급하기에 좋기 때문이다. 우리 역사에서도 신라를 접수한 고려, 고려를 타도한 조선은 초기에 왕토 사상을 표방하고 나섰다(《종횡무진 한국사》 2권, 346~349쪽 참조). 그러나 처음에는 관리들에게 녹봉으로 토지의 점유권만 인정하지만 얼마 못 가서 점유권은 사실상 소유권이 되어버린다. 왕토 사상이 이념적으로만 유지될 뿐 현실적으로는 무력화되는 것이다. 그래서 중기쯤 되면 예외 없이 대토지 겸병이 일어나면서 경제가 붕괴하게 된다. 나중에 보겠지만 일본의 경우도 마찬가지로, 영주들이 구분전을 겸병하면서 부지런히 장원의 토지를 늘려갔다.

집 안의 사원 8세기 일본의 귀족들에게 불교는 단순한 종교가 아니라 생활 자체였다. 후지와라 가문과 같은 최상류 귀족들은 집 안에 불당을 짓고 그곳을 별당처럼 이용했으며, 승려들을 아예 상주시키면서 경문을 읽게 했다. 9세기 초 당에 유학을 갔던 사이초(最澄)와 구카이(空海)는 각각 천태종과 진언종을 창시했는데, 두 종교는 밀교적인 성격이 강했으므로 호국불교이면서도 나라(奈良) 시대와 달리 정치에 직접 관여하지 않았다.

여러 차례의 반란으로 이리저리 옮겨 다니다 784년에는 교토京都에 헤이조와 똑같은 헤이안平安 성을 지어 그곳으로 옮겼다(이때부터 교토는 400년간 정치·문화의 중심이 되는데, 이를 헤이안 시대라고 부른다).

　장원제의 발달은 경제적인 측면에만 관련이 있는 게 아니었다. 다이카 개신 이후 일본의 토지제도는 반전제班田制였다. 이것은 농민들 개개인에게 구분전口分田이라는 토지를 할당하는 제도였다. 누구에게나 갈아먹을 토지를 나누어주는 것이므로 어찌 보면 국가의 시혜처럼 보이기도 하지만, 실은 전혀 그렇지 않았다. 그보다는 국가 재정을 충당하고 귀족들의 사치스런 삶을 유지하기 위해 필요한 제도였다. 무엇보다 조용조의 세금이 지나치게 무거웠다. 세금의 비율은 얼추 수확량의 2할가량 되었는데, 당시의 농업 생산력에 비추어볼 때 구분전을 경작해 이 세금을 내면서 멀쩡히 살아갈 수 있는 농민은 거의 없었다.

조용조 가운데 특히 가혹한 것은 용, 즉 요역이었고, 그중에서도 가장 심한 것은 병역의 폐해였다. 요역에 견디다 못한 농민들은 여기저기서 구분전을 버리고 도망쳤는데, 이것은 말하자면 실정법을 위반하는 셈이었다. 구분전을 경작하는 일은 농민의 권리라기보다 의무였기 때문이다. 마침내 780년에는 징병제도 자체를 포기할 수밖에 없었다. 병역 의무제가 사라지면 귀족의 사병私兵이 활성화되는 것은 정한 이치다. 어쩌면 당시 중국의 당이 무너지는 과정과 그리도 똑같을까? 당의 부병제 역시 성립될 당시에는 획기적이었으나 농민들이 토지를 버리고 달아나면서 무너졌다. 그 결과로 지방 호족의 군벌인 번진이 생겨났고 이 번진들의 반란 때문에 당은 결국 멸망하지 않았던가?

반전제가 무너지고 장원이 발달한다. 징병제가 무너지고 사병 조직이 늘어난다. 그렇잖아도 활발한 반란과 내전으로 호전성을 키워온 중앙 귀족과 지방 호족이 이런 호조건을 놓칠 리 없다. 더구나 장원은 9세기부터 면세의 특권까지 얻으면서 국가의 지배로부터 거의 반독립적인 상태가 되었다. 물론 고쿠시國司라는 지방 행정의 수령이 중앙에서 파견되었지만 지방 호족들은 이미 고쿠시의 지배를 벗어나 있었다. 호족들은 자기 장원 내의 백성들을 무장시켜 사병 조직을 강화했는데, 이것을 '로도郎黨'라고 불렀다.

사무라이의 군장 귀족들 간의 권력 다툼이 전개되는 동안 그 수면 밑에서는 장차 미래에 일본의 정치를 주도할 무사 계급이 성장하고 있었다. 여기서 사무라이라는 말이 나왔다. 위 사진은 사무라이가 무장을 갖추는 여러 단계를 서양인이 그림으로 표현한 것이다.

말 자체로도 '사나이들의 패거리'라는 뜻이고 실제로도 깡패 집단이나 다를 바 없었다(할 일 없이 빈둥거리는 사람을 '왜색' 용어로 낭인郞人이라고 부르는데, 일본어 발음으로는 로닌이다. 구한말 일본의 로닌 집단이 명성황후를 살해한 사건은 잘 알려져 있다).

이렇게 독자적인 경제력과 무장력을 '합법적으로' 갖추게 된 전통의 씨족 세력, 귀족 가문들은 급기야 자기들끼리 치열한 세력 다툼에 나섰다. 바야흐로 일본 특유의 '내전의 역사'는 이때부터 한층 강도 있게 전개되기 시작한다.

순수 무장의 집권

천황의 지위는 쇠락 일로에 있었다. 당대의 실력가인 후지와라 가
문은 자기 딸을 황후로 집어넣어 외손을 천황으로 즉위시키는 방
법으로 자신의 권력을 유지했다. 중국 역사에 등장하는 외척 정치
와 같은 셈인데, 차이가 있다면 그래도 실권을 가진 중국의 천자
에 비해 일본의 천황은 한층 초라한 존재였다는 점이다.

전체적으로 보면 후지와라 가문의 독재라고 할 수 있었으나 권
력의 정상에 오르면 분열되는 게 인지상정이다. 이내 후지와라도
네 가계로 나뉘어 권력투쟁을 일삼았다(그 가운데 북가北家의 세력이
가장 컸다). 마침내 858년에 섭정이 된 후지와라 요시후사藤原良房
(804~872)는 천황을 완전히 유명무실한 존재로 전락시켰다. 황족
이 아닌 사람이 섭정에 오른 것은 이것이 최초였다.

섭정 정치가 지속되자 아예 제도로 자리 잡았다. 원래 섭정은
천황이 어릴 때에만 둘 수 있다는 약점이 있다. 그래서 요시후사
의 대를 이은 후지와라 모토쓰네藤原基經(836~891)는 그 문제를
해결할 방도를 찾아냈다. 천황이 성장한 다음에도 섭정이 예전과
같은 권력을 지닐 수 있게 하면 된다. 그렇다면 그 섭정은 명칭이
달라져야 할 게다. 이리하여 간바쿠關白라는 직위가 탄생했다. 이
제 후지와라 가문의 맏아들은 자신의 딸을 황후로 들여보낸 다음
천황이 어릴 때는 섭정으로 군림하고, 어른이 되면 간바쿠로 집권
을 연장하는 새로운 전통을 열었다. 말하자면 상징적 권력인 천황
과 실질적 권력인 섭정–간바쿠가 모두 세습되는 식인데, 이것을
셋칸攝關 체제라고 부른다.

이렇게 중앙 권력을 완전히 틀어쥔 후지와라 가문은 폭정으로

내달렸다. 적수가 될 만한 귀족 가문과 상급 관료 들을 모두 제거하고, 황족과 상층 귀족에게 지방에서 생산된 수입을 분배하는 지교코쿠知行國*라는 제도를 시행한 것까지는 여느 역사에서도 볼 수 있는 전제정치다. 그러나 후지와라 가문은 더 나아가 일본 특유의 군국주의적 성격을 확립한다. 그들이 사병 조직으로 거느린 무사단이 바로 사무라이侍다. 사무라이란 '옆에서 받드는 자'라는 뜻이니 원래는 그리 명예로운 이름이 아니었지만, 이후 무사의 시대가 도래하면서 무사 계급, 나아가 일본 전체의 대명사가 된다.

* '지(知)'는 원래 '안다'는 뜻이지만 여기서는 '일을 맡는다'는 뜻이다. 우리 역사 고려와 조선 시대에 전대 왕이 유고되었을 경우 후임 왕은 중국의 책봉을 받기 전까지 정식 왕이 아닌 신분에서 나랏일을 임시로 맡아서 한다는 뜻으로 권지국사(權知國事)라고 불렀는데, 이때의 '知'도 같은 뜻이다. 오늘날 도지사(道知事)라는 직책에 있는 '知'도 마찬가지다.

그러나 오랫동안 독재와 전횡을 일삼던 후지와라 가문에게도 이내 만만찮은 적수가 등장한다. 섭정이든 간바쿠든 천황을 등에 업어야만 가능하다(그래서 천황은 중국 춘추전국시대의 주나라 왕실처럼 실권은 없어도 상징적 의미가 컸다). 물론 천황의 외척이라는 자리를 계속 유지할 수 있다면 아무 문제도 없을 것이다. 하지만 그러기 위해서는 후사가 계속 나와야만 하는데, 이것은 정치적 문제가 아니라 생물학적 문제다.

예상할 수 있듯이 이윽고 황실의 대가 끊기는 상황이 생겼다. 1068년 후지와라와 외척 관계가 없는 고산조後三條(1034~1073) 천황이 즉위했다. 즉위하기 전까지 후지와라의 심한 견제를 받은 그는 천황이 상징 권력에 머물지 않고 현실 권력을 가지려면 후지와라 가문을 제거해야만 한다고 믿었다. 우선 후지와라의 경제적 기반을 약화시키기 위해 그는 장원 정리 사업에 착수하고 별도의 행정 기구로서 원청院廳을 설치했다.

물론 그런 잽 정도의 주먹을 맞고 후지와라가 무너지지는 않았다. 하지만 고산조의 뒤를 이은 다음 천황 시라카와白河(1053~1129)는 후지와라에게 카운터블로를 안긴다. 그는 셋칸 체제 자체를 유명무실하게 만드는 절묘한 방책을 구사했다. 천황이 성장한 뒤에도 섭정이 간바쿠로 권력을 유지한다면 천황도 그렇게 하자! 시라카와는 재위 13년 만에 천황위를 양위하고 상황上皇이 되었다. 아무리 셋칸이라 해도 시퍼렇게 살아 있는 전임 천황만은 못하다. 상황이 원청에서 원정院政을 실시하자 마침내 후지와라의 독재는 무너지고 실권이 다시 천황 세력으로 돌아오게 되었다.＊＊

그러나 문제는 체제가 아니라 정치의 내용이다. 3대째 상황의 원정이 지속되었어도 전혀 개혁 정치는 없었고 셋칸 시대와 달라진 것도 없었다. 정치가 현저하게 퇴보와 후진성을 보이자 정치 세력 간의 다툼은 더욱 치열해졌다. 후지와라 독재가 끝난 뒤 형세는 황실과 후지와라 셋칸 가문, 귀족, 그리고 여기에 유력 사찰들이 조직한 무장 승병 집단 세력까지 더해져 더욱 오리무중에 빠졌다. 일본 전역에서 이들 세력의 사병 조직들 간에 무장 충돌이 빈발했다.

난세에는 무력을 가진 자가 권력을 장악하게 마련이다. 혼란의 와중에 후지와라의 무사단(사무라이)이었던 미나모토源 가문과 천황 측의 사병 조직인 다이라平 가문이 떠올랐다. 처음에는 귀족들에게 고용되어 무력을 제공하는 역할이었으나 세상이 혼탁해지자 그들은 물 만난 고기처럼 활개를 치기 시작했다. 점차 그들은

＊＊ 상황의 선례는 그 이전에도 있었다. 천황이 병에 걸리거나 너무 연로할 경우에는 제위를 양위하고 태상(太上) 천황, 즉 상황이 되는 것이었다. 비록 명칭은 달라도 이런 사례는 중국과 한반도, 유럽의 역사에도 있었다. 그러나 상황이 직접 정치에 깊숙이 관여하는 것은 일본의 역사에서만 찾아볼 수 있는 희귀한 현상이다.

무사들의 대결 　귀족들의 휘하에서 대리전을 수행하던 무사들이 최초로 자기들끼리 패권을 겨룬 전쟁이 헤이지의 난이다. 이 전쟁에서는 다이라 가문이 이겨 권력을 손에 넣지만, 여기서 살아남은 미나모토 가문의 열세 살 소년 요리토모는 훗날 다이라에게 복수하는 것은 물론 최초의 쇼군이 되어 최초의 바쿠후 권력을 수립한다.

실력에 걸맞은 지위를 요구하기에 이르렀다.

　드디어 1156년에 그들의 실력을 가늠할 기회가 생겨났다. 상황 세력과 천황 세력이 황위 계승권을 놓고 격돌한 호겐保元의 난에서 미나모토와 다이라는 최초로 진검 승부를 펼친다. 승리는 천황 세력이었으나 진정한 승자는 다이라 가문의 다이라 기요모리平淸盛(1118~1181)였다. 이 사건은 사실상 상황과 천황이 싸운 게 아니라 전통의 황족·귀족 세력과 신흥 강자인 무사 세력이 벌인 싸움이기 때문이다. 그래도 이때까지는 무사 계급이 황족·귀족의 용병이었으나 불과 3년이 지나면 사정은 크게 달라진다.

　1159년 설욕을 꾀한 미나모토 가문은 헤이지平治의 난을 일으켰으나 다시 한 번 기요모리에게 패하고 집안이 풍비박산된다. 하지만 이번 사건은 성격이 다르다. 호겐의 난까지만 해도 귀족들의 들러리였던 무사 세력은 자기들끼리 싸운 이 헤이지의 난을 계기로 일약 정치 무대의 주인공으로 떠오른다. 승자인 기요모리는 유명무실해진 귀족 세력을 누르고 권력을 손에 넣었다. 이전까지의 일본 역사에서도 순수한 관료 정치를 찾아보기는 어려웠지만 그래도 순수 무장이 집권한 적은 없었다. 그러나 이제부터는 역사를 새로 써야 한다. 그것은 일찍이 어느 민족에게도 없었던 격심한 반란과 내전의 역사다.●

● 공교롭게도 일본에서 무장 세력이 집권할 무렵 한반도에도 무신 정권이 성립했다. 1170년 고려의 무신인 정중부가 쿠데타를 일으켜 무신 정권을 열었고, 이후 이의민과 최씨 정권을 거치면서 100여 년 동안이나 무신들이 권력을 장악했다(《종횡무진 한국사》 1권, 434~441쪽 참조). 13세기에 몽골이 침략하지 않았다면 무신 정권은 더 연장되었을 것이다. 거의 같은 시기에 한반도와 일본에서 무신들이 권력을 장악한 것은 흥미로운 우연의 일치다.

모방을 버리고 독자 노선으로

일본이 진통을 겪은 것은 우연이 아니었다. 당시 동북아시아 전체의 상황도 다르지 않았던 것이다. 한동안 국제 질서의 핵심이었던 당 제국은 8세기 중반 안사의 난 이후 당말오대의 말기적 증상에 시달렸다. 당의 율령제가 붕괴하는 시기와 일본의 율령제가 붕괴하는 시기는 정확히 일치한다. 일본은 율령제의 성립만이 아니라 붕괴까지도 모방한 셈이다. 아니면 율령제의 한계가 그랬거나.

그러나 중국의 동요에 대처하는 방식에서 한반도와 일본은 서로 달랐다. 통일신라는 당과 함께 중앙 권력이 무너지고 혼란기에 빠졌으나●● 일본은 당과 결별하고 독자 노선으로 전환하기 시작했다. 9세기 말에 당의 붕괴가 확실시되자 일본은 더 이상 중국에

선진국으로 가는 배 그림은 8세기에 당과 일본을 오갔던 견당선의 모습을 보여준다. 뱃길이 무척 험했으므로 이들을 태운 배는 풍랑에 휩쓸려 침몰하기도 부지기수였을 뿐만 아니라 오가는 데도 몇 달씩 걸렸다. 그러나 이 과정에서 자연스럽게 얻어진 항해술은 이후 일본이 동남아시아에 진출하는 데 큰 힘이 되었다.

●● 신라는 당과 함께 말기적 증상을 보였다. 안사의 난이 일어난 8세기 중반의 혜공왕(재위 765~780)부터 당이 수명을 다하는 9세기 말 진성여왕(재위 887~897)까지 신라 왕들은 무려 열네 명이나 되었으며(평균 재위 기간은 10년이 못 된다), 그 가운데 네 명이 반란으로 살해되었고 여섯 명이 병사나 의문사 등 비정상적으로 죽었다(《종횡무진 한국사》 1권, 301~307쪽 참조). 이 시기에 관한 《삼국사기》의 기록에는 불길한 징조가 많이 나오는데, 정변이나 반란이 그렇게 기록되었을 것이다.

서 배울 게 없다고 판단했다. 그때까지 10여 차례나 파견한 견당사遺唐使(당에 보내는 공식 사절단)도 보내지 않았으며, 이 시기에는 무역량도 눈에 띄게 줄어들고 중국에 유학하는 학생도 없었다. 백제가 망할 무렵 한반도에서 배울 게 없다고 여기고 재빨리 손을 빼 한반도와의 교류를 끊은 것을 연상시키는 장면이다.

그에 따라 한동안 중국풍을 모방하는 것만이 최고라고 여겼던 일본의 문화도 궤도를 급선회했다. 종전의 풍조를 당풍唐風, 새로운 풍조를 국풍國風이라 부른다(국풍은 야마토풍大和風이라고도 한다). 일본 고유의 문화가 모습을 갖추기 시작하는 것은 이때부터다.

이 시기에는 불교의 성격도 확연히 달라진다. 불교가 도입된 초창기인 쇼토쿠 태자 시절의 불교는 국가의 지원을 받는 호국 불교였어도 종교의 성격이 명확했다. 그러나 다이카 개신 이후 귀족 지배기를 거치면서 불교는 종교라기보다는 귀족들의 개인적 질병이나 재앙을 막아주는 주술적 용도를 가지게 되었다. 그에 따라 주술과 기도를 특징으로 하는 진언종眞言宗이 널리 퍼졌고, 천태종天台宗이 밀교처럼 변질되었다. 훗날 일본의 불교가 무속이나 민간신앙, 혹은 일본 고유의 신사神社 신앙과 뿌리 깊은 연관을 가지게 되는 것은 바로 이 시기에 기원을 두고 있다.

언제 중국의 것을 모방하기에 급급했느냐는 듯이 일본의 정치적·문화적 노선 전환은 순식간이었다. 그 덕분에 일본은 오늘날까지 지대한 영향을 미치는 매우 귀중한 유산을 얻었다. 그것은 바로 일본 문자인 가나假名다.

한자를 간소화해 일본어를 표기하는 표음문자로 처음 사용한 것은 5세기 무렵부터였다. 이 시기의 노래책인 《만요슈萬葉集》에 나오는 '만요 가나'는 훗날 가나 문자의 모태가 된다. 국풍이 등장한 9세기 중반에는 수백 년 동안 조금씩 발전되어오던 가나가 총정리되어 정식으로 일본어를 표기하는 문자로 사용되기 시작했다.•

가나는 처음부터 일정한 체계를 가지고 있었던 것은 아니고 한동안 여러 가지 표기 방식이 사용되다가 점차 하나의 발음에 하나의 문자가 대응하게 되었다. 하지만 가나 문자는 여전히 중국풍에 젖어 있던 귀족들에게 환영받지 못했다. 물론 공문서를 작성할 때도 사용되지 못했다. 그러나 한자를 배우지 못한 하층민이나 여인네 들이 애용하면서 가나는 점차 일본인들의 생활 속에 자리 잡았다(이 점은 한글의 운명과 비슷하다. 한글도 만들어진 세종 대에만 경전의 번역에 이용되었을 뿐 공식 문자로 대우받지 못했고 평민과 여성 들이 애용하면서 발달했다). 특히 가나 문자를 사용한 새

• 일본의 학자들은 한글이 15세기에 생겼다는 이유로 가나가 중국을 제외한 중국 문화권에서 최초로 만든 문자라고 주장한다. 그러나 이 논리에는 문제가 있다. 일본과 마찬가지로 말은 있어도 표기할 문자는 없었던 한반도에서는 고대부터 한자를 빌려 우리말을 표기하는 이두(吏讀) 문자를 사용했다(이두를 신라의 학자 설총이 창안한 것이라는 설이 있으나 전혀 사실이 아니다). 가나는 비록 한자를 간소화했다고는 하나 기본적으로 한자체를 그대로 사용하는 문자이므로 새롭게 창안한 것이라기보다는 이두의 한 형태라고 할 수 있다. 이두의 역사로 보면 일본이 결코 먼저라고 할 수 없는 것이다. 게다가 가나에 비해 한글은 한자와는 상관없이 우리말을 표기하는 체계라는 점에서 훨씬 더 독창적이다.

최초의 일본 문학 11세기 초 일본 귀족 사회의 모습을 잘 묘사한 소설《겐지 모노가타리(源氏物語)》에 수록된 그림이다. 일본의 문화가 당풍에서 국풍으로 바뀌면서 일본의 독창적인 문학 형식이 생겨났다. 가나 문자를 사용한 최초의 문학인 모노가타리는 지금까지도 아름다운 일본 문장으로 손꼽힌다.

로운 문학 장르인 모노가타리物語는 일본 전통 문학의 시초가 되었다.

9세기부터 일본 역사에서 국제 관계의 맥락이 거의 사라지는 것은 결코 우연이 아니다. 이때부터 일본은 중국과 비공식적으로 무역을 했고 왜구로서만 동양의 역사 무대에 등장했을 뿐 일본이라는 나라 자체는 무대 뒤에서 독자적인 역사를 전개하게 된다(13세기에 몽골의 침략을 두 차례 받은 게 대외 관계의 전부다). 이후 일본은 치열한 내전의 시대를 거치면서 통일을 이루고 힘을 키워 16세기에 국제 무대에 다시 등장하는데, 나중에 보겠지만 이때도 정상적인 국제 관계를 도모한 게 아니라 그동안 한껏 키운 무력을 바탕으로 아시아 정복을 꾀한 것이었다.

2. 무인들의 세상이 열리다

권좌에 오른 무사들

미나모토를 무찌르고 권력의 핵심에 오른 다이라 기요모리는 순수한 무장이었으니 정치와 행정의 경험이 있을 리 없다. 모르면 베껴라. 그는 바로 전까지의 권력 구조였던 셋칸 정치를 흉내 내기로 한다. 우선 천황의 외척이 되면 부족한 권력의 정통성을 높이는 데도 도움이 될 것이다. 그러려면 천황부터 갈아치워야 한다. 그래서 그는 1169년에 자신의 조카, 즉 고시라카와後白河 (1127~1192) 천황과 자기 처제의 여덟 살짜리 어린 아들을 내세워 다카쿠라高倉(1161~1181) 천황으로 삼고 자기 딸을 황후로 들였다.● 12년 뒤 다카쿠라의 세 살짜리 아들을 안토쿠安德(1178~1185) 천황으로 옹립함으로써, 기요모리는 드디어 소원을 이루었다.

　권력을 쟁취하는 것에 못지않게 중요한 것은 그 권력을 제대로 사용하는 것이다. 기요모리가 능한 부분은 권력을 차지할 때까지였다. 그는 권력자로서의 권위는 있었어도 정치가로서는 신통치 않은 인물이었다. 게다가 그는 정치만이 아니라 경제 분야에서도 셋칸 체제를 거의 바꾸지 않고 답습했다. 결국 정권의 임자만 바뀌었을 뿐 정치도 달라지지 않았고 경제적 토대도 변함없이 장원과 지교

● 이 천황 부부는 서로 이종사촌인 셈인데, 고대에는 어느 나라 역사에서든 왕실 내에 근친혼이 잦았다. 우리 역사에서도 신라의 김유신과 김춘추는 서로 장인-사위이자 처남-매부였고(김유신의 누이동생이 김춘추의 아내였는데 나중에 김춘추가 딸을 김유신에게 주었다), 신라의 마지막 왕인 경순왕과 고려 태조 왕건도 그랬다(경순왕은 왕건에게 누이를 시집보냈고 왕건은 그 보답으로 자기 딸을 경순왕에게 주었다). 우리 역사에서 근친혼이 사라지는 것은 유교 문화가 꽃피우는 조선시대부터다.

코쿠였다.

새로운 정권이라고 부를 만한 점은 별로 없었다. 그러나 불과 수십 년 전까지만 해도 무력 외에는 아무것도 없던 '촌놈'이 정권을 잡았다는 사실은 새로운 시대가 오고 있음을 예고했다. 힘으로 권좌에 오를 수 있다면 더 힘센 자가 나타날 경우에는 권좌를 내줄 수밖에 없다는 이야기다. 여러 가지 면에서 다이라 가문의 권력은 오래가지 못할 게 뻔했다.

"다이라가 아니면 사람이 아니다." 이런 말이 나돌 정도로 다이라 가문은 독재와 폭정으로 일관했다. 자연히 정권에 대한 불만이 확산되지 않을 수 없었다. 다이라는 300명의 소년들을 교토 시내에 풀어놓고 불만분자를 색출하려 했으나 오히려 그 때문에 저항 세력이 더욱 결집했다. 이윽고 저항 세력에도 핵심이 생겼다. 한때 맞수였던 미나모토 가문이었다.

일찍이 후지와라의 무사 집단으로 출범한 미나모토는 주군인 후지와라 가문이 몰락하면서 세력이 크게 약화된 데다 호겐, 헤이지의 난 시절에 다이라와의 2연전을 모두 패한 이후 군소 가문으로 근근이 명맥을 유지하고 있었다. 그러나 기다리면 기회는 오게 마련이다. 헤이지의 난에서 체포되었다가 열세 살의 어린 나이 덕분에 처형을 모면하고 유배된 미나모토 요리토모源賴朝(1147~1199)가 수장이 되면서 미나모토 가문은 다시 권토중래를 꿈꾸게 되었다.

하지만 다이라와 더불어 양대 무가武家를 이루었던 미나모토는 명성에 어울리지 않게 다이라와 맞붙은 싸움에서 또다시 패했다. 호겐과 헤이지까지 합치면 3연패를 당한 셈이었다. 더 이상 정면대결을 벌여서는 승산이 없다고 판단한 요리토모는 먼저 자신의 세력부터 튼실하게 구축하는 작전으로 바꾸고, 1180년에 교토에서 동쪽으로 멀리 떨어진 간토 지방의 가마쿠라鎌倉(지금의 요코하마 남쪽)에 근거지를 차렸다.

요리토모는 이 일대의 다이묘大名(영주)와 무사 들을 고케닌御家人이라는 무사 집단으로 결속시키고, 이를 통제하는 기관으로 사무라이도코로侍所('사무라이의 처소')를 설치하는 등 다이라와의 일전을 위해 만반의 준비를 갖추었다. 그러나 아직 그의 시대는 아니었다. 오히려 그의 사촌인 미나모토 요시나카源義仲가 북부에서 독자적으로 세력을 일으켰다. 이로써 일본의 세력 판도는 다이라 가문과 두 미나모토 가문이 정립하는 형세가 되었다. 더구나 이들 가문과 무관한 중소 가문들도 곳곳에서 반란을 일으키면서 일본 전역이 서서히 전란의 소용돌이에 휩싸였다.

마침내 요리토모에게 기회가 왔다. 중대한 고비를 맞아 1181년 다이라 기요모리가 병사한 것이다. 이를 계기로 다이라 세력이 약화되기 시작했다. 기요모리는 "요리토모의 목을 내 무덤 앞에 바쳐라."는 유언을 남기고 죽었으나 그의 마지막 소원은 이루어지지 않았다. 요리토모와 요시나카가 다툼을 벌이는 동안에는 어부지리로 명맥을 좀 더 연장할 수 있었지만, 여기서 요리토모가 승리하면서 다이라의 운명은 결정되었다.

준결승을 KO로 이기고 결승에 오른 요리토모는 다이라를 더욱 거세게 몰아붙였다. 다이라는 안토쿠 천황과 고시라카와 상황을 데리고 서쪽으로 후퇴했다. 하지만 가뜩이나 어려운 판에 예상치 못한 사태가 터졌다. 고시라카와가 가문에 등을 돌리고 몰래 진영을 도망쳐 나와 미나모토 측에 붙은 것이다. 권모술수에 능한 그는 상황이라는 자격을 이용해 다섯 살짜리 손자인 고토바後鳥羽

첫 쇼군의 위용 일본 역사상 최초의 쇼군인 요리토모의 초상화다. 파란만장한 전투 끝에 바쿠후를 세우고 무사 계급의 정권을 연 그는 이 그림처럼 위풍당당하고 위엄 있는 인물로 묘사된다. 하지만 그 위엄 뒤에는 적의 가문을 몰살하고 자기 동생들마저 죽인 일인자의 냉혹함이 숨어 있다.

(1180~1239)를 천황위에 올렸다. 다이라와 미나모토 두 가문이 별도의 천황을 옹립했으니, 같은 시대에 두 명의 천황이 공존하는 희한한 사태다.

이 비정상적인 국면은 오래가지 않았다. 1185년 요리토모의 동생 요시쓰네義經 (1159~1189)가 지휘하는 군대가 단노우라 壇の浦(지금의 시모노세키 부근 해협)에서 막다른 골목에 몰린 다이라와 최후의 해전을 벌여 마침내 적을 궤멸시켰다. 여덟 살의 어린 천황 안토쿠를 비롯해 다이라 측 황족들 대부분이 바다에 투신하는 비극으로 끝난 단노우라 해전은 일본 역사상 가장 비장한 전투로 꼽힌다.

오랜 전란이 끝났다. 후지와라 시대부터 따지면 근 한 세기에 걸친 내전이었다(물론 내전은 그 이전에도 있었지만). 최후의 승자, 즉 새로이 일본의 패자가 된 요리토모는 다이라 기요모리보다 훨씬 치밀하고 냉정한 데다 정치적 수완도 뛰어난 인물이었다. 이제 두 번 다시 내전이 없도록 하겠다는 결심이었을까? 아니 그보다 내전으로 권좌를 내주지 않겠다는 결심이었을까? 그는 비정하게도 자신의 동생들이자 자신을 권좌에 올려준 일등공신들인 요시쓰네와 노리요리範賴를 죽여 권력 다툼의 싹을 없앴다.

이런 각오라면 요리토모가 철저한 개혁의 길로 나아갈 것은 뻔하다. 과연 그랬다. 그는 지방마다 슈고守護를 두어 반역자 처단의

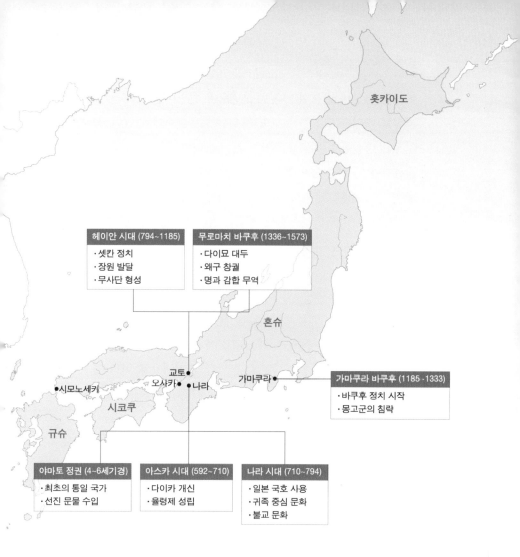

헤이안 시대 (794~1185)
· 셋칸 정치
· 장원 발달
· 무사단 형성

무로마치 바쿠후 (1336~1573)
· 다이묘 대두
· 왜구 창궐
· 명과 감합 무역

홋카이도

혼슈

가마쿠라 바쿠후 (1185 -1333)
· 바쿠후 정치 시작
· 몽고군의 침략

가마쿠라●

교토●
오사카● ●나라

●시모노세키

시코쿠

규슈

야마토 정권 (4~6세기경)
· 최초의 통일 국가
· 선진 문물 수입

아스카 시대 (592~710)
· 다이카 개신
· 율령제 성립

나라 시대 (710~794)
· 일본 국호 사용
· 귀족 중심 문화
· 불교 문화

고대 일본의 중심지   세력 가문들의 권력 다툼이 치열했던 당시 일본의 중심지는 오늘날의 지명으로 말하면 교토 일대의 간사이 지방이었다. 지금 일본의 수도인 도쿄가 있는 간토 지방은 12세기 이후에 지역의 중심으로 떠오르게 되며, 17세기 에도 시대부터 일본 전체의 중심으로 자리잡게 된다.

임무를 맡기는 한편, 각 지방에서 유사시에 군량미를 징집하던 지토地頭라는 직책의 권한을 확대시켜 이들에게 경찰권과 징세권,

토지 관리권까지 부여했다. 요리토모의 친위대인 고케닌, 그리고 지방의 행정을 담당한 슈고와 지토는 모두 무사들이었다. 이로써 일본은 명실상부한 무사 국가가 된 것이다.

하지만 가장 중요한 것은 중앙 권력이었다. 앞서 기요모리는 천황을 등에 업은 '전통적' 체제를 답습했는데, 이것을 바꾸지 않는다면 권력을 유지할 수도 없고 개혁을 지속할 수도 없다. 그래서 요리토모는 과거와 근본적으로 다른 무사 계급의 정치를 시작했다. 그는 미처 몰랐겠지만 그가 만든 새로운 체제는 이후 1000년 가까이 지속된다. 그것이 바로 바쿠후幕府 정치다. '막幕'은 군막을 가리키므로 이미 명칭에서부터 군대가 정치 일선에 나섰음을 선언하는 체제다.

가마쿠라에 최초의 바쿠후를 연 요리토모는 1192년 세이이다이쇼군征夷大將軍에 올랐다. 이 거창한 직책을 줄이면 쇼군將軍이 된다.● 그는 초대 바쿠후의 지배자인 초대 쇼군이었다.

물론 기존의 천황 세력도 아직 만만치 않았다. 당시 일본의 권력은 전통적인 교토의 천황 세력과 신흥 권력인 가마쿠라 바쿠후가 양분하는 형세였다. 완전한 바쿠후의 시대가 되는 것은 그로부터 200년 뒤의 일이지만, 그 문은 요리토모의 가마

● 이때부터 쇼군 직이 반드시 세습된 것은 아니었지만 왕위처럼 대를 이어가게 된다. 이는 셋칸 시대부터 일본적 전통으로 자리 잡은 '권력의 대물림'이라 할 수 있다. 천황을 정점으로 하는 권력의 한 축과 실권자를 중심으로 하는 또 다른 권력의 축이 병존하는 기묘한 '이중권력'은 일본 역사만의 특징이다(하지만 같은 시대에 천황 측과 바쿠후 간에 세력이 엇비슷한 이중권력이 성립된 것은 잠시뿐이고 권력은 결국 바쿠후 측으로 넘어간다). 게다가 상황의 전통이 계속 이어지면서 천황 측에도 천황과 상황의 이중권력이 성립되니 이것도 묘한 일이다. 게다가 바쿠후 시대에도 천황은 계속 존재했고 그 상징적 지위는 (쇼군조차 해마다 문안 인사를 드릴 정도로) 굳건히 인정되었으니 이것도 묘한 일이라 하지 않을 수 없다. 그런데 더 재미있는 것은 쇼군조차 한때는 꼭두각시로 전락하고 권력이 바쿠후 내부에서 과점되었다는 점이다. 이름뿐인 천황, 또 이름뿐인 상황, 또 이름뿐인 쇼군, 그러면서도 계속 유지되고 세습되는 천황과 쇼군, 이 점은 일본 역사 특유의 복잡한 '상징 권력'을 보여주는 흥미로운 현상이다. 유명무실해진 천황은 이후의 역사에서 현실에 불만을 품은 세력들이 결집하는 구심점의 역할을 하게 되며, 19세기에 바쿠후가 무너지면서 다시 현실 정치에 화려하게 복귀한다(498~499쪽 참조).

쿠라 바쿠후가 연 것이다.

자유경쟁을 통해 독점으로

강력한 지도력을 지닌 지도자가 죽고 나면 혼란이 뒤따르는 법이다. 드라마틱한 일생을 산 초대 쇼군 요리토모가 1199년 쉰셋의 나이로 죽자 신생 바쿠후 정권은 위기를 맞았다. 바쿠후 체제의 수립에 공을 세운 지방 호족들이 점차 기지개를 펴기 시작했다.

요리토모의 치세에 그들은 요리토모의 고케닌으로서 철저히 복종했으나 그의 아들 요리이에賴家(1182~1204)가 2대 쇼군이 되자 태도가 달라졌다. 특히 호조北條 가문의 도키마사時政(1138~1215)와 그의 아들 요시토키義時(1163~1224)는 요리토모의 미망인이자 요리이에의 어머니인 마사코(그녀는 요리토모가 사망하자 출가해서 비구니가 되었으나 남편의 후광으로 '여승 쇼군'이라 불리며 여전히 권력을 지니고 있었다)를 등에 업고 요리이에에게서 재판권을 얻어내려 했다. 도키마사는 마사코의 아버지였으니, 또다시 일가붙이들 간에 치열한 정쟁이 벌어진 것이다.

한 세기에 걸쳐 타오른 내전의 불길이 한 세대 만에 완전히 꺼지기는 어려웠을 것이다. 내전의 불씨가 되살아나자 바쿠후의 성립에 기여한 가지와라梶原, 히키比企, 하타케야마畠山 등의 호족 가문들도 기다렸다는 듯이 들고일어났다. 그 와중에 요리이에가 피살되고 그의 동생 사네토모實朝(1192~1219)가 열두 살의 소년으로 3대 쇼군이 되었다. 그렇다면 미나모토 가문의 권력은 유지된 걸까? 하지만 그 소년을 쇼군으로 만든 게 호조 가문이라면 이야기는 달라진다.

바쿠후의 실권은 호조 가문에게 넘어갔다. 토끼를 잡은 마당에 어차피 유명무실해진 다른 성 씨의 쇼군을 살려둘 필요는 없다. 때마침 사네토모는 성장하면서 교토의 귀족 문화를 동경하게 되었고 교토의 천황 세력에게 접근해 호조 가문을 견제하려 했다. 결국 호조 요시토키는 요리이에의 아들인 구기요公曉를 시켜 사네토모를 죽이게 한 뒤 구기요마저 제거해버렸다. 이로써 쇼군의 가문은 요리토모의 사후 20년 만에 대가 끊기고, 바쿠후는 완전히 호조의 손아귀로 들어갔다.

한편 바쿠후 세력 내부에 분란이 일어난 것은 교토의 천황 세력으로서는 바라 마지않는 바다(일본 역사에서는 바쿠후 정권이 생긴 이후부터 교토의 천황과 전통적 귀족 세력을 구게公家[공가]라고 부른다). 당시 교토에서는 고토바 상황이 원정을 실시하고 있었는데, 그는 바쿠후를 제거할 호기가 왔다고 믿었다. 때마침 요리토모의 대가 끊기자 호조 요시토키는 상황의 아들을 쇼군으로 모시게 해달라고 부탁했다. 하지만 바쿠후를 제거하려는 판에 자기 아들을 적의 손에 넘길 바보는 없다. 그러자 요시토키는 요리토모의 핏줄을 이은 어느 귀족의 두 살배기 아들을 쇼군으로 옹립했다. 물론 요시토키 자신이 직접 쇼군으로 나설 수도 있었다. 그러나 위대한 영웅 요리토모가 죽은 지 20년밖에 되지 않은 데다 미망인인 마사코가 살아 있는 상황에서 쇼군 가문의 성 씨까지 바꾸는 것은 그에게 적지 않은 정치적 부담이었을 것이다.

천황의 입장에서는 바쿠후의 주인이 누구인지는 중요하지 않다. 천황은 그저 바쿠후의 힘에 굴복하는 것뿐이다. 천황과 바쿠후의 잠재된 갈등은 작은 계기만 주어져도 균열로 터져 나온다.

농민들의 생활 말을 이용해 곡식을 실어 나르는 일본의 농민들. 전통의 지배 귀족이 무너지고 신흥 무사 계급이 득세하면서 농민층의 분해가 촉진되었다. 그 결과 농민들 가운데서도 점차 백성 묘슈들이 성장했다. 하지만 대다수 농민들은 종래의 영주만이 아니라 지토에게도 착취를 당해 나날이 궁핍해졌다.

마침 고토바는 자신의 애첩이 소유한 장원에 지토를 두지 말라고 바쿠후에 부탁했다가 거절당해 체면을 구겼다. 개인적인 원한과 정치적인 원한이 쌓여 1221년 고토바는 전국의 무사들에게 호조를 토벌하라는 명을 내렸다.

모든 무사가 바쿠후 편인 것은 아니다. 게다가 최근에는 바쿠후조차 내분이 있었으니 지금이야말로 '좋았던 옛날', 천황 독주 시대를 되살릴 기회다. 이게 고토바의 생각이었는데, 실은 완전한 착각이었고 과거 천황의 권위에 대한 환상이었다. 바쿠후의 내분은 무사 정권의 약화를 의미하는 게 아니라 순수한 무사 정권으로 도약하기 위한 진통일 따름이었다. 말하자면 가마쿠라 바쿠후의 탄생에 기여한 실력 가문들이 무력을 통한 '자유경쟁'을 벌여 승자인 호조 가문이 권력을 독점하게 되는 과정이었다.

요시토키는 교토의 선전포고에 놀라기는커녕 오히려 대군을 거느리고 교토로 진격했다. 또한 각지에서 들고일어나 바쿠후와 맞서주기를 기대한 전국의 무사들은 오히려 바쿠후의 휘하로 모여들었다. 요시토키는 가마쿠라를 출발한 지 불과 20여 일 만에 별다른 싸움 없이 교토를 점령했는데, 이것을 조큐承久의 난이라고 부른다. 이름은 비록 '반란'이지만 실상은 진정한 실권자(바쿠후)가 명분상의 실권자(천황)를 누른 것이니 반란이라 할 것도 없었다.

이 사건을 계기로 교토와 바쿠후로 나뉘어 있던 이중권력은 사라지고 바쿠후 독재의 시대가 열렸다. 이제 바쿠후는 천황과 공가의 눈치를 전혀 볼 필요가 없어졌다(압도적인 힘의 차이에도 불구하고 바쿠후는 천황 자체를 없애지는 못했다). 바쿠후는 천황 측이 또다시 반기를 드는 사태를 예방하기 위해 교토의 슈고를 강화하고, 이를 로쿠하라탄다이六波羅探題라고 부르며 출장소로 활용하기 시작했다(바쿠후는 전국의 요충지에 탄다이를 두고 감시 활동을 했다).

이때부터 천황은 실권을 모두 잃었다. 심지어 제위의 계승이나 연호의 제정과 같은 중요한 사항마저 바쿠후의 결재를 얻어야 했다. 또한 창업자의 가문을 잃은 쇼군의 직위는 이때부터 황족 가운데서 선출해 대를 잇게 되었다. 이리하여 전통의 지배자인 천황에 이어 신흥 지배자인 쇼군까지 유명무실해지고 권력은 바쿠후의 중심인 호조 가문의 수장들이 차지하게 되었다. 게다가 바쿠후는 그때까지 손을 댈 수 없었던 황실과 공가 귀족들의

● 절대 권력의 천황이 중앙집권적 관료 기구를 통해 전일적으로 지배한 고대 천황제와 달리 바쿠후 시대에는 전국 각지의 다이묘들이 바쿠후 중앙 정부의 지배를 받으면서도 자신의 영지를 독자적으로 지배했다. 바쿠후는 그들의 지배 방식이나 수탈의 정도에 대해 전혀 간섭하지 않았다. 이런 점에서 이 시대를 일본의 봉건시대라고 부를 수 있다. 유럽이나 중국의 역사에서도 고대의 절대 권력을 거쳐 중세의 봉건시대에 이르고 다시 근대의 절대 권력이 다른 형식으로 재등장하는 과정은 일본의 경우와 비슷하다. 그러나 유럽의 중세에 봉건영주들이 지배했고 중국의 중세에 사대부 사회가 전개된 것에 비하면, 무사 정권으로 일관한 일본의 중세는 확실히 특이한 면이 있다.

장원도 통제할 수 있게 되었다. 이 절대 권력에 대한 추인으로, 바쿠후는 1232년에 조에이시키모쿠貞永式目라는 51개조의 독자적인 헌법마저 제정함으로써 일본의 단독 지배자가 되었다.*

시련과 극복

가마쿠라 바쿠후의 새 주인이 되고 나서도 호조 가문은 몇 차례 고비를 더 넘어야 했다. 호조는 가문의 이름도 '도쿠소得宗'로 바꾸고 가문의 수장을 '싯켄執權'이라고 불렀지만, 현실은 마냥 도쿠소와 싯켄으로 머물게 놔두지 않았다.** 조큐의 난 이후 호조에 반대하는 호족 가문들이 단결해 도전해오는가 하면 심지어 쇼군이 바쿠후를 타도하려는 음모를 꾸미기도 했다(쇼군은 원래 바쿠후의 수장이었으나 '자기부정'인 셈이다).

바쿠후는 그때마다 그럭저럭 도전을 물리치고 문제를 해결했으나 늘 불안정한 상황이었다. 신적인 권위를 지닌 과거의 천황과 달리 바쿠후는 실력만을 밑천으로 삼았으므로 같은 독재라도 천황 시대만큼 정당성을 확보할 수 없었다.*** 특히 호족들을 비롯한 고케닌들은 바쿠후에 종전과 같은 결집된 충성을 보여주지 않았다.

●● 도쿠소나 싯켄이나 말뜻으로는 권력을 장악했다는 의미다. 도쿠소는 원래 요시토키의 법명(法名)이었으나 호조 가문의 대명사가 되었고, 싯켄은 도쿠소의 지배자라는 직책의 명칭이었으나 호조 가문이 세습함으로써 이 가문의 우두머리를 가리키게 되었다. 쇼군은 형식상으로 여전히 바쿠후의 서열 1위였지만 바쿠후를 실제로 지배하는 것은 호조의 싯켄이었다.

●●● 이런 허점을 정신적으로 해소하기 위해 무사들은 불교와 신사라는 두 가지 신앙을 발달시켰다. 12세기 말에 호넨(法然)이 창시한 정토종은 종래의 귀족 불교와 달리 계율과 교의에 집착하지 않고 염불만 외면 극락에 갈 수 있다는 획기적인 주장을 폈다. 정토종은 무사와 농민 들을 중심으로 순식간에 전국으로 퍼졌다. 또 신사는 천황의 권위가 약화되면서 무사들을 정신적으로 단결시키는 역할을 했다. 조에이시키모쿠의 제1조는 바로 신사 숭배였다.

게다가 운도 영 따르지 않았다. 1231년의 기록적인 대기근을 비롯해 대규모의 지진과 태풍, 전염병 등이 잇따르면서 굶어 죽는 사람과 유랑민이 넘쳐나고 도둑 떼가 들끓었다. 유랑민을 잡아 노비로 팔아넘기는 사태가 자주 발생하자 1240년에는 인신매매 금지법을 제정할 정도였다.

이것만 해도 끔찍한 사태였으나 진짜 최악의 위기는 바깥에서 다가오고 있었다. 그것은 바로 당대의 세계 최강 몽골 제국의 침략이다.

유사 이래 일본은 외부에서 도움은 받았어도 침략을 받은 적은 전혀 없었다(외부의 도움은커녕 무수히 외침만 겪은 우리 역사와 극명하게 대비된다). 고대에 일본에 문명의 빛을 전해준 것도 한반도의 도래인들이었고, 중국의 당 제국 시대에는 일본이 스스로 나서서 중국의 선진 문물을 수입했다. 굳이 외부와의 관계에서 입은 피해를 따진다면 7세기 중반 백제가 멸망할 무렵 함선 400척을 파견했다가 전멸당한 일 정도였다. 그런데 이제 일본은 난생처음으로 외적의 침입을 눈앞에 두게 된 것이다. 더구나 그 외적이란, 아시아는 물론 폴란드와 헝가리까지 진출해 유럽 전역을 공포에 몰아넣은 세계 최강의 몽골군이었다.

30년에 가까운 고려의 치열한 항쟁을 물리치고 1258년에 고려를 정복한 몽골의 원 제국은 하찮게 본 한반도의 잠재력에 새삼 놀라지 않을 수 없었다. 한반도가 이렇다면 일본은 또 어떨까? 더구나 일본을 공격하려면 물살이 거센 현해탄을 건너야 한다. 원의 세조世祖(쿠빌라이 칸)는 일단 손대지 않고 코 풀 생각으로 1268년 일본에 사신을 보내 국교를 맺자고 한다.

마침내 올 것이 왔다! 바쿠후는 발칵 뒤집혔다. 하지만 오랜 내

대몽 항쟁 　고려에서 제작된 커다란 몽골군의 군함을 일본군이 작은 배를 타고 와 기습하는 장면이다. 그러나 막강한 몽골군을 물리칠 수 있었던 데는 병사들의 활약보다는 때마침 불어닥친 태풍의 덕이 컸다. 제2차 세계대전에서 자살 특공대로 악명을 떨친 가미카제라는 명칭은 바로 이 태풍에서 비롯되었다.

전을 겪으며 실력이 느는 것이라고는 싸움 기술밖에 없다. 게다가 무사들이 지배하는 시대가 아닌가? 바쿠후는 회의 끝에 그 요구를 거부하기로 결정한다. 몽골은 몇 차례 더 사신을 보낸 뒤 1270년에 조공을 바치지 않으면 공격하겠다고 최후통첩을 했다. 당시 약관의 청년으로 막 바쿠후의 싯켄 자리에 오른 호조 도키무네北條時宗(1251~1284)는 결연히 전쟁 준비를 하기 시작했다.

　드디어 1274년 몽골과 고려의 연합군은 900척의 함선과 3만 3000명의 병력으로 원정을 출발했다(우리 역사에는 이것을 '여몽 연합군'이라고 부르지만 고려군은 몽골에 징발된 것이니 옳은 명칭이 아니

● 당시 몽골은 점령지의 군대를 징발해 정복 전쟁을 계속하는 전략을 구사했다. 예를 들면 1234년 금나라를 멸망시킬 때도 몽골은 남송인을 써먹었다. 일본 침략을 준비할 때는 한술 더 떠서 고려에 병선의 제작을 맡겼는데, 이에 동원된 인부와 목수가 수만 명에 이르렀다. 고려로서는 나라를 빼앗긴 설움에 젖기도 전에 남의 나라의 전쟁 준비에 제 나라 백성들의 피와 땀을 바친 것이니, 커다란 치욕이라 할 수 있다. 하지만 일본 측에서 보면 고려는 몽골에 부역해 침략을 도운 용병인 셈이다. 일본 원정군의 고려 측 지휘자는 그전 해인 1273년 몽골이 삼별초를 진압할 때 책임을 맡은 김방경이었는데, 과연 그는 어떤 심정으로 일본 원정에 임했을까? 20세기 후반 아무런 이해관계도 없는 베트남에서 미군과 함께 싸운 한국군 병사들의 심정이 아니었을까?

다).* 원정군은 쓰시마와 이키를 순식간에 정복하고 규슈에 상륙했다.

단 하루만의 교전으로 일본 무사들의 자신감은 허망한 것이었음이 입증되었다. 아무리 무림의 고수라 해도 정규군을 이기지는 못하는 법이다. 개인 전술에 능숙한 일본의 무사들은 몽골군의 집단 보병 전술에 속수무책이었으며, 더구나 생전 본 적이 없는 철포라는 신무기는 가히 경악의 대상이었다. 몽골군의 공격이 하루만 더 계속되었더라면 일본이 견뎌낼 수 있었을까?

날이 저물자 몽골군은 일단 공격을 멈추고 배로 돌아갔는데, 그때 일본의 구세주가 등장했다. 이번에는 몽골군이 생전 본 적도 없는 신무기, 바로 태풍이 불어닥친 것이다. 태풍은 산더미 같은 해일을 동반하면서 정박해 있던 몽골군의 선박을 궤멸시켜버렸다. 군대는 남은 함선들을 추슬러 간신히 귀환했다.

하지만 원 세조는 원정 계획을 포기하지 않았다. 남송을 정복한 뒤 그는 1279년에 다시 일본에 사신을 보냈다. 그러나 태풍의 도움을 잘못 해석해 "신이 대일본을 수호하고 있다."라고 믿은 도키무네는 그 사신을 참수해버렸다. 이로써 2차 원정이 결정되었다. 하지만 이제 몽골도 지난번과 같은 굴욕을 당하지 않으려면 준비를 철저히 해야 했다. 그래서 세조는 아예 일본 원정을 전담하는 임시 조직을 구성했다. 1280년 고려에 설치된 정동행성征東行省(여기서 '東'이란 물론 일본을 가리킨다)이 바로 그것이다.

이렇게 철저한 준비와 더불어 이번에는 병력을 증강하고 남송의 군대도 동원했다. 4만 명의 몽골과 고려 연합군이 선발대였고, 남송군 10만 명이 후발대로 편성되었다. 하지만 원정군이 하카타에 상륙했을 때 공교롭게도 또다시 하늘이 일본을 도왔다. 때마침 불어닥친 태풍과 폭풍우로 4000척의 함선 중 200척만 남고 모조리 침몰해버린 것이다. 실제로 신이 일본을 지켜주었을 리는 만무하지만, 하늘의 도움으로 강적을 물리친 바쿠후는 그 태풍을 신이 보내준 바람, 즉 신풍神風이라고 불렀다. 신풍을 일본식으로 읽으면 가미카제가 되는데, 이것은 20세기 제2차 세계대전에서 미군을 공격한 자살 특공대의 명칭이기도 하다.

유라시아 거의 전역을 정복한 대몽골군이 일본이라는 조그만 섬나라를 정복하지 못해 쩔쩔 매고 있으니 기가 찰 노릇이다(사실은 섬나라이기 때문에 성공하지 못한 것이지만). 그 뒤에도 원 세조는 몇 차례 일본을 침략하고자 하지만 상황이 여의치 않아 결행하지 못했다. 결국 1294년 세조가 사망함으로써 일본 원정은 완전히 백지화되었다.

곪아가는 바쿠후 체제

비록 태풍의 덕이었으나, 일본 역사 전체를 통틀어 최대의 위기라 할 몽골 침략마저 물리친 바쿠후의 위세는 하늘을 찌를 듯했다. 그러나 전통적으로 일본 역사를 굴절시킨 것은 바깥의 적이 아니라 안에서 곪는 상처가 아니었던가? 바쿠후 체제도 안에서부터 곪아가고 있었다.

무사 계급은 전쟁을 기본 기능으로 한다. 전쟁이 없는 평화기에는 할 일도 없을 뿐 아니라 모든 일에 무능력할 수밖에 없다. 그전까지는 새로 생겨난 바쿠후 체제가 안정하는 과정에서 필연적으로 뒤따르는 진통과 후유증, 그리고 몽골이라는 대적의 침략 등으로 모순이 표면화되지 않았다. 역설적이지만 바쿠후 권력이 안정을 찾으면서 무사 계급 자체에 내재된 문제점들이 터져 나오기 시작했다.

일찍이 반전제가 무너지면서 탄생한 소규모 자영농, 즉 '백성묘슈'들은 수백 년 동안 정치 상황이 격동하는 가운데서도 꾸준히 성장해왔다. 14세기에 이르러 그들은 전국 각지에서 '소惣'라는 결합체를 이루고 다이묘와 지토를 상대로 저항과 교섭을 벌일 정도로 세력을 키웠다. 이제 농민들은 과거와 같은 무지렁이가 아니며, 지역 사회도 예전처럼 무력만으로 쉽사리 제압할 수 있는 만만한 환경이 아니다. 장원의 다이묘들도 예전처럼 촌민들을 자기 수족 부리듯 대하지 못하고 그들과 적절히 타협해야만 지역 사회에 뿌리를 내릴 수 있는 상황이었다.

이런 판에 싸움밖에 할 줄 아는 게 없는 '순진한' 무사들이 지역에서 자리 잡기란 결코 쉬운 일이 아니었다. 바쿠후의 물리적 토대인 고케닌들은 전쟁이 끊기면서 본업이 사라지자 지역에서 각자 알아서 활로를 찾아야 했다. 물론 바쿠후는 친위대인 그들을 최대한 지원했으나 이제 고케닌 개인의 성공 여부는 그 자신의 능력에 달렸다. 사회의 변화에 잘 적응한 일부 고케닌은 다이묘로 성장해 지역에 터전을 잡기도 했으나 물정에 어둡고 씀씀이만 사치스럽고 헤픈 대부분의 고케닌은 몰락했다.

게다가 무사들 특유의 가부장적 질서가 흔들리는 조짐도 현저해졌다. 원래 무사 집안의 상속 제도는 가문을 잇는 적자嫡子, 즉 소료總領가 다른 아들들 (대개는 서자들)과 일족을 통제하도록 되어 있었다. 소료는 형제들에게 가문 소유지의 점유권만을 할당해주었는데, 막상 권리를 양도받은 형제들은 사실상 그 토지를 자기 소유물로 여기게 되었다.* 가부장적 질서가 튼튼하던 바쿠후 시대 초기까지만 해도 그 문제점은 돌출되지 않았으나 이제는 상황이 달라졌다. 소료는 자신의 끗발이 서지 않게 되자 모든 재산을 단독으로 상속받으려 했고, 이는 당연히 형제들의 불만을 사 집안싸움으로 번지는 경우가 많았다.

전쟁이 끝나면서 할 일도 없어진 데다 이래저래 궁핍해지고 피폐해진 무사들은 점차 집단을 이루어 일종의 깡패 조직으로 변해갔다. 다이묘들은 이러한 무사들의 집단과 농민들이 조직한 저항체인 소를 악당惡黨, 즉 아쿠토라고 부르면서 두려워했다.

바쿠후는 이런 사태를 해결할 능력이 없었다. 곳곳에서 제기되는 무사 집안의 상속 문제를 해결하지 못해 권위가 실추되었고, 호조 일족의 독재가 오래 지속되면서 내분이 점차 심화되었다. 몽골을 물리치고 나서 10여 년 동안에만도 바쿠후 내에서 대규모 반

풍운아 고다이고 고다이고는 천황이 신적인 존재이자 절대 권력자였던 '좋았던 옛날'을 되살리려 노력했으나 시대착오적인 생각이었다. 그러나 적어도 가마쿠라 바쿠후가 무너지는 데는 그의 노력이 일조했다. 바쿠후 타도를 위해 비밀공작을 벌이고 남북조시대라는 희한한 이중권력 체제까지 일궈낸 그의 개인적 능력과 파란만장한 생애는 흥미진진한 역사소설감이다.

● 일찍이 반전제가 무너진 과정도 그와 비슷했는데, 더 크게 보면 이것은 왕토 사상이 흔들리는 현상이라고 볼 수 있다. 조선에서도 초기에 관리 급료 제도로 시행된 과전법이 그런 문제를 내포하고 있었다. 원칙적으로 모든 토지는 왕, 즉 국가의 소유였으므로 완전한 사유화는 불가능했고 수조권만 가질 수 있었다. 그러나 현실적으로는 양반 가문에서 급료로 받은 과전을 가문의 소유지로 사유화하게 되자 과전이 부족해졌다. 원칙적으로는 토지 사유가 불가능하고 현실적으로는 가능하다는 것, 이런 이중성은 동양식 토지제도의 고질적인 현상이었다(《종횡무진 한국사》 2권, 47~48쪽 참조).

란 사건이 세 차례나 잇달았다. 현실에 불만을 품은 세력은 해묵은 이념을 되살리고 상징을 중심으로 뭉치게 마련이다. 그 이념이자 상징은 바로 천황이었다.

때마침 당시의 천황인 고다이고後醍醐(1288~1339)는 바쿠후를 타도하겠다는 뜻을 품고 남몰래 세력을 키워오고 있었다. 아닌 게 아니라 그에게는 바쿠후에 반대할 만한 이유가 있었다. 문제는 수십 년 전인 1259년 고사가後嵯峨(1220~1271) 천황이 둘째 아들에게 제위를 물려준 데서 싹텄다. 당연히 맏아들과 둘째 사이에 대립이 생겨났다(당시 천황은 황실령이라는 영지를 가지고 있었으므로 과거와 같은 권력 다툼만이 아니라 밥그릇 싸움이기도 했다). 그러자 바쿠후가 중재에 나서 두 천황이 번갈아 제위를 잇도록 했는데, 그렇다면 적법하게 제위를 물려받은 둘째로서는 불만일 수밖에 없었다. 고다이고는 바로 이 둘째 계열의 천황이었던 것이다. 더구나 그는 과거 천황제를 복원하려는 굳은 의지를 지닌 인물이었다.

그러나 고다이고는 꿈을 드러내기도 전에 내부의 배신으로 바쿠후에게 발각되어 유배되고 말았다. 고다이고가 발뺌하면서 사건은 얼추 무마되었으나 이것을 신호탄으로 각지에서 바쿠후를 타도하려는 공공연한 움직임이 보이기 시작했다. 지방 호족과 다이묘의 봉기, 게다가 농민들의 소와 몰락한 무사들의 아쿠토 등도 여기저기서 들고일어나면서 전국은 혼란의 소용돌이로 빠져들었다.

이에 힘입어 고다이고는 유배지에서 도망쳐 나와 바쿠후 타도의 기치를 높이 치켜들었다. 바쿠후로서는 더 이상 버틸 여력이 없었다. 결국 150년간 일본을 지배하던 가마쿠라 바쿠후는 1333년 아시카가足利 가문과 닛타新田 가문에 의해 멸망했다. 둘 다 미나모토의 일족들이었으니 결국 가마쿠라 바쿠후는 미나모토 가문이 시작과 끝을 장식한 셈이다.

3. 통일과 분열, 분열과 통일

그래도 답은 바쿠후

각고의 노력 끝에 권력을 잡은 고다이고 천황은 연호를 건무建武로 고치고 천황 정치를 부활하려 애썼다. 그러나 100여 년 전 고토바의 노력이 그랬듯이, '좋았던 옛날'로 복귀하려는 고다이고의 꿈도 환상이었다.

우선 고다이고는 무사들의 반발을 고려해 이전의 고쿠시나 슈고 제도는 그대로 두고 그 지위에 자기 사람을 앉혔다. 다분히 절충적인 방식이니 개혁을 주장하는 세력에게는 불만이다. 게다가 그는 바쿠후 타도에 앞장선 무사들의 논공행상에서 실패한 탓에 그들의 불만을 샀다. 나아가 천황의 권위를 높이기 위해 대규모 건축 사업을 일으킨 것도 커다란 실책이었다. 고다이고의 중흥 정치는 1년도 못 되어 파탄에 이르렀다.

이런 사태의 추이를 예의주시하고 있던 인물은 바로 아시카가 가문의 수장인 다카우지尊氏(1305~1358)였다(그의 원래 이름은 '高氏'였는데, 바쿠후 타도의 공으로 황족만이 사용하는 '尊' 자를 하사받았다). 바쿠후를 타도하기 전부터 권력을 꿈꾼 다카우지는 호조를 무너뜨리면서 이미 로쿠하라탄다이를 손에 넣고 이곳을 통해 교토의 정세를 지켜보고 있었다. 그러던 차에 드디어 거병할 명분이 생겼다. 1335년 호조 가문의 잔당이 반란을 일으킨 것이다. 다카우지는 반란의 진압을 빌미로 자연스럽게 가마쿠라를 점령하고 그곳에 아예 눌러앉아 교토 조정에 반기를 들었다.

이리하여 가마쿠라 바쿠후가 무너진 지 불과 2년 만에 전국은 다시 전란에 휩싸였다. 잠시 동안 부활한 천황 체제에서 '좋았던 옛날'을 전혀 실감하지 못한 무사 세력들은 위기에 처한 고다이고를 도우려 들지 않았다. 다카우지는 천황 세력의 호족들을 손쉽게 제압하고 교토를 점령해 고다이고의 항복을 받아냈다. 그리고 1336년 교토에서 3년 만에 다시 바쿠후를 수립했다. 가마쿠라에 이어 두 번째로 들어선 무사 정권, 무로마치室町 바쿠후다.

그러나 풍운아 고다이고는 아직 날개를 완전히 접지 않았다. 그해 12월 그는 교토를 탈출해 남쪽의 요시노에 터를 잡고 측근들을 모아 새 조정을 구성했다. 이로써 일본의 조정은 다카우지가 옹립한 고묘光明 (1322~1380) 천황과 고다이고 천황의 두 개로 나뉘었다. 이때부터 바쿠후가 지원하는 북조와 아시카가를 반대하는 일부 가문들이 뭉친 남조가 서로 대립하게 되는데, 이를 남북조시대라고 부른다.●

처음에는 서로 어느 정도 맞상대가 되었으나 점차 남조의 약세가 두드러졌다. 결국 3년 만에 고다이고는 영욕에 찬 세월을 뒤로하고

● 남북조시대는 중국과 한반도, 일본 등 동양 3국의 역사에 모두 등장한다. 중국의 남북조시대는 4장에서 보았듯이 4세기부터 6세기까지 약 250여 년간이다. 한반도에서는 신라의 통일 이후 한반도 북부와 만주 일대에 발해 왕조가 들어선 시대를 가리켜 남북국시대라고도 부른다(김부식의 《삼국사기》에 발해가 빠져 있어 한동안 발해사는 우리 역사에 포함되지 못했으나 조선 후기 실학자들의 노력으로 빛을 보게 되었다). 일본의 남북조시대는 중국이나 한반도의 경우와 달리 국가적 차원의 대립이 아닌 정권 간의 대립이며, 따라서 기간도 수십 년에 불과하다. 국가를 넘어선 민족적 차원의 대립까지 포함시킨다면, 앞서 살펴본 남송 시대의 중국도 북부에 금, 남부에 남송이 있었던 남북조시대라고 할 수 있겠다.

바쿠후의 교체　가마쿠라 바쿠후로 바쿠후 시대는 끝나는가 싶었다. 그러나 한 번 권력의 맛을 본 무사들은 쉽사리 포기하지 않았다. 가마쿠라를 타도하는 데 공을 세운 다카우지(위 그림)는 다시 교토의 천황 세력을 굴복시키고 이번에는 아예 전통의 귀족 도시인 교토에서 무로마치 바쿠후를 열었다. 일본의 바쿠후 교체는 중국과 한반도의 역사에서 왕조 교체에 해당한다.

산중에서 병사하고 만다. 그러나 신중한 성격의 다카우지는 남조를 무너뜨리기 위해 굳이 모험하지 않으려 했다. 게다가 남조 세력은 북조의 일부 일탈 세력과 손잡고 끈질기게 저항했다. 그래서 남북조시대는 예상외로 약 60년간이나 지속되었다. 그러다 1392년에 무로마치의 3대 쇼군인 요시미쓰義滿(1358~1408)의 강요로 남조의 천황이 북조에 제위를 넘기는 형식으로 전격적인 합의가 이루어졌다(이해는 공교롭게도 한반도에서 이성계가 고려를 무너뜨리고 조선을 개국한 해이기도 하다. 혹시 이 사건이 일본의 정국에 다소나마 영향을 준 것은 아니었을까?).

　요시미쓰의 시대는 무로마치 바쿠후의 전성기였다. 그는 힘센

차를 마시는 무사의 모습　무로마치 시대에는 집 안에 다실을 갖추고 다도를 행했는데, 특히 쇼군들이 다도를 즐겨 더욱 널리 퍼지게 되었다. 그림처럼 무사들은 조용한 다실에서 차를 마시며 세상의 번뇌를 잊을 수 있었다.

슈고들의 반란과 저항을 진압하고 바쿠후의 권력을 전국으로 확대했으며, 바쿠후 체제의 안정에 필요한 여러 가지 행정 기구들을 정비했다. 1378년 요시미쓰는 교토의 무로마치에 화려한 저택을 짓고 바쿠후를 이곳으로 옮겼는데, 아시카가 가문의 바쿠후를 무로마치 바쿠후라고 부르는 것은 이 때문이다.

　이 시대에 생겨난 일본의 전통적인 문화로 다도茶道가 있다. 가마쿠라 시대에는 무사들을 중심으로 불교의 선종이 크게 유행했다. 명상을 중시하는 선종에서는 아무래도 졸음이 가장 큰 적이었다. 그래서 졸음을 쫓는 수단으로 차를 마시는 것이 널리 퍼졌다. 무로마치 시대에는 이것이 발달해 다도가 되었다. 다도는 원래 차를 재배하는 농민들이 차 품평회를 하던 '차 모임'으로 시작했으

해상의 깡패들　무로마치 시대에는 왜구가 극성을 부렸다. 중국과 한반도는 물론 무로마치 바쿠후도 왜구 때문에 골머리를 앓았으나, 그 덕분에 일본은 중국으로부터 무역 허가를 받아냈으니 왜구는 적어도 본국에는 '애국'한 셈이다.

나 점차 그 행위 자체를 즐기게 되면서 나름의 예법이 발달했다.

그러나 이 시대에는 다도보다 더 중요한 일이 있었다. 1401년 요시미쓰는 중국 명 제국과 국교를 맺고 '일본 국왕'이라는 책봉을 받았다. 사실 여기에는 왜구의 활약이 크게 기여했다. 12세기부터 동북아시아의 해상에 출몰하기 시작한 왜구는 일본의 남북조시대 동안 중앙 정부의 통제력이 약화되면서 더욱 기승을 부렸다. 이 무렵부터는 일본 서부 해안 지역 주민들의 상당수가 왜구로 변하면서 중국과 한반도의 해안 지대를 수시로 침탈했다.

이에 견디다 못한 명은 일본의 지배자인 무로마치 바쿠후에 왜구를 근절하는 조건으로 조공 무역을 허락했다. 일본으로서는 당 제국 시대 이후 실로 오랜만에 중국과 정식 교류를 하게 된 것이었다. 비록 명분으로나마 중국의 황제와 대등한 관계를 주창한 고대 천황 시대와는 달리 바쿠후는 '왕'이라는 중국의 책봉을 기꺼이 받아들이고 답신에서 자신을 '일본 국왕 신臣 미나모토'라고 자칭했다.＊ 그러나 이렇게 시작된 중국과 일본의 '군신 관계'가

● 요시미쓰가 중국의 책봉과 '왕'의 칭호에 만족한 데는 천황이 상징적 존재로 남아 있다는 사실도 한몫했을 것이다. 천황은 현실 정치에 개입하든 물러앉든 늘 일본 역사 속에 존재했다. 사실 무로마치 바쿠후 시대부터 19세기까지 일본의 일반 국민은 천황의 존재조차 몰랐으나, 천황이라는 상징은 지배층에게 늘 일본이 중국과 대등한 '제국'이라는 자부심의 원천이었다. 임진왜란 이후 일본에 파견된 조선통신사를 맞은 것도 천황이 아닌 쇼군이었다. 조선의 국왕에 걸맞은 일본의 지배자는 천황이 아니라 그 아래의 쇼군이라는 의미다.

200년 뒤 동북아시아에 피바람을 부르는 전란으로 이어질 줄은 아무도 몰랐다.

하극상의 시대

바쿠후의 권력이 안정되었다 고는 하지만 전란이 사라진 것은 아니었다. 중국의 책봉으로 확보된 외부의 권위도 무사 정권 특유의 불안정성을 말끔히 해소하지는 못했다. 전통의 적인 세력 가문들의 도전은 그럭저럭 물리칠 수 있었으나, 그 대신 지역 사회에서 성장한 슈고들이 바쿠후의 권력을 위협할 만큼 세력을 키우기 시작했다.

무로마치 바쿠후는 권력을 안정시키는 과정에서 슈고들의 도움을 절실히 필요로 했다. 슈고를 휘하에 복속시키면 유사시에 군사를 모으기도 쉬울뿐더러, 대개의 반란을 슈고가 일으키므로 위험 사태를 미연에 방지하는 의미도 있었다. 따라서 바쿠후는 슈고들을 배려할 수밖에 없었다. 그 과정에서 일부 슈고들은 전통의 장원 영주들을 잠식하면서 대영주로 성장했다. 슈고 출신이 다이묘가 되었기에 그들을 슈고 다이묘守護大名라고 부른다.

처음에 무로마치 바쿠후는 신흥 세력인 슈고 다이묘의 성장을 반기면서 이들을 통해 지역 사회의 무사와 농민 들을 통제하려 했다. 그러나 예전의 슈고와는 명칭만 비슷할 뿐 질적으로 다른 슈고 다이묘는 바쿠후의 통제마저 달갑게 여기지 않을 만큼 힘이 커졌다.

슈고 다이묘의 저택   일부 유력 슈고들은 강화된 권한을 바탕으로 바쿠후에 도전했다. 이 무렵부터 슈고에 지방 유력자라는 뜻의 '다이묘'가 붙어 '슈고 다이묘'라는 말이 생겼다. 바쿠후는 이들의 영향력이 커지는 것을 두려워하여 교토에 거주하도록 강제했다. 그림은 〈낙중낙외도 병풍〉에 묘사된 슈고 다이묘 호소카와씨 저택이다.

   엎친 데 덮친 격으로, 일찍이 가마쿠라 바쿠후를 붕괴시키는 데 일조한 무사들의 아쿠토나 백성 묘슈들이 결성한 소의 움직임도 만만치 않아졌다. 사회적 계층 분화로 성장하고 신품종 벼와 삼모작 등 농업 기술의 발달로 부유해진 백성 묘슈들은 예전처럼 다이묘의 지배에 고분고분 복종하지 않고 걸핏하면 들고일어났다. 15세기 초까지 그들은 거의 해마다 봉기와 폭동을 일으켰는데, 그 와중에 전국적으로 중세식 장원제도의 잔재가 제거되었다. 심지어 1459~1461년간에는 가뭄과 홍수의 천재지변이 몇 년간 계속되자 각지의 백성들이 교토로 몰려와 바쿠후에게 덕정德政을 요구하는 사태까지 빚어졌다. 바쿠후는 이에 굴복해 13차례나 덕

● 덕정령은 가마쿠라 시대에도 있었지만 무로마치 시대에는 내용이 달라졌다. 가마쿠라 시대의 덕정령은 생활이 어려워진 고케닌의 채무를 파기해주는 것이었는데, 초기에는 고케닌에게 도움이 되었지만 나중에는 그들을 더욱 궁지로 몰았다(근본적으로는 화폐경제로 바뀌는 시대적 추세에 고케닌이 제대로 적응하지 못한 탓이 컸다). 고케닌이 가마쿠라 바쿠후를 지지하지 않은 것은 그 때문이다. 그와 달리 무로마치 시대의 덕정령은 고케닌이 아니라 일반 서민들의 재정난을 해소해주는 내용이었으므로 일종의 빈민 구제책이었다.

정령이라는 특별 조치를 발표해야 했다.●

이렇게 사회 전반적으로 동요가 심해지자 마침내 바쿠후 권력 상층부도 더 이상 외면할 수 없게 되었다. 하지만 무사 권력답게 대응책은 역시 싸움이었다. 남북조시대 이래 50여 년간 소규모의 반란 외에는 비교적 평화와 안정을 누린 바쿠후는 1467년에 둘로 편을 갈라 치열한 내전을 벌였다. 쇼군 직의 계승을 둘러싸고 당시 바쿠후의 세력 가문인 호소카와細川와 야마나山名가 맞붙은 것이다.

이것을 오닌應仁의 난이라고 부르는데, 단순한 권력투쟁에서 비롯되었지만 때가 때인 만큼 삽시간에 일파만파로 번졌다. 전국 각지의 슈고 다이묘들이 복잡하게 연루되면서 이 사태는 무려 11년간이나 질질 끌었다. 결국 나중에는 싸움에 참가하는 무사들이 없어 흐지부지되었으나, 이 와중에 그나마 꺼져가는 불씨와 같은 처지였던 천황이나 쇼군 같은 전통적 권위는 완전히 잿더미 속에 묻혀버렸다.

권위의 실체와 상징이 사라지자 누구의 눈치도 볼 필요가 없어졌다. 다이묘와 무사 들은 천황만이 아니라 쇼군조차 이빨 빠진 호랑이로 보았다. 백성 묘슈들마저도 지역의 다이묘나 중앙의 바쿠후를 우습게 여겼다. 당시에 생겨난 말이 바로 오늘날까지도 일상용어로 사용되는 '하극상'이다. 오닌의 난으로 시작된 하극상과 전란의 회오리는 다이묘와 무사 들의 영토 전쟁으로 바뀌면서 전국으로 확대되었다. 이때부터 한 세기 동안 일본 전역은 전란으로 얼룩진 센고쿠戰國 시대로 접어든다.

센고쿠 시대의 출발　오닌의 난의 전투 장면이다. 살얼음 같은 평화가 유지되던 남북조시대가 끝나자마자 150년에 걸친 선란, 센고쿠 시대가 시작되었다. 그러나 그림에서와 같은 지열한 전투는 초기에만 있었을 뿐 오닌의 난은 미적지근한 전쟁이었다. 하지만 그렇게 질질 끌었기 때문에 자연스럽게 천황이나 쇼군의 전통적 권위가 약화되면서 '하극상'의 토대가 마련되었다.

　기존의 전통이나 서열, 권위 등이 모조리 몰락했으니, 가장 중요한 것은 실력이다. 슈고 다이묘든, 고쿠시든, 백성 묘슈든 경제적 부와 대세를 읽는 눈을 가진 자들은 누구나 대영주가 될 수 있었다. 그 반면 그런 실력을 갖추지 못한 자들은 무로마치 바쿠후와 함께 급격히 몰락했다. 심지어 조정과는 다른 별도의 연호를 만들어 쓰는 지방도 생겨났다(연호는 단일 정부의 상징이다). 1502년에 고카시와바라後柏原(1464~1520) 천황은 돈이 없어 즉위식도 치르지 못하게 되자 헌금을 명했으나 담당 관리가 거부하는 굴욕을 당했다. 일본 역사상 센고쿠 시대만큼 천황의 권위가 실추된 적은

● 1950~1960년대에 야마오카 소하치(山岡莊八)는 센고쿠 시대를 주제로 《도쿠가와 이에야스(德川家康)》라는 대하소설을 썼다. 일본에서 얻은 큰 인기를 바탕으로 이 소설은 우리나라에도 《대망(大望)》이라는 제목으로 소개되었다. 1980년대까지도 정치가와 기업가는 물론 사회운동가 들도 역사의 지혜를 배운다는 의도에서 이 소설을 열심히 읽었다. 도대체 그들은 난세를 지배한 일본의 무뢰패들에게서 무엇을 배우려 한 걸까? 냉전 시대, '대망'이라는 허황한 제목, 작가의 극우적 성향이 열렬한 반응을 얻었던 그 시대 우리 사회는 16세기 일본의 센고쿠 시대처럼 황폐했다.

없었다.

난세는 영웅을 낳는다고 했던가? 하극상이 지배하는 센고쿠 시대에는 출신도 배경도 알 수 없는 무수한 영웅들이 출현했다. 당시 일본의 야사를 장식하는 사이토 도산齋藤道三이나 호조 소운北條早雲 등의 센고쿠 다이묘들이 그들이다. 이들의 생활 수칙은 무시무시하면서도 황당했다. "강도질은 무사의 습성이다." "부부가 한자리에 있을 때에도 칼을 잊어서는 안 된다." 가마쿠라와 무로마치 시대를 거치면서 발달한 일본 특유의 무사도 정신은 하극상의 시대에 도둑 떼의 처세술로 변질되고 말았다.●

떠오르는 별, 노부나가

하극상의 시대가 한동안 지속되면서 점차 실력의 우열이 드러났다. 처음에는 저마다 대권 후보로 나서겠다고 외쳤으나 시간이 흐르면서 이합집산과 합종연횡이 어지러이 벌어졌다. 그 결과 남은 후보들은 센고쿠 다이묘戰國大名라는 한 가지 용어로 통일되었다. 센고쿠 다이묘들은 누구나 대권을 꿈꾸었으나 이들 간에도 점차 떠오르는 별이 생겨났다. 가장 빛나는 별은 오다 노부나가織田信長(1534~1582)였다.

노부나가는 능력도 출중했으나 인재를 보는 안목도 뛰어났다.

무장하지 않은 오다 노부나가　센고쿠 시대 최대의 영웅 노부나가의 모습. 세력 가문들을 차례로 쓰러뜨리고 무로마치 바쿠후마저 철폐하는 데 성공했으나 일본 통일을 눈앞에 두고 통한의 죽임을 당했다. 그의 뒤를 이어 일본을 통일한 도요토미 히데요시와 에도 바쿠후를 연 도쿠가와 이에야스가 모두 당시 노부나가의 부하였다.

그는 고향인 오와리尾張(지금의 나고야 동쪽)에서 일어나 인근 미카와三河의 다이묘인 도쿠가와 이에야스德川家康(1543~1616)를 휘하에 끌어들였다. 그 덕분에 불과 스물여덟 살인 1560년에 도카이東海 최고의 다이묘인 이마가와 요시모토今川義元를 물리치면서 실력자로 떠올랐다. 계속해서 그는 주변의 경쟁 다이묘들을 차례차례 쓰러뜨리고 1568년 마침내 교토에 입성하는 데 성공했다.

　이제 중앙 권력을 틀어쥐었다는 대외적 선언이 필요했다. 노부나가는 즉각 현직 쇼군인 요시히데義榮를 끌어내리고 그의 동생 요시아키義昭(1537~1597)를 새 쇼군으로 옹립했다. 쇼군의 가문인

아시카가는 오래전부터 허수아비였으니, 새 쇼군은 노부나가의 정치적 선언을 대신하는 역할에 불과했다.

교토에 입성해 천하 통일을 눈앞에 둔 노부나가에게는 세 가지 적이 있었다. 첫째는 대규모 승병대를 거느리고 교토 남쪽에 자리잡은 대사원인 엔랴쿠사延曆寺, 둘째는 경쟁 관계에 있는 전국의 다이묘들, 셋째는 오사카의 혼간사本源寺를 중심으로 하는 농민 봉기 세력이었다. 그 세 가지 적은 모두 대권 선두 주자인 오다 노부나가를 반대하고 쇼군 요시아키와 결탁했다. 노부나가는 이 세 적을 각개격파하기로 결정했다.

1571년에 노부나가는 사원 세력을 공격해 그들의 거점인 엔랴쿠사를 불태워버렸다. 이에 반발해 쇼군인 요시아키가 거병했으나 이미 적수가 아니었다. 노부나가는 저항을 간단히 제압하고 자신의 손으로 옹립한 요시아키를 폐위해버렸다. 이로써 두 번째 바쿠후인 아시카가 가문의 무로마치는 130여 년 만에 문을 닫았다.

그다음에 노부나가는 한때 그에게 패배의 쓴잔을 안겨준 강호 다케다武田 세력을 1575년의 나가시노長篠 전투에서 궤멸시켜 사실상 단일 대권 후보로 등록했다. 마지막 남은 경쟁자인 혼간사는 1570년부터 장기전을 벌이는 중이었다. 그러나 엔랴쿠사의 몰락으로 대세가 결정되는 것을 본 혼간사는 마침내 1580년 오다 노부나가에게 항복했다. 이로써 노부나가는 한 세기에 걸친 센고쿠 시대를 끝내고 전 일본의 통일을 눈앞에 두었다.

16세기 중엽 포르투갈 상인들이 일본에 철포를 전한 덕분에 당시는 이미 총과 화약이 전쟁에서 사용되고 있었다. 그러므로 대량의 조총과 탄약을 조달할 수 있는 경제력이 전쟁의 관건이었다. 이 점은 노부나가가 승리한 원동력이기도 했다. 또한 센고쿠 시대의 다이묘들은 대규모 상비군을 필요로 했으며, 군대의 지휘관만이 아니라 하급 무사까지도 농민들로 대충 충당하지 않고 전문 전투 집단으로 충원했다. 조총을 비롯한 무기의 발달, 역사상 최초의 열도 통일, 게다가 전후 남아도는 대규모의 상비군, 이 세 가지 변수는 향후 일본의 거취를 예고하고 있었다. 그것은 바로 전쟁이라는 난폭한 방식을 통한 대외 진출이었다.

3부

섞임

:
:
:
:
:
:

몽골 제국 시절부터 중국은 일찌감치 세계화의 길로 나선다. 그러나 낡은 제국 체제는 발전에 내내 걸림돌이 되었고, 결국 중국은 밀려오는 서양 세력 앞에 비참하게 몰락한다. 통일보다 분열이 자연스러웠던 인도는 영국의 손에 의해 통일을 이루면서 식민지 시대를 맞는다. 일본의 대외 진출은 곧 침략 전쟁이었다. 한반도를 놓고 중국과 경쟁하던 일본은 마침내 꿈을 이루지만 군국주의의 덫에 걸려든다.

중국의 화려한 시작과 비참한 종말

1. 역사상 가장 강했던 제국

슈퍼스타의 등장

한족의 송 제국을 강남으로 밀어내고 화북을 지배한 거란의 요나 여진의 금은 예전과 같은 유목 국가가 아니었다. 예전의 북방 민족들은 힘이 강성해지면 중국을 침략하고 약탈하는 데 그쳤지만, 요와 금은 아예 중원에 들어앉아 중국 대륙을 공동 명의로 하자고 나섰던 것이다. 그래서 흔히 이전의 유목 국가들을 침투 왕조라고 부르고, 요나라 이후의 유목 국가들을 정복 왕조라고 부른다.•

일찍이 춘추전국시대에 강남 지방이 한족 문화권에 포함된 뒤

● 정복 왕조라는 용어는 20세기의 경제학자인 카를 비트포겔(Karl August Wittfogel)이 10세기 이후 크게 달라진 유목 국가의 성격을 나타내기 위해 만든 용어다. 사실 이 용어는 문제가 있다. 중국의 한족 국가들을 기준으로 중국 역사를 볼 뿐 아니라, 남북조시대 화북에 자리 잡았던 북방 민족 계열의 국가들을 포함시키지 못하기 때문이다. 그러나 10세기 이후의 유목 국가들은 한 왕조가 수백 년씩 지속적으로 중원을 지배하면서 한족과 본격적인 패권 경쟁을 벌이게 된다는 점에서 그 이전과는 다른 성격을 부여하는 것도 일리가 있다.

부터 한족은 중원 북부와 만주, 몽골, 중앙아시아의 초원 지대에 사는 다양한 유목민족에게 '오랑캐'라는 낙인을 찍고 자신들과 확실히 구분했다. 오랑캐라는 낙인이야 옳은 표현일 수 없겠지만, 문명적으로 보면 그 구분 자체는 타당한 측면이 있었다. 강남 지역은 원래부터 중원 문화권이 아니더라도 중원의 본래 한족처럼 농경 생활을 영위한 데 반해, 북방 지역은 반농반목 또는 유목 생활을 하는 민족들이 사는 곳이었기 때문이다. 생활 방식의 차이만큼 큰 차이가 또 있을까?

물론 한족이 북방 민족을 미개하게 여긴 것은 전혀 사실이 아니다. 국가의 성립만 보아도 알 수 있다. 최초의 유목민족 국가가 생긴 것은 한족 최초의 통일 국가가 생기는 것과 때를 같이한다. 진 제국이 중국을 통일했을 무렵, 그 북방에서도 강력한 흉노 제국이 탄생했다. 4장에서 본 것처럼, 흉노는 한 제국 초기까지만 해도 한의 조공을 받을 정도로 세력이 강성했으나 기원전 2세기 중반 한 무제의 공략에 밀려나 중앙아시아로 이주했다(이로 인한 도미노 같은 민족이동은 5장에서도 본 바 있다). 그 후 1세기 무렵에 이르면 중국 주변에서 흉노는 이리저리 갈라져 본래 형체를 찾을 수 없게 되지만, 유럽에서는 사정이 달랐다.

동유럽에 자리 잡은 흉노(훈족)는 5세기 중반 '신의 재앙'이라는 별명으로 불리는 아틸라의 지휘 아래 유럽 세계를 공포에 떨게 했다. 당시 로마는 게르만족의 일파인 고트족과 반달족 등 이미 적잖은 유목민족들의 침탈을 받은 일이 있었지만 동방에서 온

북방 민족의 고향　중국의 중원을 위협하고 멀리 서방 세계에 이르는 민족이동으로 세계사의 무
대에서 큰 몫을 한 흉노, 돌궐, 몽골 등은 모두 이 몽골 초원에서 발흥한 유목민족이다. 특히 흉노
는 서방의 고대 유목민족인 스키타이에게서 금속 문화를 전래받아 일찍부터 막강한 물리력을 보
유했다.

흉노는 전혀 다른 막강한 상대였다. 흉노의 최대 무기는 말과 활
이었다. "그들은 말 등에서 밥을 먹고 밤에는 말의 목덜미에 엎드
려 잠을 잤다." 이런 로마 장군의 말처럼 흉노는 말을 다루는 솜씨
가 뛰어났다. 또한 짐승의 뿔과 나무를 덧대어 만든 흉노의 활은
길이가 짧으면서도 힘이 좋았다. 이 말과 활의 무기는 훗날 몽골
에까지 이어지는 전통이 된다.

　흉노 이후 북방 민족들은 5호16국 시대와 남북조시대에는 번갈
아 중원을 지배하며 중국 역사의 주요한 일부로 참여했다. 그러다
한족의 통일 제국 수가 들어서면서 중원에서는 쫓겨나지만, 북방
은 여전히 그들의 것이었다. 이 시대에는 돌궐이 강성해져 랴오둥
과 황허 이북, 중앙아시아에 이르는 거대한 돌궐 제국을 세웠다.

몽골의 기병　몽골군은 유목민족답게 말을 다루는 기술이 능했다. 그들은 말 위에서 밥을 먹고 잠을 잤다고 한다. 중국의 전통적인 병법에는 보병과 기병이 분리되어 있는 데 반해, 몽골군은 모두가 기병이었으므로 뛰어난 기동력을 전투에 활용할 수 있었다.

이후 돌궐은 수 문제의 분열책으로 동돌궐과 서돌궐로 나뉘었고, 서돌궐은 중앙아시아까지 진출해 튀르크 제국을 세웠다. 흉노와 돌궐 등 고대 북방 민족들의 성장과 발전은 유럽에도 지대한 영향을 주었으니, 가히 세계를 무대로 활동했다고 할 수 있다.

　그런데 흉노와 돌궐이 세계사에 영향을 주게 된 것은 한족의 통일 제국들에 밀려났기 때문이다. 만약 그렇지 않았다면 어떻게 되었을까? 북방 민족의 세력이 한족에 밀려나지 않을 만큼 강했다면? 그 가정에 대한 현실의 답이 바로 요와 금이다. 이들은 한족의 통일 제국을 남쪽으로 밀어낸 다음 한족 문화권의 중심지인

배를 대신한 배다리 드넓은 초원에서 성장한 탓에 몽골군에는 수군이 없었다. 일본과 자와를 정복하지 못한 것도, 일본 정벌을 계획할 때 고려에 선박을 만들게 한 것도 그 때문이다. 하지만 중국 대륙에는 바다에 못지않은 큰 강이 있었는데, 이 강들을 건너기 위해 몽골군은 배들을 묶어 배다리를 만들었다. 그림은 배다리를 건너 남송을 공략하는 몽골군의 모습이다.

중원을 차지하고 직접 지배했다. 어떤 의미에서, 그들은 밀려나지 않을 만큼 강했기 때문에 고대 북방 민족들처럼 민족이동으로 세계사에 영향을 주지 않을 수 있었다. 그러나 그다음에 등장하는 북방 민족 국가는 요와 금처럼 중국을 지배하면서도 흉노나 돌궐처럼 세계사를 쥐고 뒤흔든 슈퍼스타였다. 바로 몽골 제국이다.

불세출의 정복 군주

12세기 후반까지 몽골은 금의 지배 아래 여러 부족으로 분열되어 있었다. 그러나 금의 힘이 약해지면서 몽골 초원에도 통일의 바람이 불었다. 통일의 중심은 일찍이 부족들 간의 다툼에서 아버지를 잃은 테무진이라는 청년이었다. 테무진은 먼저 자신의 부족인 보르지기드족을 통합한 뒤 케레이트족의 왕칸, 같은 부족의 자무카와 동맹을 맺고 주변 부족들을 하나하나 복속시켰다. 예상보다 빠르게 테무진이 세력을 키운 데 놀란 왕칸과 자무카가 등을 돌리자 그들도 통일의 적이 되었다. 결국 케레이트족을 정복하고 마지막 남은 서쪽의 나이만을 복속시키는 것으로 몽골 초원의 주인은 정해졌다. 1206년 테무진은 쿠릴타이(몽골족의 부족 연맹 회의)에서 몽골 제국의 대칸(황제)으로 추대되었는데, 그가 바로 칭기즈 칸 (1162~1227)이다.*

이때까지만 해도 칭기즈 칸은 그저 몽골 초원의 주인이었을 뿐이며, 기껏해야 장차 금을 대신해 중국 북부를 장악할 군주로만 보였다. 그러나 칭기즈 칸의 행보는 누구도 예상치 못한 것이었다. 몽골 초원을 완전히 통일했는데도 고삐를 늦추기는커녕 전쟁 준비에 더욱 박차를 가했다. 우선 그는 몽골의 전통적인 부족 조직과 연합체를 모두 해체하고 천호千戶, 백호百戶, 십호十戶라는 군사 조직으로 개편했다(이것을 천호제라고 부른다). 그리고 천호와 백호의 책임자인 천호장과 백호장의 자제들로 케시크테이怯薜라는 친위대를 편성했다. 이런 식으로 절대 권력을 구축한 점에서 몽골 제국은 부족 연합체를 기반으로 했던 예전의 돌궐이나 위구르 제국과는 근본적으로 성격이 달랐다.

성격이 다르니 활동도 다를 수밖에 없다. 모든 제도를 군대화하고 모든 권력을 대칸에게로 결집시킨 칭기즈 칸은 곧이어 활발한 정복 사업에 나섰다. 그는 먼저 북방의 오이라트와 키르기스의 부족들을 정복하고 말머리를 서하로 향했다. 서하는 일찍이 북송에서도 조공을 받았던 강국이다(4장 참조). 그러나 칭기즈 칸의 군대가 물밀듯이 밀고 들어가 수도를 접수할 즈음에 이르자 서하는 즉각 자세를 낮추고 조공을 바치겠노라고 맹세했다.

서하는 중국 북서부, 중앙아시아의 관문에 위치해 있었으므로 서하를 제압했다면 당연히 그다음에는 중앙아시아 방면으로 갔어야 한다. 그러나 칭기즈 칸은 다시 중국으로 돌

몽골족의 슈퍼스타 인류 역사상 최대 영토의 세계 제국을 이룩한 칭기즈 칸. 그는 원래 중국 대륙보다 중앙아시아를 정복해 당시 성업 중이던 동서 무역을 독점하려는 야망을 품었다. 중원이 천하의 중심이라 여긴 한족 왕조의 폐쇄적인 사고방식에 비해 훨씬 국제적이고 세계적인 시야를 가졌던 셈이다.

● 칭기즈 칸은 대칸, 즉 왕 중의 왕이라는 뜻이다(한자로는 成吉思汗이라 쓰는데, 뜻과는 무관하게 발음만 한자로 옮긴 것이다). 동북아시아에서 칸, 간, 한 등은 왕이나 수장을 뜻하는 말이었다. Khazar(하자르, 카자르), kazakh(카자흐, 카자크), Bach(바흐, 바크) 같은 명칭에서 보듯이 k음과 h음은 원래 서로 통하므로 칸, 간, 한은 같은 말이라고 보면 된다. 우리 고대사에서도 부족의 왕이나 수장을 '한'이라고 불렀다. 신라의 초기 역사에 등장하는 왕명인 거서간, 마립간의 '간'도 모두 같은 말이다. 나아가 이사금의 '금'이나 단군왕검의 '검', 임금의 '금'도 간과 같은 어원일 것으로 추측된다.

아와 1211년부터 숙적이던 여진의 금을 공략하기 시작했다. 그야
말로 종횡무진이 따로 없다. 4년 만에 베이징을 함락시키자 금은
남쪽으로 달아나 북송의 수도였던 카이펑으로 도읍을 옮겼다. 내
친 김에 아예 여진족의 뿌리를 도려내려 할 때 서쪽에서 이상한
소식이 들려왔다. 칭기즈 칸에게 멸망당한 나이만의 왕자 쿠츨루
크가 서쪽으로 도망가서 서요西遼의 왕위를 빼앗고 그 일대에서
무역을 독점해 떵떵거리며 잘산다는 소문이었다. 그러자 1218년
칭기즈 칸은 맹장인 제베를 보내 서요를 멸망시킨다.

사실 칭기즈 칸은 원래부터 서역, 즉 중앙아시아에 관심이 컸
다. 금을 공격한 것은 몽골족의 숙원을 이루는 동시에 후방을 다
지기 위한 것이었을 뿐, 정작으로 그의 관심은 당시 중국에 미지
의 세계인 서역과 교역하려는 데 있었다.* 그
러기 위해서는 중앙아시아에 진출해 동서 무
역의 요지들을 손에 넣어야 했다.

기다리던 칭기즈 칸에게 기회가 왔다. 그
가 보낸 450명의 대상들이 중앙아시아의 호
라즘에서 살해당하는 사태가 벌어진 것이다.
1219년 그는 직접 20만 명의 대군을 이끌고
호라즘의 응징에 나섰다. 호라즘은 무려 40
만 대군으로 맞섰지만 용병들이 주축이었다.
충성심이 약한 용병들이 대칸의 명령으로 일
사불란하게 움직이는 용맹한 몽골군을 당해

● 한족의 역대 중화 제국들은 한 무제가
비단길을 개척한 이후 대외적인 관심이 오
히려 점점 더 퇴보했다. 한 → 당 → 송으로
갈수록 안방 제국으로 전락해 동북아시아
의 패자로 군림하는 데만 신경을 썼다. 그
에 비해 북방의 강성한 유목민족들은 고대
부터 서역과 교역했고 중화적 관점에서 벗
어나 있었다. 중화 제국들이 안으로 수그러
들수록 그들은 바깥으로 향했다. 그 정점이
몽골 제국이다. 몽골은 갑자기 정복 국가로
등장했다기보다는 오랜 북방 민족의 전통을
이어받았다고 보아야 한다.

낼 수는 없었다. 얼마 가지 않아 수도인 사마르칸트가 함락되었
고, 호라즘의 왕인 무함마드 샤는 카스피 해까지 도망치다 병사했
다. 지금의 투르크메니스탄, 이라크, 이란, 아프가니스탄 지역까지

영토로 거느렸던 대국 호라즘을 정복함으로써 몽골 제국은 세계 제국으로 발돋움했다.

1225년 칭기즈 칸은 호라즘 정벌을 끝으로 일단 정복 사업을 중단하고 몽골로 귀환했다. 이제 몽골 제국은 서쪽으로 중앙아시아와 서아시아, 동쪽으로 북중국과 만주, 몽골에 이르는 방대한 영토를 거느리게 되었으니 한 사람이 다스릴 수 없는 규모였다. 그러므로 나중에 권력의 승계를 놓고 분란이 일어나기 전에 아들들에게 영토를 나누어주는 일이 시급했다. 몽골의 관습은 막내아들이 재산을 지키도록 되어 있었다. 그래서 칭기즈 칸은 막내 툴루이에게 몽골 본토를 주고, 맏아들 주치에게는 카스피 해 북쪽의 킵차크, 둘째 차가타이에게는 서요가 있는 지역, 셋째 오고타이에게는 나이만의 영지를 주었다.

이렇게 아들들에게 영토 분봉을 마친 다음 칭기즈 칸은 재차 정복 전쟁에 나섰다. 하지만 처음 정복에 나설 때와 사정이 다른 만큼 전략도 달라졌다. 이제는 영토를 확장하는 일보다 기존의 영토를 확실하게 다지는 일이 필요하다. 몽골의 강역 내에서 아직도 명맥을 유지하고 있는 나라는 서하와 금이다. 칭기즈 칸은 먼저 서하를 정벌하기로 하고 직접 군대를 이끌고 원정에 나섰다. 그러나 정복을 눈앞에 둔 1227년 그는 예기치 않게 병사하고 말았다.

몽골이 서쪽으로 간 까닭은?

불세출의 정복 군주 칭기즈 칸이 죽었으니 정복 사업은 끝난 걸까? 천만의 말씀이다. 그의 뒤를 이은 오고타이 칸 역시 그 아버지에 그 아들이었다. 사실 그는 역사적 명성에서만 아버지에게 뒤질 뿐 실상은 아버지보다 더하면 더했지 못하지 않은 정복 군주였다. 보통 칭기즈 칸을 대칸이라고 부르지만 그 이름의 뜻이 '위대한 칸'이었을 뿐이고, 칭기즈 칸 본인도 대칸이라는 직위를 쓰지는 않았다. 그러나 오고타이는 스스로 대칸이라고 자처했으니 그의 야심을 짐작할 수 있다.

과연 오고타이는 즉위하자마자 쿠릴타이를 열어 칭기즈 칸의 정신을 이어받아 제국을 통치하겠다고 선언했다. 무시무시한 정복자가 죽었다는 소식에 혹시나 하던 주변 국가들, 특히 금의 기대는 여지없이 무너졌다.

그러나 눈을 질끈 감고 기다린 몽골군은 즉시 중원으로 달려오지 않았다. 오고타이는 곧바로 정복 사업을 재개하지 않고 먼저 국내 정비에 힘썼다. 새로운 제국의 수도로 카라코룸(지금의 울란바토르 서쪽)을 정해 그곳에 궁성을 짓고 여기에 연결되는 도로망을 건설했다. 또 예법과 의식을 만들고 화폐제도와 조세제도를 정비했다. 중국의 여느 왕조였다면 이제 피비린내 나는 전쟁을 마치고 안정을 찾았을 것이다. 그러나 오고타이에게는 즉위할 때의 선언에 따라 아버지의 위업을 이어받는 게 더 중요했다.

대내 정비는 대외 정복을 위한 발판이었다. 이 발판을 튼튼히 굳힌 뒤 오고타이는 다시 정복에 나섰다. 그는 먼저 고려를 복속시키고(고려는 30년 가까이 항쟁하다 1260년에 정복된다), 1234년에 간신히 명맥을 이어가던 금을 완전히 멸망시켜 아버지의 숙원을 이루었다. 이때 몽골의 요청으로 남송의 군대가 협력했는데, 중국의 역대 한족 왕조들이 즐겨 쓰는 이이제이 수법을 몽골이 거꾸로 구사한 격이다. 6장에서 보았듯이, 이 전략은 이후 일본 침략에도

정복 군주의 대물림 　 오고타이 칸이 쿠릴타이에서 대칸에 추대되는 장면이다. 중국 역사에서 뛰어난 군주가 연속되는 경우는 드문데, 칭기즈 칸의 아들 오고타이는 내치를 안정시키고 유럽 정복에 나서는 등 유명세만 떨어질 뿐 아버지에 결코 뒤지지 않는 큰 업적을 남겼다.

사용되었다.

　금을 정복한 것으로 몽골의 정복 활동은 끝났어야 한다. 중앙아시아의 무역로를 차지했을 뿐 아니라 과거에 몽골족을 억압한 여진족을 무너뜨렸으니 더 이상 군대를 앞세울 일은 없었다. 그러나 몽골 제국은 그렇게 하지 않았다. 왜 그랬을까? 앞에서 본 것처럼 칭기즈 칸은 개인적인 집착이나 욕심 때문에 영토를 늘린 게 아니라 동서 무역을 독점하려는 경제적인 이유로 정복 사업을 벌인 것이었다. 그런데 그 과정에서 의문이 생겼다. 중앙아시아를 손에 넣고 보니 서역보다 더 서쪽의 세계가 궁금해진 것이다. 서쪽에는 어떤 세계가 있기에 오래전부터 서역과 활발하게 교역했던 걸까? 이 의문을 풀기 위해 중앙아시아까지였던 정복의 목표는 더 서쪽으로 연장되었다.

1235년 오고타이는 새 수도 카라코룸에서 쿠릴타이를 열어 역사적인 결정을 내렸다. 이제는 유럽 원정이다. 칭기즈 칸에게 제베가 있었다면 오고타이에게는 바투가 있다. 그는 조카(그의 형 주치의 아들)인 바투를 총사령관으로, 수부타이를 부사령관으로 삼아 20만 명의 대군으로 유럽 원정군을 편성했다.

말을 이용한 유목민족 특유의 기동성은 대단했다. 이듬해 봄 바투의 원정군은 남러시아의 볼가 강 상류에 있는 킵차크를 순식간에 점령하고 이어 랴잔, 블라디미르, 로스토프 공국 등을 차례로 공략했다. 그렇게 계속 북진하는가 싶더니 갑자기 말머리를 남쪽 후방으로 돌려 이번에는 중앙아시아 근처의 카프카스를 정복했다. 그러고는 다시 서쪽의 키예프로 향했다. 좌충우돌이요 무인지경이었다. 무시무시한 몽골군을 피해 킵차크와 러시아의 왕 들이 헝가리 방면으로 도망치자 몽골군은 그들을 추격하면서 자연스럽게 동유럽까지 진출했다.

동유럽의 관문인 키예프에서 바투는 군대를 둘로 나누어 북쪽의 폴란드와 남쪽의 헝가리를 동시에 공격했다. 북군은 폴란드의 수도 크라쿠프를 손쉽게 함락시킨 뒤 독일 접경 지역의 슐레지엔까지 밀고 들어갔다. 여기서 처음으로 전투다운 전투가 벌어졌다. 위기에 처한 유럽 세계를 구하기 위해 슐레지엔의 왕 하인리히 2세가 독일과 폴란드 연합군을 조직해 발슈타트에서 맞선 것이다. 그러나 머리끝에서 발끝까지, 심지어 손가락에까지 철갑으로 무장한 유럽군은, 가벼운 무장을 갖추고 한 손으로 능숙하게 말을 몰면서 다른 손으로 가볍고 강력한 활을 다루는 몽골군의 기동력을 당해내지 못했다. 이 발슈타트 전투에서 유럽 연합군은 크게 패하고 하인리히마저 전사했다. 몽골이 유럽 원정에 나선 지 불과

유럽의 성을 공격하는 몽골군　당시 유럽의 군주들은 수백 년 전 훈족의 아틸라 대왕을 저승사 자처럼 두려워했던 조상들의 기억을 가지고 있었다. 그런데 몽골군은 저승사자가 아니라 염라대 왕이었다. 유럽의 군대는 단 한 차례도 몽골군을 이기지 못했다. 그림은 몽골군이 유럽의 성을 공 격하는 장면이다. 유럽의 그림인 탓에 양측의 복색이 비슷한데, 성 바깥의 병사들이 몽골군이다.

6년 만의 일이었다.

　한편 헝가리로 진입한 남쪽의 몽골군도 헝가리의 반격을 무찌 르고 수도 부다페스트를 폐허로 만들었다. 폴란드와 헝가리의 함 락으로 동유럽이 몽골의 손에 들어가자 이제 서유럽마저도 풍전 등화의 운명이 되었다. 더욱이 당시 유럽 세계는 십자군의 실패로 로마 교황의 권위가 실추되어 분열 상태에 있는 데다 몽골의 진

기동성의 차이 왼쪽은 몽골군의 군장이고, 오른쪽은 유럽군의 군장이다. 몽골 병사는 말을 타고 활만 지닌 경장 차림인 데 비해, 유럽의 병사는 얼굴은 물론 손가락에까지 갑옷으로 중무장하고 말의 몸도 쇠로 둘렀다. 자신을 보호하는 데는 좋았을지 모르지만 이 차림으로는 몽골군의 뛰어난 기동성을 감당할 수 없었다. 장거리 원정군치고는 비교적 소수였던 몽골군에 대해 유럽인들이 동에 번쩍, 서에 번쩍했다고 기록한 것은 바로 이 때문이다.

● 고려를 정복할 때 몽골군은 신라시대에 건립된 고찰인 황룡사와 동양 최대의 목탑인 황룡사탑을 불태워버렸다(지금은 넓은 탑의 터만 황량하게 남아 있다). 고려는 몽골의 침입을 불심으로 막기 위해 대장경을 만들었는데, 그것은 지금까지 전한다(그 이전의 거란 침략 때 제작한 대장경은 몽골 침략으로 소실되었다). 외적의 침략으로 한 가지 문화유산을 잃고 한 가지 문화유산을 만든 셈이다. 남아 있는 터로 미루어볼 때 높이가 80미터는 되었을 황룡사탑이 불타 없어졌기 때문에, 비슷한 시기에 세워진 일본의 35미터짜리 호류지 목탑이 현재 동양 최대의 목탑이라는 영예를 누리고 있다.

격을 막아내기란 불가능했다. 몽골군은 서유럽까지 정복할 계획이었는데, 만약 계획대로 실행되었다면 이후 세계사는 크게 바뀌었을지도 모른다. 최소한 오늘날 우리가 서유럽의 아름다운 성이나 문화재를 구경하기는 어려웠을 게다. 몽골군은 곳곳에서 닥치는 대로 약탈과 파괴를 일삼았으니까.●

서유럽의 구세주는 몽골 제국의 내분이었다. 희대의 정복 군주 오고타이가 사망한 것이다. 칸위의 계승을 둘러싸고 세력 다툼이 일어나자 바투의 유럽 원정군은 헝가리에서 회군해 1244년 카라코룸에 개선했다(바투는 주치의 아들로 황족이었으므로 후임 칸을 선정하는 문제에 큰 발언권을 가지고 있었다). 몽골의 황실에서는 몇 년 동안 치열한 권력투쟁이 벌어지다가 1251년 바투의 지지를 등에 업은 툴루이의 아들 몽케 칸이 즉위하는 것으로 사태가 일단락되었다. 그러나 이로 인해 오고타이와 차가타이 가문이 불만을 품고 자기 영지에서 제각기 독립함으로써 몽골 제국은 분열의 위기를 맞았다.

중국식으로 살자

1211년 금을 공략하면서 시작된 몽골의 정복은 몽케 칸에게서 끝났다. 서유럽 입성을 눈앞에 두고 바투의 원정군이 유럽 전선에서 철수한 게 마지막이다. 몽케 칸은 왜 정복을 계속하지 않았을까? 그 이유 중 하나는 남송 때문이었다. 주변의 모든 나라가 몽골군의 말발굽에 짓밟힐 때도 남송은 여전히 명맥을 유지하고 있었다. 몽골은 서쪽으로만 진군했을 뿐 100여 년 전부터 금에 눌리면서도 강남에 버티고 있는 남송의 숨을 끊지는 않았다. 언제든지 손만 대면 집어삼킬 수 있었기 때문에 오히려 정복을 늦추었는지도 모른다.

하지만 몽케 칸에 이르러 몽골의 대외 정책은 크게 바뀐다. 몽골 제국이 분열되어 오고타이 칸국, 차가타이 칸국, 그리고 바투의 킵차크 칸국이 사실상 독립했다. 이런 마당에 몽케 칸은 자기도 독자적인 영지가 필요하다는 점을 깨달았을 것이다. 그는 툴루이 가문이었으므로 몽골 본토밖에는 물려받은 게 없었다. 명색이 몽골 제국의 황제인데 그럴 수는 없다. 그래서 그는 남은 한 곳,

남송을 노리게 된 것이다. 막상 남송에 눈을 돌리고 보니 그 가치가 새삼 새롭다. 물자가 풍부한 데다 유목 생활을 청산하고 안정과 번영을 누려야 할 몽골 제국이 근거지로 삼기에 딱 알맞은 곳이다. 그전까지 몽골은 중국 대륙을 단순히 조세를 징수하고 군수품을 조달하는 곳으로만 여겨왔으나 이제는 직접 지배의 대상으로 보게 되었다.

몽케는 먼저 남송의 주변국들인 윈난의 대리국과 티베트를 손에 넣었다. 그리고 중앙아시아의 아바스 왕조를 멸망시키고 그곳에 일 칸국을 세우는 것으로 서역 원정을 완료했다. 이제 준비는 끝났다. 남송 왕조를 접수하면 그것으로 끝이다. 그러나 1259년 남송을 공격할 즈음 그는 사망하고 말았다.

그의 유지는 동생인 쿠빌라이가 받들었다. 형의 뒤를 이어 칸이 된 쿠빌라이는 맨 먼저 남송을 완전히 멸망시켰다(이후 명이 들어설 때까지 100여 년간 중원에는 한족 왕조의 대가 끊겼는데, 그때까지의 역사상 가장 긴 이민족 지배였다). 그런 다음에 그는 한반도의 고려를 정복하고, 안남과 캄보디아, 타이 등 인도차이나도 복속시켰다. 이로써 몽골 제국은 칸국들까지 합쳐 인류 역사상 최대의 영토를 자랑하게 되었다. 유라시아 대륙에서 몽골 제국의 영토가 아닌 곳은 서유럽과 인도, 이집트, 일본, 동남아시아의 섬들뿐이었다.•

그러나 쿠빌라이의 즉위는 툴루이 가문의 재집권이었으므로 당연히 오고타이 가문의 반발을 샀다. 제국은 정상에 오른 순간부터 내분의 소용돌이에 휘말렸다. 언뜻 보면 제

• 이 지역들은 어떻게 몽골의 지배를 모면할 수 있었을까? 서유럽은 몽골이 원정을 중단했기 때문에 정복을 피했고, 인도와 이집트는 더운 기후 때문에 정복의 대상이 되지 않았다(인도와 이집트는 동서 무역로에서 상당히 벗어나 있는 지역이기도 하다). 따라서 이 지역들은 몽골이 정복 자체를 시도하지 않은 곳들이다. 그러나 일본과 자와는 몽골이 원정을 시도했다가 실패한 드문 경우에 속한다. 둘 다 섬이라는 지역적 특성의 덕택이었다.

툴루이 가문의 왕자들　막내에게 유산을 상속하는 몽골 관습에 따라 칭기즈 칸은 막내 툴루이에게 몽골 본토를 물려주었다. 오고타이에게 권력을 빼앗겼던 툴루이 가문은 오고타이의 사후에 권력을 되찾았다. 그림의 윗부분에 있는 세 사람은 각각 몽케, 쿠빌라이(원을 세움), 훌라구(일 칸국을 세움)의 모습이다.

위 계승권을 둘러싸고 벌어진 분쟁인 듯하지만, 실상 여기에는 몽골 제국의 성격과 향후 노선을 둘러싼 대립이 숨어 있었다. 젊은 시절부터 중국에 영지를 소유했고 주변에 중국의 유학자들을 거느리고 있었던 쿠빌라이는 유목 사회와 농경 사회가 융합된 체제를 구축하고자 했다. 그 반면 오고타이 세력은 유목 사회를 중심으로 몽골의 전통 지배 체제를 만들고자 했다. 이런 상황에서 쿠빌라이가 즉위했다는 것은 제국이 장차 어떤 노선을 취할지를 예고하고 있었다.

　과연 그는 즉위한 즉시 자신의 구상을 실천으로 옮겼다. 우선

7장 중국의 화려한 시작과 비참한 종말

중국식 몽골 황제 몽골 제국을 중국식 제국으로 바꾸고 원 제국을 세운 쿠빌라이다. 그는 한화 정책을 추진했다는 점에서는 할아버지 칭기즈 칸의 뜻에 어긋났으나 동서 교류를 적극적으로 추진했다는 점에서는 할아버지의 유지를 충실히 받들었다.

국호를 중국식 원元으로 고치고, 수도를 남쪽으로 옮겨 상도上都(내몽골 지역)와 대도大都(지금의 베이징)로 정했다(상도는 여름 수도이고, 대도는 겨울 수도다). 이로써 쿠빌라이는 원 제국의 건국자가 되었다. 그는 나중에 시호도 중국식으로 고쳐 세조世祖가 된다.

원 제국은 비록 영토의 면에서는 이전 몽골 제국의 일부분에 불과했으나 이것만 해도 중국 전체와 만주, 몽골, 인도차이나 일대를 포함하는 대제국이었다. 세조의 중국화 노선은 행정제도에도 나타난다. 그는 중앙집권적 관료제를 기본 통치 기구로 삼았다. 중앙 행정을 총괄하는 중서성, 군정의 최고 기관인 추밀원, 감찰 기관인 어사대는 모두 중국의 전통적인 통치기관들이었다. 그러나 지방 행정은 중국식 주현제州縣制를 따르지 않고 행성行省과 다루가치라는 몽골 특유의 제도를 도입했다.

행성은 중앙 정부의 지방 출장 기관이라 할 수 있는데, 원래는 임시로 설치하는 것이었으나 영토가 확대되면서 항구적인 행정 기관으로 재편되었다(일본 정벌을 위해 고려에 설치한 정동행성도 이 행성 제도의 일부다). 이 행성들이 훗날 중국의 성省으로 발전하게 되어 오늘에까지 이른다. 또한 다루가치는 원래 칭기즈 칸이 어느 지역을 점령할 때마다 그곳의 행정관으로 두었던 직책인데, 쉽게 말하면 중앙 정부에서 파견한 총독이라 할 수 있다. 다루가치에는 상위 신분인 몽골인과 색목인色目人만이 임명되었으며, 이들은 중앙 정부와 밀접한 관련을 가지고 있었다.*

동서 문화의 교류

세조의 한화 정책은 35년의 긴 재위 기간 동안 꾸준히 실천되었다. 그러나 대부분 중국식을 모방하는 데 그쳤을 뿐 그다지 독창적인 요소는 없었다. 겉으로만 보면 중국식 관료제를 충실히 따랐지만 핵심 부서의 최고 책임자는 몽골인 또는 친몽골적 한인만 중용했기 때문에 내실 있는 관료제가 되지는 못했다.

1315년에 부활된 과거제도 합리적으로 운영된 게 아니라 철저한 신분 차별을 바탕으로 했다. 이를테면 문제 출제도 몽골인과 색목인에게 유리했을 뿐 아니라 한인들은 과거에 합격한다 해도 승진할 수 있는 한계가 정해져 있었다. 더욱이 민족마다 별도로 합격 정원제를 두었으니 요즘으로 말하면 심각한 '인종차별'이었다.

그러나 경제정책에서는 종전의 모든 한족 제국을 뛰어넘는 수준과 독창성을 보였다. 방대한 통일 제국이 건설된 덕분에 원 제국 시절에는 역대 어느 왕조에서도 실시하지 못한 단일 통화 정책을 성공시킬 수 있었다. 특히 이 단일 통화는 지폐를 매개로 했다는 데 의의가 있다. 지폐는 송 제국이 세계 최초로 만들었으나 실생활에 널리 사용된 것은

● 몽골의 신분제에서는 몽골인이 서열 1위였고, 색목인이 2위였으며, 이들이 함께 지배층을 구성했다. 그 아래 피지배층으로는 한인(漢人)과 남인(南人)이 있었는데, 한인은 금의 치하에 북중국에서 살았던 한족과 여진, 거란, 고려인을 가리키며, 남인은 몽골에 끝까지 저항한 남송인을 가리키는 말이다. 인구 비례로는 몽골인과 색목인이 각각 100만 명이 넘지 않았던 데 반해 한인과 남인은 7000만 명이나 되었다. 불과 3퍼센트의 지배층이 97퍼센트의 피지배층을 다스린 것이다. 색목인은 위구르, 탕구트, 나이만, 티베트, 이란, 아랍 등 중앙아시아와 서역의 여러 종족을 가리킨다. 그들은 문화적 자질이 우수하고 중국 문화권이 아니었기 때문에 제국의 중요한 협력자가 되었다. 특히 그들은 제국의 재정과 경제, 조세 분야에서 역량을 발휘했다. 흥미로운 것은 조선의 건국자인 이성계의 조상이 바로 고려에 파견된 다루가치였다는 사실이다. 다루가치가 될 수 있는 신분은 몽골인과 색목인이었으니 이성계는 그 혈통을 지녔을 가능성이 있다. 색목인은 서역 출신을 가리킨다. 당 제국을 세운 이연도 한족이 아닌 북방 군벌이었고, 몽골의 첫 정복 대상이었던 서하의 왕도 이씨였다. 중국의 이씨 중에는 중앙아시아계가 많았다. 그렇게 보면 이씨 조선의 가계에도 중앙아시아 혈통이 포함되었을지 모른다.

원대에 들어와서였다. 처음에는 주화를 보조하는 역할로 지폐가 발행되었지만, 점차 복잡한 기존의 화폐를 통일하는 유통 수단으로 자리 잡았다. 이렇게 원대에 와서 지폐가 발달한 배경에는 송대에 발달한 인쇄술이 있었다. 지폐를 조잡하게 인쇄한다면 아무도 이용하지 않았을 테니까.

전국을 단일 경제권으로 만든 데는 운하도 일익을 담당했다. 원은 남송을 정복한 직후부터 새 운하 건설에 착수했다. 7세기 초반에 수 양제가 건설한 강남과 강북을 잇는 운하를 북쪽으로 연장해 대도까지 잇는 사업이었다. 그 목적은 강남의 풍부한 물자를 수도권으로 운반하는 것이었으나 예상외의 수확도 있었다. 이 운하로 인해 몽골 지역에 건설되었던 기존의 도로망과 운하가 연결된 것은 대단히 중요한 역사적 의미가 있었다. 동서 교통의 양대로인 육로(서역에서 대도까지)와 해로(아라비아에서 중국의 강남까지)가 이어짐으로써 대도를 중심으로 한 세계적 교통망이 완성된 것이다. 이것은 원대에 이르러 동서 문화의 교류가 크게 활발해진 배경이 된다.

오리엔트 세계(서아시아)와 유럽은 원래 역사적으로 매우 밀접한 관련을 맺고 있었다. 기원전 10세기경 그리스에 문명의 빛을 전해준 것도 오리엔트였고, 알렉산드로스의 동방 원정으로 헬레니즘이 꽃피우게 된 무대도 오리엔트 세계였다. 또한 7~8세기에 북아프리카와 에스파냐까지 진출한 이슬람 제국의 고향도 바로 이곳이었다. 중국에 당 제국이 있던 시절부터 오리엔트는 중국과 유럽 문명을 서로 이어주는 중개자의 노릇을 했다. 몽골의 유럽 원정이 벌어지기 바로 전인 11~13세기에는 십자군 전쟁으로 유럽과 오리엔트 세계와의 접촉이 빈번해진 상태였다. 여기에 중국과의 직접 교통이 보태진다면 세계적 교류망이 형성될 것이다.

이런 환경이 조성되어 있었기 때문에, 몽골이 유럽과 아시아에 걸친 대제국을 건설한 것은 동서 교류를 폭발적으로 증진시켰다. 우선 교류의 장애물이 사라졌다. 예전에는 무역로 주변에 터를 잡은 작은 왕국들이 무역을 방해하거나 독점하는 경우가 많았으나 이제는 이 지역이 모두 단일한 정치 질서에 편입되었으므로 그런 문제가 없어진 것이다.● 게다가 몽골은 애초부터 무역을 염두에 두고 서역 원정을 시작한 것이므로 무역을 적극 장려했다. 무역에 필요한 도로망을 정비했을 뿐 아니라 도로마다 상인들이 이용할 수 있는 공용 역사를 설치해 숙박과 역마를 제공했다. 잠치라고 부르는 이 시설은 동서 무역만이 아니라 몽골 제국 내의 물자 이동, 중앙 정부와 지방 정부 간의 교통 등에 크게 기여했다.

초원의 길과 비단길이 새삼 각광을 받기 시작한 것도 이 무렵의 일이다. 초원의 길은 선사시대부터 유목민들이 이동하던 길로서, 일찍이 고대의 유목민족인 스키타이와 흉노가 이 길을 통해 동서를 왕래했다. 초원의 길은 북중국에서 시작해 볼가 강에까지 이르는 길이었으므로 북방 민족들이 주로 애용했다. 그 반면 비단길은 남중국과 중원을 서역으로 이어주었으므로 한족 왕조들의 중요한 교통로였다. 비단길은 한 무제의 명으로 장건이 개척했다고 되어 있으나(111~112쪽 참조), 원래는 그전부터 유

● 유럽 역사가들은 몽골이 유라시아에 걸친 대제국을 이룩하면서 국제적 정치 질서의 안정을 가져온 13~14세기를 '타타르의 평화(Pax Tatarica)'라고 부른다. 고대 로마가 지중해를 통일하면서 구가한 '팍스 로마나(Pax Romana)'를 염두에 두고 만든 용어다. 그런데 몽골을 타타르라고 부른 것은 좀 문제다. 타타르는 오히려 몽골족을 통일한 칭기즈 칸이 일차 타도 대상으로 삼았던 숙적이다. 하지만 유럽인들은 몽골이 유럽을 침략했을 때도 그들을 타타르인이라고 부르며 두려워했다. 13세기 중반 로마 교황의 명으로 몽골 제국을 방문한 플라노 카르피니(Plano Carpini)는 유럽에 돌아가 《우리가 타타르인이라 부르는 몽골인의 역사》라는 책을 써서 유럽인의 시각 교정에 일조했다(후일 원 제국이 멸망하고 몽골족이 다시 몽골 초원의 군소 부족으로 되돌아갈 무렵에는 몽골인과 타타르인의 구별이 거의 사라지게 된다).

문명이 오간 길 둔황에서 사마르칸트까지 이어지는 비단길은 원래 한나라 시대에 개척되었으나 몽골 시대에 크게 활성화되었다. 그림은 둔황의 동굴 벽화에 묘사된 비단길이다. 이 길을 통해 화약, 나침반, 종이 등 중국의 선진 발명품이 유럽으로 전해졌다.

목민들이 자주 이용하던 길이었다. 이 양대 육상로는 몽골 시대에 와서 본격적으로 동서 교류에 사용되었으며, 특히 비단길은 지중해 쪽으로 연결되었으므로 더욱 중요한 무역로였다.

예전부터 활발하게 교류한 유럽과 오리엔트, 여기에 양대 육상로를 통해 오리엔트와 중국이 연결되면서 오리엔트를 매개로 유럽과 중국도 간접 교류를 시작했다. 유럽과 오리엔트 측은 천문학과 지리학, 수학, 역학, 그리스도교 등을 중국에 전했고, 중국에서는 중세의 3대 발명품인 나침반과 인쇄술, 화약이 아라비아 상인

들의 손을 거쳐 유럽에 전달되었다.°

　일찍이 당 제국의 수도인 장안은 서역의 색목인들이 많이 왕래하는 국제도시로 이름을 날렸으나 원 제국의 수도인 대도는 색목인만이 아니라 유럽인들도 출입하는 세계적 도시로 성장했다. 로마 교황이 그리스도교를 전파할 목적으로 파견한 카르피니와 기욤 드 뤼브룩Guillaume de Rubruk, 원 세조의 총애를 받으며 17년간 제국의 관리로 재직한 《동방견문록》의 저자 마르코 폴로Marco Polo(1254~1324) 등이 당시 육로를 통해 중국에 온 유럽인들이다.

몽골 복장의 마르코 폴로　고향인 베네치아로 돌아온 마르코 폴로의 모습이다. 그는 삼촌을 따라 육로로 중국에 가서 쿠빌라이 칸의 총애를 받으며 17년 동안이나 살다가 고향에 돌아왔다. 24년 만의 귀환인 데다 이렇게 몽골 복장을 했으니 당연하겠지만, 처음에는 친척들까지도 그를 알아보지 못했다고 한다.

깨어나라, 한인들아!

대규모 정복 활동을 전개할 때 드넓은 전선을 하나의 일사불란한 지휘로 감독하기란 거의 불가능한 일이다. 그래서 몽골은 칭기즈 칸 때부터 전선에 파견된 군 지휘관들의 독자적인 작전권을 인정했다. 이 지휘관들은 언제 어느 방면으로 진격하라는 등의 기본 전략은 중앙의 지시를 받았으나 전투 지역에서는 자기 마음대로 작전을 수립하고 실행할 수 있었다.

● 중국이 중세 유럽에 전한 화약과 나침반, 인쇄술은 중국에서보다 유럽 세계의 발전에 더 큰 공헌을 했다. 유럽인들은 나침반을 이용해 대항해시대를 열었으며, 아라비아인은 화약으로 대포를 만들어 그 기술을 오히려 중국에 역수출했다. 그리고 인쇄술은 훗날 구텐베르크의 활자 발명으로 이어지면서 성서의 대량 보급에 한몫함으로써 종교개혁을 뒷받침했다.

서역으로 가는 중국 상인 중국의 상인들이 초원의 길과 비단길이 합쳐지는 지점인 둔황 부근을 지나고 있는 모습이다. 초원의 길과 비단길은 오래전에 개척되어 중국에도 알려졌으나 원대에 이르러 가장 활발하게 이용되었다.

그런데 그런 방식은 몽골군 특유의 기동력을 더욱 활성화하는 장점을 가지고 있었지만 전쟁이 아니면 효율성이 떨어졌다. 정복 전쟁이 끝나고 안정적인 정치와 행정이 필요할 때는 오히려 제국의 통합성을 저해하는 요인이 될 수 있었다. 칭기즈 칸이 죽은 뒤 원 제국이 몰락할 때까지 내내 이어진 치열한 권력 다툼과 분열은 바로 그 점에 기인하는 바가 크다. 더구나 일찌감치 제위의 세습제가 발달한 한족 왕조들과는 달리 몽골의 관습에는 칸위의 계승을 위한 고정된 제도가 없었으므로 다툼이 더욱 심했다. 장기 집권한 세조의 치세가 지난 뒤 14세기 후반까지 70여 년 동안 즉위한 황제만도 열 명에 이를 정도였다.

게다가 경제에 어두운 몽골 황실은 국가 재정을 제대로 운영하지 못하고 사치를 일삼았다. 원래 무능한 중앙은행은 모든 재정 문제를 은행권(화폐) 발행으로 해결하려 들게 마련이다. 제국 정부는 재정난을 해결하기 위해 지폐를 남발했다. 그것도 약효가 떨어지자 이번에는 국가 전매 상품인 소금 값을 올려 재정난에 대처하고자 했다. 그러나 그런 미봉책은 물가를 불안정하게 하고 농민들의 생활을 궁핍하게 만들었을 뿐 아무런 문제도 해결하지 못했다.

이것이 원 제국의 상층부가 약화되는 주요 원인이었다면 하부의 동요는 원 제국을 몰락시키는 주요 동력이었다. 장작이 잔뜩 쌓여 있어도 불씨가 없으면 불을 땔 수 없다. 그런데 이내 그 불씨가 솟았다. 바로 한인들이 들고일어난 것이다.

비록 세조의 한화 정책으로 완화되었다고는 하지만, 몽골의 한족 지배는 몽골 지상주의에서 크게 벗어나지 못했다. 오랜 기간의 민족 차별(혹은 인종차별)에 불만이 팽배한 한인들은 제국의 통치가 느슨해진 틈을 타서 각지에서 봉기했다. 사회 혼란이 오래 지속되면 미륵 신앙이 발달하게 마련이다. 남송 시대에 불교 정토종의 한 갈래로 출발한 백련교白蓮教는 혼탁한 시대를 만나 미륵 신앙으로 바뀌었다. 봉기가 잇따르면서 백련교 세력은 자연스럽게 군대화되었다.

백련교를 모태로 중국의 남방에서 일어난 홍건군紅巾軍은 금세 반원反元 항쟁의 핵심으로 성장했다. 홍건군의 우두머리인 주원장朱元璋(1328~1398)은 난징을 함락해 강남을 장악했으나 거기서 말거라면 애초에 거병하지도 않았다. 내친 김에 그는 제국의 심장부를 향해 북벌을 감행했다. 마침내 1368년 대도가 함락되면서 원 제국은 100여 년간의 중국 지배를 끝내고 고향인 몽골 초원으로 쫓겨났다. 이후 몽골은 새로 북원北元 왕조를 세우고 중원 복귀를 꿈꾸지만 서산에 진 해를 다시 띄우지 못하고 소멸하고 말았다.

2. 전통과 결별한 한족 왕조

황제가 된 거지

몽골을 몰아내고 중국 대륙을 한족의 품에 돌려준 주원장은 1368
년 새 제국의 국호를 명明으로 정했다. 일설에 의하면 그는 백련
교의 한 갈래인 명교明教의 우두머리인 탓에 국호를 명이라고 정
했다지만, '밝다'는 뜻도 한몫하지 않았을까 싶다.

명 제국을 세운 주원장은 역대 어느 왕조의 건국자보다도 희한
한 이력을 지닌 인물이었다. 일찍이 수, 당, 송 제국을 세운 양견,
이연, 조광윤은 모두 중원 북방의 유력한 무장 출신이었으며, 더
이전의 진시황은 전국시대 제후라는 당당한 신분이었다. 실력이
든 가문이든 배경이든 이들은 제각기 내세울 만한 요소가 있었다.
한 고조 유방도 이들에 비해서는 한참 떨어지는 신분이지만 변방
의 하급 관리 정도는 되었다. 그러나 주원장은 그보다 더욱 못한
걸식승 출신이었다.

주원장은 빈농의 아들로 태어나 머슴살이를 하다 전염병으로
가족을 모두 잃고 고아가 되었다. 자라서는 거지 중의 신분으로
여기저기 떠돌아다니며 밥을 빌어먹는 생활을 했는데, 이때 보고
들은 농민들의 비참한 생활과 세상 돌아가는 이야기가 그의 대세
감각을 크게 키워주었다. 그러던 차에 가입하게 된 비밀 조직 백
련교白蓮教가 그의 뜻을 펴기 위한 물리력이 되었다. 백련교의 군
조직인 홍건군에 자원입대해 맹활약하던 그는 홍건군 지역 대장
인 곽자흥郭子興의 부관으로 승진해 그의 딸과 결혼했다. 장인이

전사하면서 지휘관이 된 뒤에는 연이어 무공
을 세우면서 난징을 중심으로 강남의 동부
일대를 장악했다.

이미 원 제국은 힘이 현저하게 약해져 강
남 지방의 통제력을 상실한 때였다. 주원장은
당시 강남에서 세력을 떨치던 진우량陳友諒과
지주 세력의 대표인 장사성張士誠을 물리치
고, 마침내 100여 년 만의 한족 통일 왕조를
세웠다.

국호를 명이라고 정한 데는 평민 출신의
무명소졸이 세운 제국이었던 탓도 있을 것이
다. 진우량이나 장사성만 해도 각각 중국의
옛 역사에 등장하는 한漢과 오吳의 후예라고
자칭했지만, 주원장은 굳이 전통의 왕조를
계승할 필요가 없었다.

한족의 구세주   걸식승 출신의 주원장은 탁
월한 식견과 난세를 배경으로 제국의 건국자
가 되었다. 오랜 이민족 지배 끝의 한족 왕조,
더구나 보잘것없는 신분으로 건국한 명 제국이
었으므로 주원장은 모든 국정에 일일이 간섭
하면서 강력한 황제 독재 체제를 이루었다. 이
초상은 일반 백성들 사이에 알려진 모습으로
한족의 구세주라기보다는 고약한 인상이다.

명 제국은 남쪽에서 흥기했다는 점에서도
여느 왕조와는 달랐다. 역대 중국의 통일 왕조들은 대부분 중원을
중심으로 세력을 키워 남쪽으로 확장하는 게 기본 공식이었다. 그
러나 주원장은 강남에서 출발해 중원을 정복했다는 점에서 그 반
대다(난징을 수도로 한 통일 왕조도 명이 유일하다). 그 이유는 주원장
자신도 원래 강남의 안후이 출신인 데다 당시 중원은 아직 몽골
의 손아귀에 있었으므로 강남을 근거지로 삼을 수밖에 없었기 때
문이다.

오랜 이민족 지배를 끝내고 탄생한 한족 왕조, 평민 출신의 건
국자, 특이한 건국 과정. 이렇게 역사적 전통에서 한 걸음 비껴나

형률의 근본 새 나라가 들어서면 법부터 제정하는 게 순서다. 명 태조는 당 제국의 법을 바탕으로 1367년 《대명률(大明律)》을 제정했다. 《대명률》은 당률과 비슷했으나 주원장의 철권통치가 반영되어 그보다 훨씬 잔혹한 형벌 조항들이 많이 섞였다.

있는 데서 충분히 짐작할 수 있듯이, 명은 여러 가지 점에서 독특한 면모를 보여준다.

'빽' 하나 없는 자신의 출신이 마음에 걸리기도 하고, 또 이전 한족 왕조인 송대의 취약한 황권이 어떤 결과를 가져왔는지를 잘 알고 있는 명 태조는 신생 제국의 안정을 위해 무엇보다 황제 중심의 강력한 독재 체제가 시급하다고 판단했다. 그래서 그는 이민족 왕조인 몽골도 본뜬 한족 왕조의 정치 체제를 대대적으로 수술했다.

우선 황권을 견제하는 역할을 하던 승상직을 아예 없애고 중서성도 폐지했다. 자연히 중서성이 관할하던 이·호·예·병·형·공의 6부는 황제 직속으로 귀속될 수밖에 없었다. 또 원대의 군사 기관인 추밀원을 5군 도독부로 바꾸고 감찰 기관 어사대도 도찰원都察院으로 고쳐 모두 황제 직속으로 만들었다. 행정, 사법, 군정을 모두 황제 개인이 장악하게 된 것이다. 예로부터 중국 황제는 천자의 절대적 지위를 누렸으나 항상 그에 걸맞은 현실의 권력을 지녔던 것은 아니다. 명대에 이르러 비로소 천자라는 명칭에 부합하는 황제의 절대 권력이 확립된 것이다.

나아가 태조는 중앙 관제만이 아니라 지방 행정에까지도 황제 독재의 원칙을 관철했다. 그래서 만든 게 이갑제里甲制다. 우선 한 지역의 농가들을 갑수호甲首戶라고 부르는 일반 농가 100호와 이장호里長戶라로 부르는 부유한 농가 10호로 나누고 이 110호를 묶어 1리里로 한다. 100호의 갑수호는 다시 10갑으로 나누고, 이장호가 매년 번갈아가며 이장을 맡는다. 이장은 각 갑의 대표인 10명의 갑수들을 통해 마을 행정을 담당한다. 이처럼 마을 단위로 치안을 유지하는 제도는 예전에도 있었지만, 이갑제의 이장은 권농과 교화, 재판은 물론 조세 징수까지 담당했으므로 지역의 독재자인 셈이었고 중앙 정부와 밀접한 연관을 유지했다. 겉으로는 일종의 지방자치제처럼 보이지만, 이갑제는 실상 국가(황제)가 농촌의 지주들과 결탁해 일반 농민들에까지 지배력을 관철시키는 제도였다.•

군사 제도 역시 독창적이면서도 과감하게 개혁되었다. 당의 부병제가 붕괴하는 과정에서 전형적으로 볼 수 있는 것처럼 역대 통일 왕조들은 초기에는 예외 없이 징병제, 즉 의무병제를 시행했다(오늘날과 같은 한시적인 의무병제의 개념이 아니라 평생 의무병, 즉 병농일치 제도다). 그러나 이는 일반 백성들에게 큰 부담이 되었다. 게다가 병역 대신 병역에 상당하는 조세를 납부하는 제도가 일반화된 탓에 의무병제를 일관되게 유지하기 어려웠다. 따라서 시간이 어느 정도 지나면 초기의 '신성한 병역 의무'라는 정신은 사라지고 모병제, 즉 직업군인제를 채택할 수밖에 없었다.

어차피 그렇게 갈 거라면 차라리 처음부터 그렇게 하자. 명 태조는 순수 징병제를 포기하고 징병제와 모병제를 절충한 군사 제도를 택했는데, 이것이 곧 위소衛所 제도다. 이 제도는 국가 방위의 전략적 요충지(위소)를 정하고 하나의 위소당 5600명의 병력을 배정해 주둔시키면서 경비하게 하는 것이다. 그런데 이 병사들은

• 이갑제는 송대에 향촌 사회에 뿌리내린 형세호 중심의 사대부적 질서를 바탕으로 하고 있으므로 전통과 전혀 상관이 없는 제도는 아니다. 당시 형세호도 조세를 징수하고 요역을 배정하는 등 국가 기관의 업무를 일부 담당했다. 그러나 송의 황권은 명에 미치지 못했으므로 그것을 제도화시켜 중앙 정부의 일률적인 지배를 관철시키는 수단으로 삼지는 못했다.

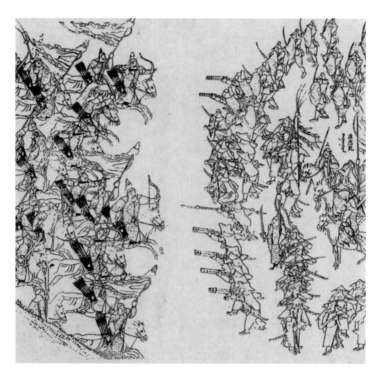

명 제국 군대의 전투 장면   앞 열의 병사들이 총포를 든 것에서 과거의 군대와는 다른 면모를
볼 수 있다. 하지만 일찍부터 병사 계층이 분리된 서양이나 일본과 달리 중국은 명대까지도 '직업
군인'이나 '상비군'의 개념이 없이 전통적인 병농일치가 일반적이었다.

군적軍籍을 가진 군호軍戶로서, 일반 민호民戶와는 달리 처음부터
병역의 담당자로 내정된 일종의 직업군인이었다. 이들은 대대로
병역이 세습되었고 마음대로 군호에서 이탈할 수도 없었다. 물론
그에 필요한 경비는 민호에서 납부하는 조세를 통해 해결되었지
만 필요한 식량은 모두 군전軍田으로 충당했다. 또한 원래부터 중
국 변방에 살고 있던 소수 이민족들은 그대로 위소로 편성해 자
치 겸 국방 수비에 임하게 했다. 이 위소 제도는 병농일치라는 의

무병제의 장점과 더불어 뛰어난 전투력을 자랑하는 직업군인제의 장점도 수용한 것이었다.

주원장은 평민, 혹은 기껏해야 반란군 무장 출신이라는 신분답지 않게 여러 방면에서 뛰어난 정치 감각과 행정 솜씨를 보인 인물이었다. 더구나 전통을 답습하려 하지 않고 창조적으로 모든 제도를 완비한 그의 능력은 '근본 없는' 신생국 명을 일찌감치 제국의 반열에 올려놓는 데 결정적으로 기여했다. 중기 이후 무능한 황제들이 속출하는데도 명 제국이 그런대로 존속할 수 있었던 것은 개국 초에 그가 다져놓은 각종 제도의 덕이 크다.

영락제의 세계화

걸출한 군주인 명 태조는 자신의 사후에 대한 배려도 아끼지 않았다. 원래 나라를 처음 세운 건국자가 죽으면 후계를 둘러싸고 치열한 다툼이 벌어지는 법이다.* 이런 사태를 예방하기 위해 태조는 26명에 이르는 아들들을 모두 중앙에서 멀리 내쫓아 변방의 요지를 지키는 번왕藩王으로 만들어버렸다. 이 방법은 제위 계승 분쟁의 씨앗을 없애는 한편 국경 수비를 도모하고 변방의 반란도 제어한다는 일석삼조의 효과가 있었다. 그러나 중앙 권력이 강할 때만 그런 효과를 기대할 수 있

● 우리의 조선조 역사에서는 이를 '왕자의 난'이라 부르지만 이런 종류의 사태는 거의 모든 나라의 개국 초기 역사에서 볼 수 있다. 고려의 건국자 왕건이 죽고 나서는 그의 배다른 아들들이 각자 자기 어머니의 외척 세력을 등에 업고 정권 다툼을 벌였으며, 조선의 이성계는 살아 있는 동안에 정권 다툼의 와중에 한 아들(이방원)이 두 아들(방석과 방번)과 개국공신(정도전)을 죽이는 비극을 목격했다. 중국 역사도 마찬가지다. 진시황이 죽자 승상이 태자를 죽이고 자신이 지지하는 황자를 즉위하게 했는가 하면, 한 고조 유방이 죽었을 때는 여태후가 집권해 황제를 멋대로 갈아치웠다. 당의 건국자 이연이 조선의 이성계와 같은 비극을 당한 것은 앞에서(151쪽 그림 설명) 본 바 있다. 절대 권력자인 건국자가 죽고 새로운 권위가 필요해진 상황에서 이러한 '개국 초기 증후군'이 발생하는 것은 이해하기 쉽다. 다행스런 점은 앞서 말했듯이 '왕자의 난'을 배경으로 즉위한 당의 태종, 조선의 태종, 명의 영락제가 모두 유혈로 집권한 뒤에는 뛰어난 정치력을 발휘했다는 점이다.

을 뿐 그렇지 않은 경우에는 손바닥으로 하늘을 가리려는 것이나 마찬가지였다.

번왕들은 국경 수비를 담당했으므로 언제든 부릴 수 있는 군사력을 보유하고 있었는데, 이것은 시한폭탄이나 다름없었다. 태조가 죽자 즉각 폭탄이 터졌다. 원래 태자가 일찍 죽은 탓에 주원장은 손자를 태자로 책봉해두었는데, 일단은 손자인 건문제建文帝가 즉위해 그의 구상이 관철되었다. 하지만 호랑이 같은 아버지가 죽었으니 건문제의 삼촌들은 두려울 게 없었다.

과연 그 삼촌들 중 가장 강력한 연왕燕王(연경의 번왕)이 군대를 몰고 난징으로 쳐들어왔다. 수도에서 멀리 떨어진 만큼 국경 수비대는 강하다. 북쪽으로 먼 연경에서 막강한 군사력을 거느린 연왕은 이미 인근의 몽골 잔당을 물리쳐 전공이 드높았다. 조카를 손쉽게 제압하고 제위를 차지한 연왕이 바로 영락永樂이라는 연호로 더 잘 알려진 영락제, 즉 성조成祖(1360~1424)다(명대부터는 연호를 묘호廟號와 함께 사용하기 시작했다. 명 태조의 연호는 홍무洪武였으므로 홍무제라도 불린다).

영락제가 즉위하자마자 맨 먼저 한 일은 수도를 난징에서 북쪽 연경으로 옮기는 것이었다. 그 목적은 몽골 침입에 효과적으로 대응하려는 것도 있었으나 여기에는 자신의 세력 근거지를 전국의 중심으로 만들려는 뜻도 있었다. 1420년 궁성(지금의 쯔진청)이 완성되자 영락제는 수도를 이곳으로 옮기고 베이징北京이라는 이름으로 바꾸었다. 전 수도인 금릉金陵은 난징南京이라는 명칭으로 바뀌었다. 지금까지 우리는 편의상 베이징과 난징이라는 이름을 계속 써왔지만 실은 영락제가 처음으로 만든 이름들이다.

아버지의 뜻을 거슬러 집권한 영락제는 대외 정책에서도 태조와 어긋났다. 적극적인 북방 정책으로 전환한 것이다. 일찍이 송 태조 조광윤은 전대(당말오대)의 혼란을 극복하기 위해 북방을 포기하면서까지 내적 안정을 꾀했고, 그보다 오래도록 큰 혼란(이민족 왕조)을 겪은 명 태조 주원장도 조광윤과 같은 생각이었다. 그러나 영락제는 오히려 북방을 평정하는 것만이 나라의 안정을 꾀하는 것이라고 보았다. 그런 그의 판단은 옳았다. 당시 몽골 초원에는 오이라트족이 강성해지면서 호시탐탐 중국 북방을 노리고 있었던 것이다. 불과 50년 전까지도 지긋지긋한 몽골 치하에 있지 않았던가? It's now or never! 지금이 아니면 영영 기회가 없을지도 모른다. 영락제는 1410년부터 15년에 걸쳐 직접 50만 대군을 이끌고 다

위풍당당 영락제 　영락제는 한 무제, 당 태종에 버금가는 중국 역사상 걸출한 군주였다. 그는 대내외적으로 신생국인 명을 강력한 제국으로 만들었다. 그러나 영락제 이후로 명의 황제들은 모두 쭉정이였으므로 그의 치세는 아직 건국 초기였음에도 제국의 최전성기이자 쇠락의 시작이었다.

섯 차례나 출정한 끝에 마침내 북방을 평정했다. 이제 한동안은 북변을 걱정하지 않아도 되었다. 역대 한족 제국의 황제로서 직접 고비 사막을 넘은 것은 그가 최초이자 마지막이었다.

오랜만의 한족 제국인 탓에 건국 직후 변방을 다지는 일도 실로 오랜만이었다. 북방만큼 걱정할 것은 아니었으나 변방은 남방에도 있었다. 영락제는 먼저 베트남 지역을 복속시켰으나 더이상 나아가려면 육로로는 불가능했다. 그래서 그는 정화鄭和(1371~1435년경)에게 군대와 함선을 주고 역사적인 남해 원정을 명했다.*

1405년에 시작된 정화의 원정은 이후 1433년까지 일곱 차례

● 정화는 이슬람교도로 일찍부터 영락제의 곁에서 시중을 들던 환관이었는데, 원래 이슬람교도로 마(馬)씨였다. 무함마드에서 음차한 성일 것이다. 색목인은 이미 몽골 시대에 정부에 중용되었으므로 영락제에게는 어릴 때부터 그 혈통이 친숙했을 것이다. 오랫만에 복귀한 한족 왕조였지만 몽골 제국의 유산이 완전히 근절된 것은 아니었다.

나 진행되었다. 주로 가까운 남중국해 일대를 순회했으나 때로는 멀리 인도양과 아프리카 동부 해안에까지 가기도 했다. 1차 원정대는 62척의 큰 배와 2만 8700명의 병사들, 의사, 통역관, 목수, 사무원까지 거느렸으니 규모로만 보아도 얼마나 엄청난 계획이었는지 알 수 있다.

이 원정이 장기적으로 지속되었더라면 유럽보다 조금 앞서 중국의 '대항해시대'가 열리고 '지리상의 발견'이 시작되었을지도 모를 일이다. 그러나 정화의 원정에는 큰 한계가 있었다. 유럽의 대항해시대를 연 포르투갈과 에스파냐는 국책으로 장려되기는 했지만 주로 민간 상인들이 일선에서 뛰었고 무역 활동이라는 경제적 목적을 가지고 있었다. 그런 반면 중국의 남해 원정은 전적으로 정부가 기획하고 추진했으며, 새로운 통일 제국 명의 위용을 만방에 과시하려는 정치적 의도가 강했다. 때마침 중앙아시아를 석권하고 있던 티무르 제국을 견제한다는 의도도 있었고, 일설에 따르면 행방불명된 조카 건문제를 찾기 위해 원정대를 파견했다고도 한다. 사실 중국은 유럽 세계처럼 분열되어 있지 않았으므로 에스파냐와 포르투갈처럼 경쟁적으로 지리상의 발견에 나설 필요도 없었다. 어쨌거나 원정의 의도와 외부를 바라보는 관점에서 당시 유럽과 중국은 차이가 컸다.

그래도 원정의 효과는 꽤 컸다. 우선 남방의 여러 나라와 국제관계(중국 측 말로는 조공 관계)를 맺었으며, 부차적인 목적인 무역의 성과도 적지 않았다. 특히 원정이 진행되는 과정에서 동남아시아 지역에 관한 정보가 강남 지방의 중국인들에게 전해져 이들이

304

3부 섞임

웅장한 궁성　주원장이 언제까지 강남의 난징을 수도로 할 생각이었는지는 모르겠으나, 그의 아들 영락제는 연경(베이징)을 세력 기반으로 하고 있었으므로 이 쯔진청(紫禁城)을 짓고 수도를 연경으로 옮겼다. 쯔진청(자금성)이라는 이름은 북극성과 그 주변의 별을 가리키는 자휘원(紫微垣)이라는 말에서 나왔는데, 천자를 북극성에 비유한 고대 중화사상의 맥을 따르고 있다.

남방 원정선 정화의 남방 원정대는 화물선을 개조해 만든 함선으로 원정을 떠났다. 그런데도 성과를 거둘 수 있었던 이유는 워낙 대규모인 데다, 무력을 앞세운 원정이 아니라 신생국의 권위를 널리 알리는 '해외 사절단'의 임무를 주로 수행했기 때문이다.

남방으로 진출하는 사례가 급격히 증가했다. 오늘날 동남아시아 여러 나라에서 살고 있는 화교華僑들은 바로 이 시기에 기원을 두고 있다.

환관의 전성시대

영락제는 대외적으로 한 무제와 당 태종에 맞먹는 탁월한 군주였으나, 대내적으로는 장차 제국의 운명을 위태롭게 할 씨앗을 뿌려놓았다. 그것은 곧 환관이었다. 역대 한족 왕조들은 사대부 국가인 송을 제외하고는 거의 다 환관의 발호로 인해 정치 불안과 부패가 빚어졌다. 이 점을 일찌감치 간파한 태조 주원장은 환관의 정치 개입을 금지하는 것은 물론 환관에게는 문자조차 습득시키지 말라는 유시를 남기고 이 내용을 적은 철패까지 세웠다.

하지만 아버지와 아들은 환관 문제에서도 어긋났다. 영락제는 조카의 권력을 찬탈하는 과정에서 환관의 협조를 받은 일이 있었던 탓에 환관에 대한 경계심이 없고 오히려 그들을 깊이 신뢰했다. 권력의 정통성이 결여되었다는 불안도 작용했을 것이다. 정당한 권력이었다면 당연히 사대부 세력에게 의존했을 테니까.

남해 원정의 사령관인 정화가 환관인 것은 결코 우연이 아니었다. 게다가 영락제는 절대 권력을 유지하기 위해 1420년에는 동창東廠이라는 일종의 특수 경찰 조직을 설치하고 그 우두머리로 환관을 임명했다. 동창은 황제 한 사람을 제외한 모든 사람을 감시할 권리를 지닌 막강한 권력체였다. '음지에서 일하고 양지를 지향하는' 기관이 흔히 그렇듯이 동창은 황제의 인물됨이나 권위에 따라 약도 되고 독도 될 수 있었다. 그래서 동창은 강력한 군주 영락제의 시절에는 황제 권력을 강화하는 데 도움이 되었으나 나중에는 환관의 유력한 무기로 전락해 환관의 적수인 사대부를 탄압하는 데 앞장섰다.

영락제 자신이야 절대군주였고 당시 환관은 충심으로 그를 받들었으니 무슨 염려가 있을까? 그러나 그는 태조처럼 앞날을 내다보는 눈이 없었다. 영락제 이후 환관을 중용하는 악습은 아예 황실의 전통으로 굳어졌다. 1435년 일곱 살의 어린 황제 영종英宗(1427~1464)이 즉위하자 즉각 문제가 터져 나왔다. 태자 시절부터 영종의 시중을 들던 환관 왕진王振은 황제를 대신해 권력을 장악하고 태조가 세운 환관을 경계하라는 철패마저 부수어버렸다. 한동안 브레이크가 고장 난 자동차처럼 기고만장하게 앞으로만 내달리던 그는 1449년에 마침내 전복 사고를 일으키고 만다. 북방

의 오이라트가 다시 흥기하자 왕진은 무관들의 반대를 무릅쓰고 황제가 직접 군사를 이끌고 출정해야 한다고 고집을 부렸다. 만용의 대가는 컸다. 토목보土木堡 전투에서 대패하는 바람에 왕진은 전사하고 황제가 포로로 잡히는 국가적 망신을 빚었다.

그러나 왕진의 몰락으로 환관 정치가 끝나기는커녕 오히려 더욱 활개를 쳤다. 환관 정치는 이미 그전에 '음지'에서만 작용한 게 아니라 제도권 정치에 직접 개입할 수 있는 계기까지 만들어놓았다. 영락제의 뒤를 이은 선종宣宗(그사이에 인종이 8개월간 재위하다 죽었다)이 만든 내각內閣 제도가 바로 그 계기를 제공했다.

사실 태조의 치세에 모든 권력을 황제에게 집중시킨 것까지는 좋았는데 그 과정에서 승상을 없애고 행정 실무를 담당하는 6부까지 황제의 직속으로 한 것은 무리수였다. 어차피 황제 혼자의 힘으로 국정을 다 처리할 수는 없으므로 태조는 황실 비서 겸 고문으로 내각대학사內閣大學士라는 직책을 두었다. 하지만 이들은 정해진 품계가 워낙 낮아 제대로 일을 처리하지 못했다. 그래서 선종은 6부의 책임자(상서) 중 한 사람에게 내각대학사를 겸임하게 했는데, 오늘날로 치면 장관들 가운데서 한 사람을 뽑아 국무총리를 겸임시킨 셈이다. 자연히 그 상서는 권한이 강화되어 예전의 승상과 같은 역할을 하게 되었다. 그러나 실무는 승상의 업무이되 공식적으로는 승상이 아닌 상서의 지위였으므로 아무래도 문제가 없을 수 없었다.

바로 이 공식과 비공식의 틈을 환관이 파고들었다. 내각에서 올라오는 문서를 황제에게 전달하는 일은 환관들이 하는 게 역대 전통이었다. 명대에는 사례감司禮監이라는 환관들의 기구가 그 일을 맡고 있었다. 그 우두머리인 사례태감은 보직상으로는 단지 문서를 황제에게 전하고 황제의 칙서를 다시 내각에 전하는 통로의 역할만 하도록 되어 있었다. 하지만 오늘날에도 권력이 부패하면 대통령보다 비서실장이나 경호실장이 판치는 법이다. 점차 권한이 커진 사례태감은 국가의 기밀 내용까지 두루 꿰게 되었을 뿐 아니라, 내각에서 오는 문서를 제멋대로 재단하고 결재까지 할 정도였다. 그런데 옛날의 승상 같은 고위직이라면 몰라도 내각대학사를 겸하는 상서 정도의 신분으로는 사례태감을 제어할 수 없다는 게 더 큰 문제였다. 점차 환관들의 권력은 내각을 능가하게 되었고 내각과 황제의 소통을 차단하는 것은 물론 때로는 내각의 의견까지 재단하고 견제하기에 이르렀다. 감히 환관의 권력에 도전한 내각의 사대부들은 걸핏하면 동창에 끌려가 모진 고문을 당하기 일쑤였다.

건국 초기 건강했던 시절이 지나고 명대 중기에 이르러 어리고 무능한 황제들이 출현하자 그러한 환관 정치는 더욱 기승을 부렸다. 명 제국은 역대 어느 왕조보다도 환관들이 날뛰던 시대였다. 명 중대에 환관들은 숫자만 해도 무려 10만 명에 달했다. 왕진, 유근劉瑾, 위충현魏忠賢 등 역대 '환관 스타들'의 상당수가 명대의 인물들이었다는 사실은 결코 놀랄 일이 아니다.*

환관을 멀리하고 모든 기관을 황제 직속으로 만들어 황제의 절대 권력을 유지하려 했던 태조 주원장의 국가 운영 방침은 환관

● 명은 그렇게 많은 환관도 부족해 조선에까지 환관을 보내라고 명했다. 하지만 조선에서는 환관을 많이 쓰지 않았으므로 그것은 무리한 요구였다. 처음에는 상국의 요구를 어느 정도 수용할 수밖에 없었으나 조선에서도 이내 보낼 환관이 부족해졌다. 더구나 중국에 갔던 환관들이 방문이라도 할 때면 세도를 부리는 통에 각종 폐단이 많아졌다. 세종이 명에 청원한 끝에 환관을 중국에 보내는 일을 겨우 중단할 수 있었다.

●● 중국 역대 통일 왕조들의 평균 수명은 300년이 채 못 되는데, 세계사적으로 보면 결코 짧지 않다. 그러나 한반도에 들어선 역대 왕조들의 평균 수명은 무려 600년이 넘는다. 중국에 비해 한반도 왕조들이 정치를 잘했기 때문일까? 물론 아니다. 우선 한반도는 중국만큼 넓지 않기 때문에 중앙 정부의 통제가 지방에까지 쉽게 전해졌다. 또 한반도는 신라의 삼국 통일 이후 외교와 군사 측면에서 중국의 지휘를 받았다. 중국 역대 왕조들은 한반도의 군대 징발권을 가지고 있었으며, 한반도의 국제 관계도 거의 중국이 관장하는 식이었다. 왕조가 교체되려면 '반란'이 필요한데, 중앙의 통제를 벗어나는 지방이 없고 군사권이 중국에 있었으므로 우리 역사에서는 그런 반란이 드물었으며(그런 탓에 고려와 조선의 왕조 교체는 중국의 분열기와 일치한다), 왕조의 수명도 더 길 수 있었다.

을 중용한 영락제와 내각을 만든 선종에 의해 이미 제국 초창기인 15세기 초반부터 여지없이 무너져버렸다. 주원장의 꿈은 너무 이상에 치우친 것이었을까? 어쨌든 이렇게 해서 명은 너무도 일찍 쇠락의 길을 걷게 된다. 이것도 역대 최고 기록일 것이다.

사람 잡는 은납제

역대 한족 왕조들이 그렇듯이, 명 제국도 전성기는 짧았고 퇴조기는 길었다. 294년의 사직 중 처음 100년도 채 못 되는 시점에서부터 벌써 정치가 부패하기 시작했다.●● 그러나 더 중요한 문제는 사회의 기반을 이루는 경제가 흔들리는 데 있었다.

사회가 발달함에 따라 생산력도 성장하는 것은 당연한 일이지만, 명대에는 특히 농업과 산업 생산력이 크게 발달했다. 태조 시절부터 국가적으로 자영농 육성책이 실시된 결과 경지 면적이 크게 늘어났고, 품종 개량과 시비법의 발달 등 생산 기술에서도 큰 발전을 이루었기 때문이다. 또한 수공업도 처음에는 농가의 부업으로 시작했다가 점차 대규모 공장들로 발달했다. 특히 송대에 수입되어 원대에 보급되기 시작한 면화로 인해 명대에 들어 방직 공업이 크게 발달했다(이에 따라 임금노동자 계급도 급속히 성장했는데, 예를 들어 쑤저우에서는 중국 최초의 노동운동이라 할 방직공들의 폭동이 발생하기도 했다).

상업 역시 농업과 산업에 못지않았다. 산업과 도시가 발달하면서 원거리 상품의 유통을 담당한 객상들이 전국을 누비고 다녔다. 그 과정에서 전국적인 유통망을 가진 대규모 객상들이 출현했다. 당시 화북을 무대로 활약한 산시 상인들은 군대에 군량미를 조달한 대가로 정부에서 소금의 판매권을 양도받아 급속히 성장했다. 또 안후이의 신안 상인들은 산시 상인과 쌍벽을 이루는 객상으로 강남의 상권을 장악했다.

경제성장이 지속되면 그에 따라 경제구조도 변해야 한다. 몸은 커졌는데 작은 옷을 그대로 입을 수는 없는 것과 마찬가지다. 그러나 가뜩이나 정치 불안에 시달리던 정부는 민간에서부터 급성장하는 경제를 감당하지 못했다. 산업과 상업이 발달하면 화폐를 더 많이 사용할 것은 누구나 예상할 수 있다. 당시 정부가 발행하는 화폐로는 주화인 대명통보大明通寶와 지폐인 대명보초大明寶鈔가 있었다. 그런데 정부는 은을 아끼려는 얄팍한 생각에서 주화보다 지폐의 사용을 적극 권장했고, 민간에서 널리 쓰이던 은의 유통을 법으로 금지했다. 경제 규모의 성장으로 화폐 사용량이 급증하자 정부에서는 지폐만 마구 찍어댔으니 이게 온전할 리 없다. 지폐 가치는 급락을 거듭하다 나중에는 종잇조각과 다를 바 없어졌다. 그제야 비로소 정부는 은의 유통을 현실로 받아들이고 허가하는데, 소 잃고 외양간 고치기가 따로 없다.•••

급기야 1436년에는 관리들마저 녹봉을 곡식 대신 은으로 달라

쓰촨 지역에서 유통된 은화 화폐 경제가
발달하지 못한 여건에서 돈으로 세금을 납부
하라는 것은 일종의 이중과세였다. 농민들은
현물을 그림과 같은 화폐로 바꿔 조세를 내야
했다.

●●● 이 점이 중국 명 제국과 비슷한 시기
에 유럽에서 생겨난 절대왕정 체제의 차이
다. 황제를 중심으로 한 절대 권력의 외양은
같지만, 그전까지 중국에서는 강력한 중앙
집권의 전통이 있었던 데 비해, 유럽에는 분
권적인 봉건제의 역사가 있었다. 봉건제의
유럽에서는 민간 영역에서 이루어지는 산업
과 상업의 성장에 대해 정치권력이 관여할
수 없었다. 그러나 중국에서는 모든 게 관의
지배 아래 있었으며, 민간 영역이라는 게 애
초에 없었다. 이 차이는 서양에서 시민사회
가 역사 발전에 따라 자연스럽게 성장한 데
반해 동양에서는 그에 해당하는 세력이 생
겨나지 못한 이유를 말해준다.

고 요구했다. 예나 지금이나 공무원의 급료
는 국가 재정에서 큰 몫을 차지한다. 관리들
의 녹봉을 은으로 주기 시작하자 정부는 많
은 양의 은이 필요해졌다. 부족한 은은 세금
으로 메울 수밖에 없었다. 결국 정부는 백성
들에게 세금을 은으로 내라는 은납제銀納制
를 시행하게 된다.

절대 권력의 시대에 정부의 방침은 전 사
회에 지대한 영향을 미치게 마련이다. 정부
의 명이 떨어지자 모든 백성은 세금을 내기
위해 은을 구해야만 했다. 상업이 발달한 도
시에서는 그리 어려운 일이 아니었으나 일
반 농민들에게는 쉽지 않았다. 더구나 예전
에는 수확한 곡식을 그냥 조세('租稅'라는 한자
어에 곡식을 뜻하는 '禾' 자가 들어 있는 것은 현물
을 세금으로 냈던 흔적이다)로 납부하면 되었지
만, 이제는 곡식을 팔아 은을 구입해서 내야
하니 결과적으로는 세금이 더 무거워진 셈이
되었다(일찍이 당의 양세법으로 현물 납부를 금납
제로 바꾸었을 때도 농민들은 똑같은 피해를 겪었
는데, 수백 년이 지났어도 화폐경제가 실현되지 않
은 것이다). 농민들은 은을 구입하기 위해 쌀
이나 보리 같은 일반 작물만이 아니라 돈이
될 만한 작물을 널리 재배하기 시작했다. 심
지어 미작을 해야만 하는 지역에서도 특용

난징의 번영　강남에 기원을 둔 최초의 통일 제국답게 명대에는 강남이 크게 발달했다. 항저우는 이미 남송 시대에 발달했으나 명대에는 난징과 쑤저우 같은 다른 강남 도시들도 큰 번영을 누렸다. 그림은 당시 난징 시가지의 광경인데, 많은 사람이 모인 도심을 보여준다.

작물을 재배한 탓에 미곡이 부족해지는 경우마저 있었다.

　이렇게 은 구입이 어려웠던 이유는 애초에 중국의 은 생산량이 많지 않기 때문이다. 부족하면 수입해야 한다. 그게 정부의 의무다. 하지만 정부가 그 점을 깨달은 것은 은납제가 시행된 지 무려 150년이나 지나서였다. 16세기 말에 정부가 대외 무역을 활성화하는 조치를 취해 멕시코산 은이 유입되면서 비로소 은이 부족한 현상이 해소되었다. 급변하는 현실에 한참이나 뒤늦은 행정은 경제 혼란과 백성들의 고통으로 직결되었다.

　은납제로 인해 세금을 현물 대신 은으로 납부하게 되자 세금 제도도 바뀔 수밖에 없었다(물론 은납제가 시행되었다고 해도 현물로 내는 세금이 사라진 것은 아니다. 은으로 대체된 것은 주로 요역에 관한 세금이었고 토지에 매기는 세금, 즉 전부田賦는 현물이 위주였다). 원래 중국의 세금 제도는 당대 이후 양세법을 기본으로 했다. 4장에서 보았듯이 양세법의 원래 취지는 조용조로 나누어진 징세 체계를 하나로 단일화해 조용조의 폐단을 없애고 국가 세수를 늘리는 데 있었다. 그러나 시대를 거치면서 양세법의 기본 취지는 점차 약화되고 여름과 겨울 두 차례에 걸쳐 세금을 납부한다는 껍데기만 남게 되었다. 그나마 원대에는 강남 지역에만 양세법을 실시했는데, 여름에는 특산물을 징수하고 가을에는 곡물세를 징수한다는 내용이었으니 명칭만 양세법이지 과거의 조용조나 다를 바 없었다.

당 제국 시대에 균전제가 무너지고 양세법이 생겨난 원인은 농민들이 토지에서 이탈했기 때문이다. 명대 중기에도 마찬가지였다. 그렇다면 당대의 균전제가 몰락한 것처럼 명대에도 붕괴한 게 있을 터이다. 그것은 바로 제국 초기부터 통치의 근간이었던 이갑제다.

앞에서 보았듯이, 이갑제의 주요한 취지는 향촌 사회의 질서를 이용해 조세 징수와 요역 부담을 제대로 처리하려는 데 있었다. 그런데 문제는 모든 마을에 균등하게 조세와 요역을 부담시킨 데서 생겨난다. 같은 110호의 마을이라 해도 마을마다 경제 사정이 다른 것은 당연한 이치인데, 이 점이 무시된 것이다(세금의 용도를 사회적인 측면이 아니라 지배층을 유지하는 것으로 여기는 동양식 왕조의 한계다). 조세까지는 그런대로 견딘다 해도 요역은 큰 문제였다. 그렇잖아도 농민들의 부담이 큰 데다 향사鄕士라고 불리는 관료나 생원 등 마을의 지식인층은 요역이 면제되었고, 유력 지주들도 갖가지 방법을 동원해 요역을 회피하는 경우가 많았다. 여기서 생

수력의 이용 명대의 농서에 나오는 수전번차(水轉翻車)의 모습이다. 이미 기어의 원리가 이용되고 있는 것을 볼 수 있다

긴 요역의 공백은 일반 농민들이 메워야 했다.

예로부터 조세보다 무거운 게 요역이었다. 가혹한 부담에 견디지 못하고 도망치는 농민들이 늘어갔다. 남은 농민들은 향촌 지배층의 면제된 요역분에다 마을에서 도망친 농민들의 요역분까지 부담해야 했으니 죽을 맛이었다.

똑같은 범인이 균전제를 죽이고 수백 년 뒤에 이갑제도 죽였다. 그렇다면 사건 해결도 똑같은 형사가 맡을 수밖에 없다. 다만 예전에 이름이 양세법이었던 형사는 이번에는 일조편법─條鞭法이라는 이름으로 변장하고 현장에 출동한다. 1513년에 시행된 일조편법의 기본 내용은 본래의 양세법과 같다. 곡물세와 요역의 여러 항목을 단일화해 은납하게 하고, 이갑제 하에서 마을마다 부과하

철의 제련　노동자들이 용광로를 이용해 철을 제련하는 모습이다. 당시 공업 노동자는 첨단의 기술자로 취급받았으므로 일하는 표정이 즐거워 보인다. 하지만 명의 백성들은 세금 제도의 폐해에 몹시 시달렸다.

던 세금의 양을 다시 옛날처럼 토지와 사람을 기준으로 부과한다는 내용이다. 일조편법이 양세법과 다른 점이 있다면, 세금을 연중 두 차례로 나누어 내지 않게 됨으로써 '양세'라는 이름을 떨구었다는 것과 당 제국 시대와 달리 은납제가 제법 광범위하게 통용되고 있다는 배경의 차이밖에 없다.

　양세법과 마찬가지로 일조편법도 초기에는 어느 정도 효과를 보았다(사실상 같은 내용인데도 양세법과 일조편법은 중국의 세금 제도 역사상 양대 개혁으로 불린다). 과세의 기준이 명확해지면서 세금을 둘러싼 관리들의 농간도 사라지고, 탈세의 여지가 적어져 국가의 수입도 늘어났다. 게다가 농민이나 정부나 세금을 납부하고 징수하기가 수월해졌다. 그러나 농민들의 세금이 경감된 측면은 사실상 없었고, 앞에서 본 것처럼 완전치 못한 은납제 때문에 농민들이 겪는 이중고(곡물을 팔아서 은을 사야 하는 고통)를 오히려 증폭시킨 의미가 있었기 때문에 그 효과는 한시적일 따름이었다.

조공인가, 무역인가

중화사상이 이론과 현실에서 완성된 것은 송대의 일이었으나 물리력이 약한 송은 중화사상을 실현하지 못하고 이상으로만 간직했다. 그러다 결국 '오랑캐'인 몽골족에게 나라를 빼앗겼다. 그런데 100여 년 뒤 한족의 명 제국이 복귀했다. 송대에 지금은 비록 오랑캐 세상이지만 한족이 다시 중심이 되리라던 주희의 이론이 사실로 증명된 걸까?

한족 왕조 명은 그 점을 의식했는지 개국 초부터 적극적으로 중화적 세계관을 주변에 강요했다. 영락제 시대 정화의 남해 원정도 그 작업의 일환이었다. 앞에서 보았듯이, 정화의 원정은 유럽이 본격적인 대항해시대를 여는 것보다 시기적으로 앞섰으므로 충실하게 진행되었더라면 이후 중국사, 아니 세계사의 물줄기를 크게 바꾸었을지도 모른다. 적어도 17~18세기에 동남아시아 일대가 유럽 열강에 침탈당하는 사태는 막을 수 있었을 것이다.

그러나 정화의 원정은 활발한 대외 무역으로 이어지지 못했다. 중국처럼 강력한 중앙집권의 역사가 오랜 곳에서는 민간 주도를 기본으로 하는 무역이 활성화되기가 어려울 수밖에 없거니와 당시는 대외 무역이 위축될 수밖에 없는 상황이기도 했다. 바로 왜구 때문이었다. 원대부터 중국과 한반도 인근 해상을 무대로 활동하던 왜구는 갈수록 기승을 부렸다. 이따금 해안 지방의 주민들과 무역을 하기도 했지만 그보다는 노략질과 약탈을 일삼는 경우가 더 많았다. 더구나 명 초기에는 해안 지방의 주민들까지 왜구에 가세했으므로 피해가 더욱 가중되었다. 그래서 주원장은 1371년에 해안 주민들에게 일체의 사무역私貿易과 해외 출항을 금지하는 해금령海禁令을 내렸다.● 송과 원을 거치면서 활발해졌던 민간의 대외 무역은 이 해금령으로 인해 자취를 감추어버렸다.

● 지리적 위치상 중국보다 왜구의 피해가 더 심했던 조선에서는 초기에 회유책으로 삼포를 개항하기도 하고 왜구의 근거지인 쓰시마를 무력으로 토벌하기도 했다. 당시 쓰시마는 일본 열도와 무관한 독립국이나 다름없었고, 왜구도 일본 본토인과 같은 민족이라는 의식이 없었다. 조선 정부는 나중에 극약 처방으로, 아예 연안의 섬과 해안 지방을 비워버리는 공도(空島) 정책을 폈다. 그래서 왜구가 근절될 때까지 한동안 한반도 주변의 섬들은 거의 무인도가 되다시피 했는데, 오늘날 독도의 소유권 문제가 복잡해진 데는 이 공도 정책도 한몫했다.

사무역이 금지되었으니 남은 것은 국가의 공식적인 무역밖에 없다. 그런데 말이 공식적인 무역일 뿐 정상적인 무역은 아니었다. 중화사상에 투철한 명 정부는 국가 간의 무역조차 인정하지 않았다. 원래 국제 무역이란 서로 대등한 관계에 있는 국가들 간에 행해지는 것이 아닌가? 그런데 중화사상으로 보면 천하의 중심인 중국과 대등한 국가란 있을 수 없다. 따라서 명은 중국의 종주권을 인정하는 나라만을 대상으로 무역을 허가했다. 이것이 조공 무역이다.

조공 무역의 골자는 "공貢(공물)이 있으면 사賜(하사품)가 있다."라는 것이었다. 즉 주변국 입장에서는 중국에 조공을 바치는 것이고, 중국 입장에서는 임금이 신하에게 물건을 하사하듯이 조공의 대가를 내주는 것이다. 명 정부는 이 조공 무역만을 정상적인 무역으로 간주했으며, 그 이외의 모든 무역 관계는 사무역, 즉 밀무

청 제국의 조공무역　왕의 행차를 보는 것 같은 거창한 행렬이다. ①법란서 사절이다. 법란서는 포르투갈이나 에스파냐를 가리키는 것으로 보인다. ②오란다 사절, 즉 네덜란드 사절이다. ③대서 양 사절단으로서 서양의 여러 나라가 포함되어 있는 것으로 보인다. ④영국 사절단이다.

마카오의 기원   1522년 명 조정은 외국 상인들을 모조리 내쫓았다. 그러자 외국 상인들은 사무역, 곧 밀무역을 활발히 전개했다. 그림은 광저우에 최초로 상륙한 포르투갈인들이다. 처음 정착한 곳이 광저우였던 탓에 19세기 열강의 중국 침략기에도 포르투갈은 광저우 부근의 마카오를 조차하게 되었다. 현재 중국 속의 유럽 도시인 마카오의 기원이다.

● 이런 무역 방식은 조선도 그대로 답습했다. 중국을 본떠 조선은 주변국인 일본이나 여진에 대해 조공을 바치면 그 대가를 하사한다는 식으로 무역에 임했다. 다만 여기에는 중요한 차이가 있었다. 첫째, 조선은 중국에 사대하는 처지였으므로 그 자신도 조공을 바치는 위치였다. 둘째, 조선의 생각과 달리 일본과 여진은 조선을 상국으로 받들지 않았다. 셋째, 위(중국)로는 바치고 아래(일본, 여진)로는 베푸는 조선의 무역은 만성 적자에 시달렸다.

역으로 규정하고 해금령으로 다스렸다. 주변국이 중국의 종주권을 무시할 경우 조공 무역조차 중지되었다.●

이렇게 성격 자체가 비정상적이었으니 당연히 무역의 절차도 매우 복잡하고 까다로웠다. 우선 명 정부는 조공 무역을 원하는 나라에 일종의 징표로 감합勘合을 발부했다. 중국에 조공 무역을 하기 위해 오는 무역선은 배 한 척마다 한 장씩 감합을 지니고 있어야 했다. 그러나 감합만 가지고 와서는 무역을 할 수 없었다. 천자의 서신을 받았으니 의당 답신이 있어야 할 것이다. 무역선은 자기 나라 왕이 명의 황제에게 보내는 답신을 가지고 와야 했는데, 이것을 표문表文이라 불렀다. 발부하는 감합의 양도 중국 측에서 일방적으로 정하도록 되어 있었다.

명의 국력이 강할 무렵에는 이 조공 무역도 그런대로 무역의 구실을 했다. 그러나 몰락의 길을 걷기 시작하는 중대에 이르면 사정이 달라진다. 국력이 약화되고 조공 무역이 유명무실해지자 밀무역이 그 자리를 메우게 된 것이다. 은납제를 가능케 한 멕시코 은의 공급도 처음에는 이 밀무역으로 충당한 것이었다. 17세기 초반부터 중국의 문을 두드리기 시작한 유럽 국가들은 중국으로부터 비단과 면직물, 도자기, 차 등을 수입하고 은으로 지불하는 사례가 많았는데, 그 덕분에 명의 은 가뭄이 해갈되었다. 재정난에 처한 정부를 살린 것은 밀수였던 셈이다.

기회는 죽고 당쟁은 살고

명대에는 농업과 공업, 상업이 그 어느 때보다도 활발했음에도 불구하고 무능한 황제와 무능한 정부, 무능한 정치에 발목이 잡혀 사회 발전이 이루어지지 못했다. 총체적 무능으로 일찌감치 쇠락의 길을 걸었던 명이 그나마 300년 가까운 사직을 유지할 수 있었던 이유는 이따금씩 운 좋게도 수명을 늘리는 특효약을 처방 받은 덕분인데, 그중 하나가 장거정張巨正(1525~1582)의 개혁이다.

송에 왕안석이 있었다면 명에는 장거정이 있다. 장거정은 1572년 신종神宗(1563~1620)이 열 살의 나이로 즉위하자 어린 황제를 대신해 전권을 위임받았다. 그 전대 수십 년간의 정치 문란을 목격하면서 개혁의 뜻을 품고 있었던 장거정은 권력을 장악하자마

황제의 교과서 송의 신종 때는 왕안석이 개혁 정치를 펼쳤는데, 명의 신종 때는 장거정이 그 일을 맡았다. 묘호는 같지만, 송의 신종은 스무 살의 청년 황제인 데 비해 명의 신종은 열 살의 어린이였다. 그래서 장거정은 왕안석처럼 황제의 지원을 받지 못하고 그 대신 황제를 먼저 교육해야 했다. 사진은 당시 장거정이 황제의 교과서로 썼던 《제감도설(帝鑑圖說)》로, 역대 황제들의 선행을 기록한 책이다.

자 강력한 혁신 정치를 폈다. 먼저 그는 부패하고 무능한 관료들을 축출해 관료제의 기강을 확립한 다음, 황허 일대에서 대규모 수리 사업을 전개했다. 그의 가장 탁월한 업적은 토지 장량丈量을 실시한 것이다.

위기를 타개하려면 개혁이 필요하고, 개혁은 정부가 주도해야 한다. 또한 정부가 제 구실을 하려면 무엇보다 재정이 튼튼하고 예측 가능해야 한다. 그러자면 토지조사가 급선무였다. 1578년에 장거정은 전국적인 토지조사 사업을 벌여 세수에서 누락된 대지주들의 토지를 적발하고 전국 토지의 실제 면적을 정확히 조사했다. 그리고 이 성과를 바탕으로 그전까지 산발적으로 적용되어오던 일조편법을 전국적으로 확대했다. 대외적으로도 그는 북방과 남방의 이민족들을 토벌하고 만리장성을 보수하는 등 적극적인 국방 정책을 시행했다.

그러나 장거정의 개혁은 결실을 충분히 맺기에는 그 기간이 너무 짧았다. 개혁 정치 10년 만에 안타깝게도 장거정이 죽었다. 더구나 신종은 '신神'이라는 묘호에 걸맞지 않게 무능한 군주였다. 공교롭게도 명 제국 역사상 가장 유능한 관료와 가장 무능한 황제가 한 시대에 공존한 셈이다. 만력萬曆(신종의 연호) 연간은 명의 사직에서 가장 긴 48년 동안이지만 개혁의 초기 10년이 지나고 나서부터는 언제 그런 개혁이 있었느냐는 듯 또다시 기나긴 정치 부패의 터널이 이어졌다.*

게다가 이 시기부터는 예의 환관 정치에다 당쟁까지 겹쳐 정치의 실종에 한몫을 거들었다. 정치에 관해 무능하고 무관심으로 일관한 신종의 치하에서 본격적인 붕당이 형성되는 것은 어찌 보면 지극히 자연스러운 일이다. 조정의 관료들은 이미 다섯 개의 붕당을 만들어 대립하고 있었는데, 이들이 한마음 한뜻으로 뭉치게 된 계기가 생겨났다.

일찍이 당쟁이 극성을 부렸던 송대의 유학자 구양수歐陽修(1007~1072)는《붕당론朋黨論》에서 대도大道를 논하는 군자의 붕당과 눈앞의 이익을 따지는 소인배의 붕당을 구별해야 한다고 말했다. 그런데 역사적으로 보면 소인배들은 서로의 이해관계에 따라 붕당을 이루어 다투다가도 군자의 붕당이 출현하면 이에 대항하여 약삭빠르게 일치단결하는 생존의 본능을 보여준다. 그 다섯 개의 붕당이 공동의 적으로 삼은 '군자의 붕당'은 동림당東林黨이었다.

● 북송 시대 왕안석의 개혁(4장 참조)과 명 시대 장거정의 개혁은 배경이나 결과가 비슷하다. 둘 다 나라의 기틀이 흔들리고 정치가 부패했을 때 등장했고, 지나친 급진성으로 수구 세력의 배척을 받아 실패했다. 게다가 두 경우 모두 개혁의 실패가 곧장 격심한 당쟁을 낳았다. 북송이 당쟁은 신법당과 구법당으로 갈라졌고, 명의 당쟁은 동림당과 비동림당이 맞섰다. 재미있는 사실은 우연의 일치까지 닮았다는 점이다. 왕안석과 장거정의 개혁은 모두 '신종(神宗)'이라는 묘호를 가진 황제가 밀어주었다. 다만 묘호는 같아도 북송의 신종은 개혁 의지가 투철한 군주였는데 아쉽게도 서른여덟의 젊은 나이로 죽은 반면, 명의 신종은 철저히 무능한 군주였는데 쉰일곱까지 살았다는 점이 다르다.

정치조직으로 변질된 서원 말뜻 그대로라면 서원(書院)은 공부하는 장소, 즉 학교여야 한다. 그러나 유학 이념이 지배하는 국가에서 공부란 곧 정치였다. 그래서 조선 역사에는 학자-관료라는 독특한 계층이 있었으며《종횡무진 한국사》 2권, 80쪽 주 참조), 중국에서나 한반도에서나 서원은 당쟁의 진원지였다. 사진은 당시 군자의 붕당이라 불렸던 동림당의 동림서원이다.

● 못난 아비와 잘난 아들은 어울리지 않지만 신종의 맏아들은 훌륭한 군주가 될 자질을 갖춘 잘난 아들이었다. 그러나 인물을 살리고 죽이는 것도 시대다. 그는 어렵사리 제위에 올랐다가 한 달도 못 되어 설사약을 잘못 먹고 죽었는데, 독살의 가능성이 농후하다. 결국 그는 태창(泰昌)이라는 연호와 광종(光宗)이라는 묘호만 역사에 남겼다. 그가 그렇게 급사한 탓에 그의 아들은 허겁지겁 제위를 계승해야 했다. 그런데 광종이 맏이이면서도 태자 책봉이 여의치 않았던 사정은 엉뚱하게도 조선 왕실에 영향을 미쳤다. 당시 광해군은 차남으로서 세자 책봉을 받으려 했다가 태자 책봉을 놓고 당쟁을 벌이던 명 조정의 분위기 때문에 늦어졌다.

1594년 신종은 멀쩡한 맏아들이 있는데도 애첩의 소생을 마음에 두고 태자 책봉을 차일피일 미루었다.● 강직한 관료였던 고헌성顧憲成은 이에 항의하다가 파직된 뒤 낙향해 동림서원東林書院을 세우고 학문과 시국에 관한 토론을 벌였는데, 여기에 기원을 둔 게 동림당이다. 재야의 동림당이 조정의 양식 있는 관료들에게 큰 영향을 미치자 기존의 붕당들은 한데 뭉쳐 '비동림당'을 이루었다. 동림당과 비동림당은 이후 중요한 사건이 생길 때마다 사사건건 대립했다.

당쟁 자체도 나빴지만 이 당쟁이 종식된 과정은 더 나빴다. 시정잡배 출신의 위충현은 "출세하려면 환관이 되어 황제의 눈에 들라."는 원칙에 따라 환관이 된 인물이다. 광종의 아들인 '까막눈' 황제 희종熹宗(1605~1627)의 신뢰를 얻어 권력을 장악한 그는 1626년 비동림파와 내통해 동림당의 여섯 거물을 처형하고 당쟁을 종식시켰다. 다음 황제이자 명의 마지막 황제인 의종毅宗(1611~1644)은 즉위하자마자 위충현을 처형하고 동림당의 인물들을 등용해 꺼져가는 제국의 불씨를 되살리려 애썼지만 이미 때는 늦었다.

우물 안의 제국

정확한 비교는 불가능하겠지만 서양에 비해 경제와 문물에서 앞섰던 동양이 서양에 뒤처지기 시작한 것은 중국의 명대부터라고 볼 수 있다. 몽골족의 원 제국은 처음부터 동양과 서양의 교류에 대한 관심 때문에 중앙아시아로 진출해 세계 제국으로 성장했다. 그러나 뒤이은 명대에는 원대에 발달한 해외 무역과 교역이 거의 단절되었으며, 송대에 비해서도 상업과 무역이 크게 위축되었다.

여기에는 몽골이라는 이민족의 지배가 100여 년간 지속된 탓도 있다. 명은 오랜만에 복귀한 한족 왕조였으므로(내내 북방 민족에 억눌려 지낸 송대까지 합치면 당 제국 이후 무려 400년 만의 제대로 된 한족 통일 왕조다) 초창기부터 제국 운영에서 경제 논리보다는 정치 논리를 앞세웠다. 정화의 원정이 서양에서와 같은 대항해로 이어지지 못한 것이나 감합 무역이라는 비정상적인 무역 형태로 일관한 것은 그 때문이다. 그나마 정치 논리라도 제대로 세웠으면 좋았겠지만 그렇지도 못했다. 정치에서도 독창적인 감각을 보였던 태조 시절을 제외하고는 다분히 예전의 강성했던 한족 왕조인 당 제국을 모방하고 답습하려는 복고적인 경향이 짙었다.

중국이 깊은 복고의 늪에 빠져 허우적대는 가운데 시대는 과거와 크게 달라졌고 나날이 새로워지고 있었다. 유럽을 중심으로 한 서양 세계에서는 오랜 중세가 끝나고 대항해, 르네상스, 종교개혁, 자본주의의 발생 등 세계사적으로 굵직한 사건들이 연이어 터지면서 장차 세계의 중심으로 성장할 싹을 보이고 있었다.•

게다가 동양 세계에서도 중국 중심의 고정된 질서가 흔들리기 시작하면서 변방에서부터 대규모 변화의 조짐이 꿈틀거리기 시작했다. 오랜 내전을 끝내고 유사 이래 처음으로 전국이 통일된 일본은 16세기 말 중국을 상대로 국제 무대에 등장하고자 했다. 일본은 임진왜란에서 일단 패배의 쓴잔을 마셨으나, 이것은 일본의 성장을 알리는 예고탄이었다(일본은 19세기 중반에 다시 국제 무대에 복귀한다).

중국 내부 역시 느리지만 변화의 움직임에서 예외는 아니었다. 윗물(정치)에서는 침체와 정체를 면하지 못했어도 아랫물(민간 영역)에서는 엄청난 에너지가 들끓고 있었다. 사무역이 금지되고 해금령이 내려졌어도 민간의 욕구는 활발한 밀무역으로 분출되었고, 국가가 은의 통용을 금지했어도 민간에서는

• 동양의 질서는 수천 년 동안 기본적으로 중국이라는 고정된 축을 중심으로 전개되었지만, 서양의 질서는 서서히 중심이 이동하면서 다원적인 중심을 형성하는 방식으로 발전했다. 오리엔트에서 발생한 문명은 점차 서쪽으로 이동해 소아시아로 전달되었고, 소아시아의 문명은 다시 서진해 크레타를 거치고 그리스 반도에서 에게 문명의 시대를 열었다. 그리스가 몰락한 뒤 역사의 중심은 서쪽의 로마로 이동해 지중해 시대를 열었으며, 로마가 멸망한 뒤에는 서유럽으로 옮겨갔다. 그러나 동양의 역사에서는 그와 같은 중심 이동이 없었고, 중국 대륙이라는 불변의 중심을 한족과 북방 이민족들이 차지하기 위해 각축을 벌이는 방식으로 역사가 전개되었다.

흥청거리는 베이징　명대 말기 베이징의 광경. 명 제국은 이렇게 상업이 번성하고 문물이 발달했으나 '서세동점'의 시대를 맞아 세계적 대세관이 어두웠던 탓에 끝내 우물 안 개구리의 신세에서 벗어나지 못했다.

은 본위의 화폐경제를 밀고 나가 결국 은납제를 시행하도록 만들었다.

　농민들이 주도한 변화도 결코 무시할 수 없다. 명대 초기부터 성장한 자영농과 신흥 지주 들은 부패한 정치 상황에서도 대주주들을 견제해 대토지 겸병을 늦추는 데 크게 기여했다(명대의 대토지 겸병이 다른 왕조에 비해 더디게 진행된 이유는 전적으로 그들의 덕분이다). 전호(소작인)들의 힘과 의식도 크게 성장해 지주와 근대적인 의미의 계약관계를 맺게 되었다.

　명대 후기에 생겨난 일전양주제一田兩主制는 토지의 소유권과 경작권을 분리해 경작권도 하나의 권리임을 명백히 하고 있다(소유권은 '땅 밑의 권리[田底權]', 경작권은 '땅 위의 권리[地面權]'라고 불렸다). 이것은 오늘날로 말하면 물권이 소유권과 점유권으로 분화되는 것에 해당한다. 경작자는 토지 소유자의 동의 없이 자신의 '땅 위 권리'를 매매·양도하거나 저당을 잡힐 수 있었으니 오늘날의 집

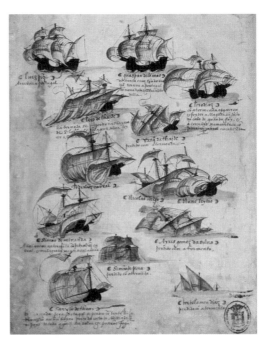

동서양의 원정 대항해를 출범하는 포르투갈의 함대. 정화의 남방 원정은 시기적으로 서양 국가들이 앞다투어 지리상의 발견에 뛰어들기 이전이었으나 이 탐험의 함대에 비하면 진취적이지 못했고, 결국 후대에까지 이어지지 않았다.

주인과 세입자 관계나 다름없다.

이렇게 신분이 높아지고 의식이 깨인 농민들은 이제 예전처럼 호락호락하지 않았다. 지주가 가혹한 소작료나 불합리한 신분적 예속을 강요할 경우에는 복종하기를 거부하고 맞서 싸웠다. 1448년에 소작료와 요역의 감면을 내걸고 최초의 항조抗租운동이 벌어진 이래 전호들은 여러 차례 조세 저항 운동으로 지주와 국가 권력에 맞섰다. 농민들은 단지 가뭄이나 홍수, 전염병 등의 재해를 당해 소작료 감면을 요구한 게 아니라 제도 자체의 불합리를 시정하지 않으면 조세를 납부하지 않겠다고 당당히 요구했던 것이다.

이러한 국내외적, 세계사적 변화에 눈감고 있었던 것은 지배층

뿐이다. 이들은 환관 정치와 당쟁이라는 '수구와 복고'로만 일관했을 뿐 대내외적 변화를 정치에 반영하기는커녕 제대로 인식하지도 못했다. 이른바 서세동점西勢東漸의 시대를 맞아 중국으로 밀려오는 서구 열강이 어떤 의도를 지니고 있는가도 알지 못했고, 서양의 선교사들이 왜 그리스도교를 포교하기 전에 중국의 습속부터 먼저 익히는지도 알지 못했다(16세기부터 중국으로 오는 선교사들은 곧이어 밀어닥칠 서양 제국주의 침탈의 앞잡이와 같은 역할을 했다).●

원대에 싹튼 주체적 대외 교류의 움직임이 완전히 단절된 데다 중화사상이라는 허풍 섞인 오만으로 명의 지배층은 스스로 우물 안의 개구리를 선택했다. 그러나 그것은 그들이 주체적으로 내릴 수 있는 마지막 선택이었으며, 그들이 지배하는 나라를 중국 역사상 마지막 한족 왕조로 만드는 선택이었다.

● 그 시기에 서양의 선교사들이 중국에 온 데는 그럴 만한 사연이 있다. 16세기 초의 종교개혁으로 유럽에서는 신교가 우세해졌다. 그때 가톨릭 측을 지원한 것은 아라비아의 지배에서 막 벗어난 포르투갈과 에스파냐였다. 마침 이 지역은 대항해시대의 주역이었으므로 구교 선교사들은 자국의 상선을 타고 아메리카와 아시아로 갔다. 중국은 말하자면 구교의 '종교 마케팅'을 위한 좋은 시장이었던 것이다.

3. 최후의 전성기

급변하는 만주

역대 통일 왕조가 그랬듯이 명 제국도 외부의 침략이 아니라 내부에서 자멸했다. 마지막 황제인 의종이 즉위하던 해부터 발발한 농민 반란은 점차 전국으로 번지며 규모가 커졌다. 비가 잦으면 벼락이 치는 법이다. 중원 북서쪽 산시에서 벼락이 울렸다. 지방관이던 이자성李自成(1605~1645)은 그 지역에서 농민 반란이 일어나자 관직을 팽개치고 반란군을 규합했다. 쿠데타와 건국의 차이는 나라를 바꾸느냐, 못 바꾸느냐에 있다. 1643년에 그는 시안에서 대순大順이라는 새 왕조를 세우고, 이듬해에는 베이징을 공략해 손에 넣었다. 도성이 함락되고 의종이 목을 매 자살하는 것으로 명 제국의 사직은 명이 끊겼다.

이자성이 계속 권력을 유지했더라면 명 제국을 대신해 '순順 제국'이 한족 왕조를 이어 갔을지도 모른다. 그랬다면 같은 성씨가 같은 시대에 중국과 한반도의 왕실을 이루었을 것이다. 그러나 중국의 주인은 따로 있었다. 당시 명의 주력군은 만주에 있었기 때문에 이자성의 반란군을 미처 막지 못했을 뿐이다. 왜 만주에 있었을까?

그때까지 역대 통일 왕조들 가운데 만주를 지배한 것은 몽골족의 원 제국뿐이었다. 명의 영락제가 직접 몽골 초원까지 원정을 떠난 적이 있듯이 중원의 북쪽은 제압한 적이 있었으나 만주만은 예외였다. 사실 수·당 시대 이래 중국은 만주를 정복하려는 시도를 한 적이 없었다. 따라서 14세기에 원이 멸망하자 만주

● 만주는 고려시대까지도 한반도와 인연이 있었다. 원 황실은 딸을 고려의 왕에게 출가시켜 고려를 부마국으로 복속시켰다. 충렬왕부터 공민왕까지 몽골 지배기의 왕들은 모두 원 황제의 사위다. 굴욕적이기는 하지만 만주에 관해서는 중요한 혜택도 있었다. 원은 고려 왕족을 심양왕(瀋陽王: 심양의 중국식 명칭은 지금의 선양이다)으로 봉해 고려에 만주의 관할권을 맡겼던 것이다(심양왕의 지위도 세습되었다). 당시에 고려 왕실은 그것을 '혜택'으로 여기지 않았을지 모르지만, 역사적으로 보면 그것은 만주를 영토화할 수 있는 마지막 기회였다. 그때 만주를 잘 관리하고 그곳에 살고 있던 여러 부족을 동화시켰다면 만주는 그때부터 한반도와 한 몸이 되었을지도 모른다. 고려는 원의 속국이었으나 당시 만주는 원에도, 또 이후 명에도 중요한 지역이 아니었으므로 충분히 가능한 일이었다. 그러나 몽골 지배기 고려의 왕과 심양왕 들은 그럴 만한 기개와 의지가 없었다. 이후 만주는 청 황실의 고향이라는 이유로 봉금책(封禁策)이 시행되면서 성역화되어 중국인이나 조선인의 이주가 금지되었고, 우리 민족과 영원히 분리되었다(그 때문에 414년에 세워진 광개토왕비가 무려 1500년이나 뒤인 19세기 말에 '발견'되었다. 봉금책으로 만주 통행이 어려워진 조선시대에 실학자들은 그 비석을 금나라의 시조비로 오해하기도 했다).

만주족의 영웅　누르하치가 제위에 오르는 장면이다. 누르하치까지는 아직 후금일 뿐 청 제국이 아니었으나 그의 후손들은 중국식 체제를 소급해 그를 청 태조로 취급했다.

는 다시 중국의 영향권에서 벗어났다.*

　명에 있어 만주는 '변방'에도 포함되지 않는 그 바깥이었고, 정복과 지배의 대상이 아니라 제압의 대상일 뿐이었다. 당시 만주의 주인인 만주족(여진족)에게 명은 관작도 주고 조공 무역도 허락하는 등 북변을 침범하지 않도록 무마하는 정책으로 일관했다. 그 정책이 계속 약효를 지니려면 명의 힘이 강해야 했으나 명이 쇠약해지면서 만주에는 서서히 통일의 기운이 무르익었다.

　1588년 만주족의 영웅 누르하치(1559~1626)는 만주 일대를 통일했다. 이후에도 계속 세력을 확장하더니 1616년에는 칸(후금 태조)을 자칭했다. 수도는 남만주의 선양瀋陽이었고, 국호는 300여 년 전 조상들이 세운 강국 금을 좇아 후금後金으로 정했다. 누르하치는 국호만이 아니라 북중국을 지배한 조상들의 역사까지 재현하려 했다.

후금이 랴오둥에서 랴오허를 건너 랴오시까지 진출하자 아무리 쇠락해가는 명이라 해도 더 이상 두고 볼 입장이 아니었다. 정부는 후금을 저지하기 위해 다급히 군대를 파견했다. 그래서 이자성이 베이징을 점령했을 때 명의 주력군은 만주 쪽으로 이동해 있었다.

누르하치는 새 제국의 기틀을 세우고 전장에서 얻은 부상으로 죽었지만, 그의 야망은 그에 못지않게 유능한 아들에게로 이어졌다. 칸위를 물려받은 홍타이지太宗(1592~1643)는 아직 '재야 세력'인 후금을 본격적인 '수권 정당'으로 탈바꿈시킨 인물이다. 그는 우선 투항해온 한인들을 중용해 중국의 6부제를 도입하는 등 후금을 중국식 전제 국가로 만들었다. 그리고 곧이어 1627년과 1636년 두 차례에 걸친 조선 정벌(정묘호란과 병자호란)로 후방을 다지는 동시에 중국 정복을 위한 재정을 확보했다. 마지막으로 1636년에 그는 국호를 중국식 대청大淸으로 고쳐 드디어 대권을 위한 포석을 완료했다.

한편 이자성이 베이징을 장악하는 바람에 만주로 파견된 명의 군대는 돌아갈 곳이 없어졌다. 총사령관인 오삼계吳三桂(1612~1678)는 베이징과 선양 사이의 요충지인 산하이관에 머물면서 사태를 관망했다. 떠날 땐 정부군이었는데 돌아갈 땐 반란군이 될 수도 있었다. 그럴 바에는 아예 진짜 반란군이 되자. 그는 차라리 청에 항복해 이자성의 '반란군'을 진압하기로 마음먹었다.

그 무렵에는 청 태종이 사망하고 그의 아홉째 아들인 세조世祖(1638~1661)가 제위를 이은 상태였다. 황제의 나이는 겨우 여섯 살이었으므로 삼촌인 도르곤(1612~1650)이 섭정이자 실권자로 군림하고 있었다. 도르곤은 오삼계에게 후한 대가를 약속하고 그의 안내를 받아 손쉽게 입관했다(만주에서 중국 본토로 들어가는 것은 산하이관을 통과한다는 의미에서 입관入關이라고 불렸다). 곧이어 1644년에 청은 이자성을 물리치고 꿈에도 그리던 베이징에 입성했다.

해법은 또다시 한화 정책

베이징을 점령한 뒤에도 청은 한동안 통일 제국의 면모를 갖추지 못했다. 한 번 이민족의 지배를 받은 적이 있는 한족의 저항은 매우 거셌다. 강북은 그런대로 지배할 수 있었으나 강남은 여의치 않았다(남북조시대부터 북방 민족은 중원을 여러 차례 지배했으나 강남까지 손에 넣은 이민족 왕조는 몽골이 유일했다). 그래서 청은 강남에 대해 간접 지배의 형식을 취하기로 했다. 마침 청이 중원을 지배하게 된 데는 투항한 한인들의 공이 컸으니 이들을 이용하면 된다. 청은 오삼계를 비롯해 한인 공신 세 명에게 각각 번국藩國을 할당해 그 세 개의 번국으로 강남을 통제했다.

한동안 번국들은 거의 독립국이나 다름없이 행세했다. 각자 군사권을 지니고 있었던 데다 청 제국으로부터 막대한 재정 지원까지 받았으니 당연히 세력이 나날이 확대될 수밖에 없었다. 특히

정복 군주의 양면 누르하치를 칭기즈 칸에 비유한다면 청 태종은 오고타이나 쿠빌라이에 비유할 수 있다. 대외적인 정복 활동과 대내적인 전제정치 확립을 통해 후금을 대청 제국으로 만들었기 때문이다. 그러나 우리 역사에서는 임진왜란에 버금갈 정묘호란과 병자호란을 일으킨 인물로 악명이 높다.

7장 중국의 화려한 시작과 비참한 종말

강남의 윈난 지역을 차지한 오삼계는 마음대로 영향권을 확대하고 독자적인 재정을 꾸리기 시작했다. 심지어 청의 동의를 구하지도 않고 관료들을 임의로 임명하는 등 은근히 청의 지배와 간섭에서 벗어나려 했다. 청의 입장에서도 이제 번국은 중국 통일만이 아니라 중원 지배에도 화근이 되어가고 있었다. 이 상황이 고착되면 강북에는 금, 강남에는 남송이 지배했던 12세기처럼 될지도 모른다.

그런 위기 상황에서 즉위한 황제가 바로 강희제康熙帝라는 이름으로 더 유명한 성조聖祖(1654~1722)다. 강희제는 중국 역사상 최장 기간인 61년 동안 재위하면서 청 제국을 안정시키고 강대국으로 끌어올린 뛰어난 군주였다.

화북의 지배에만 만족한다면 제국 자체도 오래가지 못할 것이다. 강남을 평정하지 않으면 중국 지배가 불가능하고, 3번三藩을 그대로 두고서는 강남을 평정할 수 없다. 그래서 그는 신하들의 반대를 무릅쓰고 3번을 철폐하기로 결심했다. 청의 강경한 태도에 번들은 오삼계를 중심으로 힘을 합쳐 반기를 들었다. 이들은 각지에서 한인 무장들의 지원을 받아 한때 양쯔 강 너머 화중華中까지 세력을 떨쳤다. 청으로서는 대륙 통일을 위한 마지막 시험을 치르는 셈이다.

이 '통일 입시'에서 강희제는 우수한 성적으로 통과한다. 뜻하지 않은 반란군의 기세에 부딪히자 청은 처음에 전선을 고착시킨 채 대치했다. 하지만 무릇 반란이라면 단기전에 끝내야만 승산이 있지 장기화되면 견디지 못하는 법이다. 몇 년간 대치하는 동안 자연스럽게 번들 간의 연락이 두절되면서 반란군 세력은 분산되었다. 이를 틈타 먼저 상대적으로 약한 두 개의 번을 복속시키

곰과 되놈　왼쪽이 재수를 부린 '곰' 오삼계이고, 오른쪽은 돈을 거둔 '되놈' 강희제다. 강희제는 한인 오삼계를 앞잡이로 이용해 중국 내의 반청 세력들을 하나씩 제거하고 청을 완전한 통일 제국으로 만들었다. 오삼계는 사냥이 끝난 뒤의 사냥개처럼 축출을 당했다.

자 나머지 오삼계의 번도 세력이 급속도로 약화되었다. 그리하여 1681년 강희제는 마침내 반란을 종식시키고 전 중국을 손에 넣었다. 2년 뒤에는 청이 입관할 무렵에 대만으로 도망쳐 명맥을 유지한 명의 잔존 세력마저 제압함으로써 확고부동한 중국 대륙의 새 주인이 되었다.

　기왕 정복 전쟁을 시작한 판에 강희제는 국방을 두루 손보기로 결심했다. 이 과정에서 청은 유럽의 러시아와 처음으로 접촉하게 된다. 당시 러시아에서는 강희제에 못지않은 걸출한 황제인 표트르 대제가 유럽의 후진국 러시아를 일약 강대국으로 끌어올리는

장신의 러시아 차르   1689년 형과 함께 러시아를 다스리던 열일곱 살의 청년 차르인 표트르 대제는 강희제와 네르친스크 조약을 맺고 청과 러시아의 국경을 확정했다. 그는 키가 2미터가 넘는 거인이었을 뿐 아니라 조국 러시아를 유럽의 후진국에서 강대국으로 끌어올린 거목이기도 했다.

중이었다. 17세기 말부터 시작된 러시아의 팽창정책은 유럽이 주요 무대였지만, 부동항不凍港을 찾아 동진을 계속하면서 표트르는 시베리아 경략에도 상당한 관심을 가지게 되었다.

예전의 중국 왕조, 예컨대 명 제국이었다면 아무 문제도 없었을 것이다. 중국 북쪽에는 몽골이 있었고 만주에는 여진이 있었으므로 이들 북방 민족과 러시아가 접촉했을 테니까. 그러나 만주가 고향인 청이 중국을 지배함으로써 이제 중국의 강역은 만주까지 포함하고 있다. 동진을 계속해온 러시아군과 만주의 청군은 헤이룽 강黑龍江(러시아 측 명칭은 아무르 강)에서 맞닥뜨리게 되었다.

만약 그때 유럽과 아시아의 두 신흥 강국이 맞붙었다면 승부는 어찌 되었을까? 하지만 현명한 강희제는 자칫 위기가 될 수 있는 사건을 슬기롭게 넘어갔다. 1689년 그는 표트르에게 친서를 보내 헤이룽 강을 양측의 국경으로 하자고 제안했다. 북방에 모든 힘을 기울일 수 없는 청의 입장에서나, 유럽에 촉각을 곤두세우고 있던 러시아의 입장에서나 불만일 수 없는 조건이다. 이리하여 역사상 최초로 동양과 서양은 네르친스크 조약이라는 정식 국제 관계를 맺었다. 이 조약으로 표트르는 동방 진출을 단념하고 유럽 무대에 총력을 기울이게 된다.

최북단의 문제를 해결한 뒤 강희제는 이제 마음 놓고 변방을 정리할 수 있었다. 그는 직접 군대를 이끌고 서북쪽으로 가서 오이라트의 후예인 중가르족을 평정하고, 그 남쪽의 투르키스탄 동부까지 복속시켰다. 여기까지만 보면 강희제는 명의 영락제와 동급의 정복 군주라고 할 수 있다. 그러나 개인적으로도 문무에 모두 능한 팔방미인 강희제는 자신의 위엄을 떨치는 데 급급했던 영락제보다 여러모로 한 수 위였다. 이 점은 그의 대내 정치에서도 확인된다.

우선 그는 그동안 정복 사업에 가려 미루어져온 통치 제도를 손보았다. 입관 이전 후금 시대의 통치 제도는 일종의 부족 연맹체인 사왕회의제四王會議制였다가 태종 시절에 중앙집권화가 추진되면서 의정왕대신회의議政王大臣會議로 바뀌었다. 그러나 이것은 최고 결정 기구일 뿐이므로 실무를 위한 중앙 기구가 필요했다. 그래서 강희제는 중국식 내각을 도입하고 영락제를 본받아 내각대학사를 두었다.

또한 강희제는 유학의 지식인들을 존중하고 학문을 장려했다(다만 명대에 발달한 양명학보다는 그 전대의 주자학을 더 중시했는데, 아무리 포용력이 넓다 해도 적국의 학문을 지지하고 싶지는 않았을 것이다). 명의 역사서인《명사明史》, 한자들을 총정리한《강희자전康熙字典》, 특히 중국식 백과사전인 1만 권의《고금도서집성古今圖書集成》등이 모두 그의 명으로 편찬된 문헌들이었다(원래 중국에서는 새로 들어선 왕조가 그 전대 왕조의 역사를 편찬하는 게 전통이었다. 우리 역사에서도 왕명에 따라 고려의 김부식이《삼국사기》를, 조선의 정도전이《고려사》를 썼다).

강희제의 치세에 청은 비로소 완전한 통일 제국의 기틀을 마련하고 번영을 구가했다. 희망에 찬 새 시대를 맞아 그는 1711년에

성세를 찬양하는 그림   강희제는 자신의 즉위 50주년을 기념해 1711년에 '성세자생' 조처를 내렸다. 이 그림은 건륭제 때 그려진 〈성세자생도(盛世滋生圖)〉의 일부다. 그림에서 보듯이 번영의 시대인 것은 틀림없었으나, 강희제의 의도는 태평성대를 기념한다는 것 이외에 인두세를 단순화하고자 하는 취지가 있었다.

즉위 50주년을 기념하면서 획기적인 조치를 발표했다. 그 이듬해
인 1712년부터 출생하는 백성들에게는 인두세를 부과하지 않는
다는 것이다. 그는 그때부터 새로 증가하는 인구를 '성세자생인정
盛世滋生人丁(번영의 시대에 증가한 인구)'이라 불렀는데, 자신이 지배
하는 시대를 스스로 '성세'라 말할 정도로 자신의 치적에 대한 자
부심이 대단했다.

　최초의 만주족 왕조라고 해서 예전의 이민족 왕조와 특별히 다
르지는 않았다. 청의 기본 노선은 중국식 통치 제도를 도입하고,
유학을 장려하고, 과거제를 실시하는 등 한족의 선진적인 제도와

문화를 바탕으로 제국을 다스리는 것이었다. 사실 초기에 청의 중국 지배는 언제 다시 3번의 반란과 같은 사건이 일어날지 모를 만큼 토대가 불안정한 상황이었다(실제로 '반청복명反淸復明'의 구호는 청대 전체에 걸쳐 지속적으로 터져 나온다). 특히 중화사상에 물든 한족의 지식인들은 힘에 눌려 제압당했을 뿐 '오랑캐'의 지배를 여전히 달갑게 여기지 않았다.

원래 정복은 무력으로 해도 지배는 문화로 하는 법이다. 강희제의 한화 정책은 한편으로 중국의 선진 문화를 흡수하기 위한 것이었지만, 다른 한편으로는 한족의 반발을 회유하고 무마하려는 의도도 컸다. 그러나 노회한 강희제는 강압책도 병용했다. 만주식 변발을 전 국민에게 강요하고, 청의 중국 지배에 반발하는 내용의 책을 금서로 묶었다. 그는 자신의 지배에 자신감을 가지게 된 뒤에도 소수의 이민족이 다수의 한족을 지배한다는 긴장감을 결코 내려놓지 않았다.

아이디어맨 옹정제

실로 오랜만에 중원을 정복한 이민족 왕조였으므로 강희제는 소수가 다수를 지배하는 체제를 안정시키기 위해 민심을 얻으려 했다. 하지만 중심이 약해지면 언제든 다수가 들고일어날 것이다. 지배하는 소수는 관용만이 아니라 강력한 힘을 보여주어야 한다. 이것이 그다음 황제인 옹정제雍正帝(1678~1735)의 과제였다.

지배 체제를 공고화하려면 무엇보다 강력한 중앙집권이 필요하다. 우선 그는 의정왕대신회의와 내각으로 이원화되어 있는 통치

체제를 단일화하기로 결정하고, 군기처軍機處를 설치해 두 기관의 기능을 한데 통합했다. 군기처는 만주족과 한족의 군기대신으로 구성된 최고 의사 결정 기구였으나 황제 직속이었으므로 황제의 비서실과 같은 기능을 했다. 지금으로 치면 대통령이 국무위원 전체를 비서로 거느린 격이다.

중앙집권이 이루어졌으면 그다음 과제는 권력을 행사하는 메커니즘, 즉 관료제를 정비하는 것이다. 옹정제는 강력한 황권을 이용해 관료들에 대한 통제와 감시를 강화했다. 민생이 안정되려면 우선 관료들의 부패가 없어야 하며, 부패가 없으려면 관료들이 급료로 충분히 먹고살 수 있도록 해야 한다. 이를 위해 고안한 방법이 양렴은제養廉銀制다.

짧고 굵은 치세 아버지 강희제가 워낙 오랫동안 장기 집권한 탓에 옹정제는 넷째 아들이면서도 마흔넷의 늦은 나이로 제위에 올랐다. 그러나 그는 불과 13년 동안의 재위 기간에 치밀하고 정교한 정책을 구사해 굵직하면서도 탁월한 치적을 남겼다.

명대 중기부터 은납제가 시행되었으나 조세는 여전히 현물이 위주였다. 각 지역은 농민들이 조세로 납부한 곡물을 집수해 중앙으로 보냈다. 그런데 곡물을 중앙으로 수송하는 과정에는 아무래도 손실분이 생기게 마련이다. 그래서 지방관은 미리 손실분을 감안해 재량껏 농민들에게서 세량을 더 받았는데, 이런 관행에 문제가 없을 수 없다. 점차 그 몫은 관리들이 챙기게 되었고 걸핏하면 부패의 온상이 되곤 했다.

양렴은제는 이런 현상을 방지하기 위해 아예 관리들의 급료를 그만큼 올려주는 제도였다. 말하자면 음성적인 수입을 양성화하려는 의도로 일종의 수당을 지급한 셈이다. 이것을 양렴은, 즉 '청렴을 배양하는 돈'이라 불렀으니, 아무리 철면피 탐관오리라고 해도 양렴은을 받으면서 따로 뺑땅을 치기는 어려웠을 것이다.

또한 옹정제는 지방의 사정을 자세히 파악하기 위해 지방의 고위 관료들과 자주 서신을 주고받았다. 지방관이 황제에게 올리는 보고서를 친전서親殿書라고 불렀는데, 옹정제는 이 친전서에 붉은 글씨로 직접 주석을 달아 답신을 보냈다. 정성도 정성이려니와 황

황제를 결정하는 문서 　옹정제는 동서고금을 통틀어 유례가 없는 태자밀건법이라는 독창적인 제위 계승 제도를 마련했다. 전 황제가 죽기 전에 황태자를 미리 정하고 밀봉해놓았다가 유언으로 발표하는 방식인데, 진작 도입되었더라면 중국 역대 제국들을 괴롭힌 제위 계승이 한결 안정적으로 이루어졌을 것이다.

제의 친필이 담긴 서신을 지방관이 무시하기란 쉽지 않았다.

그렇듯 모든 정사에 세심한 주의를 기울인 옹정제의 태도는 태자밀건법皇太子密建法에 집약적으로 나타난다. 강희제가 오랜 기간을 통치한 탓에 그 아들들은 수도 많았고 장성해 나름의 세력을 구축하기도 했다. 따라서 오랜만에 이루어지는 제위 계승이 복잡하지 않을 수 없다. 강희제의 넷째 아들인 옹정제 자신도 치열한 암투 끝에 즉위한 터였다. 그는 가뜩이나 소수의 만주족이 다수의 한족을 지배하는 판에 제위 계승 문제를 확실하게 정리하지 못하면 제국의 안정이 있을 수 없다고 판단했다. 그래서 그는 동서고금을 통틀어 전혀 볼 수 없었던 독창적인 제위 계승 제도를 만든다.

전통적인 방식은 황제가 재위할 때 태자를 책봉하는 것이었다. 그 장점은 명확하다. 후계자가 미리 확정되면 중앙 권력을 안정시

킬 수 있고, 태자에게 장차 군주가 되기 위한 교육을 시킬 수도 있다. 그러나 여기에는 근본적인 문제가 있다. 보통 열 살 전후의 어린 맏아들을 태자로 책봉하는데, 그 아들이 장차 현명한 군주감이 될지를 보장할 수 없다. 송 제국이나 명 제국은 초반에는 잘나가다가 중대 이후 어리석은 황제들이 제위에 오르며 중앙 권력이 무너졌다. 권력 안정을 위한 태자 책봉이 오히려 권력 불안을 가져온 것이다.

그런 점에서 태자밀건법은 획기적이었다. 무조건 맏아들을 태자로 책봉하지 않고 황제가 평소에 아들들 가운데 후계자감을 점찍어둔다. 그리고 예전처럼 태자를 미리 공표하는 게 아니라 그 이름을 써서 상자에 밀봉해두었다가 황제가 죽을 무렵에 공표하는 것이다. 말하자면 제위 계승자를 유언으로 정하는 방식인데, 강력한 전제군주가 남긴 유언을 어길 자는 없다. 어느 나라에나 있었던 '왕자의 난'이라는 홍역을 청이 겪지 않을 수 있었던 것은 옹정제가 만든 태자밀건법의 덕분이었다.

옹정제의 세심함은 제도만이 아니라 사상의 측면에도 고루 미쳤다. 아버지 강희제가 한화 정책으로 정권 안정에 기여했다면, 옹정제는 한족 지식인층에게 내재해 있는 반청 감정을 해소하기 위해 애썼다. 그 방법으로는 강압과 논리가 병용되었다. 우선 그는 《대의각미록大義覺迷錄》이라는 책을 직접 저술해 청의 중국 지배를 이론적으로 정당화하고자 했다. 이렇게 이론적 논거를 확립하고 나서는, 여기에 어긋나는 사상에 관해서는 가혹하다 싶을 정도로 심한 탄압을 가했다. 강희제 시절에도 문자옥文字獄(일종의 필화 사건)이라고 부르는 지식인 탄압 사건이 있었지만, 옹정제 시절에는 문자옥이 여러 차례 연이어 발생했다.

옹정제의 치세에는 세제의 측면에서도 중요한 발전이 이루어졌다. 그 이전까지 청의 세제는 명대에 만들어진 일조편법이었다. 그러나 명대에도 중기 이후부터는 실효를 거두지 못했던 일조편법이 청대에 제대로 기능할 리 없었다. 항상 골치 아픈 문제는 사람에게 매기는 세금, 즉 정은丁銀이었다. 토지가 없는 가난한 농민들은 인두세를 내기가 쉽지 않았기 때문이다. 예전처럼 요역 위주라면 몸으로라도 때우겠는데 은납제에서는 그것도 여의치 않았다. 더구나 지주나 관료, 부호 상인 들은 갖가지 교묘한 방법으로 자신이 부담해야 할 정은마저 요리조리 탈세했다. 이러한 정은의 손실분은 가난한 백성들에게 전가되었으므로 백성들은 이중삼중의 고통을 겪었다.

그동안 그런 모순을 알고도 고치지 못한 이유는 따로 있었다. 정은은 인구를 대상으로 하므로 제대로 부과하려면 자세한 인구조사가 반드시 선행되어야 한다. 그런데 이게 쉬운 일이 아니었다. 몇 차례 인구조사를 해보았으나 워낙 넓은 지역에 워낙 많은 인구인 탓에 정확한 조사 결과가 나오지 않았다. 그런데 그 문제를 해결해준 게 바로 1711년 강희제의 성세자생인정에 관한 조치였다. 이 조치는 1711년 이후의 인구에 대해서는 정은을 부과하지 않는 것이므로 사실상 전국의 총 정은액을 고정시키는 결과를 가져왔다. 정은이 상수화되면 변수는 토지 하나뿐이다. 그래서 옹정제는 아예 정은을 토지에 대한 세금인 지은地銀에 통합시켜버렸다. 그래서 새 세제의 명칭은 지정은제地丁銀制였다.

지정은제가 도입된 덕분에 가난한 농민들은 부당하게 부과되는 정은으로 인한 고통을 한층 덜게 되었다. 그러나 지정은제는 단기적인 성과 이외에 역사적인 의미도 가진다. 중국 역사상 세법의 개정은 무수히 있었지만, 기본적으로 토지와 사람을 세금의 부과 대상으로 삼는다는 정신은 늘 변하지 않았다(그런 의미에서 모든 세제는 당대의 조용조에서 크게 벗어나지 않았다고 볼 수 있다). 그러나 지정은제로 인해 '땅'과 '사람'이 통합됨으로써 근대적인 단일 항목의 세제가 출현하게 된 것이다.

300년에 걸친 청 제국의 중국 지배 기간 중 17세기 중반부터 18세기 말까지 약 130년간을 청의 전성기라고 말한다. 이 기간 동안 강희제와 건륭제乾隆帝(1711~1799)의 치하가 무려 120년에 이르기 때문에 이 시대를 강희·건륭 시대라고도 부른다. 그러나 그사이에 불과 13년간 재위한 옹정제는 짧은 기간에 청을 중국식 통일 제국으로 탈바꿈한 굵직한 치적을 남겼다.

서양인이 그린 황제　말을 탄 건륭제의 당당한 모습이다. 그림에서 서양식 분위기가 보이는데, 그 이유는 화가가 예수회 선교사인 주세페 카스틸리오네이기 때문이다. 그는 랑세녕(郞世寧)이라는 중국식 이름으로 개명하고 중국에서 선교와 더불어 그림을 그렸다.

현대의 중국 영토가 형성되다

옹정제가 만든 태자밀건법의 첫 수혜자는 건륭제 고종高宗이다. 건륭제 역시 아버지 옹정제처럼 맏이가 아닌 다섯째 아들로서 제위에 올랐으며, 아버지와 할아버지처럼 문무를 겸비하고 제국의 전성기를 이끈 걸출한 군주였다.

건륭제는 강희제의《고금도서집성》과 더불어 청대를 통틀어 가장 위대한 편찬 사업으로 꼽히는《사고전서四庫全書》를 11년에 걸쳐 완성했다.《사고전서》는 당대의 문

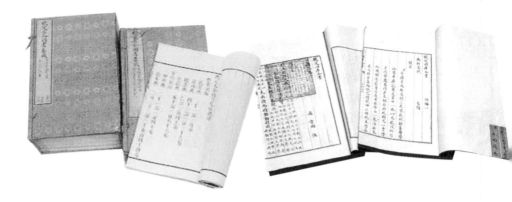

헌들을 유학·역사·사상·문학의 네 가지[四庫]로 분류해 총정리한 대규모 출판 사업이었다. 《고금도서집성》과 마찬가지로 《사고전서》 역시 일종의 백과사전이었으나, 학문적인 목적 이외에 정치적인 의도를 상당히 담고 있다는 점에서 차이가 있었다. 우선 편찬 과정에서 만주 시대의 야만성과 후진성이 드러나는 부분은 임의로 수정했고, 중국 역사서들 중 요·금·원 등 북방 민족의 제국들에 관한 부분도 수정을 거쳤다(역사가 정치 이념에 의해 왜곡된 사례다). 또 각 지방 관청에 보관된 문헌들 중 반만적反滿的 요소를 담은 것들은 전부 압수했다.

《사고전서》의 편찬을 기점으로 건륭제는 광범위한 금서 정책을 단행했다. 이미 청의 중국 지배가 100년이 넘어 확고한 뿌리를 내린 상태에서 건륭제의 사상 교화는 더 이상 한족 지식인층이 다른 마음을 먹지 못하도록 종지부를 찍는 셈이 되었다.

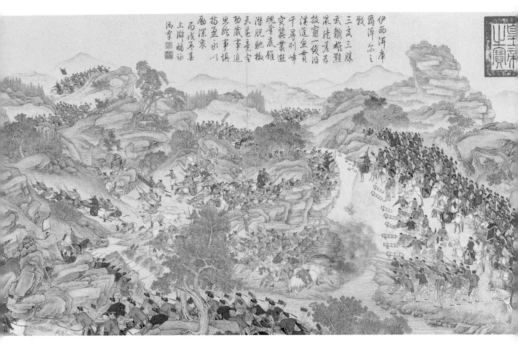

오늘날의 중국 영토　건륭제는 한동안 중단되었던 대외 정복 사업을 다시금 활발히 전개했다. 오늘날의 중국 영토는 건륭제 때 이르러 확립된 것이다. 그림은 1759년 회부의 곽집점이 신장 남쪽 지역을 차지하자 건륭제의 군대가 파미르 고원을 차지하고 있던 곽집점을 진압하는 장면이다.

내치에서는 탁월한 업적을 남겼으나 대외적인 측면에서는 다소 소극적이었던 (혹은 그럴 여유가 없었던) 옹정제와 달리 건륭제는 활발한 정복 활동을 재개했다. 중국의 서북방을 계속 위협하던 중가르를 두 차례에 걸친 원정으로 평정하고, 비단길 인근을 장악하고 있던 이슬람 세력도 완전히 축출했다. 그런가 하면 다시 기수를 남쪽으로 돌려 미얀마와 월남을 복속시켰으며, 나아가 히말라야까지 원정을 보냈다. 그 가운데 미얀마와 월남은 직접 지배하지 않았으나 중가르와 이슬람 세력이 있던 곳, 그리고 히말라야 근방은 이때부터 청의 영토가 되었다. 지금의 신장新疆과 시짱西藏이 바로 그곳이다. 당시에 새로 얻은 강역이라는 뜻으로 붙인 '신장' 이라는 이름은 오늘날에도 이 지역의 지명으로 사용되고 있다.

건륭제 시대에 비로소 중국의 영토는 오늘날과 같은 면적과 모양을 이루게 되었다. 명대까지만 해도 중원과 강남 정도였던 중국의 영토는 만주족이 입관해 중국을 지배함으로써 만주까지 확대되었고, 강희제의 정복 사업으로 북만주 일대까지 이르렀으며, 건륭제 치세에 신장과 시짱이 포함되면서 3분의 1이 더 늘어나 유럽 대륙 전체를 능가하는 광대한 면적이 되었다. 영토의 면에서 청은 어느 한족 왕조보다 큰 최대의 강역을 자랑했다. 중국의 압도적인 다수를 차지하는 한족은 소수 만주족의 지배에서 오히려 이득을 본 셈이다.

장수의 비결

청 제국 이전에 북방 민족들이 세운 국가는 대개 정복에는 능했어도 통치에는 서툴렀다. 남북조시대에 화북을 지배한 북조 나라들이나 10세기 거란의 요, 12세기 여진의 금, 13세기 몽골의 원 등은 모두 군사력에서는 뛰어났으나 지배 기술이나 문화에서는 전통의 한족 왕조에 미치지 못했다. 게다가 중국에 북방 민족의 제국이 들어설 때에는 언제나 지배 민족이 소수였고 피지배 민족이 다수였다. 그래서 소수의 북방 민족은 다수의 한족을 지배하기 위해 주로 차별과 억압의 수단을 사용했다.

그러나 힘만 세다고 해서 뒤진 문화가 앞선 문화를 오래도록 지배할 수는 없다. 더구나 힘이란 언제까지나 강할 수만은 없는 법이다. 차별과 억압을 통한 지배는 지배하는 측의 힘이 약해지면 금세 밑천이 드러나고 만다. 북방 민족의 제국들이 중국을 지배한 기간이 한족 제국들에 비해 훨씬 짧았던 이유는 거기에 있었다.

그에 비해 청은 무려 300년 동안 중국을 지배했으니 여느 한족의 통일 제국에 못지않게 장수한 셈이다. 게다가 당시 중국의 인구는 1억 명가량이었는데 반해 만주족은 60~100만 명 정도밖에 되지 않았다. 소수의 지배층이 압도적 다수의 피지배층을 오랜 기간 동안 지배할 수 있었던 원동력은 무엇일까?

우선 강희제가 출범시킨 적극적 한화 정책의 덕분이 크다. 앞서 보았듯이, 강희제는 한족 문화를 활발하게 수용했을 뿐 아니라 제도적인 면에서도 한족에게 차별을 두지 않았다. 예전의 몽골은 소수 지배층인 몽골인과 색목인을 특별히 우대하고 국가 기구의 주요 부서장으로는 반드시 몽골인을 임명하는 등 철저한 차별 정책으로 일관했지만, 강희제는 정복 국가의 이미지를 탈피하기 위해 오히려 한인들을 중용했다. 또 승진에 제한을 두었던 원대와 달리 청대에는 한족 관료도 얼마든지 고위직으로 승진할 수 있었다. 정부의 주요 부서에서 일하는 관리들은 가급적 만주족과 한족의 동수로 구성했다. 예를 들어 내각에서 일하는 내각대학사의 수는 만주족 2명, 한족 2명이었다. 6부의 책임자들도 만주족과 한족이 비슷한 비율로 섞였다. 물론 그렇게 한 의도는 민족 간의 차별을 두지 않고 형평을 맞추려는 데 있었지만, 다른 한편으로는 한인 관료들에 대한 감시와 견제를 늦추지 않으려는 의도도 있었다. 이와 같은 강희제의 한화 정책은 시기에 따라 강도와 비중이 달라졌어도 청대 내내 이어졌다(원대에도 한화 정책을 추진한 쿠빌라이의 치세

화려한 군복   청 제국의 군사 제도인 팔기군의 복장이다. 정황·양황·정백의 3기는 황제의 직할 대이고, 양백·정홍·양홍·정남·양남의 5기는 제후들이 관할하는 군대였다. 각 기마다 무기와 급료도 달랐으니 이 복장은 곧 계급장인 셈이다.

에 번영을 누리지 않았던가?).

그러면서도 청은 만주족 고유의 특성을 잃지 않았다. 입관 후에까지도 의정왕대신회의와 같은 만주 시대의 제도를 유지했으며, 공식적으로는 한문을 사용하면서도 누르하치 시절에 만든 여진 문자도 계속 사용했다. 특히 정복 국가에서 매우 중요한 군사 제도는 만주족 전통의 팔기제八旗制를 주축으로 삼았다. 또한 전국에 변발의 풍습을 강요한다든가, 만주 지역에 봉금책을 적용한다든가, 문자옥이 여러 차례 발생한 데서 보듯이 한족에게 회유와 더불어 탄압책도 적절히 섞었다. 한마디로, 고도로 능란한 통치 기술을 구사한 것이다.

한족과의 관계를 잘 정립한 게 장수의 첫째 비결이라면 둘째 비결은 영토와 관련이 있다. 실은 북방 민족이 중원을 지배한다는 것 자체가 이미 여느 한족 왕조에 비해 유리한 조건이었다. 이유는 명확하다. 바로 지배자가 북방 출신이므로 북방의 수비를 염려하지 않아도 되기 때문이다. 한·당·송·명 등 중국 역대 한족 왕조들의 국력이 약화된 것은 늘 만주와 서북변의 북방 민족들에게 시달렸기 때문이다. 그러나 만주 출신의 청이 중원을 차지했으니 만주 쪽의 국방은 자동으로 안정적이었다(그 이북은 러시아와의 네르친스크 조약으로 정리되었다). 또한 강희제와 건륭제의 정복 사업으로 서북변까지 평정됨으로써 청은 중국 역사상 처음으로 이민족의 공격을 걱정할 필요가 없어졌다.

장수의 셋째 비결은 대내적인 요인, 즉 태자밀건법이다. 이 제도로 거의 모든 신생국에서 나타나는 왕자의 난이 방지되었다. 사실 옹정제까지는 제위 계승을 둘러싼 분쟁이 약간 있었지만 태자밀건법 덕분에 다음 황제인 건륭제가 즉위할 때는 그런 조짐이 전혀 없었다.[•] 비록 건륭제가 워낙 오래 재위한 탓에 실제 효력은 건륭제로 끝났으나 동서양의 어느 역사에서든 왕위 계승이 항상 문제였던 점을 고려한다면 그 의미는 컸다.

더구나 태자밀건법은 자질이 우수한 황제를 제도적으로 배출할 수 있게 해주는 의미도 있었다. 예전처럼 어릴 때 태자가 책봉된

• 엄밀히 말하면 태자밀건법이 실효를 거두었다고 볼 수는 없다. 다섯째인 건륭제가 태자로 공표될 때는 이미 네 형이 다 죽은 뒤였기 때문이다. 하지만 옹정제는 자신이 즉위할 때부터 건륭제를 후계자로 점찍고 특별 교육을 시켰다. 그 덕분에 건륭제는 '준비된 지배자'로서 제위를 계승할 수 있었다. 강희와 건륭이 워낙 오래 재위한 탓에 태자밀건법이 실제로 큰 효과를 거두지는 못했지만, 만약 그렇지 않았다면 청은 역사상 가장 매끄러운 권력 승계를 선보였을 것이다.

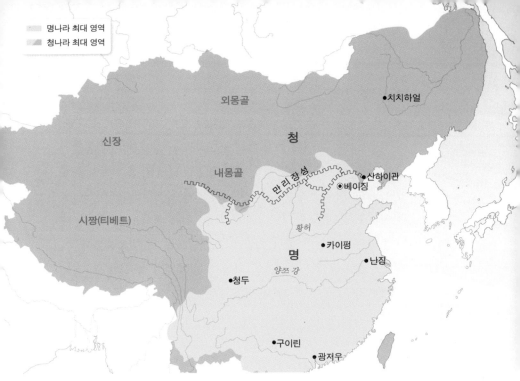

외몽골

신장

청

내몽골

만리장성

시짱(티베트)

황허

명

카이펑

청두

양쯔 강

난징

구이린

광저우

치치하얼

산하이관

◉베이징

명·청의 강역   건륭제의 시대에 이르러 중국의 영토는 오늘날과 거의 비슷해졌다. 지도에서 보듯이, 청 제국의 강역은 명 제국의 강역에 비해 서의 두 배이며, 스칸디나비아까지 합친 유럽 대륙 전체보다도 크다. 물론 강희제와 건륭제의 정복 사업도 활발했으나 그보다 만주 출신의 민족이 세운 청 제국이기에 가능했다.

다면 나중에 자라서 어떤 황제가 될지 예측하기가 어렵다. 그러나 태자밀건법을 취하면, 비록 황제의 아들들만을 후보로 한다는 제한적 선택이라 해도 오랜 기간에 걸쳐 인물됨을 보고 나서 군주감을 고를 수 있으므로 매우 합리적인 제위 계승이 이루어질 수 있다. 중대·이후 무능한 군주들이 연이었던 명 제국을 연상해본다면, 그런 제도가 없을 경우 청도 역시 강희제와 옹정제의 안정기를 거치고 나서는 무능한 군주가 즉위할 확률이 높지 않았을까?

안정 속의 쇠락

예전까지 중국의 역대 통일 제국들은 대부분 전성기가 건국 초기 수십 년에 불과했고, 100년을 넘겨 번영한 나라는 당 제국이 유일했다. 그에 비해 청은 사직도 여느 왕조에 못지않았고 번영을 누린 시기도 당보다 좀 더 길었다. 그러나 인류 역사는 어느새 근대의 문턱에 들어왔다. 중국의 운명을 결정하는 데 중요한 것은 이제 중국 자체보다 동북아시아, 나아가 전 세계의 정세였다.

일단 대내적으로 청은 번영을 누릴 만한 모든 요건을 갖추었다. 강희제의 성세자생인정 조치 덕분에 인구가 급속히 증가했다. 1712년부터 백성들은 아무리 아이를 많이 낳아도 인두세를 추가로 물지 않았다. 장기간의 번영으로 가뜩이나 불어나는 추세에 있던 중국의 인구는 그것을 계기로 봇물 터진 듯 늘어났다. 당시의 기록에 따르면, 1700년에 2000만 명이던 인구는 50년 뒤에는 1억 8000만 명(여기에는 정복지의 인구도 포함되었다)으로 늘었고, 1800년에는 3억 명, 1850년에는 4억 명을 상회했다. 이 무렵에는 인구 증가가 제국의 근간을 위협하는 요소로 대두되었다.

그 많은 인구가 먹고살 수 있었던 것은 농업과 산업 생산량이 크게 증대한 덕분이었다. 청대의 농업은 뚜렷한 생산 기술상의 진보를 이루지는 못했으나 노동 집약적 농경으로 단위면적당 생산량이 크게 증가했다.•

• 농업에는 인구 증가가 약이 된 반면 수공업에는 독이 되었다. 명대에 이어 청대의 수공업도 크게 발달했고, 부유한 상인이나 고리대금업자들 중에서는 일부 근대적 자본가라 할 만한 계층도 생겨났다. 그러나 더 이상의 근대화는 없었다. 그 이유는 인구가 증가한 덕분에 어디서나 쉽게 값싼 노동력을 얻을 수 있었기 때문이다. 비슷한 시기 산업혁명이 한창이던 영국에서는 노동력이 귀해 여성과 어린이의 노동력까지 착취했고 노동시간의 감축을 법으로 금지할 정도였다. 하지만 그런 환경에서 노동력을 대체하기 위해 각종 산업 기계가 연이어 발명되어 자본주의가 만개할 수 있었다. 필요가 발명의 어머니라면, 청에서는 발명을 낳아줄 어머니가 없었다.

그러나 인구 증가가 농업 생산력에 도움이 되는 데는 한계가 있다. 인구가 지나치게 늘어나자 중국은 맬서스의 인구 법칙이 정확히 들어맞는 사례가 되어버린다. 식량은 더하기로 증대하는 데 비해 인구는 곱하기로 증가하는 것이다. 빈민이 늘어나고 각지에서 탐관오리들이 판을 쳤다. 게다가 건륭제 말기에 정치와 행정이 다소 느슨해지면서 무력의 근간을 이루던 팔기제가 약화되었다. 엎친 데 덮친 격으로, 수백 년 전 이민족 왕조인 원 제국을 무너뜨리는 데 일조했던 한족 전통의 비밀결사인 백련교 세력도 활동을 재개했다.

여느 왕조에 비해 늦게 찾아오긴 했으나 드디어 청에도 말기적 증상이 나타나기 시작했다. 이대로 놓아두었다면 청은 결국 자멸하고 다른 왕조(한족 왕조)로 교체되었을까? 아니면 어떤 사건을 계기로 새삼 각오를 다지고 중흥을 꿈꾸었을까? 시대가 평온했다면 둘 중 하나의 방향이었을 게다. 그러나 때는 바야흐로 서세동점(서양사의 용어로는 제국주의)의 물결이 중국을 향해 휘몰아쳐 오는 시대였다. 그리고 이 물결은 여느 시대처럼 단순한 왕조 교체 이상의 근본적인 변화를 중국, 아니 동양 전체에 요구하고 있었다.

4. 중국으로 몰려오는 하이에나들

전쟁 아닌 전쟁

꾸준한 한화 정책은 청을 여느 한족 제국과 별로 다를 바 없이 만들었다. 한족의 선진 문화를 본받은 것까지는 좋지만 문제는 나쁜 점도 닮는다는 데 있었다. 그중 하나가 전성기 직후 곧바로 쇠락기가 시작되는 역대 한족 왕조의 운명이다.

너무 오래 통치한 탓일까? 중국 역사상 최대 영토를 일군 건륭제는 기나긴 재위에 싫증을 느끼기 시작했다. 황제가 국정에 대한 관심을 놓으면 부패가 잇따르게 마련이다. 북방 민족의 제국들은 한족 제국과 달리 환관 정치에 휘말리지 않았는데, 청도 그 점은 마찬가지였다. 다만 등잔 밑이 어두웠을 뿐이다. 우선 건륭제가 신임하고 국정을 맡긴 신하가 부정을 저질렀다. 이래저래 짜증이 난 건륭제는 1795년에 아들에게 제위를 넘겨버렸다. 그의 나이 이미 여든네 살이었으므로 이해할 수 없는 양위는 아니었다.

그러나 진짜 문제는 황제가 누구냐가 아니라 전 사회의 기강이 해이해졌다는 점이다. 관리들은 각지에서 탐학을 일삼았고, 백성들은 탐관오리의 등쌀에 토지를 잃고 유랑민이 되기 일쑤였다. 정치가 실종되자 제국이 자랑하던 전통의 팔기군도 무력해졌다. 오로지 군인 본연의 임무에만 충실하라는 뜻에서 녹봉에다 경비로 기지旗地라는 토지까지 받는 특혜를 누린 팔기군은 오랜 평화와 번영기를 거치며 군대인지 아닌지 모를 정도로 타락했다. 할일이 사라진 군인들은 쉽게 사치와 방탕에 빠져들었다. 더구나 한인들이 만만하게 여기고 사기와 농간을 부리는 바람에 팔기군 병사들은 점차 생활이 궁핍해졌고 심지어 기지까지 팔아먹는 자도 있었다.

관리가 부패하고 백성이 곤궁해지고 사회가 어지러워지면 반란은 필연이다. 18세기 말부터 중국 각지에서 반란이 일어났다. 팔기군의 입장에서는 이제야 비로소 군인으로서 업무가 생긴 셈이었지만, 광에 처박아둔 칼은 녹슬 대로 녹슬어 호미보다도 못했다. 강남의 구이저우와 윈난에서 일어난 묘족의 반란은 12년이나 걸려 겨우 진압되었고, 백련교도의 반란을 진압하는 데도 9년이나 걸렸다.

여기까지는 어느 왕조에서든 쇠락기에 나타나는 평범한 현상이라고 할 수 있다. 역사적으로 보면, 이쯤에서 쿠데타가 성공해 제국을 멸망시키고 새 왕조를 세우는 게 정상적인 흐름이다. 그런데 당시는 단순한 혼란기가 아니었고 예전의 어느 시기와도 달랐다. 바야흐로 수천 년 동안 독자적으로 발달해온 동양과 서양의 두 문명이 합류하려는 시점이었다. 수십 년만 지나면 멸망할 것 같던 청의 수명을 그 뒤로도 100년 이상 연장해준 것은 오히려 동양으로 거세게 몰려온 유럽 열강이었다.

중국 역사로 치면 명대에 해당하는 시기에 유럽 세계는 대항해와 탐험으로 '발견'의 문을 열었고, 르네상스와 종교개혁으로 정신 무장을 새로이 다졌다. 그리고 청대에 들면 유럽은 그간의 성과를 산업혁명이라는 결실로 맺었다. 15세기에 대항해시대의 문을 연 포르투갈과 에스파냐만 해도 그리스도교를 전파하고 향료를 얻으려는 목적에서 동양으로 진출했으나 17세기부터 유럽의 패자로 떠오른 영국의 경우는 달랐다. 지난번에는 향료를 '수입'

외국인 인형　17세기에 중국에서 제작된 서양인의 인형이다. 명대에 중국인이 보는 서양인은 거의 선교사들이었으나 청대에 이르면 이런 모습의 서양 상인들이 중국으로 많이 왔다. 청대 중기까지만 해도 유럽과의 무역이 정책적으로 장려되었지만, 사회가 안정되면서 대외를 향한 관심도 점차 수그러들었다.

하기 위해 동양으로 왔지만, 이번에는 산업혁명으로 국내에 넘쳐나게 된 공산물을 '수출'하기 위해 시장을 찾아온 것이다.

수입과 수출의 차이는 크다. 수입을 꾀한다면 상인들 간의 무역으로도 충분하지만, 수출이라면 민간 부문의 힘만으로는 목적을 달성하기 어렵다.

자본주의 시대 이전에 서양은 동양에 식민지를 개척하더라도 그 사회에 깊숙이 파고들어갈 힘은 없었다. 단지 산발적으로 향료와 금, 은 등을 수입하거나 약탈하는 데 그쳤을 뿐이다. 침탈지를 황폐하게 만들 수는 있어도 기존의 사회구조를 바꾸지는 못했다. 그러나 자본주의 시대에 들어 서구 열강은 자국의 공업 제품을 팔고 자국 산업을 위한 원료와 식량을 가져갔으므로 해외 식민지의 사회경제구조를 자본주의의 종속체로 만들어버렸다. 따라서 서구 열강의 경제적 침략은 식민지를 일회적으로 약탈하는 게 아니라 장기적이고 영구적인 수탈을 구조화하는 강력한 위협이었다.

하지만 최초로 동양에 자본주의적 침략을 개시한 영국은 '선두주자의 벌금'을 톡톡히 물어야 했다. 원래 영국은 명대 말기인 17세기부터 중국 정부의 허가를 얻어 중국과의 무역을 시작했다. 조건은 몹시 나빴다. 중국은 광둥의 광저우 한 곳만 영국에 개방했고, 공행公行이라는 상인 조합 한 곳을 지정해 영국 무역을 전담하

아편으로 타개한 무역 역조   중국과의 무역에서 적자를 본 영국은 인도산 아편을 중국에 수출해 무역 적자를 타개하기로 했다. 왼쪽은 인도의 아편 창고이고, 오른쪽은 아편을 중국에 실어 날랐던 동인도회사의 무역선이다. 예나 지금이나 경제에는 '신사의 나라'라는 게 없다.

게 했다. 중국은 다분히 감합 무역의 방식을 거의 그대로 적용한 것이었다. 항구와 상인 조합을 한 곳만 개방한 것은 감합을 발부하는 것이나 다름없었다. 무역을 하려는 자세라기보다는 형식적인 교류에 불과했다(광저우의 영국 상인들에게 예의범절까지 요구한 것은 당시 중국이 대외 무역을 어떻게 여겼는지 잘 말해준다).

  그래도 무역에서 이득을 보았다면 영국으로서는 불만이 없었을 것이다. 하지만 중국과의 무역 초기에 영국은 예기치 않게 수입역조 현상을 겪었다. 영국은 인도의 동인도회사를 통해 영국산 모직물과 인도산 면화, 기타 보석이나 시계 등 잡화를 중국에 수출하고, 중국으로부터는 차와 비단, 도자기 등을 수입했다. 그런데영국의 주력 상품인 모직물은 중국인들에게 인기가 없었다. 면직물을 주로 입는 중국인들은 모직물을 탐탁해하지 않았다. 서민들은 면직물을 쓰면 되고 귀족들이야 비단이 있잖은가? 게다가 광

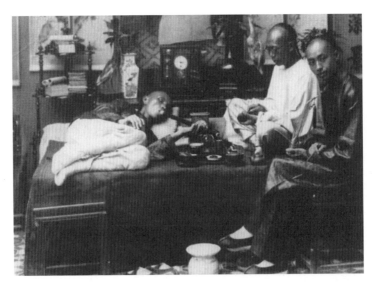

중국의 아편굴 아편전쟁이 발발하기 전부터 청 조정에서는 아편 흡음자가 늘어나는 것을 커다란 사회문제로 여기고 있었다. 더구나 더 골치 아픈 것은 중국의 상인과 관리까지 아편 밀수로 이득을 얻고 있다는 사실이었다. 손바닥이 마주쳐야 소리가 나듯, 영국이 아편 수출에 힘썼다 해도 중국이 부패하지 않았다면 효과를 거두지 못했을 것이다.

등은 기후가 온화해 모직물은 어울리지 않았다.

당시 4억 명에 달하는 중국 인구에 큰 기대를 품은 영국은 기대만큼 크게 실망했다. 문제는 수출만이 아니었다. 예상치 않게 수입이 크게 늘었다. 주범은 차였다. 차의 수입량이 늘면서 무역 역조는 더욱 심각해졌다. 18세기 말이 되자 수출 대금으로 받는 은보다 수입 대금으로 주는 은이 더 많았다. 이러다가는 국내산 은은 물론이고 멀리 멕시코에서 캐낸 은조차 중국으로 흘러갈 판이었다.

이때 동인도회사는 묘수를 생각해냈다. 수출품을 바꾸는 것이다. 누구에게나 잘 먹히는 것으로. 회사는 인도산 아편을 중국에 수출하기로 했다. 아편은 마약이므로 약용 외에는 당연히 수입이 허가되지 않았으나 물불 가릴 것 없는 동인도회사는 밀무역을 통해 중국에 아편을 수출했다. 그러자 순식간에 아편은 무역 역조를 타개하는 주력 상품이 되었다.

현대 세계에서 마약 수출국이라면 국제적 왕따를 당해야 마땅하지만 제국주의 시대에 도덕, 그것도 국제적 도덕이란 아무런 쓸모가 없었다. 영국으로서는 애써 팔아도 팔리지 않는 모직물과 달리 스스로 시장을 개척하는 신상품 아편이 고마울 따름이었다. 반면 중국에서는 단순한 경제문제가 아니라 중대한 사회문제였다. 아편 중독자들이 기하급수적으로 증가했기 때문이다.

1820년대에 들어 드디어 무역 역조가 해소되었다. 은의 흐름은 중국에서 영국으로 바뀌었다. 이제 비상이 걸린 것은 중국이었다.● 대책을 논의하던 청 조정에서는 이금론弛禁論과 엄금론嚴禁論으로 의견이 엇갈렸다. 이금론은 밀무역 자체에 문제가 있으므로 일단 아편 수입을 공식화하고(약재니까!), 지불은 대신 중국산 상품으로 하며, 민간에게는 아편 사용을 용인하되 관리나 군인에게는 금지하자는 주장이었다. 그에 비해 엄금론은 말 그대로 아편 수입을 엄격히 금지해야 한다는 주장이었다. 갑론을박

● 아편의 수입은 옹정제 시절부터 도덕과 미풍양속, 국민의 건강을 해친다는 이유를 들어 법으로 금지되어 있었다. 그러나 현실은 달랐다. 명대 중기 이후부터 급격히 늘어난 사무역, 곧 밀무역은 단속하기도 어려울 뿐더러 이미 중국인들의 상당수가 아편에 중독되어 있었다. 청 정부는 아편이 백성들의 심신을 갉아먹을 때는 미지근하게 대처하다가 은의 흐름이 역전되자 적극적인 단속에 나선 것이다.

끝에 결국 엄금론이 채택되었다. 원칙적으로 보면 당연히 엄금론이어야겠지만 그 주장을 실천하려면 힘이 필요했다(어떤 의미에서는 이금론이 당시의 실정에 맞는 현실적인 조치였을지도 모른다).

물론 조정은 즉각 실행에 옮겼다. 1839년 조정에서 파견된 임칙

서林則徐는 영국 상인들에게서 2만 상자의 아편을 압류해 군중 앞에서 모두 불태워버렸다. 그리고 영국 상인들에게 마카오로 철수하라고 명했다. 이제는 전쟁이다! '신사의 나라' 영국은 즉각 무력 도발로 대응했고, '양반의 나라' 중국은 통상 중지와 선전포고로 대응했다. 신경질적인 유럽 챔피언과 점잖은 동양 챔피언, 여기까지는 좋았다. 문제는 두 챔피언의 실력이었다.

영국 의회는 원정군의 파견을 놓고 논쟁을 벌이다가 표결에 부쳤다. 그 결과 불과 아홉 표 차이로 전쟁이 결정되었다. 의회의 자유주의 세력과 지식인들이 도덕적인 취지에서 전쟁을 반대하기도 했지만, 표 차이가 적었다는 것은 그만큼 중국이 얕볼 수 없는 강적이라는 뜻이다.

이리하여 1840년에 아편전쟁이 터졌다. 실은 전쟁이랄 것도 없었다. 인도에 주둔한 극동 함대를 주축으로 한 영국 원정군은 순식간에 황해를 남북으로 누비며 광둥에서 톈진까지 중국의 동해안 전체를 휩쓸었다. 해전만이 아니라 몇 차례 맞붙은 육전에서도 영국군은 연전연승했다. 중국과 영국은 금세 진실을 깨달았다. 영국을 비롯해 서구 열강이 잠자는 용처럼 은근히 두려워한 중국은 실상 이빨 빠진 공룡에 불과했다.

1842년 청의 항복으로 영국과 중국은 동서양 최초의 조약이자 세계 최초의 불평등조약인 난징 조약을 맺었다.* 조약의 내용은 황당할 정도였다. 청은 홍콩을 영국에 할양하고 (홍콩은 이때부터 150년이 지난 1997년 7월 1일에야 중국에 반환되었다), 다섯 항구를 개항하며,

● 청과 러시아가 맺은 네르친스크 조약은 국경을 확정하는 정도였고 역사적 의미는 크지 않았다. 그때까지 중국은 역사상 어느 나라와도 조약을 맺은 적이 없었다. 조약이란 대등한 두 나라가 맺는 것인데, 중국과 대등한 나라는 없다고 여겼기 때문이다 (주변국의 왕을 중국이 책봉했으니 당연한 생각이었다). 그에 비해 유럽은 16세기 종교개혁으로 교회가 국제 질서를 관장하는 역할을 잃은 이후 여러 차례 대규모 국제전을 벌이고 그 결과를 조약으로 수렴하는 관행이 자리잡고 있었다.

서양의 화력에 무너지는 중국　아편전쟁은 전쟁이라고 할 것도 없었다. 영국의 막강한 해군력 앞에 불과 50여 년 전만 해도 번영과 태평성대를 누렸던 중국은 속수무책으로 무너졌다. 그림은 영국의 함포 사격으로 처참하게 침몰하는 중국 군함의 모습이다.

영국과 평등한 외교 관계를 수립하고, 영국에 막대한 전쟁 배상금을 지불해야 했다. 전쟁의 원인인 아편 밀수 문제는 누락되었으며, 싸움을 건 것은 영국인데도 청이 2100만 달러의 막대한 배상금을 부담해야 했다. 무엇보다 치명적인 것은 관세 결정권을 영국이 가지기로 한 점이었다. 그러나 근대적인 조약과 관세의 개념이 없었던 당시 청 조정에서는 서양 오랑캐와 국제조약이라는 '평등한 관계'(사실은 불평등 관계였지만)를 수립해야 한다는 굴욕감에만 몸을 떨었다.

7장 중국의 화려한 시작과 비참한 종말

지상에서 이루지 못한 천국

난징 조약의 또 다른 문제점은 그것이 하나의 전범이 된다는 데 있었다. 이제 중국의 실력은 백일하에 드러났으며, 유럽의 제국주의 열강은 아무도 청을 두려워하지 않았다. 동양 질서의 핵이었던 중국이 그럴진대 다른 나라는 볼 것도 없었다. 1854년 후발 제국주의 국가인 미국이 일본을 개항하는 것(493~494쪽 참조)은 난징 조약의 후속 조치나 다름없었다(당시 서구인들은 한반도를 중국의 일부로 여겼으므로 조선에 대해서는 직접 통상 요구를 하지도 않았다).

곧이어 1844년에는 미국과 프랑스가 청과 통상조약을 맺었다. 그러나 아편전쟁으로 중국의 문을 연 주체는 영국이었고 난징 조약에는 엄연히 영국에 최혜국最惠國 대우●를 한다는 조항이 있었으므로 중국에서의 우선권은 영국에 있었다. 과연 영국은 그 독소적 조항을 적시에 써먹었다.

난징 조약에 큰 기대를 걸었던 영국은 예상한 만큼 무역상의 성과를 얻지는 못했다. 그래서 영국은 난징 조약을 더욱 불평등한 조약으로 개정하려 했으나 난징 조약에는 개정에 관한 조항이 없었다. 그런데 청과 미국이 체결한 조약에는 12년 뒤에 내용을 개정할 수 있다는 규정이 있었다. 미국과 맺은 조약을 활용할 방법이 없을까? 이때 최혜국 대우의 조항이 말을 했다. 영국은 자신이 최우선의 혜택을 받도록 되어 있으므로 다른 조약의 내용까지도 가져다 쓸 수 있다고 주장

● 최혜국 대우란 이후 다른 나라와 조약을 맺을 때 그 나라에 부여하는 이익은 모두 자기 나라에도 부여한다는 조항이다. 즉 난징 조약에서 중국이 영국에 최혜국 대우를 약정했다면, 이후 중국이 다른 열강과 맺는 모든 조약을 영국이 사후 차용할 수 있다는 이야기다. 날강도 같은 조항이고 오늘날에는 국제법에도 어긋난다(중국은 국제조약의 관념 자체가 없어 그 독소적인 내용을 인지하지 못했다). 그러나 그런 터무니없고 '비합리적인' 조항은 사실 서구식 '합리주의'와 통한다. 조약을 맺을 당시에는 미처 생각지 못했던 내용이 나중에 다른 나라와 맺게 되는 조약에서 등장할지도 모르므로 있을 수 있는 모든 상황을 조약 안에 명기해두자는 것이다.

세계 최초의 불평등조약 1842년 영국 군함 콘월리스 함상에서 난징 조약이 체결되고 있다. 영국 측 대표인 포틴저는 초대 중국 대사 겸 홍콩 총독이 되었다. 그러나 그로부터 150년 뒤에야 홍콩이 중국에 반환될 줄은 당시 아무도 몰랐을 것이다.

했다.

그래서 난징 조약이 체결된 지 12년이 지난 1854년에 영국은 조약의 개정을 정식으로 요청했다. 하지만 그동안 난징 조약이 극히 불평등하다는 것을 알게 된 청 조정이 그 억지를 곧이곧대로 들어줄 리 없었다. 결국 영국은 또다시 물리력으로 문제를 해결하고자 마음먹었다. 때마침 터키에서 터진 크림 전쟁(1853~1856)으로 중국 문제는 잠시 미루어졌지만, 이 전쟁에서 승리한 영국은 다시 중국으로 눈을 돌렸다.

이리하여 2차 아편전쟁이 벌어졌는데, 지난번에도 손쉽게 이겼지만 이번에는 크림 전쟁에서 동지로 싸운 프랑스와 손잡기까지 했으니 승패는 볼 것도 없었다. 1857년에 연합군은 광저우를 점령하고 이듬해에는 베이징의 관문인 톈진을 함락시켰다. 할 수 없이 청 조정은 다시 불평등조약인 톈진 조약을 맺게 되는데, 여기에 러시아가 중재를 자임하고 나섰다. 프랑스와 러시아까지 참여했으니 난징 조약 때보다 입이 두 개나 늘었다. 청 조정이 조약에 불만을 품고 비협조적으로 나오자 1860년 영국과 프랑스 연합군은 재차 군대를 동원해 굴복시키고 베이징 조약을 맺었다. 톈진 조약으로 베이징에 외교 사절을 주재시킬 수 있게 되었고 그리스도교 포교의 자유를 얻었던 서구 열강은 베이징 조약을 통해 더 많은 개항장과 전쟁 배상금까지 얻어냈다.

열강과 조약을 체결할 때마다 불평등이 심화되자 청 조정의 무능함은 이제 백성들도 눈뜨고 볼 수 없을 정도가 되었다. 게다가 막대한 배상금을 지불하려면 세금을 늘릴 수밖에 없었으므로 백성들의 고통은 더욱 가중되었다. 사회적 불만과 불안이 팽배한 가운데 중국 역사상 가장 장기간에 가장 대규모인 '반란'이 일어났다. 바로 태평천국운동太平天國運動이다. 이 운동은 2차 아편전쟁이 벌어지기 몇 년 전부터 시작되었는데, 청 조정이 전쟁에 전념하지 못한 것은 이 사건 때문이기도 했다.

그리스도교도인 홍수전洪秀全(1814~1864)은 자신이 조직한 상제회上帝會(옥황상제의 '상제'인데, 그리스도를 상제라고 표현한 것이다)가 관헌의 탄압을 받자 1850년 광시 성에서 봉기했다. 반란 세력은 민중의 전국적인 지지를 등에 업고 배만반청排滿反淸의 구호를 드높이 외쳤다. 침략하는 서구 열강보다 청 조정이 문제라는 것이다. 이 구호가 먹힌 탓인지, 정부의 힘이 약한 탓인지 모르지만 그들은 금세 세력을 크게 떨쳐 난징을 점령하고 1853년에 태평천국이라는 나라를 수립했다.

태평천국은 그 이름에 걸맞게 이상적이고 이념적인 국가를 지향했다. 신분 차별을 철폐하자는 것까지는 여느 반란에서도 볼 수

반란인가, 건국인가   청 조정은 내부의 반란마저도 제압할 힘이 없었다. 한족의 왕조를 꿈꾼 태평천국군은 신을 뜻하는 노란색 기치를 내세우고 붉은색 군복을 입었는데, 한 말기의 황건과 명 말기의 홍건을 합친 의미일지도 모른다. 40년 뒤 조선의 동학농민군도 태평천국군처럼 외세 배척을 내세웠다가 부패한 정부가 외국군을 끌어들임으로써 외세에 의해 진압되는 비운을 겪었다.

있는 평범한 요구였으나, 금욕적인 엄격한 규율을 강조하고 사유 재산 제도를 폐지하자는 주장은 가히 혁명적이었다. 이 점에서 태평천국운동은 그리스도교적 요소와 19세기 초 프랑스의 공상적 사회주의 이념을 연상시키지만, 실은 중국적 전통도 강했다. 특히 모든 토지를 국유화(하느님의 소유)한 다음 각 지방의 토지를 아홉 개로 나누어 경작자들이 똑같이 경작하도록 한 이른바 천조전무제天朝田畝制는, 전국을 장악하지 못한 탓에 끝내 실천에 옮겨지지는 않았으나 수천 년 전 주나라 시대의 정전법을 원용한 것이었다. 그 밖에 행정제도에서도 주의 예법을 모방한 게 많았다. 역시 주나라는 중국 한인들의 영원한 정신적 고향이었다.

수백 년 만의 한족 정권인 탓일까? 태평천국의 기세는 초기에 엄청났다. 난징을 수도로 삼고 태평천국은 서쪽과 북쪽으로의 진출을 시도했는데, 순식간에 강남 일대의 16개 성省과 무려 6000여 개의 성城을 수중에 넣었다. 그들의 주력은 빈농과 유랑민의 기층 민중이었던 데다 무능한 만주족 정부에 커다란 분노를 품고 있었다. 이미 팔기군이 무력해진 청 조정은 각 지방마다 자체적으로 군대를 조직하여 대응하라고 명했다. 심지어 조정은 자치군에 관직과 군비 징수권까지 부여했다.* 이쯤 되면 사실상 제국은 와해된 상태였다. 온갖 수단을 다해도 기세 좋게 밀고 오는 태평천국군을 상대하기는 어려웠다. 그러나 당시 중국의 실제 임자는 청이 아니라 서구 열강이라는 데 근본적인 문제가 있었다. 이제 임자가 나설 차례였다.

* 이 조치는 훗날 아무도 의도하지 않은 역사적 결과를 낳았다. 역대 한족 왕조들을 위협한 지방의 번진들이 청대에는 성장하지 못했는데, 그 조치로 인해 부활한 것이다. 이들은 태평천국의 난이 끝나고서도 군대를 해체하지 않고 더욱 세력을 키워 중앙 정치에 일일이 간섭하게 된다. 20세기에 그 번진들은 북양군벌(北洋軍閥)로 발전해 청 제국이 무너지고 난 뒤에 군벌 정치 시대를 연다.

태평천국운동 초창기에 서구 열강은 간섭하기는커녕 중립적이거나 오히려 반란군에게 우호적이었다. 겉으로 보기에 태평천국은 서구의 그리스도교적 이념을 기본으로 하고 있는 데다 민중의 지지를 받고 있었으며, 군대의 사기도 드높아 파죽지세로 세력을 확대했기 때문이다. 하지만 진짜 이유는 난징 조약 체결 이후에도 청 조정이 조약을 성실하게 이행하려 하지 않기 때문이다. 따라서 열강은 공격하는 한족과 수비하는 만주족 중 누가 이길 것인가에 촉각을 곤두세운 채 중립을 표방하고 있었다.

그러나 2차 아편전쟁에서 승리하고 원하는 것을 다 얻자 열강의 태도가 달라졌다. 더 이상 중립은 필요가 없다. 하지만 그렇다고 해서 남의 나라 일에 직접 군대를 내기는 거북하다. 그래서 열강은 직접 나서지 않는 대신 청 조정을 위해 특수부대를 편성해주었다. 서양 무기로 무장시키고 서양식 훈련을 실시하고 서양인을 지휘관으로 하는 부대를 만든 것이다. 이들은 짧은 기간에 조련되었음에도 불구하고 병기에서 워낙 우세했으므로 가는 곳마다 태평천국군에 연전연승을 거두었다. 별명이 늘 이기는 군대, 즉 '상승군常勝軍'일 정도였다. 이 상승군과 더불어 서양식 무기로 무장한 기타 군벌의 군대들이 합세하면서 전세는 역전되었다. 마침내 1864년 난징이 함락되면서 길었던 태평천국운동은 종식되었다.

자구책 1

외세의 개입이 없었더라면 태평천국 세력은 청의 뒤를 이어 중국에 다시 한족 왕조를 세울 가능성이 컸다. 역대 왕조들의 흥망을 고려해볼 때에도 그게 '순리'였다. 이렇게 본다면 이 역사의 순리를 간단히 거스른 서구 열강의 힘은 과연 놀라운 것이었다. 태평천국군은 순전히 서구의 우세한 무기와 화력에 당한 것이나 다름없었다. 특히 반란의 진압을 계기로 중앙 정치에 발언권을 얻게 된 증국번曾國藩(1811~1872)과 이홍장李鴻章(1823~1901) 등 유력 군벌들은 서양의 힘에 경탄을 금치 못했다. 아편전쟁 때도 서구의 무력을 실감했으나 이번에는 우군의 입장이었으므로 바로 곁에서 똑똑히 본 터였다.

증국번과 이홍장, 좌종당左宗棠(1812~1885)은 서양식 무기를 만

병기로 일어서자 양무운동의 일환으로 난징에 세워진 병기 공장에서 일하는 중국인들의 모습이다. 양무운동은 최초로 서양의 것을 본받자는 운동이었다. 그러나 운동의 주체인 이홍장, 증국번, 좌종당이 모두 한인 군벌이었던 것을 고려한다면 여기에도 청 조정을 불신하는 반청 의식이 있었으리라고 추측할 수 있다.

들어야 한다고 정부에 건의했다. 그 결과 상하이, 푸저우 등지에 조선소와 병기 공장이 세워지고 총포와 탄약, 기선 등을 제조하기 시작했다. 중국 최초로 근대적 중공업이 탄생한 것이다. 이때부터 약 30년 동안 서양의 우수한 과학기술을 적극 도입해 나라를 부강하게 만들자는 양무운동洋務運動이 전개되었다. 이 시기에는 광산업과 조선업 등 군수 산업을 중심으로 한 중공업이 발달하기 시작했으며, 서양식 무기와 군사 제도를 본받는 데서 더 나아가 유능한 인재를 서구에 보내 군사학과 군사 훈련을 이수하게 하는 등 다양한 자강책이 실시되었다.

그러나 긴박하게 돌아가는 19세기 후반의 국제 상황은 중국이 마냥 근대화와 자강에 몰두할 수 있도록 놔두지 않았다. 그러는 동안에도 러시아가 신장 지방을 침식해 들어왔고, 프랑스가 베트남을 차지하는 등 서구 열강에 밀려 중국의 영향력이 점차 무너져가고 있었다. 또 아시아의 소국이었던 일본마저 1868년 메이지 유신으로 순식간에 국력을 키워 대만을 침략하고 조선에 진출했다. 게다가 양무운동 자체에도 문제가 있었다. 서구처럼 자본주의적 토대가 마련되지 않은 상태에서 모든 산업을 국가 중심으로 성장시키려는 것은 아무래도 무리였다. 그 문제점은 예기치 않은 곳에서 터져 나왔다. 1894년의 청일전쟁이었다. 이 전쟁은 명칭에 붙은 두 나라와 무관하게 한반도의 조선이 전장이었다. 여기에는 그럴 만한 사연이 있었다.

1894년 조선에서는 동학농민운동이 일어났다. 반란이라 해도 제 나라 백성들이 일으킨 반란이었지만 제 힘으로 무마할 수도, 진압할 수도 없었던 조선 정부는 상국인 청에 병력을 보내달라고 요청했다. 당시 청은 톈진 조약(서구 열강과 맺은 조약과 달리 1885년 청과 일본이 체결한 조약)에 묶여 있어 조선에 파병하려면 먼저 일본 측에 통보해야 했으나 이홍장은 통보를 생략하고 즉시 병력을 보냈다. 그렇잖아도 호시탐탐 조선을 노리던 일본에 그것은 군대를 보낼 좋은 구실이었다.[●] 같은 시기, 같은 장소에 청과 일본의 군대가 맞부딪혔으니 서로 간의 전쟁을 꾀한 게 아니었다 해도 대결이 불가피했다. 마침 청으로서는 30년간 양무운동의 성과를 시험해볼 좋은 기회였고, 일본으로서는 임진왜란 이후 300년 만에 중국과

● 전통적으로 조선을 속국화하고 있었던 중국의 입장에서는 사실 '남의 나라의 내정'에 간섭한다기보다는 지방의 반란을 진압한다는 생각이었을 것이다. 또한 당시 조선의 명성황후 정권도 마치 중앙 정부에 관군을 요청하는 것처럼 자연스럽게 청에 군대를 요청했을 것이다. 하지만 그것은 오히려 일본에 좋은 기회를 제공했다. 게다가 1897년 조선이 친러파의 책동으로 대한제국을 선포한 것도 일본이 바라던 바였다. 조선을 차지하려면 먼저 조선에서 청의 종주권을 떼어내야 하는데, 조선 정부가 앞장서서 그렇게 한 것이기 때문이다. 19세기 말 청과 조선 정부의 행동은 마치 일본을 위해 멍석을 깔아주는 것과 같았다.

침몰하는 청 제국   30년의 조련도 무색하게 청나라 해군은 개전 직후부터 몰락했다. 그림은 침몰하는 청 제국의 군함인데 영국에서 빌린 함선이라는 사실이 아이러니다.

벌이는 한판 승부였다. 더구나 무대는 두 나라의 직접적인 피해가 없는 한반도였다!

그런데 결과는 예상 밖이었다. 청은 물론이고 서구 열강, 심지어 일본 내에서조차 이 전쟁은 일본이 이기기 힘들다고 보았다. 비록 서구 열강 앞에 허무하게 무릎을 꿇었지만, 청은 전통의 강국인 데다 30년간의 양무운동으로 힘이 붙지 않았던가? 메이지 유신으로 속성 근대화를 이루었다고는 하나 일본으로서는 벅찬 상대였다. 그러나 막상 뚜껑을 열어본 결과는 정반대로 일본의 일방적인 승리였다. 일본은 이홍장이 직접 30년간 조련한 청의 해군을 황해에서 격파했고 육군을 평양에서 무찔렀다. 게다가 랴오둥 반도까지 진출해 중국 본토까지 노렸다. 놀란 청 조정은 급히 화의를 신청했다. 전쟁은 볼품없이 끝났고, 1895년 또 하나의 불평등조약인 시모노세키 조약이 체결되었다.

이로써 중국은 아편전쟁 이후 벌어진 모든 전쟁에서 전패하는 기록을 남겼다. 그 전쟁 배상금만 모았어도 근대화의 밑천으로 삼을 수 있을 정도였다. 그래도 아편전쟁의 영국은 당시 세계 최강이었으나 이제는 동양의 작은 나라에도 졌다. 한없이 초라해진 중국을 서구 열강은 다시 거세게 물어뜯기 시작했다. 영국, 프랑스, 러시아, 일본에다 이번에는 독일도 열심히 이권 다툼에 끼어들었다. 열강은 중국을 효율적으로 수탈하기 위해 각지에 철도를 부설하고 광산을 개발했다. 양무운동으로 어느 정도 성장하던 중공업은 여지없이 무너졌으며, 집 안 수공업으로 운영되던 전통의 공업도 서구 상품의 물결 속에 자취도 없이 사라졌다. 청일전쟁의 배상금을 물 능력이 없어 차관을 도입한 것은 서구 자본이 무차별적으로 영입되는 결과를 빚었다.

특히 뒤늦게 제국주의 식민지 경쟁에 뛰어든 독일은 이 기회에 아예 중국 영토를 열강이 분할하자고 주장했다. 다행히 중국 민중이 반발하고 열강들이 반대하여 무산되었으나 중국인들은 이제 영토마저 빼앗길지 모른다는 위기감에 젖었다.●

양무운동과는 다른 뭔가 근본적인 개혁이 필요했다. 군수 산업만 육성한다고 해서 강

● 독일은 중세 내내 신성 로마 제국의 본산이었기 때문에 근대 국가로의 출발이 다른 나라들에 비해 늦었다. 아프리카와 아메리카의 풍부한 식민지들이 다른 열강에 의해 분할된 이후에야 비로소 식민지 쟁탈전에 뛰어든 탓에 독일은 중국을 영토적으로 분할하는 데 특히 큰 관심을 보였다. 다른 열강도 그런 의도가 전혀 없지는 않았으나 수천 년간의 강력한 역사와 문명을 꾸려온 데다 영토가 넓은 중국을 정치적으로 지배하기란 불가능하다고 판단했다. 게다가 중국은 거리상으로도 유럽에서 너무 멀었다. 그래서 열강은 보수적이고 무능한 서태후 정권을 온존시키고 그 대신 경제적인 이득을 얻어내고자 했다.

7장 중국의 화려한 시작과 비참한 종말

국이 되는 것은 아니었다. 광둥 지방의 지식인이었던 캉유웨이康有爲(1858~1927)는 하루빨리 변법變法(개혁)하지 않으면 중국이라는 나라 자체가 지구상에서 사라질지도 모른다고 판단했다. 서구의 선진 문물을 받아들여 근대화를 이루자는 주장은 양무운동과 같았으나 캉유웨이의 변법은 그와 달랐다. 그는 서양의 무기나 제도와 같은 게 아니라 과학기술 자체를 도입해야 하며, 무조건적인 수입이 아니라 중국적인 중심을 튼튼히 마련한 조건에서 서양의 것을 접목시켜야 한다고 믿었다. 서양에 그리스도가 있다면 중국에는 공자가 있다. 그는 공자가 기본적으로 보수주의자가 아니라 개혁가였다고 주장하면서 유교를 역동적인 사상으로 재해석하고자 했다.

캉유웨이의 주장은 마침내 젊은 황제 광서제光緒帝(1871~1908)를 움직였다. 황제의 적극 지원으로 캉유웨이는 1898년 무술변법戊戌變法을 시행했다. 개혁 세력은 민간이 주도하는 민족자본의 육성을 최우선의 과제로 삼고 추진하는 한편, 정치제도, 과거제, 관제와 법제, 군사 제도, 교육제도 등 거의 모든 제도를 뜯어고치고, 화폐를 통일하고, 철도를 부설하고, 특허제를 도입하는 등 거의 모든 방면에 걸쳐 대대적인 개혁을 시도했다.

그러나 세계 어느 곳의 역사에서도 기존의 지배층이 급진적인 개혁을 받아들인 사례는 없다. 지배층 가운데 개혁의 지지자는 광서제 한 사람밖에 없었으나 안타깝게도 당시 그는 실권자인 큰어머니 서태후西太后(1835~1908)에게 밀려 권력에서 소외된 상태였다. 특히 군사권이 없는 게 문제였다. 개혁이 실시된 지 100여 일 만에 서태후가 이끄는 보수파는 쿠데타를 일으켜 광서제를 연금시키고 개혁파를 체포했다.

황제가 지원한 개혁　양무운동이 군사적인 측면에 치중했다면 캉유웨이의 무술변법은 제도적인 측면의 개혁책이었다. 사진은 왼쪽부터 개혁의 후원자인 황제(광서제), 개혁의 대표 주자(캉유웨이), 보수의 우두머리(서태후)다. 개혁파를 제거하는 데 성공한 서태후는 나중에 개혁을 시도하지만 이미 때는 늦은 뒤였다.

양무운동과 무술변법은 서로 초점은 달랐으나 둘 다 서양의 선진 문명을 받아들여 중국의 근대화를 이루고자 한 운동이었다. 하지만 양무운동은 실효가 없음이 입증되었고, 무술변법은 지나치게 이상에 치우쳤음이 드러났다. 서양의 것을 본받으려는 두 가지 자구책이 모두 실패로 돌아갔으니 이제 남은 것은 한 가지, 자기 것을 지키는 길밖에 없었다.

자구책 2

캉유웨이가 서양의 정신적 힘이 그리스도교에 있다고 본 것은 옳았다. 오랫동안의 중세를 거치며 종교적 통합을 이룬 유럽은 비록 국가는 여럿이었으나 정신적·종교적으로는 한 몸이나 다름없었

Le Petit Parisien

* LES BOXEURS CHINOIS *

철도를 파괴하는 의화단　개혁이 실패하면 보수로 기우는 법이다. 양무운동과 무술변법이 모두 실패하자 이제 중국은 오로지 반외세로 나아갈 수밖에 없었다. 그러나 의화단운동은 중국 민중이 들고일어났다는 점에서 달랐다. 그들은 서양의 철도와 그리스도교가 재앙을 불러왔다고 여기고 곳곳에서 철도와 교회를 파괴했다. 그림은 프랑스 신문 〈르 프티 파리지엔〉에 실린 것이다.

다(오늘날 유럽연합이 결성된 것도 그런 배경 덕분이다. 반면 한·중·일 3국은 수천 년 동안 동질적인 한자·유교 문화권을 이루어왔어도 지역적 블록을 이루기는 어렵다). 영국, 프랑스, 독일은 서로 경쟁하면서도 서구 전체의 이익이 문제시될 때는 즉각 한마음 한뜻으로 뭉쳤다. 그러나 캉유웨이가 보지 못했던 것은, 그리스도교는 서양의 '정신적 힘'만이 아니라는 점이었다.

중국에 온 서양의 선교사들은 그리스도교를 포교하려는 의도만 가진 게 아니었다. 16세기 명대에 온 선교사들은 유럽에서 신교가 세력을 장악한 탓에 교세 확장을 위해 멀리 동방까지 온 구교 성직자들이 대부분이었으므로 비교적 순수한 종교적 색채를 띠고 있었으나, 19세기의 선교사들은 그렇지 않았다. 이들은 오랜 기간 중국에 머물면서 중국의 내정과 관습, 지리 등에 밝은 '중국통'이 되었다. 중국에 진출하려는 제국주의 열강의 입장에서 보면 그들은 매우 중요한 '안내자'였다. 중국의 사정을 파악하는 데도 큰 도움이 될 뿐 아니라 조약을 맺을 경우에도 중국어를 아는 서양인이 필요했다.

선교사들 스스로가 제국주의 침략의 앞잡이 역할을 자임하기도 했다. 1857년 톈진 조약으로 그리스도교 포교의 자유가 허락되자 선교사들은 기다렸다는 듯이 각자 자기 모국의 경제적 이익을 위해 백방으로 뛰었다. 이들은 각종 이권 다툼에 개입했고, 심지어

간첩 행위나 다름없는 짓도 서슴지 않았다. 그리스도교 자체가 중국의 전통적인 가치관을 파괴하는 데다 중국인이 보기에 선교사들의 그런 행위는 눈살을 찌푸리지 않을 수 없는 것이었다.

"서양 귀신의 침략을 물리치고 유교적 전통과 질서를 지키자!" 중국 민중은 이렇게 외쳤지만 무능한 정부로서는 불가능한 일이었다. 역사적으로도 비밀결사의 경험이 풍부한 중국 민중은 그리스도교 세력에 대해 조직적으로 저항하기 시작했다. 대도회大刀會, 가로회哥老會, 의화권義和券 등의 비밀 단체들은 서서히 반그리스도교 운동을 전개해갔으며, 때로는 폭동을 일으키기도 했다. 그 과정에서 점점 반외세적, 반제국주의적 경향을 강하게 띠게 되었다. 그 절정이 1899년의 의화단義和團 사건이다.

의화권은 산둥을 근거지로 활동하던 단체였다. 당시 산둥은 중국의 분할을 주장한 독일이 터를 잡은 곳이었다. 후발 제국주의의 조급함으로 독일이 그악스럽게 나오자 의화권도 조직을 더욱 확대하고 명칭도 의화단으로 고쳤다. 급기야 그들이 공개적으로 그리스도교도들을 살해하는 사건이 발생했다. 그러자 독일보다 먼저 급해진 것은 청 조정이었다. 서태후의 지원을 등에 업고 정부의 실권자로 군림하던 위안스카이袁世凱(1859~1916)는 군대를 보내 진압하려 했으나 오히려 불에 기름을 끼얹은 격이었다. 의화단은 그것을 계기로 톈진 지역까지 확대되었다. 이제는 의화단 소속이 아닌 사람들까지도 철도를 파괴하고 교회를 불태우고 관청을 습격하는 등 폭동을 일으켰다. 폭동은 화북 일대로 들불처럼 걷잡을 수 없이 번져나갔다.

이제 서구 열강도 수수방관할 수 없는 처지였다 내버려두었다가는 공들인 탑이 송두리째 무너질지도 몰랐다. 열강은 일단 청

베이징의 유럽 군대　태평천국운동에서도 보았듯이, 서구 열강은 평소에 서로 이해를 다투다가도 중국을 무력으로 억압하는 데는 한데 뭉쳤다. 사진은 의화단 진압을 위해 파견된 8개국 연합군이 자금성에 입성하는 장면이다.

조정에 하루빨리 의화단 사건을 진압하지 못하면 자기들이 직접 군대를 보내 해결하겠다고 으름장을 놓았다. 조정에서는 의견이 분분했다. 40년 전의 태평천국운동이라면 반란을 공공연히 표방했으니 당연히 진압 대상이었으나 의화단은 민간 단체였으니 사정이 달랐다. 더구나 조정의 일각에서는 의화단을 이용해 외세를 물리치자는 주장도 나왔다. 고민하던 서태후는 서구 열강이 광서제에게 친정親政을 시킨다는 소문이 나돌자 즉각 결단을 내렸다. 서태후는 각국 공사관에 당장 중국을 떠나라고 통보하고 각 지방에 의화단을 도우라는 명을 내렸다.

2차 아편전쟁 이래 40년 만에 다시 중국과 서구 열강의 대결이 벌어졌다. 이번에는 물심양면에 걸쳐 중국 민중의 지원까지 등에 업었다. 그러나 불행히도 결과는 마찬가지, 달걀로 바위 치기였다. 그럴 만도 한 것이, 이번의 상대는 유럽 8개국 연합군으로 전보다 더욱 막강했던 것이다. 유럽 연합군은 톈진과 베이징을 손쉽게 점령하고 쯔진청을 약탈했다(대영박물관과 루브르 박물관에 소장된 중국 문화재들은 대부분 이때 탈취되었다). 결국 청 조정은 또다시 백기를 들었다. 연패의 기록이 경신되면서 중국은 베이징 의정서를 체결하고 전쟁 배상금을 물어야 했다.

그래도 소득은 있었다. 의화단운동을 계기로 서구 열강은 중국을 정치적으로 식민지화하려는 시도를 아예 포기하게 되었다. 통째로 집어삼키기에는 입이 너무 많아진 데다, 수천 년의 역사를 가진 중국의 문화와 강력한 민중의 항쟁을 완전히 뿌리 뽑을 수는 없다고 여겼던 것이다.

마지막 황제 푸이

서양의 문물을 본받으려는 자구책(양무운동과 변법)이나 서양의 것을 배척하려는 자구책(의화단운동)이나 다 실패했다. 이제 중국에는 남은 카드가 없다. 마지막으로 시도해볼 수 있는 것은 양자를 절충하는 것뿐이다. 서태후 보수파 정권은 '신정新政'이라는 이름으로 뒤늦은 변법에 착수했다.

신정의 목표는 명백했고, 그래서 그 과정도 뻔했다. 우선 군사제도를 개혁하고 서양식 군관 학교를 세웠다. 근대식 상업을 육성하기 위해 상부商部라는 기구를 설치했다. 그리고 교육제도를 개혁해 서양식 학교를 설립했는데, 이것으로 수 문제가 만든 이래 1400년간이나 관리 임용 제도의 근간을 이루었던 과거제가 폐지되었다. 그러나 통치 능력을 상실한 정부가 하는 개혁이 효과를 볼 리 없었다. 신정이 별무신통이자 서태후는 극약 처방을 내렸다. 그것은 입헌군주제의 도입이었다.

1905년 일본은 러일전쟁에서 강국 러시아에 승리를 거두었다. 10년 전 일본에 패한 청은 새삼 일본의 힘에 감탄했다. 일본은 전통적인 전제군주국인 중국과 러시아를 이겼다. 이건 입헌군주제가 전제군주제를 이겼다는 뜻이다. 적어도 청 조정은 이렇게 해석했다. 입헌군주제가 시대적 추세라고 여긴 서태후 정권은 서둘러 헌법을 제정하고 의회를 만들고 내각을 구성했다. 그러나 형식만 갖춘다고 해서 수천 년 동안 지속된 제정, 그것도 강력한 중앙집

혁명을 낳은 봉기　우창 봉기로 마침내 중국 최후의 제국인 청이 무너졌다. 사진은 봉기를 성공시킨 다음 날 혁명당원들의 모습이다. 이날 그들은 호북군정부를 세웠는데, 이것은 간이 정부이기는 하지만 중국 역사상 최초로 왕정이나 제정을 채택하지 않은 정부였다.

권적 제정이 하루아침에 공화정으로 바뀔 수는 없었다. 설령 서태후 정권보다 유능한 정부라 해도 마찬가지였을 것이다.

　사태는 엉뚱하게 흘러갔다. 과거제가 없어지자 학생들은 새로 도입한 중국의 학교 제도를 외면하고 일본으로 유학을 떠났다. 밖에서 객관적인 시각으로 바라보는 조국의 실상은 도저히 눈뜨고 볼 수 없을 정도였다. 도쿄의 중국 유학생들은 정부에 의한 어떠한 개혁도 무용하리라는 판단을 내리고 점차 혁명적인 방향으로 나아갔다. 그들은 도쿄에서 잡지를 창간하고 학교를 세우면서 조직을 이루기 시작했다. 1905년 중국동맹회라는 통합 조직이 생겨났는데, 그 대표는 쑨원孫文(1866~1925)이었다. 동맹회는 중화민국이라는 새로운 국호를 정하고 삼민주의라는 강령도 채택했다.

　한편 중국 내부에서도 혁명운동이 일어나기 시작했다. 이제 혁명은 지식인들만의 구호가 아니었다. 몇 차례 봉기가 실패한 뒤

명의 태조 주원장을 참배하는 쑨원 2000
년에 걸친 제국 체제를 타도했는데도 새 중국
정부가 돌아갈 곳은 '한족 제국'이었다. 신해혁
명을 성공시킨 쑨원이 명 태조 주원장의 묘소
를 참배하는 장면이다.

1910년 10월 10일, 드디어 양쯔 강 남안의 우창에서 지식인과 군
대가 연합해 봉기를 성공시키고 중국 본토에서 처음으로 중화민
국 군정을 수립했다. 훗날 이 사건은 신해혁명辛亥革命으로 기록되
었으며, 거사가 벌어진 10월 10일은 '쌍십절雙十節'이라는 이름의
건국 기념일로 제정되었다. 우창 봉기가 성공했다는 소식은 즉시
전국으로 퍼져나가 각지에서 독립을 선언하는 사태가 잇달았다.

이 소식을 들은 쑨원은 서둘러 귀국했다. 1912년 1월 1일을 기
해 그는 중화민국 임시정부를 선포했다. 수도는 난징으로 정해졌
고, 쑨원이 임시 대총통을 맡았다.

한 나라에 두 개의 정부(제국 정부와 공화국 정부)가 들어선 꼴이
되자 청 조정에서는 위안스카이에게 전권을 맡겨 사태를 해결하
고자 했다. 그러나 고양이에게 생선을 맡긴 격이었다. 위안스카이

마지막 황제 푸이　푸이는 1908년 서태후의 유언에 따라 두 살의 어린 나이로 제위에 올랐다가 1912년 여섯 살에 폐위된 비운의 황제였다. 즉위식장에서 지루함을 못 견딘 푸이가 울음을 터뜨리자 그의 아버지 순친왕(醇親王)은 "울지 마라, 곧 끝난단다."라고 다독였는데, 그의 말처럼 푸이의 재위는 몇 년 안 가 끝나버렸다. 이후 푸이는 군벌과 일본의 손에 의해 여러 차례 허수아비 황제 노릇을 하다가 1967년에 사망했다.

는 그 기회를 이용해 오히려 쑨원 측과 협상에 나섰다. 정치적 욕심보다는 조국에 공화정이 들어서는 것을 우선시한 쑨원은 선뜻 위안스카이에게 대총통 자리를 양보하겠다고 제의했다.

쑨원과의 약속에 따라 위안스카이는 거꾸로 청 황실을 정리하기 위한 해결사가 되었다. 이것은 새로 생겨난 중화민국 정부를 상대하는 것보다 훨씬 쉬운 일이었다. 결국 위안스카이의 압력에 굴복해 어린 황제 선통제宣統帝(1906~1967)는 황실 우대를 조건으로 1912년 재위 4년 만에 퇴위했다. 그가 바로 마지막 황제로 알려진 푸이溥儀다(그는 '현역' 신분으로 제위에서 물러났기 때문에 선통이라는 연호 이외에 묘호는 없다). 이로써 청 제국은 297년의 사직을 끝으로 멸망했으며, 동시에 진시황이 대륙을 통일한 이래 2133년 동안 지속된 중국의 제국 시대도 종말을 고했다.

5. 새 나라로 가는 길

험난한 공화정

시행착오를 거듭하던 중국의 근대화 노력은 결국 공화정 체제로 개혁하는 것만이 살 길이라는 결론으로 모아졌다. 19세기 이후 100여 년이나 중국의 근대화가 질척거린 것은 외세의 침략이라는 바깥 요인 때문이었지만, 그에 못지않게 정치의 무능과 부패에도 큰 책임이 있었다. 더욱이 외세야 중국이 마음대로 할 수 없는 것이지만, 정치는 '마음만 먹으면' 얼마든지 개혁이 가능한 게 아닌가? 그런 점에서 공화정을 택한 것은 필연이자 올바른 결론이기도 했다.

그러나 문제는 그 길 역시 쉽지 않다는 데 있었다. 서구 공화정의 역사는 로마 시대까지 무려 2000년을 거슬러 올라가며, 영국의 의회민주주의도 700년의 역사에 이른다. 근대 서구 공화정만 해도 수백 년 동안 중세와 절대주의를 거쳐 완성되었고, 그 과정에서 무수한 혁명과 전쟁을 치렀다. 과연 민주주의는 '피를 먹고 자라는 나무'였다. 아무리 모방이라는 후발 주자의 이점이 있다 해도 이 장구한 발전 과정을 단기간에 따라잡는 것은 불가능했다. 신생 공화국인 중화민국의 앞길은 험난하기만 했다.

선통제가 퇴위한 바로 다음 날부터 문제가 터졌다. 쑨원은 약속대로 위안스카이에게 대총통 자리를 양보하기로 하고 베이징에 있는 그에게 빨리 난징으로 와서 취임하라고 통보했다. 당시 중화민국의 수도는 난징이었으니 당연한 요구였지만, 위안스카이는

역사의 갈림길에 선 두 인물　쑨원(왼쪽)과 위안스카이(오른쪽)는 우리 현대사에서 김구와 이승만의 관계를 연상시킨다. 쑨원은 권력을 장악할 기회가 여러 차례 있었는데도 그때마다 분쟁을 피하기 위해 위안스카이에게 양보했다. 반면 위안스카이는 처음부터 공화정 체제에 만족하려 하지 않았고 기회만 있으면 독재나 제정 복고를 꾀했다. 결국 쑨원은 중국의 민족 지도자로 역사에 남았고, 위안스카이는 반동적 독재자로 남았다.

적들이 도사리고 있는 난징에 가고 싶은 마음이 없었다.

위안스카이는 자신의 세력권인 베이징을 떠나고 싶지도 않고 대총통 자리를 포기하고 싶지도 않았다. 그래서 그는 교활한 꾀를 냈다. 베이징에서 취임하면 되지 않는가? 그러기 위해서는 적당한 구실이 필요하다. 그는 부하를 사주해 베이징에서 폭동을 일으키게 하고, 사고 수습을 핑계로 베이징에서 대총통에 취임하겠다고 고집을 부렸다. 초장부터 어그러진 약속이 이후에 지켜질 리없다. 애초부터 민주주의나 공화정에는 관심이 없던 위안스카이는 쑨원과의 약속을 일방적으로 무시하고, 제국이 무너진 틈을 타자신의 독재 체제를 수립하기 위해 노력했다. 그가 내심 바라는 것은 총통 따위가 아니라 황제였다.*

그래도 공화정이니까 내각과 정당까지는 갖추었는데, 껍데기일 뿐 내실은 없었다. 제대로 하려면 공화정을 담당할 정치 세력이 필요하지만, 중국 자체의 역사에서 탄생한 체제가 아니었기에 그 정치 세력이 성장하지 못했던 것이다. 오히려 청일전쟁 이후 꾸준히 세력을 키우면서 각 지방에 할거하고 있던 군벌과 관료 출신, 자칭 개혁가 등 어중이

● 당시 위안스카이는 의회 정치의 관념에 익숙지 않았으므로 공화정과 제정의 차이를 확실히 알지 못했다. 그는 대총통이 공화국의 수장이니까 황제처럼 전제권력을 가진 것으로 여겼다. 다만 대총통은 황제와 달리 임기가 있고 세습되지 않는다는 정도만 알았는데, 그에게는 바로 그 점이 불만이었다. 그는 그저 청 제국을 자신의 제국으로 대체하고 싶을 따름이었다.

떠중이가 그 역할을 자임하고 앞다투어 정당을 조직했다. 우후죽순처럼 생겨난 정당들은 이내 합종연횡을 이루었다. 상당수는 여당인 공화당을 결성하고 위안스카이의 지지 세력이 되었으며, 자연히 난징 세력도 한데 뭉쳐 야당인 국민당을 창당했다.

위안스카이는 처음부터 국민당의 존재에 심히 부담을 느꼈다. 국민당은 1913년에 치러진 첫 국회의원 선거에서 압도적인 승리를 거두고 보란 듯이 다수당이 되었다. 그러자 위안스카이는 국민당 의원들을 매수하고 핵심 인물을 암살하는 등 무법 행동을 서슴지 않았다. 심지어 그는 독재 체제를 구축하기 위해 국회의 동의도 얻지 않고 열강으로부터 2500만 파운드의 차관을 얻었다. 초대 대총통이 갓 제정된 헌법을 어기는 격이다. 나아가 그는 반대하는 국민당 의원들을 파면하고, 끝내는 국민당마저 해산시켜버렸다. 다수당이 없어졌으니 태어난 지 1년도 못 되어 국회는 사실상 기능 정지다.

하지만 위안스카이의 만행은 끝나지 않았다. 1914년에 정식으로 총통에 오른 그는 유명무실해진 내각책임제를 폐지하고 총통제를 실시해 완벽한 독재 권력을 구축했다. 이렇게 역사의 시계추

를 반동 복고의 방향으로 되돌려놓은 뒤, 이제 그에게 남은 과제는 애초에 마음먹었던 황제가 되는 것뿐이다. 이를 위해 그는 먼저 여론을 조성한 뒤 국민대표회의라는 기구를 만들어 거기서 공화제와 입헌군주제를 놓고 투표하게 했다. 예상대로 '체육관 선거'의 투표 결과는 전원 입헌군주제 찬성이었다.●

● 1972년에 유신헌법을 제정해 종신 대통령을 꿈꾼 박정희는 위안스카이를 본떴을지도 모른다. 그는 통일주체국민회의라는 해괴한 기구를 만들어 거기서 대통령과 국회의원 3분의 1을 선거하게 했다. 이렇게 정부와 의회를 장악하고 대한민국을 겉모습만 공화국일 뿐 사실상 자신의 '왕국'으로 만들었다.

드디어 위안스카이는 황제가 될 꿈에 부풀었는데, 이 문제는 워낙 사안이 중대한 탓에 전국에서 반발이 만만치 않았다. 게다가 그동안 그에게 지지를 보냈던 서구 열강도 제국이 부활하는 것만은 찬성하지 않았다.

이 기회를 틈타, 일본에 망명 중이던 쑨원의 지시를 받은 국내 혁명당원들은 '타도 위안스카이'를 부르짖으며 군사를 일으켰다. 그들은 현재의 공화국이라는 국체를 수호한다는 의미에서 호국군護國軍이라고 자칭했다. 위안스카이는 그것을 무시하고 황제 즉위를 강행하려 했으나 그의 심복 부하들마저 반대하고 나섰다. 비로소 대세의 불리를 깨달은 위안스카이는 눈물을 머금고 계획을 포기했다. 울분을 억누르지 못한 그는 그 뒤 석 달 만에 병사했다.

독재자가 죽으면 분열기가 온다. 위안스카이가 죽자 그의 지배 아래 있던 북양군벌들은 일제히 각지에서 독립을 주장하고 나섰다. 이들은 옛 왕조시대의 번진들처럼 사병 조직은 물론 자기 지역에서 독자적으로 세금을 징수하는 권리도 갖고 있었다. 그래도 옛날 번진들은 새로운 통일 왕조를 꿈꾸거나 제도를 정비하는 등 발전적인 측면도 있었고 역사적 안목도 가졌으나, 20세기의 군벌

북양군벌의 우두머리들　군벌의 우두머리 위안스카이가 죽자 북양군벌 세력은 3대 군벌로 갈렸다. 왼쪽부터 돤치루이(段祺瑞), 장쭤린(張作霖, 장쉐량의 아버지), 펑궈장(馮國璋)이다. 수천 년의 제정이 끝나고 신생 공화정이 들어선 직후, 중국 역사에서 지극히 중요한 이 시기 10여 년 동안 중국은 이 군벌들이 정치를 좌지우지하면서 기회를 놓친다.

들은 근대화를 가로막는 봉건적 장애물에 불과했다. 더구나 그들은 세력 확장을 위해 각 방면으로 열강과 결탁하고 있었으니, 제국주의의 하수인이자 앞잡이이자 매국노였다.

군벌들은 정부 요직도 나누어 먹기 식으로 독점했다. 하지만 위안스카이라는 우두머리가 없으니 사안마다 내분이 일었다. 때마침 유럽에서 벌어진 제1차 세계대전의 참전 여부를 둘러싸고 대총통과 국무총리가 대립하는가 하면, 쿠데타를 일으켜 국회를 해산하고 선통제를 복위시키려는 군벌도 등장했다. 급기야 군벌들은 서로 무력을 동원해 치고받으면서 정권을 주고받는 무정부 상태를 연출했다.

강남에서도 군벌이 할거하는 현상은 마찬가지였다. 그나마 국회가 해산된 뒤 국회의원들이 개입하고 쑨원이 영향력을 행사했

7장 중국의 화려한 시작과 비참한 종말

기에 강북보다는 형편이 나았지만, 강남의 군벌들도 광저우를 중심으로 치열한 정권 다툼을 벌였다. 이 다툼이 어느 정도 진정되자 그들은 광둥 정부를 세우고 북양군벌과 대치했다. 이로써 강북에는 북양군벌들이 중심이 된 베이징 정부, 강남에는 서남 군벌들이 중심이 된 난징 정부가 들어섰다. 이 기묘한 '남북조'의 분열기를 맞아 바야흐로 중국은 끝 모를 혼돈의 구렁텅이로 빠져들고 있었다.

전혀 새로운 정치 세력

제1차 세계대전이 한창이던 1917년 10월 러시아에서 세계를 깜짝 놀라게 한 사건이 터졌다. 유럽 최후의 전제군주국이던 제정러시아가 볼셰비키 혁명으로 타도된 것이다.● 러시아에는 인류 역사상 전례가 없는 새로운 사회주의 공화국이 들어섰다. 피지배층이 지배층을 무너뜨린 이 소식은 순식간에 전 세계로 퍼져나갔다. 특히 제국주의의 침탈로 인해 식민지·반식민지 상태에서 신음하던 세계 각지의 피억압 민중에게 그 소식은 해방의 빛줄기였다.

러시아 혁명의 이념인 마르크스주의는 국가보다 계급을 우선하는 혁명론이다. 따라서 한 나라의 성장과 발전보다는 전 세계의 피억압 민중이 단결해 제국주의 세력을 물리치

● 유럽과 아시아의 전통적 전제군주국인 청과 러시아는 불과 5년의 간격을 두고 차례로 무너졌다. 공교롭게도 1910년대는 세계적으로 제국들이 무너지는 시기였다. 두 제국 이외에도 제1차 세계대전이 끝난 뒤에는 오스만튀르크 제국이 멸망했다. 15세기부터 터키와 발칸 반도, 동유럽 일대를 지배했던 튀르크는 제1차 세계대전에 독일의 동맹국으로 참전했다가 패배하는 바람에 해체되고 터키 공화국이 성립되었다. 수천 년간 세계를 이끌었던 제국 체제는 이미 낡은 체제가 되었던 것이다.

혁명의 지도자 1917년 러시아 차리즘이 무너지고 사회주의 정권이 들어섰다. 사진은 혁명의 지도자 레닌이 망명지에서 페트로그라드(상트페테르부르크)로 돌아와 군중의 환호를 받으면서 열차에서 내리고 있는 장면이다. 중국은 러시아보다 5년이나 앞서 제정을 무너뜨렸지만 보수 군벌들이 권력을 장악했다. 시민계급이나 민주주의의 경험이 없기는 마찬가지인 동서양의 두 거대 제국은 이 차이 때문에 명암이 크게 갈렸다.

는 것을 더 중요시했다. 당시 이것은 이론적으로만이 아니라 현실적으로도 필요했다. 볼셰비키 혁명이 성공한 직후 제국주의 열강이 소비에트 연방에 간섭하면서 러시아 제국을 부활시키려 했으므로 신생국의 생존을 위해서도 반反제국주의 통일전선이 시급했던 것이다.

그래서 소련 공산당은 소련 내에서 혁명의 완수를 위해 노력하는 한편 제국주의의 침략을 받는 다른 나라들의 사정에도 촉각을 곤두세웠다. 당시 소련의 주요 관심은 동유럽에 있었으나, 방대한 영토와 인구를 가진 중국이 장차 사회주의의 향방을 가늠하는 중요한 지역이라는 것을 알고 있었다. 1919년 소련은 반제국주의 운동을 담당하는 국제기구로서 모스크바에서 코민테른(공산주의 인터내셔널)을 조직했다.

과연 새로운 소비에트 러시아는 중국을 침탈하던 제국주의 제정러시아와는 달랐다. 코민테른은 제정러시아가 그전까지 중국에서 얻어냈던 모든 이권을 조건 없이 포기하고 중국 민중에게 반환한다는 성명을 발표했다. 아울러 의화단 사건으로 발생한 배상금(20년 전의 것이 아직 지불되지 않고 남아 있었다)도 받지 않겠다고 했다.

중국의 뜻있는 지식인들은 소련의 조치에 깊은 감명을 받았다. 이미 그 몇 년 전부터 중국에는 근대적 교육을 받은 선각자 지식인층이 형성되어 신문화新文化운동을 활발히 전개하고 있던 터였다. 이런 배경에서 진보적 지식인들은 급속히 사회주의사상으로 기울었다.

러시아 사회주의혁명이 중국에 앞날의 전망을 열어주었다면 이번에는 중국 민중이 새로운 가능성을 보여주었다. 때마침 터진 1919년의 5·4운동은 중국 민중의 힘을 여실히 보여주는 일대 쾌거였다.

원래 제1차 세계대전에서 중국은 군벌들의 주장에 따라 연합국측으로 참전해 승전국 협상 테이블에 당당히 한자리를 차지했다. 패전국 독일이 중국 내에 가지고 있던 각종 이권은 당연히 반환되어야 했다. 그런데 전후 처리를 위한 파리 강화회의에서는 같은 승전국 입장인 일본이 제출한 21개 조만을 받아들이고 중국의 요구는 묵살되었다. 더구나 그 21개 조는 독일이 가진 중국에 대한 권리를 일본이 승계하고 나아가 만주 지역의 개발권까지 차지한

지식인과 농민　러시아 사회주의혁명의 소식은 전 세계 피억압 민족에게 새 시대를 알리는 종소리였다. 사진은 왼쪽부터 중국공산당의 성립에 기여한 리다자오, 천두슈, 그리고 젊은 시절의 마오쩌둥이다. 인상에서 드러나듯이 리다자오와 천두슈는 지식인 출신이고, 마오쩌둥은 농민의 아들이다.

다는 내용이었다.

가뜩이나 일본의 야심에 경계의 눈초리를 보내고 있던 중국 민중이 5월 4일 강력한 반일 대중운동을 벌였다. 중국 전역에서 반일 시위가 잇달았고, 일본 상품에 대한 불매운동이 대대적으로 전개되었다. 비폭력으로 진행되었기에 군대를 조직하거나 폭동이 일어나지는 않았지만 그렇기 때문에 거의 모든 중국인이 5·4운동에 참여할 수 있었다.

위로부터는 러시아 혁명이 미래를 열어주었고, 아래로부터는 중국 민중이 그 미래를 실현할 수 있는 힘을 보여주었다. 이 두 가지를 계기로 중국에서 전혀 새로운 정치 세력인 공산당이 탄생했다.

1920년 중국에 파견된 코민테른 대표 보이틴스키Grigori Voitinsky는 중국의 진보적 지식인들인 리다자오李大釗(1889~1927)와 천두슈陳獨秀(1879~1942)를 만나 중국공산당의 창당을 건의하고, 이를 위해 전국 각 지역에 공산주의 그룹을 조직하자고 제안했다. 이듬해 7월에 상하이에서 열린 제1회 전국대표대회에서 드디어 중국공산당이 창당되었다. 전국대표대회라고 해봤자 각지에서 열세 명이 모인 데 불과했다. 당시 참가자들 중에는 마오쩌둥毛澤東(1893~1976)도 있었는데, 그조차도 이 보잘것없는 모임이 30년 뒤 중화인민공화국을 탄생시키는 주체가 될 줄은 몰랐으리라.

한 지붕 두 가족

초라하게 시작한 중국공산당은 코민테른의 적극적인 지원에 힘입어 금세 세력을 확장했다. 코민테른은 쑨원과도 접촉해 혁명당과 혁명군을 조직하라고 권고했다. 당시 코민테른은 국민당과 공산당이 합작을 이루어 함께 반제국주의 투쟁과 부르주아민주주의혁명을 수행하는 통일전선 전술을 권장하고 있었다. 다른 측면에서 보면 그것은 아직 조직력에서 미약한 공산당이 국민당의 조직을 이용해 세력을 키울 수 있는 좋은 기회이기도 했다. 그에 따라 공산당원들은 개인 자격으로 국민당에 가입해 일부는 중앙 집행위원에 올랐다. 이로써 국민당과 공산당은 1924년에 1차 국공합작國共合作을 이루었다.

그러나 이념과 노선이 크게 다른 두 세력이 하나의 조직에 속해 있다는 것은 언제나 불안정할 수밖에 없다. 공산당 세력은 국민당 내에서 이념을 같이하는 사람들을 규합하면서 국민당 좌파를 이루었고, 나머지 국민당 세력은 자연히 우파로 포진했다. 그런 상

만년의 쑨원 부부 광둥군 장교들 한가운데 쑨원과 그의 아내 쑹칭링(宋慶齡)이 앉아 있다. 쑨원은 흔히 중국 혁명의 아버지라고 불리지만, 실상 그 별명에 어울리는 활동을 보여주지는 못했다. 금융 재벌의 딸인 쑨원의 아내 쑹칭링과 장제스의 아내 쑹메이링은 중국 현대사와 깊은 연관을 맺고 있는 자매다.

황에도 합작이 깨지지 않고 그런대로 굴러갈 수 있었던 이유는 지도자와 과제가 공통적이었기 때문이다. 쑨원은 당의 구심점으로서 합작에 충실했고, 남북이 분열된 상태에서 광둥의 국민당 정부로서는 무엇보다 북벌이 최우선 과제였던 것이다. 그런데 1925년에 그 두 가지 요소가 거의 동시에 사라져버린다.

우선 중국 혁명의 아버지라고 추앙받던 쑨원이 파란만장한 일생을 마치고 사망했다. 부드러운 권위로 양측을 중재하고 조정하던 지도자가 없어지자 국민당 내에서 좌파와 우파의 대립이 더욱 노골화되었다. 북벌의 경우에는 조건이 유리해진 게 오히려 합작에 독이 되었다.

1925년 5월 15일, 일본이 관리하던 상하이의 방적 공장에서 일본인 감독이 노조 간부를 사살하는 사건이 터졌다. 이 소식이 알려지면서 학생과 노동자 들이 들고일어났는데, 5월 30일 가두시위 과정에서 경찰의 발포로 열세 명이 죽으면서 사태는 걷잡을 수 없이 커졌다. 상하이의 노동자 전체가 총파업에 들어갔고, 학생들은 동맹휴학을 벌였으며, 상인들마저 가세했다. 이 5·30사건을 계기로 중국 전역에 다시 반제국주의 의식이 퍼졌다. 국민당은 노동운동을 지원하면서 중국 민중의 확고한 지지를 얻어내는 성과를 올렸다. 반면 제국주의와 결탁한 북부 군벌의 입지는 더욱 좁아졌으며, 새로운 정치적 대안으로서 국민당이 떠올랐다.

불리할 때는 쉽게 단결하지만 유리할 때는 쉽게 분열하게 마련이다. 상황이 크게 호전되자 그동안 안으로 곪아왔던 국민당 내부의 분열이 밖으로 터져버렸다. 국민당은 왕징웨이汪精衛 (1883~1944)를 중심으로 좌파가 결집하고(공산당원이 아닌 왕징웨이를 우두머리로 삼을 만큼 당시 공산당은 좌파의 핵심이 되지 못했다) 장제스蔣介石(1887~1975)를 중심으로 우파가 모이는 뚜렷한 분열 현상을 보였다. 북벌이 눈앞에 다가오자 남쪽에 치우친 광저우는 수도로서 적절하지 않았다. 그래서 국민당은 천도를 계획하는데, 장제스의 우파는 후보지로 난창을 주장했으나 좌파의 주장에 밀려 새 수도는 우한으로 정해졌다. 굴러온 돌이 박혀 있는 돌을 빼낸 격이었다. 장제스는 스승인 쑨원의 명으로 소련에 군사 유학도 갔다왔지만(그 덕분에 장제스는 황푸黃埔 군관학교의 교장을 역임했는데, 그가 권력의 핵심으로 부상한 데는 이 학교의 졸업생들이 지지한 덕이 컸다), 타

상하이의 장제스　부하들은 희색이 만면한 데 반해 장제스(가운데)는 그렇지 않은 표정이다. 하기야 중국의 대권을 꿈꾸는 그가 난징 정권의 수반 정도에 만족할 리 없다. 그는 특유의 뚝심으로 우한 정부를 박차고 나와 결국에는 우한 정부까지 휘하에 끌어들였다. 사진의 장제스는 국공합작 따위에 관심이 없는 듯한 표정이다.

고난 반공주의자였다.**

　때마침 국부군國府軍(국민당의 군대)이 상하이와 난징을 점령한 것은 장제스에게 절호의 기회였다. 마뜩잖은 합작을 피해 그는 상하이로 옮겨 우한 정부와 딴살림을 차렸다. 그러자 마치 약속이라도 한 것처럼 저장浙江의 한 재벌이 그에게 경제적 지원을 보장했다. 게다가 영국, 프랑스, 미국, 이탈리아, 일본의 5개국이 공동성명을 통해 공산당을 반대한다는 입장을 분명히 밝혔다. 장제스는 날개를 달았고, 왕징웨이의 우한 정부는 초조해졌다. 장제스와 결탁할까, 아니면 그에게 등을 돌리고 공산당과 더 깊은 관계로 나아갈

● 제2차 세계대전 이후의 냉전시대라면 몰라도 1920년대에 반공주의는 때 이른 감이 크다. 그 무렵에는 소련을 제외하고 세계 어디에서도 공산당이 집권하지 못했으며, 유럽과 미국도 소련이 공산주의 국가라고 해서 백안시하지 않았다. 당시 장제스는 공산주의라는 이념을 혐오하기보다 장차 공산당과 권력을 놓고 경쟁하리라는 것을 감지했을 것이다. 나중에 그가 민족 해방과 반제국주의의 과제마저 팽개치고 권력 획득에 혈안이 되는 것으로 미루어 충분히 그렇게 추측할 수 있다.

까? 그러나 공산당이 후베이와 후난에서 급진적인 토지개혁을 실시하자 왕징웨이는 장제스와 손을 잡았다. 결국 공산당은 국민당에서 이탈해 지하로 숨어들었다. 이로써 4년간에 걸친 어색한 밀월, 1차 국공 합작은 끝났다.

우한 정부가 기어들고 공산당이 당을 떠나자 장제스는 국민당의 최고 실력자가 되었다. 한껏 고무된 그는 국민당의 통일을 중국의 통일로 연장하고자 했다. 국부군은 총공세로 북벌에 나서 불과 2개월 만에 20년간 중국 북부를 지배했던 북양군벌을 모조리 무찌르고 베이징을 점령했다. 10년간의 이상한 '남북조시대'가 끝났다. 통일을 이룬 장제스는 드디어 새 중앙 정부를 수립했다. 난징을 수도로 했기 때문에 이것을 난징 정부라고 부른다.

한편 지하로 들어간 중국공산당은 난징 정부의 노골적인 탄압을 받기 시작했다. 1927년 하반기에 몇 차례 봉기를 일으켜 해륙풍 소비에트와 광둥 코뮌 같은 소비에트 체제를 건설했지만, 그마저도 얼마 버티지 못하고 국부군의 집요한 공격으로 실패했다. 그해 9월 마오쩌둥은 공산당 중앙의 명령에 따라 추수봉기秋收蜂起 (추수기의 농민 봉기)를 일으켰다가 크게 실패하고 정치국원의 자리에서도 쫓겨났다. 그러나 그 실패는 마오쩌둥에게 더없이 귀한 약이 되었다.

작전도 실패하고 당 중앙에서도 쫓겨난 참담한 신세로 마오쩌둥은 겨우 1000명가량의 잔여 병력만 이끌고 징강산으로 들어갔다. 그래도 그 덕분에 본의 아니게 몇 개월의 휴식기를 가지게 되었는데, 이 시기의 정치 실험을 통해 그는 장차 중국의 지도자가 되는 데 필요한 경험을 얻게 된다.

마오쩌둥은 징강산에 장시江西 소비에트를 건설하고 사회주의적 토지 혁명을 실시했다. 모든 토지를 몰수한 다음 농민들의 가족 수에 따라 재분배하는 것이었는데, "능력에 따라 생산하고 필요에 따라 소비한다."라는 공산주의 원칙의 구현이었다. 그것도 적지 않은 성과였지만, 더 중요한 것은 중국 혁명의 주력군이 될 홍군紅軍을 창설했다는 점이다.

국부군과 달리 공산당의 군대는 농민이 주축이었다. 자발적으로 모인 병사들이었으므로 사기는 높았으나 정규적인 군사 훈련을 받지 못했고 군의 핵심이라 할 군기가 서 있지 않았다. 마오쩌둥은 그들에게 군사 훈련을 실시하고 프롤레타리아 정신에 따른 엄격한 규율을 제정해 홍군이라는 정식 군대로 조련했다. "인민에게서 바늘 하나, 실 한 오라기도 얻지 않는다."라는 홍군의 강고한 규율은 이때 정해진 것이다.

국민당의 극심한 탄압에 움츠러든 공산당은 근본적인 노선을 재정비해야 했다. 마르크스주의에 따르면 자본주의를 타도하고 사회주의를 실현할 수 있는 계급은 노동자다. 노동계급은 자본주의사회를 경제적으로 지탱하는 원동력이기 때문이다. 그러나 중국의 상황은 달랐다. 중국은 전통적인 농업 국가였고 농민이 압도적인 다수를 차지했다. 근대적 공업이 발달하면서 노동계급도 성장했지만 아직 농민에 비하면 힘에서나 세력에서나 미치지 못했다.

이론(마르크스주의)과 현실(중국적 상황)이 다른 만큼 공산당의 노선도 두 가지로 나뉘었다. 처음에는 코민테른의 지도를 받아 공산당이 탄생했으므로 정통 마르크스주의 이론에 중심이 있었으나 점차 중국의 현실을 반영하지 않을 수 없었다. 처음부터 농촌을 근거지로 삼아야 한다고 믿은 마오쩌둥은 정통 마르크스주의자인 리리싼李立三(1896~1967)이 이끄는 당 지도부에 불만을 품었다. 그러던 차에 당 지도부가 붕괴하는 사태가 일어난다.

1930년 공산당 지도부는 대도시를 거점으로 하는 도시 혁명론을 방침으로 정하고 홍군에게 창사長沙를 총공격하라고 지시했다. 그러나 국부군은 수적으로 우세한 데다 미국의 군수 지원을 받아 우수한 무기로 무장한 상태였다. 무모한 전투는 무참한 패배를 낳았다. 마오쩌둥도 이 작전에 참여했으나 대세가 기울었다고 판단하고 지도부와 무관하게 독자적으로 휘하 군대를 후퇴시켰다. 이 사태로 리리싼은 실각하고 당권은 소련 유학파의 손으로 넘어갔다. 현명한 판단으로 병력의 손실을 막은 마오쩌둥은 한껏 입지를 굳혔다. 1931년에 개최된 제1차 전국공농병工農兵대표대회에서 그는 공산당 주석의 자리에 올랐다. 당을 조직한 지 11년 만에 드디어 당권을 장악한 것이다.

하지만 상황은 여전히 좋지 않았다. 비록 실패로 끝나기는 했지만 홍군이 대도시 총공격에 나설 정도로 성장한 데 위협을 느낀 장제스는 탄압을 넘어 본격적인 '토벌'로 방침을 변경했다. 그에 따라 1930년 말부터 1933년까지 4차에 걸쳐 대대적인 공산당 토벌이 전개되었다. 그런데 결과는 장제스의 의도와 정반대였다. 공격이 계속될수록 홍군은 약화되기는커녕 오히려 병력과 무기가 증가했다.

국부군은 정부의 군대인 데 반해 홍군은 인민의 군대였다. 무기에서만 뒤질 뿐 사기에서 크게 앞섰고 전략과 전술에서도 앞섰다. 홍군은 화력이 우세한 국부군과의 전면전을 피하고 기습전으로 맞서는 한편 작은 승리를 거둘 때마다 적의 무기를 노획하고 투항자를 홍군에 받아들였다. 마오쩌둥의 유명한 유격전과 지구전 전술이 통하기 시작한 것이다.

농촌을 지나는 대장정　　1934년 근거지를 버리고 탈출할 때는 그것이 역사적인 대장정이 될 줄
은 아무도 몰랐을 것이다. 1년에 걸친 혹독한 대장정은 홍군에게 두 가지 성과를 가져다주었다. 하
나는 자칫하면 전멸할 뻔한 홍군의 주력이 살아남았다는 것이며, 다른 하나는 사진에서 보듯이
중국의 드넓은 농촌 지대를 지나면서 민중에게 홍군에 대한 신뢰감을 심어주었다는 것이다.

　적에게서 한 수 배운 장제스는 1933년 말의 5차 토벌 작전에서
마오쩌둥의 전술을 모방했다. 지구전이라면 우리가 적보다 못할
게 없잖은가? 그는 단숨에 홍군을 섬멸해버리겠다는 욕심을 버리
고 한 지역을 점령할 때마다 경제를 봉쇄하는 조치를 내렸다. 수
복 지구에서는 농민들에 대한 선무 공작과 더불어 '신생활운동'
을 전개했다. 이 전술로 홍군을 고립시키고 유격전을 무력화시키
는 데 큰 효험을 보았다. 홍군은 점점 세력권을 잃으면서 근거지
인 장시 소비에트로 밀려났다. 급기야 1934년에는 이곳마저 국부
군의 포위망에 갇혔다.

　겨울을 눈앞에 둔 그해 10월, 마오쩌둥은 중대한 결심을 한다.
근거지를 버리고 탈출하는 것이다. 홍군이 태어난 곳이자 7년이

장정이 끝난 뒤   마오쩌둥(왼쪽)이 대장정 직후 외국 기자와 담소를 나누는 모습이다. 홍군의 명장으로서 나중에 팔로군 총사령관이 된 주더와 마오쩌둥의 두 번째 아내 허즈전(賀子珍)도 함께 하고 있다.

나 근거지로 삼았던 장시 소비에트를 포기하는 것은 살을 깎아내는 듯한 아픔이었으나 홍군의 주력을 보호하기 위한 유일한 방책이었다. 8만 6000여 명의 홍군은 비교적 느슨한 서쪽의 포위망을 뚫고, 역사에 대장정大長征이라고 기록된 기나긴 행군에 나섰다.

그로부터 꼭 1년 만인 1935년 산시의 새 근거지에 도착하기까지 홍군은 열여덟 개의 험준한 산맥과 열일곱 개의 큰 강을 건너며 약 1만 킬로미터를 행군했다. 게다가 국부군과 지방 군벌군의 집요한 추격을 뿌리치면서 행군해야 했다. 장정 도중에 새로 홍군에 편입되는 농민들도 적지 않았으나 끊임없는 전투와 가혹한 행군으로 사망한 병사들의 수가 훨씬 많았다. 장정을 마치고 난 뒤 홍군의 수는 거의 10분의 1로 줄어 있었다.

그러나 대장정이 가져온 승리감은 병력의 손실을 충당하고도 남았다. 온갖 역경을 헤치면서 홍군은 더욱 정예화되고 사기가 높아졌으며, 장정 중에 거쳐간 곳곳에서 혁명의 씨를 뿌렸다. 홍군 병사들과 고난을 함께하며 장정을 이끈 마오쩌둥은 소련 유학파를 물리치고 당권을 완전히 장악했다. 이후 마오쩌둥은 1975년에 사망할 때까지 어느 누구에게도 당권을 위협받지 않았다.

안이 먼저냐, 바깥이 먼저냐

장제스가 공산당의 토벌에 여념이 없던 1931년 9월 18일에 만주에서는 한밤중의 정적을 뚫고 느닷없이 포성이 울렸다. 만주에 주둔하고 있던 일본의 관동군이 남만주철도 폭파사건을 조작하고, 그것을 구실로 만주의 중국군을 기습한 것이다. 이 9·18사건이 바로 만주사변의 시작이다. 본국 정부의 승인도 없이 관동군이 독자적으로 시작한 전쟁이었으므로 선전포고 같은 절차도 없었다(사실 일본은 임진왜란부터 태평양전쟁에 이르기까지 숱한 침략 전쟁을 도발했으나 한 번도 선전포고를 한 적이 없다). 관동군은 단기전으로 만주를 점령해버릴 속셈이었다.

청일전쟁에서 승리한 이후 일본은 지리적으로도 가깝고 서구 열강이 상대적으로 소홀히 한 만주를 중점적으로 개발했다. 관동군은 일본이 건설한 남만주철도를 보호한다는 구실로 1905년부터 만주에 주둔하고 있었다. 1920년대에는 만주에 투자된 외국 자본 중 70퍼센트 이상이 일본의 자본일 정도로 일본은 만주 경영에서 톡톡히 재미를 보고 있었다.

그러나 한창 뻗어가던 일본 경제는 1929년의 대공황으로 제동

허수아비 제국　1932년 만주를 손에 넣은 일본은 괴뢰정권 만주국을 세웠다. 만주를 즉각 영토화하기보다 잠시 허수아비 정권을 내세우는 게 정치적 부담이 적었을 것이다. 사진은 동원된 만주의 어린 소녀들이 만주국기와 일장기를 손에 들고 흔드는 장면이다.

이 걸렸다. 미국과 유럽에 비하면 공황의 직접적인 피해는 적었지만, 일본은 이미 에너지를 포함해 경제의 상당 부분을 미국에 의존하는 처지였다. 게다가 여느 나라들처럼 번영과 안정을 꾀하는 게 아니라 중국 침략, 나아가 아시아 정복을 꿈꾸고 있었으므로 그 위기를 단지 극복하기보다 도약의 계기로 만들어야 했다. 일본의 정치를 장악한 군부는 군국주의다운 해법을 내놓았다. 만주를 경략하는 정도를 넘어 아예 점령하는 것만이 일본의 유일한 활로라고 주장한 것이다. 이렇게 보면 만주사변은 그저 관동군의 독자적인 결정이었던 것만은 아니다.

　당시 만주는 청년 군벌인 장쉐량張學良(1898~2001)이 지배하고 있었으나, 관동군은 별다른 저항을 받지 않고 손쉽게 만주 전체를 장악했다. 이참에 만주를 완전한 일본 영토로 만들고 싶은 마음이야 굴뚝같았겠지만, 서구 열강의 보는 눈이 많은 마당에 아직 그러기에는 일렀다. 그래서 일본은 그 이듬해인 1932년 청 제국의 마지막 황제였던 푸이를 불러 만주국이라는 괴뢰 국가를 만들었다.

물론 장쉐량이 관동군을 막아내기는 쉽지 않았을 것이다. 그러나 자신의 텃밭에서 제대로 싸움 한 번 해보지도 못하고 적에게 그렇듯 쉽게 만주를 내줄 수 있는 걸까? 사실 여기에는 단지 군사력의 차이만이 아닌 정치적·전략적 의도가 있었다. 장쉐량은 장제스의 지시를 받았기 때문에 자신의 근거지를 침략하는 관동군에 저항하지 못했던 것이다. 그럼 장제스는 왜 그런 지시를 내렸을까?

당시 장제스의 국민당에게 적은 공산당과 일본, 이렇게 둘이었다. 장제스는 '먼저 국내를 안정시킨 뒤 외세를 몰아낸다'는 것을 기

아버지의 원한으로　펑톈(선양) 군벌 장쉐량의 아버지인 장쭤린은 일본과 결탁했다가 일본의 만주 침략이 노골화되면서 결별했다. 그러자 1928년에 관동군은 그가 타고 가던 열차를 폭발시켜 살해했다. 이런 배경에서 아버지의 뒤를 이은 장쉐량이 일본에 어떤 감정을 가졌을지는 충분히 짐작할 수 있다. 그래도 그는 자신의 근거지를 침략하는 일본군에 저항하지 말라는 장제스의 명령을 거역하지 못했다. 그러나 쌓인 울분은 몇 년 뒤 시안 사건에서 터져 나온다.

본 노선으로 삼았던 것이다(일본보다 공산당이 자신의 권력 기반에 더 큰 위협 요소라고 판단했을 것이다). 자연히 그의 일차 목표는 공산당과 홍군이었다. 일본의 위협이 노골화되는 상황에서도 그는 오로지 '토벌'에만 전력투구했다. 자기 혼자만 그랬다면 그런가 보다 싶겠지만, 그는 휘하의 군벌인 만주의 장쉐량에게도 일본에 저항하지 말라고 명령했다.

'항일'에는 여력이 없었으므로 장제스는 일본의 만주 침략 문제를 국제연맹에 의뢰했다. 그러나 일본은 장제스보다 훨씬 과감

한 행동으로 그의 기대를 여지없이 깨버린다. 만주에서 물러나라는 국제연맹의 권고를 받자 1933년에 아예 국제연맹을 탈퇴해버린 것이다. 나아가 일본은 국제 여론과 중국 국내 여론의 비난에도 아랑곳하지 않고 항일운동의 중심지인 상하이를 공격했다.

그래도 장제스는 초지일관 공산당만을 겨냥했다. 오로지 일본과의 전면전을 피하겠다는 생각에서 그는 일본을 자극하지 않기 위해 중국 민중의 항일운동까지 가혹하게 탄압했다. 대문 앞에 대적이 쳐들어왔는데도 방 안의 식구를 닦달하는 그의 태도를 보고 중국 민중의 마음은 결정적으로 공산당에 기울었다.

관동군이 베이징과 선양 사이의 러허 성까지 진격해오자 그제야 장제스는 황급히 대응에 나섰다. 그러나 그의 대응은 중국 민중이 고대하던 응전이 아니라 굴복이었다. 1933년 5월 31일, 그는 일본과 탕구塘沽 정전협정을 맺고 일본의 만주 점령을 사실상 양해했다. 심지어 협상 도중에 서북 군벌 펑위샹馮玉祥(1882~1948)의 군대가 러허를 수복하기 위해 관동군을 공격하려 하자, 장제스는 자신의 명령을 듣지 않았다는 이유로 13개 사단을 보내 펑위샹을 제압했다.

사실상 중국의 단독 지배자인 장제스가 외세를 물리쳐야 한다는 민족적 열망을 뒤로한 채 자신의 권력욕을 앞세우는 것은 일본의 제국주의적 침략에 더없이 유리한 조건이었다. 19세기 말에 독일도 후발 제국주의인 탓에 중국 침탈에 특히 그악스럽게 굴었지만, 더 후발 제국주의인 일본은 독일보다 한술 더 떴다. 만주를 점령해 중국 침략의 기반을 닦은 뒤 일본은 더 멀리까지 손을 뻗쳐 1935년에는 화북에도 괴뢰정권을 세웠다.

국민당과 달리 공산당은 항일을 최우선으로 들고나왔다. 봉건

지주층의 지지를 기반으로 하는 국민당과는 이념적으로도 다른 데다 피착취계급을 대변한다는 명분으로도 당연히 항일에 몰두해야 했지만, 국민당이 항일을 포기했으니 전략적으로도 항일을 강조할 수밖에 없었다. 그러나 아직 기반이 취약한 상태에서 숨 돌릴 겨를도 없이 몰아치는 국민당의 집요한 공격을 견디기란 쉽지 않았다. 뭔가 전환점이 필요했다. 인력과 비용이 들지 않는 전환점은 바로 정치적 입장을 명확히 표방하는 것이었다. 대장정 중이던 1935년 8월 1일에 마오쩌둥은 내전을 중지하고 항일민족통일전선을 수립하자는 8·1선언을 발표했다.

때가 때인지라 이 선언은 국민당과 공산당의 오랜 정쟁과 내전에 진저리가 난 중국 민중의 전폭적인 지지를 받았다. 즉각 중국 전역에서 호응이 잇달았다. 민간단체들도 일제히 내전 중지와 항일 구국에 일로매진하자고 외쳤다. 이쯤 되자 국민당 지도부도 거국적 요구를 수용하지 않을 수 없게 되었다. 이제 내전이 우선 과제라고 주장하는 사람은 장제스 혼자만 남았다.

이런 분위기를 등에 업고 장제스의 병적인 의지를 꺾은 사람은 바로 장쉐량이었다. 그는 일본이 만주를 침략할 때 장제스의 지시로 저항하지 않았다가 졸지에 국내 여론의 거센 비난을 혼자 뒤집어쓴 바 있었다. 심지어 그가 이끄는 동북군 내에서도 텃밭을 일본에 빼앗기고 시안까지 쫓겨난 데 대해 병사들의 불만이 컸다. 마침 동병상련의 친구도 있었다. 관동군에 맞서 싸우려 했다가 장제스에게 호되게 당한 서북 군벌의 펑위샹이다.

1936년 5월, 장쉐량은 펑위샹과 함께 공산군과 공동으로 항일에 나서겠다고 선언했다. 수상한 느낌을 감지한 장제스는 그해 12월 장쉐량에게 압력을 가하고 내전을 독려하기 위해 시안에 왔다.

부하가 반기를 들었는데도 그는 그 부하의 의지와 그 반기의 의미를 충분히 읽지 못했다. 자신도 모르게 적의 소굴로 찾아든 장제스, 마치 2200년 전 유방이 항우가 있던 홍문鴻門을 찾아간 사건을 연상시키는 장면이었다. 그러나 장제스가 유방일 수 없고 장쉐량이 항우일 수도 없지만, 더 큰 차이는 그때 유방을 구한 번쾌樊噲가 없다는 점이다(104쪽 그림 설명 참조).

일단 장쉐량은 상관인 장제스에게 내전을 중지하고 함께 항일에 나서자고 탄원했다. 하지만 그럴 거라면 장제스는 시안에 오지도 않았다. 상관의 명령을 따를 것이냐, 대세를 좇을 것이냐 고민하던 장쉐량은 12월 12일 새벽에 장제스의 숙소를 덮쳐 장제스와 휘하 막료들을 체포해버렸다. 이 쿠데타를 시안 사건이라고 부른다.

그러나 부하에게 체포된 하극상의 상황에서도 장제스는 완강했다. 장쉐량은 그렇다면 그를 죽일 수밖에 없다고 판단했다. 이때 번쾌는 없었어도 번쾌의 역할을 한 사람들이 등장한다. 장제스를 살리는 게 장차 통일전선에 유리하리라는 판단에서 공산당이 파견한 저우언라이周恩來(1898~1976)와, 장제스가 남편이므로 당연히 살려야만 하는 그의 아내 쑹메이링宋美齡(1897~2003)이 바로 그들이다.

훌륭한 품성과 뛰어난 논리로 이름을 날린 저우언라이와 누구보다도 가까운 아내, 둘 중 누구의 설득이 더 주효했는지는 모르지만, 장제스는 마침내 장쉐량의 제안을 수락했다(그는 장쉐량이 자신을 죽이려는 각오까지 했다고는 생각하지 못한 탓에 고집을 부렸을 것이다). 이로써 국민당과 공산당은 결별한 지 9년 만에 2차 국공합작을 이루었다.

합작의 성과와 한계

1차 합작은 군벌이 신생 공화정을 위협하는 대내적 상황에서 이루어졌지만, 2차 합작은 바깥의 일본 제국주의에 공동으로 맞서는 것을 목적으로 한다는 점이 달랐다. 공동의 적을 눈앞에 둔 만큼 1차 때와 달리 이번 합작은 일단 결정이 난 뒤에는 순조롭게 진행되었다. 열세에 놓여 있다가 합작에 한껏 고무된 공산당은 토지개혁이나 계급투쟁 등 사회주의의 기본 이념에서 크게 양보하고, 필요하다면 홍군이라는 명칭도 바꾸겠다고 제안했다. 공산당의 전향적인 자세에 국민당도 기분 나쁠 리 없었다. 양당 간에는 자못 따뜻한 화해의 기류가 흘렀다. 행정 수반은 장제스가 맡았으며, 홍군은 국부군 내로 편입되었다.

곧이어 합작의 효과를 과시할 만한 사건이 터졌다. 1937년 7월 7일, 베이징 외곽의 루거우차오蘆溝橋에서 일본군과 중국군의 충돌이 일어났다. 그날 밤 야간 훈련 중이던 일본군 병사 한 명이 실종되자 일본은 이것을 구실로 이튿날 군대를 출동시켜 루거우차오를 점령했다. 이 사건을 7·7사변이라고 부르기도 하는데, 원래는 별다른 명칭이 붙을 필요도 없을 만큼 사소한 사건이었다. 그것이 실제로 일어난 일인지, 일본 측의 조작인지는 모호하지만, 이후의 사태를 보면 후자일 가능성이 높다. 사흘 뒤 양측은 간단한 협정을 맺고 사태를 확산시키지 않겠다고 약속했지만, 보고를 접한 일본 정부는 필요 이상으로 격분하면서 대규모 군대를 보내 응징하겠다고 나선 것이다. 설령 그 사건이 우연한 사고였다 해도, 어떻게든 전쟁의 꼬투리를 찾기 위해 혈안이던 당시 일본 정부로서는 좋은 구실이었다.

전쟁을 낳은 다리　루거우차오는 원 대에 마르코 폴로가 '세계에서 가장 아름다운 다리'라고 감탄한 이래 마르코 폴로교라고도 불려왔다. 만주사변 이후 중국 침략에 별다른 진척을 보이지 못하던 일본은 루거우차오 사건을 빌미로 삼아 중일전쟁을 일으켰다.

합작으로 무장한 중국도 이번에는 단호한 자세를 취했다. 양측의 조건이 맞아떨어져 루거우차오 사건은 일약 중일전쟁이라는 전면전으로 비화되었다(1945년까지 8년간 지속되었기에 중국 역사에는 8년 전쟁이라고도 기록된다). 16세기의 임진왜란, 19세기의 청일전쟁에 이어 일본은 또다시 중국과 3차전을 벌이게 되었다. 임진왜란에서는 중국이 이겼고 청일전쟁에서는 일본이 이겼으니 이제 최종 결정전인 셈이다. 하지만 처음부터 그렇게 큰 규모의 전쟁이 될 줄은 일본도, 중국도 미처 예상하지 못했다.

임진왜란이나 청일전쟁 때와 달리 일본은 처음부터 자신만만했다. 만주사변 이후 6년간 소규모 국지전으로 시험해본 결과 중국의 실력은 백일하에 드러났다. 문제는 전쟁이 몇 개월이나 갈 것이냐에 있다. 이게 당시 일본군의 생각이었다. 당시 유럽 세계는 에스파냐 내전과 파시즘의 성장으로 온통 뒤숭숭했으므로 일본은 세계 여론의 주목을 받지 않기 위해 가급적 단기전으로 끝내고자 했고, 또 그럴 수 있다고 믿었다. 그들은 3개월이면 화북 전체를 점령할 수 있을 테고, 그러면 난징의 국민당 정부도 항복할 수밖에 없으리라고 여겼다.

그러나 일본의 낙관은 국공합작에 대한 과소평가였다. 우선 장제스가 예전과 달리 강력한 대일 항전을 선언하고 나섰다. 게다가 규모와 화력에서 압도적인 열세에도 불구하고 늘 국부군과 대등한 전투를 벌인 홍군이 항전에 동참했다. 화북의 홍군은 팔로

군八路軍으로, 화남과 화중의 홍군은 신사군 新四軍으로 편성되었다. 홍군을 이끌던 주더 朱德(1886~1976), 펑더화이彭德懷(1898~1974), 린뱌오林彪(1907~1971) 등 유격전의 명수들 은 비로소 '진정한 적'을 맞아 벼르고 있었다.

베이징과 톈진을 함락시킬 때까지는 그런 대로 일본의 일정에 들어맞았다. 그러나 일 본군은 산둥과 산시에서 팔로군의 거센 공 격을 받았고, 상하이에서는 장제스가 이끄는 정예 부대의 완강한 저항에 부딪혔다. 이미 예정된 '3개월'을 넘어섰고, 일본 측의 희생 도 예상외로 엄청났다. 전쟁 개시 5개월 만에 간신히 난징을 점령한 일본군은 그 분풀이로 30만 명의 양민을 학살하는, 인류 역사상 유 례없이 잔인한 난징 대학살을 일으켰다.

단기전의 구상은 실패했지만 일본은 역시 강했다. 난징을 점령하자 황해에 면한 중국 의 요지는 모조리 일본의 수중에 떨어졌다.● 국민당 정부는 수도를 서쪽의 우한으로 옮겼 다가 우한이 점령당하자 다시 오지인 충칭으 로 들어갔다. 그러나 이렇게 후퇴를 계속하 면서도 항전을 멈추지 않았다. 그러는 동안 일본은 광저우마저 점령해 중국의 해안 전체 를 장악했다. 이때부터 국민당 정부는 미국 으로부터 군수품을 보급받기 시작했는데, 항

제국주의의 학살극 난징을 점령한 일본군 은 패잔병을 토벌한다는 명목으로 수많은 양 민을 학살했다. 사진은 당시 양쯔 강 연안에 쌓인 중국인들의 시신이다. 공식적으로는 12 만 9000명이 살해되었다고 기록되었으나 실 제로는 30여만 명이 죽었다.

● 초기 전황은 100년 전 아편전쟁에서 영 국이 순식간에 중국의 동해안 일대를 제압 한 것과 비슷했다. 그렇게 보면 중국은 100 년 동안 한 걸음도 전진하지 못한 셈이다. 그러나 100년 전과의 차이는 적의 자세였 다. 아편전쟁에서 영국은 중국을 영토적으 로 점령하거나 정치적으로 지배하려는 게 아니라 단지 경제적 이권만 뜯어내려 했을 뿐이다. 그 반면 중일전쟁에서 일본은 대륙 전체를 한반도처럼 식민지화하려는 의도를 가지고 있었다. 그 때문에 초기에 압도적인 우세를 보인 것은 똑같지만 이후의 사태는 크게 달랐다.

구라는 항구는 모조리 일본에 점령당한 탓에 보급품을 미얀마와 윈난을 거쳐 육로로 운송해야 했다(당시 미국은 일본에도 석유와 철, 기계 부속 등 군수물자를 대량 수출하고 있었으니 중국만 도운 것은 아니었다).

그런데 단기전의 문제점은 바로 이 시기부터 드러나기 시작했다. 전선이 너무 넓어져버린 것이다. 일본군의 병력으로 베이징에서 광저우까지 남북으로 무려 2000킬로미터에 달하는 중국의 동해안 일대를 완벽하게 통제하기란 불가능했다. 그 반면 중국은 내륙으로 몰린 덕분에 근거지만을 집중 방어할 수 있었으므로, 일본군은 내륙 방면으로 더 이상 진격하기도 어려웠다. 더구나 단기전을 계획한 일본군은 처음부터 도시와 철도, 도로, 통신선을 중심으로 정복했기 때문에 중국 서부의 산악 지대로 갈수록 기동성이 현저하게 떨어졌다. 중국은 전면전을 피하고 홍군의 특기인 초토화 작전과 치고 빠지는 유격전으로 맞섰다.

42.195킬로미터를 뛰는 마라톤에서도 35킬로미터 지점이 가장 어렵다고 했던가? 일본군은 2000킬로미터 이상을 숨 가쁘게 달려왔지만, 우한에서 충칭까지 600킬로미터를 앞두고 더 이상 전진하지 못했다. 여기서 전선은 교착되었다. 1938년 말부터 1941년 말까지 3년간 전쟁은 전형적인 지구전과 소모전의 양상이었다.

원하던 형세는 아니었지만 일본도 이제는 장기전의 태세를 취해야 했다. 한 가지 방법은 만주를 점령할 때 써먹은 수법이었다. 일본은 베이징과 몽골, 상하이, 난징 등 주요 점령지마다 괴뢰정권을 세웠다. 특히 난징 정부는 매우 깔끔하게 구성되었다. 일찍이 국민당 좌파의 중심인물로 장제스와 맞수였던 왕징웨이가 충칭을 탈출해 일본의 품에 안긴 것이다. 정치 지도자에서 좌파의 변절자로, 또 민족의 매국노로 변신한 왕징웨이는 1940년 3월에

일본이 모든 괴뢰정부를 난징 정부로 통합하자 통합 괴뢰정부의 수반, '허수아비의 왕'이 되었다.●

지구전이 계속되자 중국 측에도 문제가 생겼다. 1938년까지 2년 동안, 일본군에 전반적으로는 밀리는 가운데서도 합작은 완벽했다. 장제스는 충칭 정부 내에 공산당원들을 받아들였고, 공산당 기관지의 발간까지도 허용했다. 전선에서 홍군은 눈부신 활약을 보였다. 이렇게 공동의 적이 압박할 때는 통일전선이 제대로 통했으나 전선이 교착되자 사정이 달라졌다. 다시 국민당과 공산당의 갈등이 시작된 것이다.

장제스는 비록 상황에 밀려 어쩔 수 없이 합작하게 되었지만, 공산당의 근절이 먼저라는 신념은 결코 굽히지 않았다. 1939년부터 그는 공산당의 활동을 감시하기 시작했고, 한동안 중단한 사상 통제도 재개했다. 합작의 정신에 등을 돌리기는 마오쩌둥도 마찬가지였다. 그는 당 간부들에게 근거지 확대에 70퍼센트의 노력을 기울이고, 국민당을 대하는 데 20퍼센트, 대일 항전에는 10퍼센트만 할애하라고 지시했다. 그리고 전쟁 초기와 달리 일본군과의 정면 대결을 피하고 유격전으로 질질 끌면서 후방에 변구邊區(해방구)를 건설하는 데 집중했다.

전선의 교착이 길어지면서 국민당과 공산당의 불화의 골은 깊어져만 갔다. 급기야 양측은 무력 다짐까지 벌이기에 이르렀다. 먼저 배신한 것은 장제스였다. 1941년 10월에 그는 황허 이남에 있던 홍군에게 황허 이북으로 이동하라는 명령을 내렸다. 홍군은

● 마침 3개월 뒤인 1940년 6월 독일은 일본의 전례를 커닝이라도 한 것처럼 프랑스를 점령하고 페탱을 수반으로 하는 비시 괴뢰정권을 구성했다. 공교롭게도 왕징웨이가 과거에 국민당의 핵심 지도자였듯이 페탱도 제1차 세계대전에서 프랑스의 영웅이었다. 왕징웨이는 지병으로 일본에 건너가 치료를 받다가 1944년에 죽었고, 페탱은 독일로 도피했다가 종전 직후 재판에서 종신형을 받고 대서양의 요새에 갇혀 쓸쓸하게 여생을 보내다 1951년 아흔다섯 살로 죽었다.

장제스식 외교   종전이 가까워지자 장제스는 '전쟁 이후'를 위해 서방과의 눈치 외교에 주력했다. 1945년 2월 처칠과 루스벨트, 스탈린(왼쪽부터)이 참가한 얄타 회담에서 스탈린은 독일이 항복하면 소련이 극동 전선에 참전하겠다고 약속했다. 연합국 측은 이 정보를 장제스에게 알리지 않으려 했으나 장제스는 이를 눈치 채고 처남을 모스크바에 보내 스탈린으로부터 장차 자신을 중국의 지도자로 승인하겠다는 약속을 받아냈다. 극단적인 반공주의자인 그에게 스탈린과의 접촉은 지금 보아도 파격이다. 항일보다 반공이 먼저인 장제스였으나 반공과 권력 중에서는 권력을 택한 것이다.

마지못해 따랐는데, 그것은 장제스의 교활한 계략이었다. 그는 8만 명의 군대를 동원해 홍군을 습격했다. 7일간의 전투 끝에 7000명의 신사군이 궤멸을 당했다. 이 완난皖南사변으로 2차 국공 합작은 사실상 결렬되었다.

이렇게 적정이 내분되어 있을 때 만약 일본군이 총공세에 나섰더라면 어떻게 되었을까? 그러나 당시 일본도 그럴 처지가 못 되었다. 중국을 점령하는 게 여의치 않자 일본은 1940년 9월에 유럽의 독일, 이탈리아와 3국 군사동맹을 맺었다. 초록은 동색이라고,

파시즘 국가들이 한데 뭉친 것은 서로에게 의지가 되었겠지만, 그 간 일본이 에너지를 의존했던 미국이 석유 수출을 중단해버렸다. 일본은 노선을 전면 수정할 수밖에 없었다.

그 결과 일본은 중국에서 기수를 돌려 동남아시아를 먼저 정복 하기로 했다. 여기서 등장한 게 이른바 '대동아공영권大東亞共榮圈' 이라는 구호다. 아시아가 함께 번영하자는 뜻이니 구호 자체로만 보면 지지할 수도 있겠지만, 실은 모든 아시아 국가를 일본이 지 배하겠다는 의도를 '공영'이라는 문구로 미화한 것뿐이었다. 나 아가 일본은 그 노선에 걸림돌이 되는 미국에 본때를 보여주겠다 고 결심했다. 1941년 12월, 일본 공군이 진주만을 기습하면서 태 평양전쟁이 발발했다. 바야흐로 아시아에서도 세계대전이 시작된 것이다.

사회주의 공화국의 탄생

태평양전쟁이 터지자 일본과 싸우는 중국은 자연히 연합국의 반 파시즘 국제 통일전선의 일부가 되었고, 중일전쟁은 제2차 세계 대전의 일부가 되었다. 그 덕분에 중국은 미국과 영국, 소련 등 연합국 측의 직접적인 군사 원조를 받기 시작했다. 1937년부터 1941년까지 혼자만의 힘으로 강대국 일본을 맞아 선전한 중국은 비로소 국제적 고립에서 벗어나 본격적인 항일 전쟁에 임할 수 있게 되었다. 게다가 미국의 주선으로 중국이 연합국 4대 강국에 포함되어 장제스는 1943년 12월의 카이로 선언에서 루스벨트, 처 칠과 자리를 함께하는 영광을 누렸다.

전황은 크게 호전되었어도 한 번 금이 간 국민당과 공산당의 관계는 전혀 회복되지 않았다. 회복은커녕 제2차 세계대전이 종전을 향해 달려갈수록 '전쟁 이후'를 염두에 둔 양측의 대립은 더욱 첨예해졌다. 1944년에는 양측의 험악한 관계를 해소하기 위해 미국에서 특사를 파견해 장제스와 마오쩌둥의 만남을 주선했으나 그것도 별무신통이었다.

1945년 8월 15일, 일본의 항복으로 길고 긴 전쟁이 끝났다. 중일전쟁으로 치면 8년, 세계대전으로 치면 6년, 태평양전쟁으로 치면 4년이었다. 승전국은 원하는 평화, 패전국은 원치 않는 평화를 얻었지만, 중국 대륙에서는 아직 전쟁이 끝나지 않았다. 오히려 종전이 이루어지자 양측의 갈등과 경쟁은 순식간에 수면 위로 떠올랐다.

처음에는 신경전이었다. 홍군의 지휘관 주더가 홍군을 동원해 일본군의 무장을 해제하려 했다. 그러나 장제스는 그다음 날 주더에게 그 조치를 취소하라면서, 일본군 측에 국부군에게만 투항하라고 명했다. 그 조치에 반발해 주더는 일본군에게 홍군에게만 투항하라고 명했다.

마침 홍군에게 유리한 조건이 있었다. 종전 일주일 전에 참전을 선언하고 전쟁이 끝나자마자 만주로 들어온 소련군이 일본군에게서 압수한 무기와 장비를 홍군에게 넘겨준 것이었다. 소련 덕분에 만주를 선점한 공산당은 각지에서 국민당에 앞서 일본군의 항복을 받아내는 활발한 기동력을 보였다. 그러나 장제스가 믿는 도끼는 따로 있었다.

이미 전쟁 중에도 장제스와 마오쩌둥이 '전쟁 이후'를 준비하는 방식은 서로 판이하게 달랐다. 마오쩌둥은 곳곳에 해방구를 건설

홍군의 활약　국공합작으로 홍군은 신사군과 팔로군으로 편성되어 항일전에 참여했다. 이 사진
은 팔로군 기병대의 모습이다. 합작의 성과는 금세 드러났다. 유격전에 능한 홍군은 곳곳에서 화력
이 우세한 일본군을 괴롭히는 전과를 올렸다.

하면서 후방의 농촌 지역을 장악하는 데 주력한 반면, 장제스는
휘하의 군 조직을 철저히 유지하면서 서구 열강과의 외교에 주력
했다. 그 결과 장제스는 종전 후 연합국 측의 중추로 떠오른 미국
으로부터 국민당 정부를 지원한다는 확고한 약속을 얻어냈다. 병
력으로나 외교로나 마오쩌둥에 비해 압도적인 우위에 있던 장제
스는 종전 즉시 미루어둔 내전을 재개한다는 방침이었으며, 이 내
전에서 손쉽게 승리할 자신을 가지고 있었다.

　1945년 12월, 미국의 주선으로 장제스와 마오쩌둥의 회담이 이
루어졌고, 이듬해 1월에는 양당 간에 정전협상이 체결되었다. 일
견 평화가 깃들듯 보였다. 그러나 장제스는 오로지 단독 정권만
염두에 두었을 뿐 협상 같은 것에는 관심이 없었다. 먼저 배신한
측은 당연히 장제스였다. 1946년 3월에 열린 국민당 중전회中全會
에서 장제스는 협정을 팽개치고 반공을 가결해버렸다.*

7장 중국의 화려한 시작과 비참한 종말

● 타고난 반공주의자라는 점에서 장제스는 한국의 초대 대통령인 이승만과 비슷하다. 같은 세대의 두 사람은 완고한 성품도 비슷하고 지독한 권력욕도 닮았다. 이승만은 중국의 정황과 비슷한 해방 직후의 한반도에서 민족 지도자 김구는 물론 미군정까지도 권하는 좌우 합작을 줄기차게 거부하고 남한만의 단독정부 수립을 주장해 결국 뜻을 관철시켰다(단독정부가 아니었다면 과연 그가 초대 대통령이 될 수 있었을까?) 장제스와 이승만은 자신의 집권을 위해 조국의 분단마저도 마다하지 않은 권력의 화신이었다. 그뿐 아니라 분단 이후 집권하고 나서 독재로 일관한 것마저도 아주 잘 어울리는 동류다. 다만 장제스의 대만보다 이승만의 남한이 더 크다는 점을 고려한다면 이승만이 좀 더 성공했다고 할까?

하지만 공산당은 장제스의 계획과 상관없이, 또 급변하는 국제 정세에도 아랑곳하지 않고 제 갈 길을 갔다. 각지에서 농민들을 사회주의 이념으로 이끌고, 지주들의 토지를 몰수해 농민들에게 분배하는 토지 혁명을 활발히 전개했다. 국민당의 지지층인 지주들은 당연히 아우성을 질렀다.

바야흐로 내전은 출발 신호만 기다리고 있는 셈이었다. 도발은 역시 장제스가 먼저였다. 1946년 6월에 그는 공산당의 근거지인 해방구들을 향해 총공격 명령을 내렸다. 일본이 물러갔으므로 이제는 앞뒤 잴 것 없이 무조건 전면전이다. 당시 국부군은 총 병력 430만 명에 미국의 군수물자와 미군의 지원까지 등에 업었으니, 120만 명의 병력에 일본군에게서 노획한 구식 무기로 무장한 홍군과는 비교도 되지 않았다.

초반에는 예상대로 국민당의 압승지세였다. 국부군은 상하이와 난징 등 강남부터 착실하게 땅따먹기를 시작하더니 1947년 3월에는 마침내 홍군의 수도라 할 산시의 옌안까지 손에 넣었다.

옌안은 12년 전 대장정의 최종 기착지이자 새 근거지였으니 그곳을 잃은 홍군의 심정이 어땠을까? 하지만 그것은 홍군의 전략이었다. 모든 면에서 열세인 홍군은 처음부터 전략적 후퇴를 거듭했다. 전면전을 피하고 유격전으로 임했을 뿐 아니라 도시를 포기하고 농촌을 확보했다. 국부군은 전투마다 승리했으나, 중일전쟁에서 일본군이 그랬듯이 도시와 교통로만 점령하고 병참선이 늘

414

옌안에 온 특사　큰 전쟁이 끝났는데도 중국에서 내전이 재개될 조짐이 보이자 1946년 1월 미국 트루먼 대통령의 특사 조지 마셜이 홍군 근거지인 옌안까지 찾아왔다. 그러나 장제스는 미국이 주선한 협정을 일방적으로 파기하고 내전에 돌입했다. 사진은 왼쪽부터 저우언라이, 마셜, 주더, 그리고 한 사람 건너뛰어 마오쩌둥이다.

어지면서 병력이 분산되었다. 게다가 점령지마다 장제스 특유의 독재와 억압으로 일관하는 바람에 지역 민중의 지지를 전혀 얻지 못했다. 그 반면 홍군은 점령지마다 농민들을 고무하고 입대시켜 오히려 패배할수록 병력이 증가했다.

전환점의 신호탄으로 마오쩌둥은 옌안이 적의 수중에 들어간 시기에 홍군을 인민해방군人民解放軍이라는 명칭으로 바꾸었다. 그 명칭에 걸맞게 국면은 거짓말처럼 급변했다. 인민해방군은 밀릴 때까지 밀린 다음 소도시부터 하나씩 수복하기 시작했다. 국부군이 장악한 대도시는 자연히 고립 상태에 빠졌다.

1947년 말에 마오쩌둥은 비로소 자신감을 보이며 내전이 전환 국면을 맞이했다고 선언했다. 과연 이듬해인 1948년 초부터 인민해방군은 대대적인 공세로 전환했다. 병력은 이미 비등해졌고, 전

역사상 최초의 공화국   1949년 10월 1일 마오쩌둥은 중화인민공화국의 수립을 선언했다. 청이 멸망한 이후 40년 가까이 분열되었던 중국 대륙이 다시 통일되었고, 중국의 오랜 왕조사가 끝났다. 크게 보면 한족과 이민족이 번갈아 지배했던 역사도 끝나고, 이제야 비로소 완전한 통합이 이루어졌다.

투의 주도권은 인민해방군으로 넘어왔다. 그해 말에는 린뱌오의 부대가 만주 전체를 수중에 넣었다. 이어 한 달 만에 화북을 장악하고, 쉬저우에서 벌어진 내전 사상 최대 규모의 전투인 회해淮海 작전에서 덩샤오핑鄧小平(1904~1997)의 부대가 한 달간의 혈전 끝에 국부군의 정예 부대를 격파했다. 결정적인 타격을 입은 국부군은 이후 지리멸렬에 빠졌고, 인민해방군은 드디어 이듬해 1월 베이징을 점령했다.

그제야 이길 수 없다는 것을 깨달은 장제스는 서구 열강에 도움을 청하는 한편 공산당에 평화 교섭을 제의했다. 그러나 열강과 공산당 양측에서는 서로 약속이라도 한 듯 아무런 회신도 보내지 않았다. 그것은 곧 대세가 정해졌다는 뜻이었다. 장제스는 결국 총통에서 하야하고 이종인李宗仁에게 총통 대리를 맡긴 뒤 대만 철수를 준비했다.

1949년 4월, 인민해방군은 양쯔 강을 넘어 별다른 전투 한 번 없이 남하하면서 난징과 항저우, 상하이, 우한, 광저우 등지를 차례로 점령했다. 8월 1일, 장제스는 대만으로 도망갔고, 9월에 인민해방군은 중국 본토를 모조리 손에 넣었다. 그리고 1949년 10월 1일, 수도 베이징에서 중화인민공화국이 정식으로 수립되었다. 2000년이 넘는 제국의 역사는 20세기 초 신해혁명으로 붕괴했지만, '새로운 중국'이 탄생하기까지는 그 뒤로도 40년의 진통이 더 필요했다.

현대의 중국: 중국식 사회주의의 문제

중국공산당은 마르크스주의의 이념을 취한 정당이다. 1920년 전국대표회의에서 공산당을 창립한 코민테른 대표 보이틴스키와 중국의 지식인 리다자오, 천두슈는 모두 마르크스주의자였다. 그들에 비해 이론적인 깊이는 부족했지만, 그들과 창당을 함께한 마오쩌둥도 마르크스주의자였다. 하지만 마오쩌둥은 처음부터 그들과 달랐다.

마르크스주의를 창시한 마르크스는 원래 선진 자본주의국가에서 사회주의혁명이 일어난다고 믿었다. 자본주의가 충분히 발전하면 낡은 체제가 되어 자동으로 붕괴한다. 그 과정에서 사회 발전의 다음 단계인 사회주의로 나아가는 혁명이 일어난다는 것이다. 마르크스는 이렇게 말했다. "어떠한 사회 질서도 그 내부에서 발전할 여지가 있는 모든 생산력이 발전하기 전까지는 결코 멸망하지 않는다. 또한 그 물질적 존재 조건이 낡은 사회 자체의 태내에서 충분히 성숙하기 전까지는 새롭고 고도한 생산관계가 결코 나타나지 않는다."

마르크스에 의하면, 자본주의에서 사회주의로 이행하는 혁명을 주도하는 세력은 노동계급이다. 그렇기 때문에 노동자를 대량으로 배출하는 자본주의사회를 거쳐야만 사회주의가 실현될 수 있는 것이다. 게다가 사회주의를 위해서는 경제적 생산력이 어느 정도의 수준에 올라 있어야 하는데, 이를 위해서도 자본주의 단계가 반드시 필요하다.

그러나 현실에서는 선진 자본주의는커녕 자본주의 단계에 접어들지도 않은 국가에서 사회주의혁명이 일어났다. 1917년 혁명이 일어나기 전까지 러시아는 정치적으로 제정이었고, 경제적으로는 봉건 체제였다. 그런 상태에서 레닌의 볼셰비키 당은 정치적으로 사회주의혁명을 성공시킨 것이다. 그것은 마르크스가 말한 것처럼 경제적 조건에 따라 자연스럽게 일어난 혁명이 아니라 인위적인 혁명이었다.

정통 마르크스주의에서 상당히 벗어난 것은 사실이지만, 어쨌든 그 혁명은 성공했고, 노동자와 병사가 소비에트를 이루어 권력을 장악했다. 그런데 중국은 혁명에 성공한 것만 같을 뿐 모든 조건이 러시아보다 더 나빴다. 러시아만 해도 자본주의 단계에 들어서지는 못했어도 엄연한 제국주의 강국이었다. 하지만 중국은 20세기 초까지 정치적으로 러시아보다 더 후진적인 제정이었고(그래도 제정러시아에는 초보적인 의회에 해당하는 젬스트보가 있었다) 경제적으로도 러시아보다 뒤졌다(중국의 노동계급은 수에서나 계급의식에서나 제정러시아의 수준에도 미치지 못했다).

소련도 '정상적인' 사회주의국가로 볼 수 없다면 중국은 더할 것이다. 이런 조건에서 과연 사회주의혁명과 사회주의국가가 가능할까? 그래서 1949년 사회주의를 표방하면서 출범한 중화인민공화국은 여러 가지 이론적·현실적 문제를 안고 있었다.

마오쩌둥은 분명히 사회주의자였지만 그가 구상한 사회주의는 마르크스주의와 달랐다. 우선 중국은 노동자보다 농민이 압도적으로 많았다. 이 점에 주목한 마오쩌둥은 기존의 사회주의 이론을 수정해, 노동자가 아니라 농민이 사회주의혁명을 주도할 수 있다고 주장했다. 실제로 그는 농민의 지지를 얻어 정권을 장악할 수 있었고, 인민해방군도 거의 농민으로 구성되었다.

사실 노동자와 농민의 차이는 크지 않다. 피착취계급이라는 점에서 처지가 같고, 따라서 해방을 지향하는 계급의식도 별로 다를 바 없다. 그보다 더 중요한 것은 자본주의 단계를 생략했다는 점이다. 그렇기 때문에 원래는 사회주의혁명을 이루기 전에 이미 해결되었어야 하는 문제들이 사회주의국가를 수립한 뒤에 과제로 대두되는 것이다. 그것은 사회주의 중국에서 경제와 정치의 두 측면으로 나타났다.

나라는 새로워졌으나 오랜 전란으로 중국의 경제는 망가질 대로 망가져 있었다. 무엇보다 시급한 것은 토지개혁이었다. 20세기 중반까지 반세기 가까이 중앙 정부가 없었다가 근본적으로 다른 사회주의 체제가 들어섰다. 게다가 농민에 기반을 둔 공화국이었다. 그런 만큼 토지개혁은 새 정부의 가장 절실한 과제였다.

공산당 정부는 매년 수십만 명을 각지의 농촌으로 파견해 당의 정책을 농민들에게 설명하고 지역 실정에 맞게 토지개혁을 시행했다. 농민에 대한 착취를 일삼은 부농과 봉건지주는 재판으로 다스리고, 그들의 토지를 몰수해 경작자인 농민에게 재분배했다. 토지와 더불어 농구, 가축, 가옥까지 재분배했으니 가히 중국 역사상 최대 규모의 개혁이었다. 개혁의 성과는 금세 나타났다. 1952년까지 2년여의 기간 동안 중농 20퍼센트, 빈농 70퍼센트였던 토지 점유율은 정반대로 비례가 역전되었다. 아직 생산성은 무척 낮았으나 수천 년간 봉건적 지배층이 토지를 소유하고 농민을 착취하던 구조가 타파된 것은 장차 농업 생산력에서도 큰 기대를 갖게 하기에 충분했다.

그러나 농업정책은 중국 사회의 해묵은 모순을 해소하는 취지가 강했고, 진짜 중요한 것은 공업 분야의 개혁이었다. 자본주의 단계를 생략한 문제점은 여기서 드러난다. 자본주의사회가 경제

대약진 운동　중국 공산당 지도부는 1958년 비약적인 생산력 향상을 위해 대약진 운동을 제창했다. 이런 생산 증대 운동과 더불어 중소 규모의 집단농장을 대규모 인민공사로 개편하는 운동을 전국적으로 벌였다. 위 포스터에는 "비약적인 성장을 이어가자"라고 씌어 있다.

적 생산력을 증대시킬 수 있는 이유는 사적 이윤의 추구를 제도적으로 허용하기 때문이다. 쉽게 말해 영리를 추구하는 기업 활동이 경제성장에 필수적이다. 그런데 사회주의사회에는 사적 기업이 없는 것이다.

　물론 중국에 기업이 아예 없었던 것은 아니다. 그러나 근대 이후 생겨난 기업들은 대부분 서구 열강이 중국을 수탈하기 위해 설립했거나 군벌이나 고위 관료 등 전통의 세력 가문들이 소유하고 있었다. 공산당 정부는 이런 기업들을 몰수해 국영기업으로 바꾸고 제국주의 자본과 관료 자본을 국유화했다. 그렇다면 사적 기업이 없는데 어떻게 생산력을 증대시킬까?

이 문제를 해결하기 위해 정부는 거대한 국영'기업'을 출범시켰다. 그것이 바로 1958년에 설립한 인민공사人民公社다. 인민공사는 원래 각지에 세워진 집단농장들을 통합하면서 생겨났으므로 농업 기반의 조직이었으나 얼마 가지 않아 생산 부문 전체에 영향력을 행사하게 되었다. 최소 생산 단위인 생산대는 상부 조직인 생산대대가 관리하고, 이 생산대대들이 인민공사로 통합되었다.

인민공사는 사회주의국가가 운영하는 조직인 만큼 착취를 위한 기관은 아니었다. 그러나 이윤 추구를 목적으로 한다는 점에서는 자본주의 기업이나 다름없었다. 자본주의사회에서는 자본가가 노동자를 착취하지만, 사회주의 중국에서는 인민공사가 인민을 착취한 것이다. 국가의 경제력 전체는 커졌어도 '착취'이기 때문에 그 혜택은 인민에게 돌아가지 않았다.

착취의 근절이 사회주의의 경제적 목표라면 중국식 사회주의는 그 목표를 달성하지 못했다. 오히려 신속하게 서구 열강을 따라잡기 위해 국가의 주도로 무리한 계획경제를 추진한 탓에 중국 인민들의 고통은 더욱 가중되었다.●

이것이 자본주의 단계를 생략한 데 따르는 경제적 문제라면, 정치적 문제는 제왕적 사회주의다.

서구에서 자본주의는 의회민주주의 정치제도와 쌍둥이처럼 함께 생겨나 함께 발달했다. 자본주의는 의회민주주의의 경제적 표현이고, 의회민주주의는 자본주의의 정치적 표현이다. 그러나 중국은 제국 시대를 끝내고

● 이 문제는 소련식 사회주의도 마찬가지다. 1917년 혁명으로 집권한 볼셰비키는 사회주의 신생국 소련의 경제를 일거에 성장시키기 위해 신경제정책을 도입했다. 처음에는 경공업과 소매업 같은 소규모 생산 분야에서 사적 소유와 경영이 허용되었으나 이내 농장의 사유, 이윤 추구도 장려되어 사실상 자본주의를 부분적으로 도입한 것이나 다름없었다. 그 덕분에 1920년대에 소련은 잠시 급속한 경제성장을 이루었지만, 1930년대부터는 다시 철저한 계획경제로 되돌아갔다. 그러나 이후 소련은 내내 경제적 약점에 시달렸다. 20세기 말 소련이 해체된 것은 근본적으로 경제의 실패가 원인이다.

수십 년간의 분열기를 겪은 뒤 곧바로 사회주의로 이행했기 때문에 의회민주주의가 성립할 토양이 없었다.

그 결과 중국은 명색이 사회주의 '공화국'임에도 불구하고, 마치 예전의 제국들처럼 1인 집권 체제가 자연스럽게 자리 잡았다. 말하자면 '사회주의 황제'인 셈인데, 지위가 세습되지만 않았을 뿐 절대 권력에다 임기가 정해지지 않은 종신 권력인 것은 옛날의 천자와 다를 바 없었다(북한처럼 권력 세습까지 이루어지는 변종 사회주의도 있다).

공화국의 건국자인 마오쩌둥이 송을 건국한 조광윤이나 명을 건국한 주원장 같은 초대 황제라면, 그의 사후 화궈펑, 덩샤오핑, 장쩌민 등으로 이어지는 권력자들의 계보는 그대로 황실의 계보나 마찬가지다.* 헌법상 최고 권력기관은 2000~3000명의 인민 대표로 구성되는 전국인민대표회의(전인대)가 있지만, 이것은 1년에 한 번 소집되는 데다 실제로는 공산당의 최고 지도자가 결정권을 장악하고 있다. 형식적으로 전인대는 최고 지도자를 선출하는 권한을 가지고 있으나 대부분 이미 정해진 인물이 선출된다. 게다가 전인대는 의회민주주의의 용어로 말하면 입법부와 행정부를 겸하므로 의회민주주의의 기초인 삼권분립의 원칙에서도 벗어난다.

● 이 점 역시 소련도 겪은 문제다. 혁명 이후 레닌-스탈린-흐루쇼프-브레즈네프로 일인자 계보가 이어지는 소련의 권력 구조는 옛 러시아 제국과 크게 다르지 않았다. 소련과 중국에 비해 마이너에 속하는 사회주의국가들도 비슷한 현상을 보인다. 루마니아의 게오르기우데지는 1952년부터 죽을 때까지 집권했고, 그의 뒤를 이어 1965년부터 집권한 차우셰스쿠는 1989년 공산당이 무너질 때까지 권좌에 있었다. 쿠바의 카스트로는 사회주의혁명을 성공시킨 1959년부터 지금까지 무려 50년 동안이나 쿠바의 독보적인 일인자로 남아 있다. 이런 권력 구조는 명백히 과거 제국 체제로의 퇴행이다.

중국은 공화국이라는 명칭을 취했으나 공화정과 의회민주주의는 중국에서 자생한 게 아니었다. 오히려 중국은 수천 년의 역사에 걸쳐 천자 한 명이 천하를 지배하는 방식에 익숙했다. 중국의 지배층만이 아니라 피지배층인 인민들도 그랬다.

경제와 정치에서 드러난 현재 중국 사회의 이중성은 장차 중국의 미래를 두 가지로 예상케 한다. 하나는 서구에서 탄생하고 발달한 의회민주주의-자본주의 체제를 완벽하게 소화하는 길이다. 중국 공산당과 사회주의는 이미 그런 조짐을 보이고 있다. 중국의 공산당은 서구의 정당이라기보다 사실상 의회와 같은 기능을 하며**, 사회주의를 표방하는 국가에 걸맞지 않게 주식시장이 존재한다. 또 다른 가능성은 중국에 수천 년의 역사적 전통이 반영된 새로운 체제가 등장하는 것이다. 이것은 지금 어떤 형태가 되리라고 예상할 수도 없고 예상 자체가 무의미하다.

●● 냉전시대의 반공 이데올로기에 젖은 사람들은 사회주의국가를 일당독재라고 여기지만, 사실 공산당을 서구식 공화정의 용어로 비유하면 '정당'이라기보다 '의회'에 가깝다. 그러므로 일당독재를 비판하려면 먼저 미국의 의사당 캐피털(Capitol)이 왜 워싱턴 한 곳에만 있느냐고 비판해야 한다.

앞의 길이라면 '글로벌'로 향하는 인류 역사의 기본 흐름에 중국도 완전히 편입될 것이다. 또한 뒤의 길이라면 중국은 강력한 '로컬'을 이루어 글로벌의 흐름에 맞서 세계사의 새로운 대안을 제시할 수 있을 것이다. 중국의 미래가 어느 길이 될지는 알 수 없지만 한 가지는 분명하다. 바로 중국 국민이 선택해야 한다는 것이다.

8장

외부에서 온 인도의 통일

1. 분열된 조국과 통일된 식민지

남의 집에서 벌인 힘겨루기

18세기 중반 이후 무굴 제국은 '1차 부도'가 난 상태에서도 100년이나 더 존속하다가 1858년에야 '최종 부도' 처리되었다. 이 기간 동안 무굴은 제국의 지위가 아니라 한낱 지방정권에 불과한 위상으로 그저 명맥만 이었을 뿐이다. 그렇다면 무굴이 남긴 정치적 공백은 누가 메웠을까?

중국과 달리 인도의 역사는 통일 제국이 아니라 늘 분권화된 상태가 중심이었다. 그렇다면 인도 역사상 최대의 제국이 쇠락했을 때 그 찬란한 통일의 빛만큼 짙은 분열의 그늘이 드리워진 것은 당연했다. 그러나 이번은 그 이전의 어떤 분열기와도 달랐다. 과거의 분열은 기본적으로 인도 토착 왕조들이나 인근 중앙아시아의 이슬람 국가들이 세력 다툼을 벌인 결과였지만, 이번에는 서구 열강이라는 '외세'가 활개를 쳤던 것이다(그렇게 보면 '서세동점'의 시대는 중국보다 인도에 먼저 찾아왔다고 할 수 있다). 공교롭게도 인도의 역사를 세계사에 합류시키는 역할을 한 것은 바로 그 외세였다.

무굴 제국 시대에도 남인도에는 유럽의 상인들이 세운 무역도시들이 번영을 누렸으나, 그때는 무굴의 힘이 강성했으므로 외세는 별다른 정치적 영향력을 행사할 수 없었다. 그러나 시대가 변해 이제 무굴은 쇠약해졌고, 그 대신 유럽에서는 포르투갈, 에스파냐, 네덜란드의 뒤를 이어 영국과 프랑스가 중심 세력으로 떠오르면서 본격적인 제국주의 시대가 출범했다.

16세기에 탐험의 시대를 주도한 국가들보다 훨씬 힘센 18세기의 영국과 프랑스는 인도를 대하는 자세도 예전과 달랐다. 더욱이 두 나라는 인도 곳곳에 무역 거점을 마련하기보다 큰 뭉텅이를 떼어내 통째로 집어삼키려 했으므로 인도 내에서도 자기들끼리 치열한 경쟁을 벌였다.

18세기 중반까지 인도에 진출한 영국과 프랑스는 힘이 서로 엇비슷했다. 그러나 한 집의 호주가 둘일 수는 없는 법, 먼저 호적을 정리하자고 한 것은 프랑스였다. 프랑스는 국내에서 통한 중상주의 정책을 해외로 연장하기 위해 1741년에 뒤플렉스Joseph-François Dupleix(1697~1763)를 프랑스령 인도의 수도인 퐁디셰리의 지사로 파견했다. 인도에 프랑스 제국을 건설하는 게 그가 받은 지시이자 그의 야망이었으므로 그는 지사 따위에 머물려 하지 않았다. 1746년에 그는 프랑스 함대를 동원해 영국 세력의 근거지인 남인도의

인도의 최대 주주   플라시 전투에서 프랑스를 무찌른 뒤 동인도회사의 서기 클라이브가 무굴
황제에게서 징세권과 재정권을 상징하는 디와니를 받고 있다. 이로써 영국은 일개 기업을 통해 인
도를 식민지로 지배하게 되었다.

마드라스를 함락했다. 이로써 인도 경영을 놓고 두 나라의 한판
승부가 불가피해졌다.

　무대는 남인도의 카르나타카였다. 여기서 영국과 프랑스는 10
여 년에 걸쳐 여러 차례 접전을 벌였다. 초기에는 프랑스가 우위
를 보였으나 1757년 플라시 전투에서 영국 동인도회사의 서기 로
버트 클라이브Robert Clive(1725~1774)가 이끄는 영국군이 대승을
거두면서 전황이 결정되었다. 제국주의 시대답게 실력으로 화끈
하게 승리한 영국은 상품으로 인도의 단독 최대 주주라는 지위를
얻었다.

　물론 인도에 강력한 정치적 중심이 있었더라면 카르나타카 전
쟁 자체도 없었을 테지만, 승리한 영국이라 해도 함부로 인도를
지배하려는 욕심을 내지는 못했을 것이다. 사실 영국은 인도를 정
치적으로 복속하려는 의도보다는 무역을 독점해 경제적 이득을

취하고, 나아가 인도를 발판으로 삼아 중국과 동남아시아에 진출하려는 의도가 훨씬 강했다. 그런 영국의 '소박한' 의도를 더욱 키워준 것은 바로 인도인들이었다.

카르나타카 전쟁은 유럽의 두 강대국이 엉뚱한 동방의 나라에 와서 힘을 겨룬 것이지만, 전쟁이 길어지다 보니 자연히 인도인들도 전쟁에 개입하기 시작했다. 더구나 그 전쟁에는 수많은 인도인이 영국과 프랑스 양국에 고용되어 용병으로 참전한 터였다. 특히 전장이 된 카르나타카의 태수가 전쟁의 향방에 누구보다 큰 관심을 갖지 않을 수 없었다. 그는 몇 차례 직접 병력을 동원해 전쟁에 참여했는데, 그 과정에서 말로만 듣던 유럽 군대의 위력을 실감할 수 있었다. 이들의 무력을 빌려 지역의 맞수인 하이데라바드를 물리칠 수 있다면……. 그러나 이것은 카르나타카 태수만의 생각이 아니었다. 당연히 하이데라바드도 그럴 속셈이었다.

전쟁 기간 중에 두 나라의 속셈은 현실로 옮겨졌다. 영국과 프랑스는 각각 카르나타카와 하이데라바드를 돕는 것이 곧 자기 세력의 확장이었으므로 전쟁의 일환으로 두 나라를 적극적으로 지원했다. 전쟁이 묘한 양상으로 변하자 점차 남인도 대부분의 나라들도 영국과 프랑스의 지원에 의존하게 되었다. 그렇잖아도 인도를 호시탐탐 노리고 있던 서구 열강을 자기들끼리의 다툼에 끌어들였으니 결과는 뻔했다. 전쟁이 영국의 승리로 끝나자 영국의 지원을 받은 나라들은 물론이고 프랑스 측에 붙은 나라들도 전부 영국의 괴뢰정권으로 전락해버렸다.

나라를 내주고 얻은 통일

영국과 프랑스의 전쟁은 남인도가 무대였지만, 영국의 승리를 결정지은 전투가 벌어진 플라시는 인도 동북부 벵골의 한 지방이었다(영국은 이미 전쟁 전부터 벵골의 중심지인 캘커타[2000년 콜카타로 이름을 고침]에 진출해 있었다). 이는 곧 전후 영국의 지배가 남인도에만 국한되지 않으리라는 것을 시사하고 있었다.

사실 플라시 전투에서 영국이 승리한 것은 한낱 30대 초반의 병참장교에 불과한 클라이브의 공적만이 아니었다. 당시 벵골의 장군이었던 미르 자파르Mir Jafar(1691~1765)는 벵골의 태수 자리를 노리고 영국을 적극 지원했다. 현직 태수와 미르 자파르의 싸움은 곧 프랑스와 영국의 전쟁이 벵골 내부에서 전개되는 것과 같았다. 전쟁에서 영국이 승리하자 자연히 미르 자파르는 현직 태수를 누르고 벵골의 새 태수가 되었다.

그러나 그것은 미르 자파르가 애초에 원한 태수 자리와 너무도 달랐다. 이미 벵골의 실제 새 주인은 영국이었던 것이다. 그는 영국군에 상당한 보상금을 지급해야 했고(실제로는 그가 영국의 용병인 셈인데, 명분상으로는 엉뚱하게도 그가 자신의 쿠데타를 위해 영국군을 고용한 결과가 되어버린 것이다), 동인도회사에 캘커타 인근의 영토를 양보해야 했다.

예상과 다른 현실에 좌절한 미르 자파르는 태수직에서 물러났다. 그러자 동인도회사는 후임으로 미르 카심Mir Kasim을 앉혔다. 하지만 그것은 회사 측의 판단 착오였다. 미르 카심은 취임한 초기에 동인도회사에 영토를 양도하는 등 고분고분하게 행동했으나 속셈은 따로 있었다. 그는 이내 관세 수입을 놓고 동인도회사

외세와 결탁한 미르 자파르   플라시 전투가 끝난 직후 미르 자파르가 클라이브와 만나는 모습
이다. 미르 자파르는 영국군을 끌어들여 자신이 권력을 잡는 데 이용하고자 했으나 오히려 이용당
한 것은 그였다. 민족의식과 통일 의지가 없었던 당시 인도 역사에서는 흔한 일이었다.

와 엇각을 빚다가 1763년 동인도회사와 전쟁을 일으켰다. 하지만
이번에는 그의 판단 착오였다. 그는 결국 패배하고 벵골에서 쫓겨
났다.

하지만 미르 카심은 포기하지 않았다. 그 이듬해 그는 벵골 서
쪽의 오우드Oudh, 무굴과 손잡고 벵골을 탈환하기 위해 영국에 재
차 도전했다. 이 북사르 전투는 북인도의 거의 모든 토착 세력이
힘을 합쳐 영국에 도전한 것이었으나 결과는 또다시 참패였다. 이
전투에서 승리한 것을 계기로 영국은 벵골을 방어하는 수세적 입
장에서 벗어나 북인도 전역을 제패하게 되었다.

이제 남은 것은 인도 중앙부에 자리 잡고 있는 마라타뿐이었다. 무굴 제국의 후예로 자처하던 마라타는 당시 인도의 여느 나라들과 달리 상당한 강국이었으나 영국의 상대가 되기는 어려웠다. 마라타의 수명이 연장될 수 있었던 것은 때마침 동인도회사 내부에서 문제가 발생했기 때문이다. 예상외로 너무 손쉽게 남인도에 이어 북부의 벵골까지 손에 넣은 동인도회사가 소화불량에 시달리게 된 것이다.

벵골은 이제 영국의 괴뢰정권이 아니라 아예 식민지가 되어버렸다. 그러나 비록 벵골을 먹었다고 해도, 또 아무리 국책회사라고 해도 동인도회사는 어디까지나 회사일 뿐이었다. 경제적 이윤을 추구하는 회사(동인도회사는 영국 최초의 주식회사였다)가 한 나라를 정치적으로 지배하게 되었으니 문제가 없을 수 없었다. 이 문제를 해결하기 위해 1765년 벵골 지사로 취임한 클라이브는 이중 통치 제도를 시행했다. 겉으로는 기존의 통치 기구를 그대로 둔채 안으로는 경제 관료들이 모든 실권을 장악하고 이익을 빼내는 것이다. 대내외적으로 인도를 지배한다는 인상을 주지 않으면서도 최대한의 실익을 챙길 수 있으니 일석이조였다.

처음 몇 년간은 만사가 순조로웠다. 영국에서는 인도에서 돈을 많이 벌어 귀국하는 사람들이 많아졌으며, 상류층의 파티에서도 인도 이야기가 단골 화제로 올랐다. 그러나 회사 직원이나 인도에 파견된 회사 소속의 군인들이 그랬다는 것이고, 회사 자체는 사정이 달랐다. 동인도회사는 예전에는 무역을 통해 돈을 벌었다면, 이제는 세 수입을 더 노리게 되었다. 이것은 주식회사의 업무를 넘어서는 일이었다.

수익을 낳는 분야가 늘었으니 회사의 재정은 더 좋아지지 않았

캘커타의 인도 총독부 벵골을 정복한 영국은 캘커타에 식민지 총독부를 세우고 직접 지배에 나섰다. 이제 인도는 영국의 경제적 지배만이 아니라 정치적 지배까지 받는 '정식' 식민지로 전락했다.

을까? 그런데 그렇지 않았다. 동인도회사의 직원들은 온갖 불법과 탈법으로 개인적인 부만 쌓았으므로, 회사 전체의 이익은 예상만큼 크지 않았고 오히려 날이 갈수록 경비만 늘어났다. 급기야 동인도회사는 큰 적자를 내게 되었고, 은행 융자로 적자폭을 메우는 전형적인 '부실기업'으로 변했다. 그렇잖아도 회사에서 다급하게 도움을 요청했지만, 영국 정부가 나서지 않을 수 없는 상황이었다.

1773년 영국 의회는 노스 규제법(노스North는 당시 영국의 총리였다)을 제정해 동인도회사로부터 인도 통치권을 박탈했다. 이때부터 인도 통치권은 영국 정부로 귀속되었다. 아울러 동인도회사 소속의 '회사원' 신분이던 벵골 지사는 총독이라는 '공무원' 신분으로 바뀌면서 마드라스와 봄베이(지금의 뭄바이)까지 통괄하게 되었다. 이제 영국은 이중 통치의 가면을 벗어던지고 정식으로 식민지 지배에 나선 것이다.

어쨌든 동인도회사와 영국의 지배를 받게 되면서 북인도는 통일을 이루었다. 결과적으로 보면 무굴 제국이 쇠약해진 18세기 중반 이후 분열 상태에 빠진 북인도를 영국이 다시 통일해준 셈이다. 그렇다면 당시 인도인들은 분열된 조국과 통일된 식민지 가운데 어느 쪽을 더 반겼을까?

최후의 보루가 무너지다

● 실은 카르나타카 전쟁이 끝난 뒤에도 남인도에는 영국에 당당히 맞선 나라가 있었다. 마이소르(Mysore)라는 왕국이었다. 마이소르는 특히 하이데르 알리와 그의 아들 티푸 술탄이 지배하던 18세기 후반에 남인도에서 영국에 반대하는 운동을 이끌었다. 일찍부터 영국의 진출에 위협을 느낀 하이데르와 티푸는 군대를 근대화하고 내정을 개혁하는 등 만반의 준비를 갖추었다. 그들은 당시 인도인으로서는 드물게 국제적인 안목을 지니고 있어 영국에 대항하기 위해 인근의 여러 나라와 동맹을 맺으려 백방으로 노력했다. 특히 티푸는 유럽에서 프랑스혁명이 발발했을 때 스스로 자코뱅당에 가입하는 등 특이하다 할 만큼 세계사의 흐름에 밝았다. 그러나 동맹의 노력이 실패로 돌아가자 아무래도 소국인 마이소르는 1799년 영국의 총공세를 막아내지 못하고 멸망했다.

인도 전체를 통틀어 아직 영국의 지배를 받지 않는 최후의 세력을 꼽자면 마라타가 있었다.● 마라타는 무굴 제국이 몰락하기 시작한 시기부터 무굴의 뒤를 이어 인도의 통일 제국으로 발돋움할 수 있는 강력한 후보였다. 비록 파니파트 전쟁에서의 패배로 한때 주춤했으나(220쪽 참조) 마라타는 거뜬히 세력을 회복하고, 북사르 전투에서 영국이 무굴 제국을 복속시키는 와중을 틈타 델리 지역까지 수복하는 데 성공했다.

그러나 왕국에서 제국으로 성장하기 위한 문턱은 상당히 높았다. 그냥 '큰 나라'와 통일 제국의 차이는 중심이 얼마나 강력한가에 달려 있다. 강력한 중심이 없었던 마라타는 영토가 늘어나면서 통일은커녕 오히려 분열되는 양상으로 치달았다. 정복 전쟁에 참여한 지휘관들이 새로이 병합한 지역에 아예 눌러앉아 거의 독립 군주처럼 행세한 것이다. 그러나 그들은 마라타 본국에 반기를 들지 않고 적극 협조했다. 그래서 이때부터 마라타는 일종의 연합 형태가 되어 마라타 동맹이라 불리게 된다.

마라타 동맹이 강성해지자 영국과의 한판 승부는 시간문제가 되었다. 그러나 양측 사이에서 오우드가 완충 역할을 하고 있어 충돌은 다시 지연되었다. 영국은 북사르 전투 이후 오우드를 정치적으로 지배하려 하지 않고 영국의 영향력 아래 그냥 놔두었던 것이다. 당시 영국으로서는 오우드를 정복하는 것보다 벵골의 내정을 안정시키는 게 우선이었다. 굳이 오우드를 병합해 대내외적으로 경각심을 불러일으킬 필요는 없었다.[**]

하지만 저울의 균형은 잠시뿐이고 결국은 한쪽으로 기울게 마련이다. 마라타 동맹 내부에서 문제가 발생하자 균형이 무너졌다. 1775년 마라타의 권력 다툼에서 밀린 세력이 봄베이에 주둔하고 있던 영국군에 도움을 청하면서 드디어 전쟁이 시작되었다. 하지만 결과는 예상 밖이었다. 영국은 인도에 진출한 이후 첫 패배를 기록했다.

전쟁의 결과가 충격적인 탓에 여파도 컸다. 전쟁에서 발생한 재정적 타격을 만회하기 위해 초대 벵골 총독 헤이스팅스Warren Hastings(1732~1818)는 완충국인 오우드를

[**] 오우드를 이렇게 처리한 것은 영국이 해외 식민지들을 개척하면서 나름대로 터득한 식민지 통치의 노하우였다. 또한 영국은 그 전쟁의 또 다른 패전국인 무굴 제국의 황제도 최대한 예우했다. 영국은 무굴의 황제에게 영지를 알선하고 연금까지 주었다. 그러나 그 제국주의적 노하우는 한계가 있었다. 무굴 황제는 그렇잖아도 유명무실한 존재로서 과거의 영화만 꿈꾸며 살고 있었는데, 아예 서방 적국의 꼭두각시가 되어버렸으니 심기가 편할 수 없었다. 때마침 마라타의 초대를 받자 그는 그 기회에 마라타가 장악한 델리로 돌아갔다. 이 사건으로 마라타와 영국 간에 감돌고 있던 전운이 더욱 짙어졌다.

친일과 '친영' 식민지 시대에는 본국과 결탁한 자들이 득세하게 마련이다. 영국의 식민지가 된 이후 지방 유력가들은 집에 영국군 장교를 초청해 우호적인 관계를 맺으려 애썼다. 우리의 식민지 시대에 친일파는 민중에게 배척당했지만, 단일 국가라는 의식이 약했던 인도에서는 '친영파'라 해서 특별히 비난을 받지 않았다.

공격해 영토의 일부를 빼앗았는데, 그 때문에 그는 본국에 송환되어 탄핵 재판을 받았다. 본인에게는 불행이었으나 이 사건을 계기로 영국에서는 벵골 총독에게 더 많은 권한을 부여했다. 그 덕분에 헤이스팅스의 후임인 콘월리스Charles Cornwallis(1738~1805) 총독은 벵골의 내정에 개입해 상당한 개혁을 실시할 수 있었다.

3대 벵골 총독인 웰즐리Richard Colley Wellesley(1760~1842) 때부터 영국은 본격적인 영토 확장을 추구하기 시작했다. 관심의 초점은 역시 마라타였는데, 이번에도 또다시 마라타의 내분으로 실각한 세력이 영국의 보호를 요청하면서 전쟁의 빌미를 제공했다. 시작이 1차전과 비슷했던 탓인지 이 2차전에서도 영국은 전황을 유리하게 이끌었으나 끝내 마라타를 정복하지는 못하고 흐지부지 전쟁을 마무리 지었다. 오히려 이 전쟁으로 인해 인도 전역에서 반

합의된 내분   인도 제후들과 영국 측 인물들이 모여 협상을 벌이고 있다. 영국은 마라타 동맹을 내분시켜 정복하려 했으며, 마라타 동맹의 일부 세력은 기꺼이 '내분되고자' 했다.

영反英 정서가 격화된 탓에 영국은 본전도 찾지 못한 꼴이 되고 말았다.

그러나 행운의 연속으로만 역사의 물줄기를 바꿀 수는 없었다. 마라타가 지원하는 핀다리라는 도적 떼가 영국령까지 진출하자 1817년 영국은 이들을 소탕한다는 구실로 3차전을 일으켰다. 1, 2차전 때처럼 우연한 계기로 전쟁을 시작한 게 아닌 만큼 이번 전쟁은 종전과는 양상이 크게 달랐다. 비록 반영 감정이 들끓고 반영 연합까지 수립되었지만 애초부터 무력에서는 비교가 되지 않았기에 마라타로서는 영국의 전면전을 감당할 수 없었다.

전쟁이 재개된 지 몇 개월 만에 마라타 동맹은 해체되었다. 중부 인도 전역의 모든 왕국은 멸망하거나 영국의 군사 보호를 받는 식민지로 전락했고 독립국은 완전히 소멸되었다. 이로써 아프가니스탄의 세력권인 인더스 강 유역을 제외한 인도 대륙 전체가 영국의 지배하에 들었다. 인도에 영국의 동인도회사가 설립된 지 200여 년 만에 영국은 드디어 인도를 완전히 손아귀에 넣은 것이다.

식민지적 발전?

영국의 '정식' 식민지가 되었으니 이제 그에 걸맞은 통치 기구가 필요했다. 인도에 영국식 관료 행정 기구를 이식하는 작업은 벵골을 식민지화할 때부터 시작되었다. 지나치게 경제적 이익만을 추구하면서 부패와 착취만을 일삼은 동인도회사의 짧은 통치 경험은 영국에 커다란 교훈이 되었다. 1772년 동인도회사의 벵골 지사로 파견되었다가 운 좋게도 정부의 방침이 바뀌는 바람에 느닷없이 '총독'(벵골 총독)으로 신분이 상승한 헤이스팅스와 그 후임 총독인 콘월리스는 뛰어난 행정 능력을 가진 인물이었다. 이 두 총독이 지배하던 시기에 벵골의 식민지 행정은 확고한 골격을 갖추게 되었으며, 이후 전 인도 지배에도 관철된다.

벵골에서 영국이 가장 먼저 한 일은 관리들의 급료를 챙겨주는 것이었다. 동인도회사 시절에는 직원들이 '알아서' 급료를 해결하는 체제였기 때문에 부패와 불법 행위가 극심했다. 이제 인도를 지배하는 것은 회사가 아니라 정부였고, 그 우두머리부터 정부의 녹을 받는 공무원이 되었으니 부하들도 그래야 하는 것은 당연했다.

이렇게 관료제의 윤곽을 갖춘 뒤에는 치안 유지가 과제였다. 그

인도 총독들 　인도가 우리의 식민지 역사와 다른 점은 영국에서 부임해온 인도 총독들이 일본의 조선 총독들에 비해 훨씬 우호적이었다는 사실이다. 일본은 조선을 병합해 대륙 진출의 전진기지로 삼으려 한 데 비해, 영국은 인도에서 경제적 이득을 보는 데 만족했기 때문이다. 군국주의와 '일반 제국주의'의 차이다. 식민지적 지배라는 한계는 있었지만, 콘월리스(왼쪽)와 벤팅크(오른쪽)는 인도의 근대화에 상당히 기여했다.

전까지 인도에서는 각 지역에 자리 잡은 자민다르zamindar라는 지주들이 사병 조직을 운영하면서 치안을 담당하고 있었다.* 식민지 총독부는 이 사병 조직들을 해체하고 그 대신 공적인 경찰 기구를 설치했다.

　그러나 영국이 행정 기구를 개편한 것은 인도 진출의 동기였던 경제적 이익을 착취하는 데 기본적인 목적이 있었다. 동인도회사에서 정부로 관리 주체가 바뀌었다 해도

* 자민다르는 말 그대로 '토지(zamin) 소유자(dar)'라는 뜻이지만, 전통적으로 매우 다양하게 사용되었다. 토지를 소작으로 내주고 지세를 받았기 때문에 일부 지역에서는 세금을 징수하는 관리를 가리키기도 했다. 치안을 담당한 것도 여기서 유래된 역할이다. 그 역할이 중지된 이후에도 자민다르는 영국 정부로부터 특권층으로 인정을 받았으며, 1947년 인도가 독립할 때까지 지위를 유지했다.

영국의 그 기본 의도는 항상 변함이 없었다. 그래서 식민지 총독부 내에서도 가장 중요한 기구는 세무국과 상무국이었다. 상무국

이 예전의 동인도회사와 같은 역할을 대신했다면, 세무국은 식민지로 탈바꿈한 인도에서 얻어지는 새로운 이득, 즉 세 수입을 관리하는 역할을 했다. 이제 영국은 경제적 이익만이 아니라 정치적 지배에서 얻는 이익도 거두기 시작했다.

근대적인 세 수입을 보장하기 위해서는 먼저 과세 대상이 근대화되어야 했다(앞서 중국의 경우에서도 보았듯이 양세법이나 일조편법 같은 세제 개혁은 모두 과세 대상을 표준화한다는 게 기본 취지였다). 이를 위해 벵골의 식민지 총독부는 기존의 자민다르가 소유한 토지를 경매 입찰에 부쳤다. 말하자면 가장 많은 세금을 내겠다는 사람에게 토지를 넘겨주겠다는 것이다. 이렇게 해서 일차적으로 세수를 계산 가능하게 만든 다음에는 세제를 더욱 단순화시키는 수단으로 1793년부터 영구 정액제를 실시했다. 해당 토지에 한 번 정해진 세금은 이후 언제까지나 정액으로 고정된다는 의미다. 이 조치에 따르면 자민다르가 자신의 소유지 내의 토지를 개간해 새로 얻는 소득은 모두 그가 차지하게 되므로 기업가적 정신을 지닌 근대적인 지주상이 확립될 수 있었다(하지만 당시 식민지 총독부는 근대적인 제도를 만들겠다고 나선 게 아니라 오랜 역사를 거치면서 대단히 복잡해진 인도의 세금 제도를 단순화해 관리 가능한 것으로 만들겠다는 일념으로 개혁을 실시한 것이었다. 결국 서구적 근대화의 요체는 단순화와 계량화에 있다).

벵골에서 정해진 행정의 기본 방침은 영국이 인도 전역을 통일한 이후에도 그대로 유지되었다. 다만 벵골 총독은 인도 총독으로 격상되었으며, 각 지방마다 영국식 입법부와 사법부가 설치되었다. 이리하여 인도는 식민지 지배를 받는 입장이기는 해도 서서히 근대 국가의 기틀을 갖추어갔다.

사티　사티는 인도인들이 따르던 고대의 《마누 법전》에도 명시되지 않은 악습이었다. 그림은 사티 관습에 따라 죽은 남편의 뒤를 따르려는 여인을 주변 사람들이 축하해주고 있는 장면이다. 인도 총독 벤팅크는 근대화 정책의 일환으로 사티를 법으로 금지했다.

　　그러나 근대화를 추진하는 주체가 영국이었으므로 '영국화'도 자연스럽게 추진되었다. 초대 인도 총독인 벤팅크William Bentinck(1774~1839)의 통치는 근대화와 영국화의 양면을 잘 보여준다. 그는 여러 가지 복지 정책을 실시했고, 인도인을 공무원으로 채용해 승진도 가능하게 했다. 남편이 죽으면 아내도 따라 죽는 사티sati와 같은 전근대적이고 불합리한 관습도 뜯어고쳤다. 여기까지가 근대화라면 영국화의 사례는 영어 교육 시행령이다. 인도에 영어 교육을 도입하는 문제를 놓고 10년간 논쟁이 치열하게 벌어진 끝에(이슬람 세력이 주로 반대했고, 힌두교 세력이 지지했다) 1835년에 벤팅크는 영어 교육을 채택했다. 당연한 일이지만 그 뒤부터 인도인들은 사고와 행동방식에서 영국인처럼 변했고, 영국의 자유주의 사상을 동경하게 되었다. 그 덕분에 영국은 자연스럽게 인도를 정신적으로도 지배할 수 있게 되었다.

이렇듯 인도는 영국의 식민지가 되면서 근대화를 이루기 시작했다. 그 이전까지 수천 년 동안 끊임없이 지속된 분열기, 그리고 분열기마다 되풀이된 전란과 약탈은 사라졌고, 국내의 치안과 질서도 크게 안정되었다. 농민들은, 생활이 나아졌다고는 할 수 없어도, 근대적인 법 개념이 도입됨으로써 적어도 예전과 같은 비합리적이고 전근대적인 지주들의 지배로부터는 벗어났다.*

● 이런 '문화 통치'가 연착륙했기 때문인지 모르지만, 인도에서는 오늘날에도 영어를 사용하는 게 지탄받을 일이 아니다. 심지어 인도인들끼리 대화할 때 영어를 쓰지 않으면 교양인으로 취급받지 못하는 경우도 있다. 인도는 과거의 지배자인 영국에 대한 적대감이 크지 않을 뿐 아니라 현재도 영국연방에 속해 있다. 일본도 한반도를 지배할 때 일본어를 사용하게 했는데, 영국과 달리 일본은 일본어 교육을 도입하는 데 그친 게 아니라 아예 식민지의 말과 글을 금지했다.

그렇다면 인도는 영국의 식민지로 전락함으로써 오히려 발전을 이룬 걸까? 이것을 이른바 식민지적 발전이라고 말할 수 있을까? 물론 원칙적으로는 불가능한 이야기다. 남의 나라에 주권을 넘겨주고 나서 달라진 것을 발전이라 부를 수는 없을 테니까. 그러나 인도는 애초부터 하나의 통일된 나라가 아니었다(지금까지 우리는 인도의 역사를 살펴보면서 인도를 마치 하나의 나라인 것처럼 취급했지만, 사실 인도는 나라라기보다는 한 지역, 아대륙의 명칭이다). 앞서 여러 차례 보았듯이 인도는 역사적으로 통일기보다 분열기가 압도적으로 길고 많았다. 중국의 역사에서는 분열이 비정상적이었으나 인도의 역사에서는 통일이 오히려 비정상적이었다. 인도는 '주권'이라는 것이 애초부터 없었으므로(나라가 아닌 대륙, 문명권에 주권이라는 말을 쓸 수는 없으니까) 영국에 주권을 넘겨준 게 아니었다.

3500여 년 전에 인도로 들어온 아리아인, 2000년 전의 쿠샨족, 11세기부터 15세기까지 인도를 장악한 델리 술탄, 아프가니스탄과 터키의 이슬람 세력, 그리고 무굴 제국에 이르기까지 인도를

식민지의 흔적 이 건물은 19세기 초반에 세워져 1911년 인도의 수도가 델리로 옮겨갈 때까지 근 100년이나 총독 관저로 이용되었다. 현재의 수도 뉴델리는 델리로 수도를 옮긴 뒤 그 남쪽에 20년 동안 건설하여 완공한 신도시다. 서울의 조선총독부는 1995년에 헐렸지만 이 건물은 현재도 서벵골의 주지사 관저로 사용되고 있다.

지배했던 역대 왕조들은 대부분 엄밀한 의미에서 보면 이민족들이었다. 어떤 면에서 인도의 역사는 인도라는 넓은 지역을 무대로 중앙아시아의 수많은 민족이 번갈아 주인공으로 출연한 변화무쌍한 '이민족의 드라마'였다. 그 과정에서 일관된 인도의 모습은 힌두교라는 종교로만 남았고, 나머지는 모두 희석되고 혼합되었다.

통일된 중심이 없으므로 인도에서는 분열이 자연스러운 것이었고, 또 그렇기 때문에 영국의 지배가 순조로이 먹혀든 것이었다. 사실 인도가 영국의 식민지로 전락한 것을 영국 제국주의의 일관된 전략이라고 보기는 어렵다(이 점에서도 영국의 인도 정복은 일본의 한반도 정복과 크게 다르다). 영국은 프랑스, 인도와 벌인 전쟁에서 승리했지만 전쟁에 대해서 내내 소극적인 태도였으며, 오히려 인도가 평화로워져 경제적 이득을 추구하기 좋은 환경이 되기만을 바랐다.

  그런데 뜻하지 않게 벵골을 차지한 뒤부터 영국은 원하든 원치 않든 인도의 중심이 되어버렸다. 그때부터 동인도회사는 인도에서 가장 큰 정치 세력이 되었다. 인도는 오랫동안 이민족의 침탈을 겪었으나 서양 세력의 지배는 처음이었다. '서방의 이민족'은 새로운 경험이었지만 어차피 인도의 역사는 이민족을 수용하는 역사였다. 강력한 중심을 향해 주변 세력이 결집되는 것은 당연한 이치였다. 따라서 자연스럽게 주변 약소 왕국들이 동인도회사에 접근했고 자신들 간의 내분에도 영국을 끌어들인 것이다. 그것을 반민족 행위라든가 매국노의 짓이라고 몰아붙이는 것은 인도를 단일민족의 관점에서 잘못 바라보기 때문이다. 영국은 단지 과거에 인도 역사에 등장했던 큰 제국들이 수행한 역할을 했을 뿐이며, 당시 인도인들로서도 거의 그렇게 받아들였다고 보면 된다.

2. 간디와 인도 독립

민족의식에 눈뜨다

근대화에는 빛과 그늘이 있다. 식민지만이 아니라 제국주의 열강의 입장에서도 마찬가지다. 예를 들어 영국의 산업혁명은 영국을 세계 최강대국의 지위로 끌어올린 동시에 장시간 노동과 저임금, 아동 노동으로 악명을 날리게 했다. 주체적 근대화를 이룬 서구 세계에서도 그럴진대 식민지적 근대화 과정을 거친 인도의 경우는 말할 것도 없다.

특히 근대적인 지세 제도가 들어서면서 인도의 전통적 관계는 뿌리째 뒤흔들리기 시작했다. 토지 소유자가 자기 재산에 해당하는 만큼의 세금을 낸다는 원칙은 영국에서 보면 지극히 간단하다. 그러나 근대적인 토지 소유 관계에 익숙하지 못한 전통의 지주들은 당혹할 수밖에 없다. 그들은 무엇보다 사유지에 대한 관념이 미약하다. 그냥 '이 언덕에서부터 저 강변까지가 내 땅'인 것이지, 내 땅의 정확한 경계선 같은 것은 없다. 그래서 영국은 우선 토지 조사를 실시해 토지에 관한 제반 사항과 소유 관계를 명확히 하고자 했다. 지주가 자신의 소유권을 서류로 제출하지 못하는 토지는 가차 없이 경매 입찰에 부쳤다.•

이 과정에서 각 지방의 중소 지주들이 몰락한 것까지는 좋은데, 그렇다고 자영농이 성장한 것은 아니라는 데 문제가 있었다. 새로운 기생 지주들이 등장해 그 자리를 메워버린 것이다. 그 조치 때문에 희생된 것은 오히려 인도의 전통적인 촌락 공동체와 향촌 지배 양식이었다. 때마침 영국은 산업혁명으로 공업 생산력이 비약적으로 증대한 상태였다. 이 무렵부터 인도는 식민지의 1단계(영국의 원료 공급지)와 2단계(세금 수탈지)를 거쳐 3단계인 자본주의적 시장으로서 역할하게 되며, 마침내 어느 지식인의 입에서 셰익스피어와 견줄 수 있는 국보로 간주된다(토머스 칼라일은 셰익스피어를 "인도와도 바꾸지 않겠다."

• 제국주의의 식민지 지배란 어쩌면 그렇게 똑같을까? 1910년대 일본도 한반도 토지 조사 사업에서 그랬다. 일본은 가혹한 식민지 수탈로 일관했지만, 그렇다고 해서 기존의 토지 소유 관계를 일체 무시한 것은 아니었다. 왕조시대까지 한반도에는 왕토 사상에 따라 토지를 사유하는 제도가 없었는데, 일본은 그 허점을 파고들었다. 전통적인 소유('이 언덕에서 저 강변까지')를 인정해도 정밀한 측량으로 거기서 누락되는 공지가 생기게 마련이므로, 일본은 그 땅을 국유화해 일본의 이주민들에게 값싸게 팔아넘긴 것이다.

라고 말했다). 그 영국 상품의 주요 소비자들이 바로 신흥 지주들이다.

근대화의 그늘이 깊어지면서 비로소 인도에도 근대적인 민족의식이 싹트기 시작했다. 어쩌면 영국이 인도에 베푼 가장 큰 공헌은 근대화의 빛이 아니라 바로 그늘에서 자란 민족의식일 것이다. 그로 인해 19세기 중반으로 접어들면서 반란이 부쩍 잦아졌다. 그 정점은 1857년에 터진 세포이Sepoy의 반란이다.

세포이란 영국이 인도를 지배하기 위해 고용한 인도인 용병을 가리키는 말인데, 벵골군의 절반가량이나 차지했다. 세포이들은 그전부터 군대 내에서도 통용되는 카스트 관습 때문에 영국 측과 마찰이 있었고, 대우에서도 불만이 많았다. 또한 그들은 영국이 오우드 문제를 처리한 방식에 대해서도 반감을 가지고 있었다(세포이의 3분의 1은 오우드 출신이었는데, 당시 영국은 오우드를 강제 병합하여 폭정을 펼쳤다).

반란의 계기는 사소한 데서 터져 나왔다. 바로 총기 소제용 헝겊이 문제였다. 병사들은 이것을 대개 입으로 물고 적당히 찢어내 총기를 닦았는데, 이 헝겊에 칠해진 기름이 쇠기름과 돼지기름이라는 소문이 돌았다. 지금도 그렇지만 소는 힌두교도들이 신성시하는 동물이고, 이슬람교도는 돼지고기를 입에 대지 않는다. 가뜩이나 영국이 카스트의 관습을 인정하지 않는 데 대해 불만을 품고 있던 세포이들은 영국이 자신들을 모독하려는 것이라고 이해했다. 더구나 영국군 장교들은 그런 소문에도 아랑곳없이 계속 그 헝겊을 사용하라고 강요했다. 때마침 영국이 인도를 아예 그리스도교 국가로 만들려 한다는 흉흉한 소문도 나돌았다(세계 대다수 나라에서 종교는 단지 신앙이 아니라 생활 방식이다).

용병들의 애국심　세포이의 반란에는 인도의 시민과 농민 들만이 아니라 봉건지주층도 적극적으로 호응했다. 이 사건은 인도인들의 민족의식을 자각시켰기 때문에 인도 역사상 최초의 독립 전쟁으로 간주된다. 독립운동의 첫 테이프를 하필 영국에 고용된 용병들이 끊었다는 점이 공교롭다.

　1857년 5월, 참다못한 벵골의 세포이들이 먼저 무장 폭동을 일으켰다. 봉기는 순식간에 벵골에서 오우드의 러크나우와 칸푸르 등지로 퍼졌으며, 이내 전국적인 반영운동으로 이어졌다. 세포이들은 그때까지 명맥이 붙어 있던 무굴 제국의 황제를 내세우고 제국의 부활을 선언했다. 그러나 상징에 불과한 무굴 황제가 세력 결집의 실제 우두머리가 될 수는 없었다. 반란이 일어난 후 1년간 세포이들은 영국군과의 전투에서 승리하면서 제법 세력을 떨쳤으나 그 뒤부터는 지리멸렬한 끝에 진압되고 말았다.

　세포이의 반란으로 인해 인도에서는 두 가지가 사라졌다. 먼저 그동안 과소평가해온 인도인의 민족의식을 새삼스러운 눈으로 보게 된 영국은 인도인의 상징적 중심인 무굴 제국을 없애버렸다.

초대 부왕 세포이의 반란을 계기로 영국은 그간 말썽이 많았던 동인도회사를 없애고 인도를 직접 지배하기 시작했다. 그래서 총독 대신 부왕이 파견되었는데, 사진은 초대 부왕으로 임명된 캐닝(Charles Canning)이다. 그러나 부왕은 직책에 불과할 뿐 실제로 인도를 다스린 것은 여전히 총독이었다.

이로써 무굴 제국은 영국의 진출 이후 100년간 굴욕에 찬 명맥을 유지하다가 마침내 지도에서 완전히 지워졌다. 또한 동인도회사가 사라졌다. 벵골을 장악한 이후 동인도회사는 영국 정부의 명령과 간섭을 받으면서도 인도 경영에 참여하고 있었다. 그러나 영국 의회는 더 이상 회사 체제로 식민지를 지배할 수 없음을 통감하고, 동인도회사를 해체하는 법을 통과시켰다.

동인도회사가 사라졌으니 이제 인도는 총독 정도로 통치할 수 없었다. 그래서 영국 정부는 내각에 인도 담당 장관을 두고, 인도에 총독이 아닌 부왕副王을 파견하게 되었다. 부왕이 있다면 그 상급의 왕, 즉 황제도 있어야 할 것이다. 누굴까? 바로 영국 국왕이다. 그리하여 1876년 영국 여왕 빅토리아Victoria(1819~1901)는 인도 황제를 겸하게 되었으며, 인도는 인도 제국으로 격상되었다(왕국이 제국을 거느린 격이지만 중세 신성 로마 제국과 여러 왕국의 관계에서 보듯이 원래 서양의 역사에서는 제국과 왕국이 수직적 질서를 맺지 않는다). 제국에 걸맞게 영국은 인도에 대해 유화정책으로 돌아서 인도의 관습과 전통적인 제도, 종교 등을 존중하고 인도인에게 차별 대우를 하지 않겠다고 약속했다.

그러나 세포이의 반란으로 싹튼 민족의식의 불씨는 괴뢰 제국을 세운다고 해서, 혹은 유화책으로 조금 더 나은 대우를 한다고 해서 사라지지 않았다. 특히 반란을 진압하는 과정에서 벌어진 영

국군의 대량 학살과 잔혹 행위는 인도인들의 마음속에 씻을 수
없는 증오의 씨앗을 남겼다.

독립과 동시에 분열로

애초부터 인도인들의 반영 감정을 적당히 얼버무리기 위해 실시
된 유화책은 오래가지 못했다. 1880년대 영국에서 글래드스턴
William Ewart Gladstone(1809~1898)의 자유당 정부가 집권하면서 정
점에 달한 유화책은 그 이후부터 본격적인 반동으로 돌아섰다. 급
기야 영국은 인도의 영토마저 손을 대기 시작했다.

　1903년 영국은 행정을 개선한다는 명목으로 벵골을 동과 서의
두 부분으로 나누었다. 서벵골은 캘커타가 중심이고, 동벵골은 아
삼 지방, 그러니까 지금의 방글라데시가 중심이었다. 인종도 벵골
인으로 같고 언어도 벵골어로 같은 데다 특별한 지리적 경계선마
저도 없는 지역을 왜 굳이 둘로 나누었을까? 서벵골은 힌두교권
이었고 동벵골은 이슬람교권이었다는 점을 알면 영국의 진정한
의도를 이해할 수 있다. 영국은 종교를 핑계로 벵골을 분리함으로
써 인도인의 민족운동을 분열시키고 분쇄하겠다는 의도였다.

　그러나 이제 인도에서도 민족의식이 싹튼 지 50여 년이나 지났
으므로 인도인들도 예전처럼 녹록하지 않았다. 더구나 그들은 이
미 인도국민회의라는 민족적 단체를 결성한 터였다. 국민회의는
1885년에 영국의 관변 단체로 출범했으나 시간이 지나면서 민족
운동을 이끄는 조직으로 변모했다.

　벵골 분리 계획은 즉각 국민회의를 비롯해 인도인 전체의 국

세계대전에 참전한 인도군 유럽 전선에 투입된 인도군의 모습이다. 식민지 군대가 제국주의 전쟁에 참전했다는 것은 터무니없는 일이지만 인도는 자치를 얻는 조건으로 영국의 요구에 따라 제1차 세계대전에 참전했다. 인도는 모두 14만 명의 병력을 유럽 전선에 파견했으나 영국은 자치의 약속을 지키지 않았다.

민적 반발을 샀다. 인도인들은 스와데시Swadeshi 운동으로 맞섰다. 인도 국산품을 애용하고 영국 상품을 배척하자는 운동이었다. 이 운동이 절정에 달한 1905년에는 외제 옷을 입고서 감히 거리에 나서지도 못할 정도였다. 결국 영국은 국왕 조지 5세George V (1865~1936)가 인도를 방문한 자리에서 벵골 분리 계획을 정식으로 취소함으로써 사태를 무마했다(그러나 벵골 분리 계획은 장차 방글라데시의 분리에 영향을 끼치게 된다).

그 뒤 한동안 영국과 인도는 그럭저럭 무난한 관계를 유지했는데, 바깥에서 그 관계를 재정립할 수밖에 없게 만든 사태가 터졌다. 제1차 세계대전이 발발한 것이다. 전쟁이 터지자 영국은 인도에 지원과 지지를 요청했다. 도움을 받으면 대가가 있어야 하는 법, 영국이 제시한 대가는 인도의 스와라지Swaraj (자치)였다.

때마침 국제사회에서는 윌슨Woodrwo Wilson(1856~1924) 미국 대통령이 제안한 약소민족의 자결권 보장이라는 구호가 메아리치고 있었다. 마하트마 간디Mahatma Gandhi(1869~1948)를 비롯한 당시 지도자들은 영국의 약속을 믿고 130만 명의 용병을 유럽, 아프리카, 서아시아 등에 자원군으로 보냈다. 전쟁이 한창이던 1917년 인도 장관 몬터규Edwin Samuel Montagu(1879~1924)의 성명이 발표되었을 때 인도인들은 이제야 진정한 자치가 실현되리라고 믿었다.

그러나 막상 뚜껑을 열어본 결과 인도인들은 실망을 금할 수 없

민족 지도자 간디 간디는 폭력보다도 강한 비폭력 저항운동으로 영국의 지배에 맞섰다. 하지만 그는 조국이 200년간의 식민지 시대를 끝내고 해방되자마자 인도와 파키스탄으로 분리되는 것을 지켜볼 수밖에 없었다. 해방과 동시에 온 분열을 막으려 애쓴 점에서, 그리고 그 와중에 반대파의 총에 암살되었다는 점에서 간디는 우리의 민족 지도자 김구와 비슷하다.

었다. 종전 직후인 1919년에 공포된 인도통치법에는 도저히 자치라고 부를 수 없는 내용이 담겨 있었다. 영국은 납세자만이 선거권을 가진다는 서구적 원리를 악용해 인도인(그것도 남성)의 10퍼센트에게만 참정권을 허용한 것이다. 더구나 약속한 언론·결사의 자유 등은 마치 없었던 일처럼 무시되었다. 영국은 전보다 더욱 강경한 방침으로 돌아섰다.

오로지 자치 하나만 믿고 막대한 전쟁 지원금까지 부담한 인도인들은 잠시 허탈감에 빠졌다. 그러나 남이 내 나라를 독립시켜줄 수는 없는 일, 그들은 다시 반영운동의 기치를 치켜들었다. 1920년 간디가 이끄는 국민회의는 영국에 대해 대대적인 불복종운동을 선언했다. 흔히 비폭력운동이라 알려져 있어 마치 소극적인 저항처럼 여겨지지만, 실상 이 운동은 영국의 법률을 준수하지 말고 납세마저도 거부하자는 적극적인 운동이다.

당황한 영국은 전통적인 분리책을 추구하면서 이슬람 연맹을 회유하려 했으나, 이것은 타오르는 불에 기름을 끼얹는 격이 되었다. 이미 인도인의 저항은 종교를 넘어선 거국적인 규모였던 것이다. 오히려 이슬람 세력과 간디는 그 일을 계기로 서로 협력을 취하기로 약속했는데, 이것이 힐라파트Khilafat 운동이다.

인도판 '국공합작'이라고 할 만한 힐라파트 운동이 끝까지 지속되었다면 오늘날의 파키스탄은 없었을 것이다. 인도의 전 역사를 통틀어 통일을 저해하는 고질병이던 종교상의 차이는 영국이라는 공동의 적을 앞에 두고 최소로 좁혀들었다. 그러나 비슷한 시기 중국의 국공합작을 가로막은, 불리할 때는 쉽게 단결하지만 유리할 때는 쉽게 분열하는 현상은 인도에서도 예외가 아니었다.

중국에서는 국민당이 합작을 깼다면 인도에서는 국민회의가 그 역할을 맡았다. 1937년 지방선거에서 압승을 거둔 국민회의는 혼자 힘만으로도 단독정부를 수립할 수 있다는 판단이 들자 이슬람과의 합작을 거부해버렸다. 이슬람 측에서 보면 명백한 배신 행위였다. 이것을 계기로 힐라파트 운동은 사실상 유명무실해졌다.●

갈라설 명분만 노리고 있던 이슬람 측에 구실을 준 것은 제2차 세계대전이었다. 전쟁이 터지자 다시 영국은 인도의 협조가 필요해졌다. 그런데 지난번에 골치 아픈 일을 겪은 탓인지 이번에는 협조를 요청하기는커녕

● 힐라파트 운동은 원래 제1차 세계대전에서 승전국들이 패전한 오스만튀르크(터키)를 해체하려 했을 때 위기를 느낀 이슬람교도들이 칼리프를 지키자는 취지로 시작했다. 인도에서는 간디가 이 운동을 지원하는 대신 이슬람 세력이 간디의 비폭력운동을 지원한다는 약속이 있었다. 그러나 국민회의가 배신하자 실망한 인도의 이슬람교도 수만 명이 아프가니스탄으로 집단 이주했고, 또 힌두교도들은 그들의 과격한 행동에 분노하는 바람에 양측은 결국 갈라서고 말았다.

아예 처음부터 인도를 연합국 측으로 등록시키고 인도의 이름으로 독일에 선전포고를 했다. 제1차 세계대전에서 영국의 약속 위반을 괘씸하게 여긴 인도인들은 격분했다. 국민회의는 즉각 협조를 거부하고 모든 각료가 사퇴해버렸다. 그런데 이 정치 공백이 엉뚱하게도 이슬람 연맹 측에 좋은 기회가 되었다.

힐라파트 운동에서 힌두 세력이 배신했다면 이번에는 이슬람 세력이 배신할 차례다. 이슬람 연맹의 지도자인 진나Mohammed Ali Jinnah(1876~1948)는 재빨리 파키스탄이라는 새 국가를 수립하고 영국에 파키스탄을 승인해준다면 협조하겠다고 제안했다.** 때마침 미얀마를 점령한 일본이 인도를 위협하자, 간디는 영국이 인도에서 물러난다면 자신들이 직접 조국을 지키기 위해 일본과 싸우겠다고 주장했다. 당연히 영국은 둘 중 협조하겠다고 나선 이슬람 연맹 측에 접근했다.

** 파키스탄(Pakistan)은 만들어진 과정도 그렇지만, 나라 이름도 전통적인 지역의 이름에서 비롯된 게 아니라 다분히 인위적이다. 즉 펀자브(p), 아프간(a), 카슈미르(k), 신드(s)—모두 지명이다—의 나라(stan)라는 뜻이다. 원래는 1933년 영국에 유학 중이던 인도의 이슬람교 학생들이 처음 만든 용어였다.

이제 두 가지 대세는 막을 수 없게 되었다. 영국으로서는 인도의 독립을 허용할 수밖에 없었고, 인도로서는 파키스탄의 분리를 허용할 수밖에 없었다. 제2차 세계대전의 승패가 가시화될 무렵인 1944년 간디는 진나와 회담을 갖고 독립이 먼저라고 주장했으나 진나는 분리가 먼저라고 맞섰다(이것도 중국의 국공합작이 깨진 과정과 비슷하다). 협상이 결렬되면서 국민회의에서 간디의 영향력은 현저하게 줄었고, 새 지도자 네루Jawaharlal Nehru(1889~1964)는 분리에 찬성하는 입장을 취했다.

1947년 8월 15일, 인도는 마침내 200년간의 식민지 시대를 종식시키고 독립을 쟁취했다. 그러나 그것은 반쪽의 승리였다. 독립과 동시에 수천 년의 역사를 통해 한 몸이었던 파키스탄이 분리되어 나간 것이다. 인도에서는 네루가 초대 총리에 올랐고, 파키스탄에서는 진나가 초대 대통령이 되었다. 그리고 1948년 인도 통일의 마지막 보루였던 간디가 암살됨으로써 인도와 파키스탄은 영영 돌아올 수 없는 다리를 건너고 말았다.

현대의 인도: 인도에서 종교란

종교적 자유가 완전히 허용된 사회에서는 오히려 종교를 편협하게 바라보는 경향이 있다. 특정한 신을 모시거나, 특정한 내세관을 가지거나, 특정한 종교적 규율에 따르는 것, 요컨대 '신앙'을 종교와 동일시하는 것이다. 그런 사회에서는 다른 나라에서 종교 분쟁이 일어나는 것을 보면, 이 '첨단의 시대'에 아직도 종교를 가지고 싸우느냐고 혀를 찬다. 종교를 첨단과 대비시킬 만큼 낡아빠진 것으로 보는 견해다.

하지만 종교가 단순한 신앙이라기보다 생활 방식의 근간을 이루는 사회도 많다. 수천 년에 달하는 역사를 통해 그 점을 여실히 증명해주는 나라가 바로 인도다. 고대에 인도는 아소카와 카니슈카 등 불교를 기반으로 통치한 군주들이 많았고, 중세에는 외래 종교인 이슬람교의 지배를 받았으며, 영국의 식민지 지배가 끝난 뒤에는 결국 종교 때문에 파키스탄이 분리되었다. 이쯤 되면 인도에서 종교는 정치나 경제보다 중요한 역사적 요소라고 볼 수 있다.

인도의 종교는 힌두교로 알려져 있지만, 힌두교는 사실 하나의 종교가 아니다. 인도의 어원인 힌두Hindu라는 말은 산스크리트어의 신두Sindhu(큰 강, 인더스 강을 가리킨다)에서 나왔는데, 인도 자체를 의미한다. 따라서 힌두교는 특정한 종교라기보다 그냥 '인도의 종교'라는 뜻이며, 인도인들이 전통적으로 가진 모든 종교를 가리키는 말이다. 불교, 자이나교 등이 힌두교에서 갈라져나온 것은 우연이 아니다.

힌두교는 그리스도교나 이슬람교와 달리 강력한 교리도 없고 위계적인 교회 조직도 없다. 수억 명이 가진 세계적인 종교임에도 불구하고 여타의 세계종교들처럼 포교적인 성격도 없으며, 다른 종교를 배척하지 않고 관용한다. 그런 점에서 힌두교는 종교라기보다 관습이나 생활 방식, 인도의 모든 전통과 역사, 문화다. 그렇다면 힌두교는 '인도의 종교'를 넘어 '인도의 사고방식'이다.

힌두교만큼은 아니더라도 세계 대다수 종교는 신앙의 차원에 국한되지 않고 사회의 거의 모든 것을 규정하는 원리로 기능한다. 그래서 종교 분쟁은 낡아빠진 게 아니라 첨단의 문제를 놓고 벌어지는 다툼이며, 갈수록 그런 성격이 더 선명해질 것이다.

인도와 파키스탄은 종교 때문에 분리되는 데 그치지 않고 독립 직후부터 다시 종교 분쟁을 벌이기 시작했다. 겉으로는 접경지대에 위치한 카슈미르를 놓고 두 나라가 영토 분쟁을 벌이는 것처럼 보였으나 실상은 종교와 문화, 관습을 놓고 싸우는 것이었다. 신생국 인도의 총리로 취임한 네루는 서구에서 교육을 받았고, 힌두교를 강조하기보다 인도의 사고방식과 가치관을 근대화시키려 노력했다. 그러나 그는 1964년 병으로 쓰러질 때까지 17년간 내내 파키스탄과의 갈등에 시달렸다.

종교가 인도의 정치에 영향을 미친 과정은 네루의 가문사가 잘 보여준다. 그의 딸인 인디라 간디Indira Gandhi(1917~1984)는 아버지가 죽고 2년 뒤인 1966년부터 11년 동안 세 차례 총리를 지냈다. 1977년 총선에서 그녀가 속한 신국민회의당이 패배하는 바람에 정계에서 잠시 물러났지만, 이듬해 복귀에 성공해 1980년부터 네 번째 총리를 역임했다. 그러나 1984년 간디는 이슬람교의 한 종파인 시크교의 사원을 군대로 공격했다가 시크교도에 의해 암살되었다. 어머니에 이어 총리가 된 라지브 간디Rajiv Gandhi(1944~1991)는 1991년 선거 유세 도중에 폭탄 테러로 숨졌다.

인도에서 종교가 중요한 것은 사실이다. 그러나 인도는 몇 가지 요소로 환원할 수 없는 나라다. 국토의 면적이 한반도의 15배에 가깝고, 인구는 중국에 이어 세계 2위인 12억 명에 달한다. 그런 만큼 하나의 나라라기보다는 하나의 문명권이며, 극히 다양한 요소가 공존한다. 카스트와 같은 전근대적 관습이 남아 있는가 하면, 할리우드보다도 영화 생산량이 많아 발리우드Bollywood라는 별명까지 있다. 또한 고대부터 발달한 과학적 전통의 영향으로 지금도 세계 첨단의 과학 수준을 자랑한다(미국의 실리콘밸리는 인도인이 없으면 돌아가지 않을 정도다).

인도는 여전히 종교 분쟁에서 자유롭지 못하지만, 그것은 인도가 낡은 체제에 묶여 있다는 의미가 아니라 역사와 전통이 무척 오랜 지역임을 나타낸다. 향후 인도가 나아갈 길은 그 역사와 전통이 '인도 문명권'에 어떤 영향력을 발휘하느냐에 따라 달라질 것이다.

9장

도발로 수미일관한 일본

1. 내전을 국제전으로

하극상의 절정

100년에 걸친 센고쿠 시대를 끝낸 오다 노부나가는 장수로서의 용맹과 정치 지도자로서의 지략이 두루 뛰어난 인물이었으나 '시대의 한계'를 극복하지는 못했다. 결국 그 자신이 센고쿠 시대를 특징지은 하극상의 제물이 되고 말았던 것이다.

　1582년에 노부나가는 출병을 앞두고 교토의 혼노사本能寺에 머물다가 예기치 않게 가신인 아케치 미쓰히데明智光秀(1528~1582)의 배신으로 반란군에 포위된 상황에서 자결하고 말았다. 당시 그가 혼노사에 간 이유는 모리毛利 가문을 공격하던 부하 하시바 히데요시羽柴秀吉가 지원을 요청했기 때문이다. 노부나가가 사망했다는 소식을 들은 히데요시는 모리 측에게 그 사실을 숨긴 채 즉각 강화를 제의하고, 군대를 돌려 미쓰히데의 반란군을 토벌했다.

절대 권력자가 비운에 죽는 일이 생기면 그 사건을 수습하는 자가 권력을 이어받는 것은 우리에게도 낯설지 않은 수순이다. 1979년 10월 서울에서 일어난 사태는 400년 전 일본에서 있었던 사건과 다를 게 없다. 노부나가의 '유고有故'에 기민하게 대처해 사태를 진정시킨 당시의 '합수부장' 히데요시는 즉각 '비상대책회의'를 열었다. 노부나가의 두 아들을 포함해 기라성 같은 무장들이 회의에 참석했으나 이미 히데요시에게 기선을 제압당한 상태였다. 히데요시는 국무총리, 참모총장, 계엄사령관을 모두 제치고 노부나가의 두 살짜리 손자를 후계자로 내세우면서 자연스럽게 권력을 장악했다. 그가 바로 도요토미 히데요시豊臣秀吉(1536~98)다.

히데요시의 아버지는 기노시타木下였고, 도요토미라는 성은 권좌에 오른 뒤인 1586년에 히데요시가 천황에게서 하사받은 것이었다. 그렇다면 그의 성은 최소한 세 개(기노시타, 하시바, 도요토미) 이상이 되는데, 이것만으로도 그의 복잡한 개인사를 짐작할 수 있다. 사실 그의 아버지는 성이 없는 평민 출신으로, 어지러운 시대에 출세를 꿈꾸며 오다 가문의 휘하로 들어갔다. 히데요시 역시 소년 시절부터 노부나가 밑으로 들어가 마구간 일부터 시작했다.

12세기에 바쿠후 시대를 처음으로 연 미나모토 요리토모는 전통의 귀족인 후지와라 가문 휘하의 무사 집안이었고, 노부나가도 역시 센고쿠 다이묘 출신이었다. 따라서 신분적으로 보면 히데요시는 문자 그대로 '개천에서 난 용'이었다(심지어 그는 외모도 원숭이처럼 생겨 보잘것없었다고 전한다). 노부나가도 하극상의 시대에 힘

히데요시와 이에야스 오부나가의 돌연한 죽음을 잘 이용해 일본 통일의 위업을 달성한 히데요시(왼쪽)는 왜소한 신체를 감추기 위해 일부러 커다란 옷을 즐겨 입었다고 한다. 통일을 앞두고 죽은 노부나가가 '죽 쒀서 히데요시 준 격'이라면, 히데요시는 '죽 쒀서 이에야스 준 격'이었다. 노부나가 시절부터 만년 2인자 노릇을 했던 도쿠가와 이에야스(오른쪽)는 결국 에도 바쿠후를 열어 일본 통일과 하극상 시대의 최종적 수혜자가 된다.

입어 최고 권력자가 될 수 있었지만, 하극상의 절정은 바로 히데요시라고 할 수 있을 것이다.

비록 쿠데타는 아니지만 아무런 배경도 없이 일약 최고 권력자가 된 히데요시는 집권 안정을 위해 하극상의 시대를 종식시켜야 한다고 생각했다. 그러려면 무엇보다 노부나가가 눈앞에 두었던 전국 통일이 가장 먼저다. 그것은 또한 노부나가를 계승하는 길이므로 권력의 정통성을 확보하는 수단이기도 하다. 그래서 히데요시는 시코쿠와 규슈의 유력 가문들을 평정하고 마지막 남은 간토의 호조 가문마저 제압해, 1590년 마침내 꿈에 그리던 전국 통일을 달성했다. 또 3년 뒤에는 홋카이도마저 복속시켜 처음으로 오늘날과 같은 일본의 영토를 조성했다.

여기서 한 가지 흥미로운 사실은 도쿠가와 이에야스의 태도다. 20년 동안 노부나가를 보좌하면서 빛나는 전공을 세운 이에야스는 사실 어느 면으로 보나 히데요시에게 꿀릴 게 없는 처지였다. 그런데 그는 1584년 히데요시와 벌인 전투에서 형세를 유리하게 이끌고서도 갑자기 강화를 맺었다. 그에게는 천하를 경략하겠다는 웅대한 꿈이 없었을까? 그렇지는 않다. 그는 아직 자신이 그럴 만한 세력을 지니지 못했다고 판단했다. 그래서 그는 이후 히데요시의 휘하에 들어가 히데요시가 전국 통일 전쟁을 벌이고 있는 동안 후방에서 지원했다. 나중에 그는 히데요시가 죽은 뒤 천하의 새 주인으로 떠올라 '영원한 2인자'의 이미지를 불식하게 되지만 아직은 속에 품은 칼날을 아무에게도 내보이지 않았다.

더 이상의 하극상을 용납하지 않겠다는 히데요시의 각오는 여러 측면에서 나타난다. 우선 그는 전국의 백성들에게서 무기를 압수하고 무장을 금지했다. 농민은 농기구만을 가지고 농업에만 전념하라는 것이다. 사실 센고쿠 시대를 거치면서 직업군인 제도가 정착되었으므로 설령 백성들에게 무장을 허용한다 해도 예전과 같은 민중 반란은 어려울 터였다(1593년 호조 세력이 무너진 것도 농번기에는 농업에 종사하는 무사들을 무력의 바탕으로 했기 때문이다). 농민들은 토지에 완전히 속박되었으며, 직업의 자유를 빼앗긴 것은 물론 경작을 포기하거나 집을 함부로 옮기는 것도 허용되지 않았다.●

이제 히데요시는 대대적인 토지조사에 착수했다. 앞서 중국의 경우에서도 보았듯이 새로운 통일 제국이 들어서면 세수 확대를 위해 토지조사는 반드시 뒤따르게 마련이다. 일찍이 노부나가도 각지의 다이묘들에게 검지령檢地令을 내려 소유한 토지를 신고하라

● 결국 하극상의 시대에 민중이 쟁취한 여러 가지 자유는 히데요시의 일본 통일과 더불어 사라져버린 셈이다(아니면 이후로 미루어졌거나). 하지만 이는 당시 일본의 역사적 추세인 강력한 중앙집권화가 이루어지는 과정에서 필연적인 현상이었다. 센고쿠 시대에 민중의 목소리가 컸던 이유는 민중의식이 깨어났기 때문이라기보다는 센고쿠 시대라는 '비정상적인 시대'였기에 가능했다고 보아야 한다.

고 명한 바 있었다. 그러나 히데요시는 한 단계 더 높여 관리를 각지에 파견해 토지를 실제로 측량하게 했는데, 이것을 다이코 검지 太閤檢地('太閤'란 '은퇴한 간바쿠'라는 뜻으로, 히데요시가 조카에게 간바쿠 자리를 넘긴 뒤 스스로를 가리켜 부른 용어다)라고 부른다.

대외로 연장된 하극상

히데요시의 통일로 일본은 사상 처음으로 강력한 중앙집권 제국이 되었다. 일찍이 고대의 율령 국가도 천황을 정점으로 하는 중앙집권적 성격을 가지고 있었으나, 그것은 국가라기보다는 권력구조에 불과할뿐더러 일본 전역을 지배한 것도 아니었다. 초기 바쿠후 정권 역시 그 점에서 마찬가지다. 따라서 히데요시의 일본이야말로 명실상부한 중앙집권 제국이라고 할 수 있다.●● 천황이라는 상징적 권위는 여전히 남아 있었으나 사실상 히데요시는 일본의 황제나 다를 바 없었다.

치국 후 평천하라 했던가? 국내를 통일한 히데요시의 눈은 밖으로 향했다. 9세기 이후 외부와의 접촉을 끊고 독자적인 역사를 전개한 일본이 국제 무대에 복귀하는 시기가 다가왔다.

일본도 천하요 중국도 천하다. 중국에 황제가 있다면 일본에는 천황이 있다. 중국과 대등한 관계를 선언했던 7세기 초반의 쇼토

●● 정치 체제를 중심으로 볼 때 동서양의 역사는 대체로 다음 단계들을 거친다. ①도시국가(그리스의 폴리스, 중국 춘추전국시대의 제후국, 일본의 야마토 정권), ②고대적 전제 국가(유럽의 로마 제국, 중국의 고대 제국들, 일본의 고대 천황제), ③중세적 봉건제 국가(유럽의 중세, 일본의 귀족 지배 체제, 중국의 한·당 제국 시대에 발달한 번진), ④근대적 전제 국가(유럽의 절대왕정, 중국의 명·청 제국, 일본의 바쿠후와 근대 천황제). 어느 나라의 역사든 고대에 한 차례 전제군주 시대를 거친 다음 한 바퀴 돌고 나서 다시 전제군주 시대가 되는 양상을 보인다. 그런 의미에서 히데요시의 집권은 근대적 전제 체제의 완성에 해당한다.

쿠 태자 이래 일본은 한 차례도 중국을 사대한 적이 없었다. 일본 천하의 통일로 기고만장해진 히데요시는 '또 하나의 천하'인 중국의 명 제국을 넘겨다보았다. 아무리 일본의 국력이 성장했다 하더라도 당시 명은 동북아시아 질서의 중심이었다. 그런 점에서 보면 히데요시의 야망은 대내적 하극상을 대외적으로 연장시키려는 것이었다. 그 자신이 하극상 질서의 최종 수혜자였기에 그런 마음을 먹었던 것일까?

하지만 중국 진출을 꿈꾸는 것은 히데요시만이 아니다. 토지를 잃고 몰락한 다이묘와 무사 들은 이제 자신들도 해외의 영토를 가져야 한다고 수군거린다. 상인들도 그렇다. 통일의 기운이 무르익던 노부나가의 시절부터 일본은 해외 무역을 적극적으로 추진하기 시작했으며, 히데요시의 시대에는 더욱 무역이 장려되었다. 동남아시아를 중심으로 해외 무역의 단맛을 본 상인들은 중국과의 거래를 꿈꾸었다(320~321쪽에서 보았듯이, 당시 명은 주변국들에 감합 무역을 허용했으나 일본은 악명 높은 왜구 때문에 송대부터 중국과의 거래가 끊겨 감합을 받지 못하는 처지였다). 오랜 전란이 끝난 직후이므로 아직 군대의 사기가 드높고 군비도 충실하다. 오히려 할 일이 없어진 무사들의 심정을 헤아려주지 않으면 무슨 일이라도 날 판이다. 무사 집단이 주체가 되어 추진한 '국제화'의 결론은 대외 전쟁이었다.

1592년 4월 13일 새벽, 일본은 16만 명의 대군으로 조선 침략을 개시했다. 최종 목표는 중국이니까 조선 정벌은 일본에 있어 예선전에 해당한다.

초기 전황은 실제로 예선전이나 다름없었다. 개전 초기 일본군은 승승장구하면서 부산에 상륙한 지 한 달이 채 못 되어 한성을

동래성을 공격하는 일본군　부산에 상륙한 일본군은 하루 만에 동래성을 함락했다. 일본군은 조총으로 무장했고, 병력의 규모에서도 우세했다. 육전에서 조선은 일본군의 상대가 되지 못했다.

점령했다. 믿었던 신립이 충주 탄금대에서 무너졌다는 소식이 도성에 전해진 4월 29일에 조선 국왕 선조는 수도와 백성을 버리고 야반도주해버렸다.

　전쟁이 이대로 진행되어 마무리되었더라면 일본은 실제 역사보다 300여 년 앞당겨 한반도를 접수할 수 있었을 것이다. 그러나 조선의 국운은 아직 다하지 않았다. 육지에서 연전연승하던 일본군은 바다에 나타난 의외의 강적에게 연전연패하면서 크게 기세가 꺾였다. 바로 이순신李舜臣(1545~1598)의 등장이다. 이순신은 5월 4일 첫 출동에서 일본의 함선 37척을 부수고 아군의 피해는 경

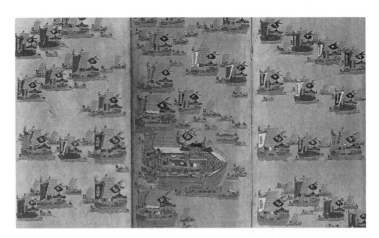

이순신의 학익진　학이 날개를 펼친 듯한 학익진의 진용이다. 이순신은 육전에서의 연패를 해전에서의 기적 같은 연승으로 설욕했다. 일본은 섬이지만 수군이 없었고 함선도 거의 다 병력 수송용이었다. 그 점을 간파한 이순신은 적선과 맞붙어 육박전을 벌이기보다 적선을 들이받아 부수는 해전으로 이끌었다. 거북선도 적병이 아군의 배로 넘어오지 못하도록 제작한 배였다.

상 1명에 그치는 믿지 못할 전과를 올렸다. 하지만 이것은 예고편에 불과했다. 7월에 전개된 한산대첩에서는 유명한 학익진鶴翼陣을 펼치며 적선 60여 척을 바다에 수장시켜버린다. 이후 일본은 해전 자체를 기피하게 될 정도였다.

　한편 육지에서는 무력한 조선 관군이 하지 못한 몫을 각지에서 일어난 의병이 대신했다. 김천일, 곽재우, 고경명, 서산대사 등 의병장들이 이끄는 조선 의병들은 절대 열세의 전력에도 불구하고 곳곳에서 일본의 정예군을 물리쳐 적의 북상을 효과적으로 저지했다. 마땅히 전쟁의 한 당사자가 되어야 할 중국이 참전하는 것은 이렇게 전황을 어느 정도 복구해놓은 다음이다. 7월에 정식 군대도 아닌 국경 수비대 일부를 파견했다가 일본에 대패하자 잔뜩 겁을 집어먹은 명은 싸울 것이냐, 말 것이냐를 놓고 황실에서 5개

명 제국으로 가는 무역선　명 제국으로 가는 일본의 '공식' 무역선이다. 하지만 감합이 제한되어 있어 대개의 무역은 사무역(밀무역)으로 이루어졌다. 감합이 적은 것도 임진왜란의 한 원인이었다.

월이나 논의만 하다가(당시 명은 무능한 신종의 치세에 당쟁이 만연했다) 12월에야 이여송李如松(?~1598)에게 4만 명의 병력을 주어 압록강을 건너게 했다. 이후 전쟁은 소강상태에 접어들고 강화 교섭이 진행되기 시작한다.

　애초에 히데요시의 전략은 일이 아주 잘 풀리면 중국 정복, 덜 풀리면 조선 정복, 안 풀리면 강화를 체결하고 대외 무역을 재개하는 것이었다. 일본군이 손쉽게 한성을 점령한 것에 고무된 그는 중국만이 아니라 멀리 인도까지 정복하겠다고 호언장담했지만, 이후에 전개된 전황으로는 셋째 단계를 택할 수밖에 없었다.

　휴전의 분위기가 조성되면서 일본과 명은 지금의 창원 부근에 협상 테이블을 마련했다. 그런데 히데요시가 강화의 조건으로 제시한 것을 보면 도무지 강화하자는 의도라고 생각할 수 없었다.

9장 도발로 수미일관한 일본

첫째, 명의 황녀를 일본의 천황비로 달라. 둘째, 감합 무역을 허용하라. 셋째, 조선 8도 중 4도를 일본에 할양하라. 넷째, 조선 왕족 12명을 인질로 달라.

당시에도 상식적인 사람이라면 누구나 그 가운데 두 번째 외에는 수락할 수 없음을 알았을 것이다. 그러나 또다시 전쟁이 재개될 것을 겁낸 중국 측 협상자 심유경沈惟敬의 대응은 황당하기 짝이 없었다.* 그는 본국에 거짓으로 보고할 계략을 꾸민 것이다.

협상을 마치고 돌아간 그는 명 조정에 히데요시가 자신을 일본 왕으로 책봉해줄 것과 중국에 조공을 바칠 테니 허락해달라는 요구를 했다고 보고한다. 책봉은 이미 하는 것이고 조공을 바치겠는데 마다할 이유는 전혀 없다. 겨우 그 정도를 얻기 위해 전쟁을 불사했단 말인가? 도저히 상식적으로 이해되지 않는 보고였다. 그러나 전통적인 중화사상에다 어지러운 당쟁으로 제 코가 석 자인 명 황실은 사리를 분간할 능력이 없었다.

정작으로 놀란 것은 히데요시다. 1596년 명의 사신이 히데요시를 일본 국왕으로 책봉한다는 칙서를 전하자 그는 격노했다. 사실 자신의 요구도 터무니없었지만 그 요구와 전혀 무관한 칙서를 보내는 건 또 뭔가? 모욕을 느낀 그는 다시 전쟁을 결심한다. 명은 어떻게든 전쟁을 피하려 했지만 그게 오히려 전쟁을 불렀다.

* 임진왜란은 여러모로 350여 년 뒤의 한국전쟁과 닮은 데가 많다(외세의 공격과 같은 민족 간의 '내전'이라는 차이는 있다). 우선 전쟁의 책임자가 아니면서도 한반도가 전장이 되는 바람에 큰 피해를 입었다는 점에서 그렇고, 개전 직후 공격 측의 일방적인 공세가 이어졌다가 반격과 소강상태에 이어 제3국이 참전하는 게 비슷하다. 특히 휴전 협상 과정은 더욱 그렇다. 한국전쟁에서 국제연합과 북한이 휴전 협상의 주체였듯이, 임진왜란에서도 막상 전쟁의 피해자이자 당사자인 조선은 협상 테이블에 끼지 못했다. 협상 주체는 이여송의 부하인 심유경과 히데요시였다. 히데요시의 요구 가운데에는 조선의 국토와 왕족까지 포함되어 있는데도 조선은 협상 주체가 아니니까 발언권이 없었다. 더구나 명이 내세운 강화 조건은 일본군이 조선에서 물러나고 히데요시가 사과하는 것 정도였을 뿐, 조선이 입은 막대한 피해에 대한 배상금은 전혀 고려하지 않았다. 결국 조선은 일본과 명이 서로의 힘을 가늠해본 전쟁터만 제공해주고 만 셈이다. 마치 한국전쟁을 통해 서방 세계와 사회주의 세계가 서로의 힘을 시험했듯이.

이듬해 1월 히데요시는 재차 원정군을 보냈다. 명의 일개 무관에 불과한 심유경의 어처구니없는 농간 때문에 조선은 정유재란을 겪게 되었다.

하지만 정유재란은 임진왜란과 달리 처음부터 히데요시의 의도와 전혀 다르게 전개되었다. 우선 일본군의 사기가 전만 못했고, 개전 초부터 명의 지원군이 출동했다. 또 1차전에서 무력하기만 했던 조선의 관군도 전열을 가다듬고 적극 대처해 충청도에서 일본군의 북상을 차단하는 데 성공했다. 그리고 무엇보다도 일본군이 가장 두려워하는 이순신이 건재했다. 결국 1598년 히데요시가 병사하자 일본군은 철수했다.

이로써 7년간에 걸친 일본의 침략 전쟁이 끝났다. 7세기에 백제가 멸망할 때 일본이 지원군을 보낸 것을 제외하면, 동북아시아 세 나라가 모두 얽힌 전쟁은 이번이 처음이었다.●● 이 전쟁으로 일본이 패망한 것은 아니지만, 먼저 도발하고 그 목적을 달성하지는 못했으므로 일본이 진 전쟁이라고 할 수 있다. 도발로 시작한 일본 역사상 최초의 대외 진출은 실패로 돌아갔다.

●● 우리 역사에서 임진왜란이라고 부르는 이 전쟁을 일본과 중국에서는 각기 다른 이름으로 부른다. 일본 역사에서는 임진왜란이 '분로쿠(文祿)의 에키(役, 전쟁)'이고, 정유재란은 '게이초(慶長)의 에키'다. 여기서 분로쿠와 게이초는 모두 당시 천황의 연호다. 중국 역사에서도 황제인 신종의 연호를 써서 '만력(萬曆)의 역'이라고 부른다. 조선은 독자적인 연호를 쓰지 못했으므로 후대의 역사가들도 연호를 붙여 전쟁의 명칭을 지을 수 없었다.

2. 작은 천하와 작은 제국

최후의 승자가 된 2인자

죽는 순간까지 히데요시가 가장 걱정한 것은 여섯 살의 어린 아들 히데요리秀賴(1593~1615)였다. 그래서 그는 자신이 신뢰하던 5대로五大老에게 아들을 부탁한다는 특별 유언을 남겼다. 그러나 그 자신도 오다 노부나가의 아들과 손자를 팽개치고 권력을 잡은 터에 그 유언이 충실히 지켜지기를 바랐다면 지나친 욕심이다. 5대로 중에는 바로 도쿠가와 이에야스가 포함되어 있었다.

노부나가와 히데요시를 섬기면서 무려 40년 동안이나 2인자의 역할을 고수한 이에야스에게 드디어 기회가 찾아왔다. 히데요시가 살아 있을 때도 그는 사실상 동국東國(교토 동부에서 에도까지)의 지배자로 군림했으며, 히데요시에게서도 실력과 지위를 인정받았다. 두 사람은 자칫하면 껄끄러운 관계가 될 수도 있었지만, 이에야스는 히데요시의 통일 사업을 적극 지원하고 오사카 성을 짓는 데도 물심양면으로 협력하는 2인자의 처세술로 자신의 고유한 위치를 확보했다. 더구나 무모한 조선 침략 전쟁으로 많은 다이묘의 재정이 고갈된 데 비해 이에야스는 거의 피해를 입지 않았다. 히데요시는 호조 잔당의 도발을 우려해 이에야스에게는 참전을 명하지 않고 동부의 수비를 맡겼던 것이다.

히데요시가 죽자 드디어 천하의 주인이 될 때가 왔다고 여긴 이에야스에게 죽은 상관의 유언이 머릿속에 남아 있을 리 없다. 다만 그 유언을 충실히 따르려는 히데요시의 부하들만이 문제가 될 뿐이다. 오랜 2인자 처신에서 얻은 경험일까? 신중한 이에야스는 먼저 도발하지 않고 상대의 도발을 유도하는 수법을 구사했다.

최고 권력자로 공인된 이상 일단은 칼날을 숨긴 채 히데요시의 오사카 성으로 들어갈 수밖에 없었다. 여기서 그는 은밀하게 독재 체제를 구축하기 시작했다. 히데요시의 심복으로 이에야스의 맞수인 이시다 미쓰나리石田三成(1563~1600)는 이미 이에야스를 제거할 속셈을 품고 있었는데, 문제는 이에야스도 그것을 잘 알고 있었다는 점이다. 마침 에도江戶(지금의 도쿄)의 동북부에서 반란이 일어난 것은 양측 모두에게 좋은 기회였다.

이에야스가 간토 지방으로 원정을 떠나자 미쓰나리는 기다렸다는 듯이 오사카 성을 점령했다. 그러나 그 행동은 이에야스의 심모원려에 들어 있었다. 그는 즉각 원정을 취소하고 에도 성으로 들어갔다. 에도는 호조를 정복한 이래로 그의 근거지였으니, 원정을 빌미로 이에야스는 자신의 텃밭으로 돌아간 셈이었다. 어차피 한번 맞붙어야 할 상대라면 전면전으로 붙자는 의도였다.

전운이 무르익으면서 전국의 다이묘들은 일제히 이에야스의 동군과 미쓰나리의 서군으로 나뉘었다. 양측은 지금의 나고야 북쪽에서 결전을 벌였는데, 이것이 1600년의 세키가하라関ヶ原 전투다. 9월 15일 단 하루 동안 벌어진 이 전투에서 이에야스는 승리를 거두고 마침내 꿈에 그리던 일인자의 자리에 올랐다.

오랫동안 2인자 생활을 거치며 '준비된 일인자'의 경륜을 닦았던 이에야스는 선배들인 노부나가와 히데요시보다 훨씬 빠르고 체계적으로 권력의 안정을 꾀했다. 우선 서군 측에 참가한 다이묘들의 영지를 몰수해 자기 측의 다이묘들에게 분배하고 그 과정에서 자신의 직할지도 크게 늘렸다(이로써 이에야스의 영지는 전국 곡식

세키가하라 전투 세키가하라 전투는 향후 300년간의 일본 역사를 결정한 중요한 사건이었다. 여기서 이에야스의 동군이 승리함으로써 에도 바쿠후는 챔피언 타이틀을 방어하고 번영의 에도 시대를 열었다.

총 생산량의 6분의 1을 차지하는 어마어마한 규모가 되었다).

이런 경제적 실속 외에 이에야스는 정치적 명분을 얻는 데도 소홀히 하지 않았다. 1603년 그는 교토의 천황에게서 모든 무장이 동경하는 세이이다이쇼군을 제수받았다. 노부나가도, 히데요시도 최고 권력자이기는 했으나 아직 시절이 어수선한 탓에 쇼군의 지위에는 오르지 못했다.

마지막 내전

세키가하라 전투는 이에야스와 미쓰나리의 싸움이었으나 그와 동시에 오사카와 에도의 싸움이기도 했다. 여기서 에도 측이 승리하지 않았다면 오늘날 일본의 수도는 도쿄가 아니라 오사카가 되었을 것이다. 승자가 이에야스였기 때문에, 천황이 있는 교토에서 오사카보다 훨씬 더 먼 쇼군의 텃밭이 일본 전체의 중심이 되었다. 센고쿠 시대 이래 한동안 맥이 끊겼던 쇼군이 부활했으니 바쿠후도 부활하는 것은 당연하다. 이것이 일본 역사에서 마지막 바쿠후가 될 이에야스의 에도 바쿠후다.

바쿠후가 부활했다는 것은 이제야 비로소 하극상의 시대가 완전히 끝났음을 뜻한다(하극상은 바쿠후 권력을 부인하면서 시작된 것이었으니까). 그렇다면 당연히 바쿠후의 지휘자인 쇼군 직도 세습되어야 마땅하다. 그래서 이에야스는 쇼군에 오른 지 2년 만에 아들에게 쇼군 자리를 물려주어 새로운 세습의 전통을 확립하고자 했다.

하지만 걸림돌이 하나 남아 있었다. 히데요시의 아들 히데요리가 살아 있었다. 이에야스는 실권을 쥐고 있었지만, 히데요리는 그의 아버지에게서 물려받은 막대한 재산과 상징적 권위를 가지고 있었다. 나중에 히데요리가 자라 그 재산과 권위를 이용할 줄 알게 된다면 다이묘들은 다시 동요할 테고, 천신만고 끝에 최후의 승자가 된 도쿠가와 가문은 다시 위협을 받게 될지도 모른다.

이미 칠십객에 접어든 이에야스는 자신의 생전에 이 문제를 처리해야 한다고 생각했다. 미쓰나리를 토벌할 때도 그랬지만, 상징적 권위를 타파할 때는 먼저 도발해서는 안 된다. 용의주도한 그는 일단 히데요리의 경제력을 약화시킨 다음 싸움의 구실을 만들기로 한다. 그래서 그는 히데요리에게 아버지의 공양을 구실로 많은 절을 지원하라고 권했다. 때마침 오랜 전란으로 각지의 절들은 피폐해 있는 상태였다.

다음 단계인 싸움의 구실은 억지로 트집을 잡는 것이었다. 1614년 호코사方廣寺를 재건하면서 사찰의 종에 "國家安康 君臣豐樂 子孫殷昌"이라는 명문이 새겨졌는데, 그게 빌미가 되었다. 그 뜻은 실상 "국가가 평안하고 군신이 안락하며 자손이 번성한다."라는 덕담에 불과했으나 공교롭게도 이에야스家康와 도요토미豐臣의 성을 이루는 글자들이 섞여 있는 게 문제였다. 이에야스는 그 명문의 숨은 뜻이 "家康을 분단하면 국가가 평안하고 豐臣을 임금君으로 삼으면 자손이 번성한다."라는 것이라고 우겼다.•

명문을 명분으로 삼아 이에야스는 전쟁의 구실을 만들어냈다. 그는 직접 대군을 이끌어 오사카 성을 공격했다. 그러나 성이 워낙 견고해 쉽게 무너지지 않았다. 노부나가와 히데요시를 섬기던 시절에는 신중했고, 미쓰나리를 격파할 때는 용의주도했던 이에야스지만, 마지막 싸움을 눈앞에 둔 시점에서는 신중과 용의주도를 넘어 더없이 교활해졌다. 예상외로 쉽게 이기지 못하자 그는 재빨리 강화를 제의하고, 오사카 성의 바깥 해자를 메우는 것을 휴전 조건으로 내걸었다. 그리고 그 과정에서 은근슬쩍 안쪽의 해자까지

• 이보다 조금 앞선 16세기 초반 조선에서도 이와 같이 정치적인 목적에서 자구를 악용한 사례가 있다. 조선의 중종 시대에 조광조(趙光祖)가 급진적인 개혁을 추진하자 수구 세력은 왕궁 후원의 나뭇잎에 꿀로 '走肖爲王(주초위왕)'이라는 글자를 그려놓는다. 벌레가 꿀을 갉아먹자 글자들은 마치 저절로 생겨난 듯한 모습이 된다. 그 나뭇잎을 본 중종은 조광조를 역적으로 몰아 옥에 가둔다. 走肖爲王은 파자(破字)를 이용한 문구로, 走와 肖를 합치면 趙(조)가 되므로 '조'씨 성을 가진 자가 왕이 된다는 뜻이다. 물론 조광조를 겨냥한 모함이다. 당시 중종은 연산군을 물리친 쿠데타 세력의 옹립으로 왕위에 올랐으니 당연히 그 말에 분노했겠지만, 실은 그런 모함만으로 조광조가 실각한 것은 아니다. 적통이 아닌 왕위 계승에 불안을 느낀 중종은 처음에 자신의 친정 세력을 구축할 목적에서 조광조를 지원했다가 훈구 세력의 반대에 부딪히자 뜻을 포기했던 것이다. 마찬가지로 이에야스 역시 호코사 종의 명문 때문에 히데요리를 공격하려 한 게 아니라 그것을 공격의 구실로 삼았을 뿐이다.

최후의 내전 이에야스가 오랜 2인자 생활을 거치면서 얻은 교훈은 돌다리도 두드려 건너라는 것이다. 이미 대세를 손에 쥐었지만 그는 안심하지 못하고 히데요시의 근거지였던 오사카마저 정복하려 했다. 그림은 이에야스가 이끄는 대군이 오사카 성의 바깥 해자를 메우고 진격해 들어가는 장면이다. 이 전투를 끝으로 수백 년을 끌었던 일본의 내전은 종식된다.

메우고 두 개의 성루마저 파괴해버렸다. 히데요리 측이 항의했으나 이제 승산이 있다고 판단한 이에야스는 오히려 그 항의를 빌미로 전쟁을 재개했다. 결국 오사카 성은 이에야스에게 함락되고 말았다. 수백 년 동안 치열한 내전과 전란이 점철된 일본 역사에서 최후의 대규모 내전이었다.

바쿠후를 보완한 바쿠한

오랜 전란의 시대를 거치며 최후의 승자에 오른 데다 강적인 오사카의 히데요리마저 물리친 도쿠가와 가문의 에도 바쿠후는 선배 바쿠후 가문인 가마쿠라나 무로마치와는 질적으로 달랐다. 무엇보다 전란의 시대 동안 자연스럽게 전국이 통일되었다는 게 가장 큰 차이였다. 예전의 바쿠후들은 무사 계급의 우두머리라는 점에서는 전국적인 세력이었지만, 정치·행정의 측면에서는 교토에서 간토에 이르는 도카이 일대의 패자에 지나지 않았다. 그러나 에도 바쿠후는 무사들만이 아니라 전국 다이묘들을 지배함으로써 군사적인 측면은 물론 경제적인 측면까지 장악했다. 또한 예전 바쿠후들이 전제 권력을 행사하는 데 늘 걸림돌이 되었던 교토의 천황과 전통적인 귀족 세력은 에도 시대에 이르러 이름과 상징적 지위만 남았을 뿐 모든 권한을 잃었다. 에도 바쿠후는 사실상 일본의 왕실이 되었다.

전국적인 성격에 걸맞게 에도 바쿠후는 1615년 부케쇼핫토武家諸法度와 긴추헤이쿠게쇼핫토禁中並公家諸法度라는 법령을 반포했다. 앞의 것은 전국의 무사와 다이묘 들을 통제하는 법이고, 뒤의

일본에 온 조선통신사 임진왜란이 명확한 승부가 나지 않은 탓에 일본과 조선은 전후 수교를 시작할 수 있었다. 에도 바쿠후는 자신들이 전쟁의 주범인 히데요시와 무관함을 역설했고, 일본의 무력을 두려워한 조선은 그냥 그 주장을 받아들이기로 했다. 조선과 일본의 교류를 말해주는 것은 조선통신사였는데, 평균 400명에 이르는 대규모였다. 일본은 아무런 사절단도 보내지 않았다.

것은 공가公家, 즉 천황과 귀족들을 통제하는 법이다. 요컨대 이제 일본 전국은 도쿠가와 가문의 에도 바쿠후가 지배하게 되었으니 어느 누구도 앞으로는 정치를 꿈꾸지 말라는 선언이었다.

이렇게 잠재적 저항 세력의 손발을 묶어놓은 다음, 에도 바쿠후는 경제적 지배에 박차를 가했다. 우선 반란의 의도를 가지고 있다는 구실로 유력 다이묘들의 영지를 빼앗아 바쿠후의 직할 영지로 편입시켰다. 또 지방분권 시대의 유물인 사적인 화폐 주조를 금지하고 이를 독점함으로써 경제적 통일과 더불어 큰 이득을 끌어냈다. 에도 바쿠후는 금화, 은화, 동화를 각각 주조하는 금좌金座, 은좌銀座, 전좌錢座라는 관청을 설치했는데, 그 가운데 은화를 주조한 관청은 지금 도쿄의 번화가인 긴자라는 거리 이름으로 잘 알려져 있다.

집권 후 수십 년쯤 지난 17세기 중반에 이르자 에도 바쿠후의 직할 영지에서 생산되는 쌀 생산량은 전국 총 생산량의 4분의 1에 달했다. 거느린 직속 병력만도 무려 8만 명에 달했다. 이제 에도 바쿠후는 어느 누구도 넘볼 수 없는 명실상부한 일본의 최고 권력체가 되었으며, 도쿠가와 가문에 세습되는 쇼군은 최고 권력자가 되었다.

하지만 정치와 행정은 중앙집권이 가능해도 국방은 그렇지 않다. 한반도의 1.5배가 넘는, 결코 작지 않은 일본의 영토를 수비하는 일이 중앙의 지시만으로 이루어질 수는 없다. 게다가 사소한 일들까지 일일이 중앙이 간섭하기도 어렵다. 중국의 경우에서 보았듯이 중국의 역대 왕조들은 정치에서는 강력한 중앙집권을 유지했으면서도 드넓은 중국 대륙을 수비하기 위해 군사적인 면에서는 지방분권을 실시했다. 그것이 곧 당의 번진이며, 명·청의 번왕, 번국이었다. 때로는 이 번국들이 강성해져 중앙 정부를 위협하는 일도 있었지만 국경 수비를 위해서는 그런 제도가 불가피했으며, 어떤 의미에서는 그렇게 번국들을 거느렸기에 '제국'이라 불릴 수 있었다.

중국에 비해 한참 '작은 천하'였으나 일본도 '작은 제국'의 체제를 취해야 했다. 다만 '큰 천하'인 중국의 경우에는 북방 이민족이라는 대외의 적을 수비하는 것이 목적이었지만, 일본은 변방의 다이묘와 유력 가문이라는 대내의 적(반란)을 수비한다는 점이 달랐다. 부케쇼핫토는 다이묘를 정기적으로 불러들이고 그들의 처자를 인질처럼 에도에 거주시켜 변방을 제어하는 방식이었는데, 이것이 점차 제도화되면서 에도 바쿠후는 변방에 번藩(중국의 번진, 번왕과 같은 글자이지만 일본식으로 읽으면 '한'이다)을 설치하기에 이르렀다. 이 번들은 각 지방의 수비는 물론 행정까지 담당했으며,

중앙의 바쿠후를 그대로 축소한 것과 같은 통치 기구를 갖추었다. 이것이 곧 바쿠한幕藩 체제였다.

바쿠후 체제와 달리 바쿠한 체제는 중앙집권과 동시에 지방분권의 성격을 가지고 있었다. 중앙집권을 기본으로 하면서 지방분권을 배합하는 것, 이것은 바로 중국 역대 제국의 기틀이 아니던가? 중국 역사에서 정치의 중심이자 중앙집권의 최고 권력자인 황제는 일본의 경우 쇼군에 해당했고, 황실을 중심으로 한 중앙 조정은 에도 바쿠후에 해당했다.● 다만 중국의 번국은 군사적인 목적에 치중되었던 반면 일본의 번은 군사와 행정 양 기능을 모두 수행했다. 요컨대 중국의 제국에서 관료적 행정 기구가 한 역할을 일본에서는 바쿠한 체제가 담당한 것이다.

이처럼 중국의 체제와 비교할 수 있다는 것으로도 알 수 있듯이, 바쿠한 시대에 이르러 일본은 비로소 '제국'의 기틀을 갖추게 되었다. 일찍이 쇼토쿠 태자 시대에 고대 천황이 '동천황'을 자처한 이후 일본은 내내 중국과 대등한 '제국'임을 자처했으나, 실제로 그 이름에 걸맞은 내용이 채워지게 된 것은 그로부터 1000여 년이 지난 에도 시대부터였다.

● 에도 시대의 일본 천황은 춘추시대의 주나라 왕실에 비교할 수 있다. 1장에서 보았듯이, 기원전 770년의 동천 이후 주나라 왕은 실권도 없고 변변한 영토마저 가지지 못한 이름만의 왕에 불과했다. 그러나 그보다 훨씬 강성한 제후국들은 주나라를 멸망시키기는커녕 상국으로 받들고 주의 사직을 보존하면서 상징적인 권위를 인정했다. 그것은 동시에 제후 자신의 권위를 강화하는 수단이기도 했다. 마찬가지로 에도 시대 교토의 천황도 직할지 외에는 별다른 영토도 실권도 가지지 못했지만, 에도 바쿠후와 쇼군은 천황의 상징성을 무시하지 않았다. 주 왕실이 동천 이후에도 400년 이상이나 사직을 유지했듯이, 일본의 천황 역시 마지막 실권을 누렸던 14세기 남북조시대 이후에도 수백 년 동안 명맥을 유지했고, 심지어 오늘날까지 존속하고 있다. 중국의 주나라나 일본의 천황이 실권을 잃은 뒤에도 오랫동안 존속할 수 있었다는 것은 민족 전체의 정신적·역사적 원천으로 자리 잡았음을 뜻한다. 주나라가 중국 역대 왕조의 영원한 정신적 고향이었듯이, 일본의 천황도 일본 민족의 정신적 지주 노릇을 했다(오늘날 일본의 신사에서는 부처와 더불어 천황도 섬긴다).

쇄국을 통한 안정

제국의 면모를 갖추면서 내부가 안정되자 일본의 시선은 다시 밖으로 향했다. 중국이 수비형 제국이라면, 히데요시의 야망에서 보았듯이 일본은 기회만 닿으면 밖으로 눈을 돌리는 공격형 제국이다. 다행히 이번에는 히데요시와 같은 침략이 아니라 경제적 해외 진출이었다. 어느 바쿠후보다도 경제에 관심이 많았던 에도 바쿠후는 노부나가 시절부터 맛들이기 시작한 해외 무역을 적극적으로 추진했다.

무역은 상인들이 하는 일이지만 바쿠후가 앞장서는 무역이니 당연히 바쿠후의 이익이 최우선적으로 보장되어야 했다. 그 방법은 간단하다. 사무역을 금지하고 모든 무역은 바쿠후의 허가를 받도록 하면 된다. 마침 명의 감합 무역이 본받을 만한 모범이 되었다. 에도 바쿠후는 바쿠후의 면허장을 받은 선박에게만 해외 무역을 허가하는데, 명의 감합에 해당하는 이 면허장을 슈인朱印(붉은 도장)이라고 불렀다.

17세기 초반 슈인센朱印船들은 동남아시아를 무대로 폭넓게 무역을 전개했다. 임진왜란 이후 명과의 공식적 관계는 단절되었지만, 원래 명에서는 사무역이 널리 성행했으므로 중국 무역선도 자주 일본의 항구를 찾았다.● 무역의 내용을 보면 일본은 주로 중국산 생사生絲와 견직물, 동남아시아의 짐승 가죽과 향료, 납, 금 등을 수입했고, 수출품은 은이었다. 이재에 밝은 바쿠후는 외국 상

● 다만 조선의 경우에는 쓰시마의 도주(島主)가 사적으로 무역선을 부산에 보냈을 뿐, 조선의 상선이 일본에 오는 일은 없었다. 당시 조선에서는 중국을 사대로 받들고 여진과 일본을 교린으로 무마한다는 이른바 사대교린 무역이 행해졌는데, 사실상 일본이 통일하면서부터는 일본과의 관계도 교린이 아니었다. 그나마 16세기 말부터 17세기 중반까지 일본이 조선을 침략하고 중국이 명에서 '오랑캐'의 청으로 바뀌는 등 동북아시아 정세가 급변하자 사대교린의 근거는 완전히 무너졌다.

감합을 모방한 붉은 도장　에도 바쿠후는 명의 감합 무역을 모방해 슈인센 무역 방식을 채택했다. 바쿠후의 붉은 도장(슈인)을 받은 선박에만 무역을 허용하는 것이었다. 이 무역을 통해 바쿠후는 막대한 경제적 이득을 챙겼다.

선이 항구에 들어오면 가장 먼저 물품을 구입하고 나머지를 일반 상인들에게 넘겼으며, 때로는 매점매석도 서슴지 않았다. 예를 들어 국내 생사의 가격이 오르면 보유하고 있던 생사를 풀어 큰 차액을 남기는 식이었으니, 요즘으로 말하면 정치권력을 이용한 전형적인 부정 축재였다.

　바쿠후가 주도하는 것이라 해도 해외 무역이 계속 활성화되더라면 일본은 실제 역사보다 200여 년 앞서 자력으로 제국주의 국가로 발돋움했을지도 모른다. 비록 민간의 사무역은 금지되었지만 무역이 활발해짐에 따라 자연스럽게 일본인들의 동남아시아 진출도 크게 늘었다. 17세기 중반에 이르러 대만과 필리핀 등 동남아시아의 섬들, 그리고 월남과 캄보디아, 말레이시아 등 인도 차이나 반도 일대에는 많은 일본인 자치 구역이 형성되었다.

심지어 바쿠후의 명으로 일본의 상선은 유럽의 에스파냐와 이탈리아까지 갔으며, 1613년에는 태평양을 횡단해 지구 반대편 멕시코의 아카풀코에 상륙하기도 했다. 당시 유럽에서는 대항해시대 1세대인 에스파냐와 포르투갈이 쇠락하고 2세대인 네덜란드와 영국이 바통을 이어받았는데, 바깥 세계를 향한 일본의 진취적 기상이 유지되었더라면 일본은 어쩌면 영국과 어깨를 견줄 만한 해양 국가로 발전할 수도 있었을 것이다.

그런데 바쿠후는 황금 알을 낳아주던 해외 무역을 스스로의 손으로 금지하게 된다. 그 이유는 바로 그리스도교 때문이었다. 해외 무역이 활발하던 17세기 초반까지만 해도 일본에 오는 서양인들은 바쿠후에게 큰 환영을 받았다. 도쿠가와 이에야스는 일본에 표류한 네덜란드의 선원들을 고문으로 삼았으며, 유럽 상선들의 입항을 허락하고 항구에 통상처까지 마련해주었다. 시기를 놓고 본다면 일본은 오히려 가까운 동남아시아 국가들보다 유럽과 먼저 거래를 튼 셈이다.

서양인의 출입이 잦아지면서 자연히 서양의 문물도 함께 들어왔다. 서양의 그리스도교는 이미 센고쿠 시대 말기부터 일본에 들어와 민간에 퍼졌다. 중국의 경우에서 보았듯이, 종교개혁 이후 유럽에서 세력이 크게 위축된 구교의 선교사들은 먼 동방에서 활로를 찾고 있었다.

히데요시가 전국을 통일할 무렵에는 이미 상당수의 포르투갈과 에스파냐 선교사 들이 일본에서 활동하고 있었다. 물론 자신을 신으로 생각하는 히데요시가 그리스도교를 반가워할 리 없었다. 그

일본 최초의 서양인　일본에 처음으로 발을 내디딘 서양인은 1543년의 포르투갈인이었다. 일본에 온 서양인들은 단지 호기심 때문이 아니라 처음부터 그리스도교를 전파할 목적을 가지고 있었다. 그런데 정작 그들에게 호기심을 보인 것은 오히려 일본인들이었다.

는 "일본은 신국神國이므로 그리스도교를 받아들일 수 없다."라면서 그리스도교의 포교를 금지하고 외국인 선교사들을 추방했다. 그러나 그러면서도 그가 그것과 별도로 서양과의 무역을 계속 장려했으므로 선교사들은 비공식적으로 포교 활동을 계속할 수 있었다. 그리스도교 초기 역사가 보여주듯이 박해가 심할수록, 순교자가 대량으로 나올수록 더욱 널리 퍼지는 그리스도교의 생리는 일본에서도 예외가 아니었다. 백성들은 물론 다이묘나 무사 들에게서도 그리스도교 신도들이 생겨나고 늘어났다. 여기에 결정적으로 기여한 것이 바로 해외 무역의 활성화였다.

처음에는 무역의 매력에 이끌려 그리스도교를 관대하게 봐주던 이에야스는 측근 중에도 그리스도교 신도가 있다는 사실을 알게 되자 그 '위험'을 새삼 느끼게 되었다. 그래서 그는 죽기 3년 전인 1613년에 재차 그리스도교 금지령을 내렸는데, 그의 사후 본격적인 박해가 시작되었다. 이때부터는 외국인 선교사들만이 아니라 일본인 그리스도교 신도들에게까지도 가혹한 탄압이 가해졌다. 신도들이 박해를 피해 종교를 부정하자 진짜 신도를 가려내기 위해 기상천외한 방법까지 동원되었다. 백성들에게 예수와 마리아의 그림을 밟게 한 것이다. 진정한 신도라면 차마 밟지 못할 터였다. 후미에踏繪(그림을 밟는다는 뜻)라고 불린 이 '지극히 일본다운' 방법은 과연 효과가 입증되어 나가사키에서 금세 전국으로 퍼져 나갔다.

1639년부터 바쿠후는 쇄국을 공식 정책으로 채택하고 모든 서양인의 출입을 금지했다. 심지어 해외에 오랫동안 거주한 일본인마저 그리스도교 신도일지 모른다는 이유로 귀국이 금지되었다. 한 가지 예외는 네덜란드였다. 네덜란드만은 제한적으로나마 무역을 계속할 수 있었다. 그 이유는 이에야스 시절부터 생긴 네덜란드와의 각별한 친교 때문인데, 지금까지도 그 흔적이 남아 일본에는 특별히 네덜란드와 관련된 근대의 유적들이 많이 있다.*

센고쿠 시대를 끝으로 일본은 다시 전란으로 얼룩지는 사태 없이 300년에 가까운 번영과 평화의 시대를 누리게 된다. 그러나 이 기간에 일본은 쇄국으로 일관했다. 묘한 것은 그 쇄국의 앞과 뒤가 대외 침략이라는 점이다. 에도 시대처럼 공식적인 쇄국은 아니지만 일본은 중국과의 교류를 끊은 8세기 이후 전국을 통일한 16세기까지도 대외적으로는 쇄국기였다. 첫 번째 쇄국이 끝난 뒤 일본은

● 18세기 초반부터 네덜란드를 통해 서양의 과학과 군사학, 세계의 지리와 역사를 연구하려는 학문이 크게 성행했는데, 이것을 란가쿠(蘭學: 네덜란드는 한자로 和蘭이라고 표기했다)라고 불렀다. 바쿠후는 네덜란드에 대해서만큼은 특별한 호의를 베풀었으며, 네덜란드 역시 그 호의에 충실히 부응했다. 1844년에 네덜란드 국왕은 일본의 쇼군에게 친서를 보내 세계정세의 변화를 설명하고 개국을 충고한 일이 있었다. 또 미국의 페리 제독이 일본을 강제 개항시킨 1853년 무렵에 네덜란드는 몇 년 전부터 미국이 곧 일본에 함대를 보내 통상을 요구할 것이라는 정보를 여러 차례 전해주었다.

조선을 침략했고, 두 번째 쇄국이 끝난 뒤에도 다시 조선을 노렸다. 그렇다면 일본 역사에서 쇄국은 곧 대외 침략을 위한 웅크림이었던 것일까?

3. 번영을 낳은 쇄국, 유신을 낳은 개항

일본식 시민사회?

세계와의 접촉을 전쟁으로 시작한 일본은 쇄국 이후 다시금 기나긴 독자적 역사를 전개하게 된다. 그러나 쇄국은 의식적으로 세계와의 단절을 기한 것이었음에도 불구하고 이 쇄국기의 역사는 종전의 쇄국기(9~16세기)와 달랐다. 집 안에 틀어박혀 산다 해도 바깥의 존재를 모르는 것과 아는 것은 다를 테니까. 결과적으로 보면, 이 시기 일본의 역사는 세계사의 무대에 화려하게 복귀하기 위한 준비 작업에 해당한다.

바쿠한 체제는 봉건적이면서도 탈봉건적인 요소를 품고 있었다. 지방의 번들은 원래 정치적인 목적에서 성립된 것이었으나, 에도 바쿠후의 장기 집권으로 정치와 사회가 안정되고 쇄국으로 평화와 번영을 누리는 데 힘입어 점차 경제·행정상에서의 비중을 더해갔다. 이 점에서 번은 중세 유럽의 봉건영주와 비슷했다. 다만 서양 봉건제의 왕은 영주들과 계약이라는 느슨한 관계를 맺은 데 비해 일본의 바쿠후는 강력한 중앙집권 체제의 중심으로 번들과 확실한 군신 관계를 맺었다는 점이 다르다.

그러나 중앙의 바쿠후와 지방의 번들은 애초부터 단순한 봉건적 관계에 머물 수 없었다. 우선 번들은 각 영지에서 거둔 세금의 일부를 화폐로 바꿔 바쿠후에 보내야 했다. 또한 분열과 전란의 시대와 달리 통일과 안정의 시대에는 각 지방의 유기적 연계가 중요했다. 따라서 바쿠한 체제에서는 번과 번, 번과 바쿠후 간의 교류와 교통, 거래가 일상화되었다. 문제는 그 과정에서 상품경제가 필수적으로 발달한다는 점인데, 이것은 봉건제의 테두리를 넘어서는 요소다. 그러므로 바쿠한 체제는 봉건제의 완성이자 와해의 시작이었다.

이와 같은 사회구조적인 측면만이 아니라 사회생활의 측면에서도 비슷한 현상이 나타났다. 바쿠후라는 전국적인 중심과 번이라는 지역적인 중심이 생기면서 도시가 발달하기 시작했다. 근대적인 의미의 도시는 센고쿠 시대 초기부터 생겨났지만, 당시에는 상업과 무역을 중심으로 한 자유도시의 성격이었던 데 비해 바쿠한 체제의 도시는 사회적 분업과 상품경제의 발달을 바탕으로 하는 전형적인 소비도시였다. 그럴 만도 한 것이, 도시 인구의 절반가량이 바쿠후나 번 휘하의 무사들이었던 것이다. 특히 에도는 바쿠후 소속 무사들과 더불어 인질로 잡아둔 다이묘들의 처자와 식구들을 중심으로 거주 인구가 증대해 18세기 초반에는 50여만 명에 이르는 대도시로 성장했다. 인구로 보면 당시 세계 최대의 상공업 도시인 영국의 런던과 맞먹을 정도였다.

서양의 역사에서는 봉건제가 무너지면서 생겨난 신흥 시민계급(부르주아지)이 사회의 핵심 세력으로 성장하면서 자본주의의 발생과 발전에 큰 몫을 담당했다. 그러나 일본의 경우에는 바쿠후

니기시키의 네덜란드인 　바쿠후는 쇄국정책을 취하면서도 네덜란드 상인들에게만큼은 나가사키 항구를 개방하고 교류와 통상을 지속했다. 그림은 나가사키의 네덜란드인들을 훔쳐보는 일본인들의 모습이다.

라는 강력한 권력의 중심체가 지배하는 가운데 도시가 발달했기 때문에 사정이 크게 달랐다. 바쿠후 자체가 봉건제의 주체였으므로 반란 같은 사건을 통하지 않고서는 서양에서처럼 봉건제가 자연스럽게 붕괴하기 어려웠고, 시민들이 곧 무사들이었으므로 사회 발전의 동력이 되기도 어려웠다.* 서양의 봉건제가 무의식적이고 자연발생적인 것이었다

● 무사들을 제외한 도시의 일반 시민들은 조닌(町人)이라고 불렸다. 이들은 도시의 수공업자와 자영 상인이었는데, 전통적인 다이묘들에게서 배척을 당했지만 개인적 노력으로 상당한 부를 쌓은 사람도 많았다. 그러나 돈이 있어도 서양의 시민계급처럼 참정권과 자치권을 누리지 못한 그들은 문화적으로 그 공백을 메웠다. 그런 점에서 보면 그들은 자본주의 '사회'의 발전에는 기여하지 못했어도 자본주의 '문화'에는 기여한 셈이다.

면, 일본의 봉건제는 의식적이고 정치적인 목적에서 인위적으로 성립된 체제였던 것이다(이 점은 중국의 봉건제도 마찬가지다).

하지만 그런 가운데서도 생산력의 발전은 꾸준히 봉건제의 해체를 요구하고 있었다. 대내적 안정과 대외적 쇄국이 지속되면서도 바쿠후도 초기와 같은 강력한 경제적 주체의 노릇을 계속하기는 어려웠다. 그 틈을 비집고, 바쿠후의 일을 대신해주면서 바쿠후와의 거래로 재산을 쌓는 상인들이 생겨났다. 이들에게 인구가 급성장하는 대도시는 곧 거대한 시장이었다. 오늘날 일본의 대재벌들 가운데 미쓰이三井나 스미토모住友는 바로 이 에도 시대의 신흥 상인들을 직계 조상으로 한다.

상인들의 등장과 반비례해 바쿠후의 재정은 점차 악화되었다. 이에야스가 애써 일군 막대한 바쿠후의 재산은 17세기 후반 4대 쇼군에 이르러 거의 고갈될 처지에 이르렀다. 그러자 바쿠후는 임의로 화폐개혁을 실시하고 거기서 생기는 엄청난 차액으로 근근이 재정을 꾸렸으나 어디까지나 임시변통일 수밖에 없었다. 바쿠후의 재정난은 차츰 번에 대한 압력으로 전가되었고, 번은 또 농민들에게 그 부담을 전가했다. 그러나 농민들도 예전의 고분고분한 존재가 아니었다. 17세기 중반부터 농민들은 전국 각지에서 대대적인 폭동을 일으켰다. 이쯤 되자 바쿠후는 다이묘의 반란보다도 농민들의 투쟁을 더 심각한 위협으로 여기기 시작했다.

이러한 위기 상황에서 1716년 요시무네吉宗(1684~1751)가 8대 쇼군에 올랐다(이후의 쇼군들은 무능한 인물들이 이어졌으므로 그는 사실상 마지막 쇼군이나 다름없다). 도쿠가와 가문 중에서도 비적통계로 쇼군이 된 요시무네는 대대적인 개혁을 단행했다. 위기의 원인이 두 가지인 만큼(재정난과 농민 저항) 그가 준비한 위기 해결책도

재벌의 싹　에도에서 발달한 대형 포목상의 모습이다. 에도의 상인들은 당시로서 새로운 상술인 박리다매 방식을 구사해 대상으로 성장했다. 이들 중 일부는 오늘날 일본의 재벌로 이어진다.

두 가지였다. 첫째는 절약, 또 절약이다. 우선 쓸데없는 행사 비용 같은 것을 과감히 줄여 바쿠후 재정의 거품을 뺐다. 아울러 전국의 번과 무사, 백성 들에게 사치를 금하고 엄격한 내핍 생활을 하도록 명했다. 심지어 그는 "이제부터 새로운 물건이나 도구를 고안하는 일을 엄금한다."라는 명을 내렸는데, 사회적 창의성 자체를 거부하고 수구적으로 돌아설 만큼 경제 사정이 어려웠음을 말해준다. 둘째는 사상 통제다. 모든 학문과 출판에서 이단적인 것, 외설스런 것을 금지한다. 이것 역시 진취적인 것을 거부하고 낡은 전통에만 집착하는 수구적인 자세였다.

그러나 요시무네는 그것만으로 위기를 극복할 수 없음을 잘 알고 있었다. 긴축은 어려운 시대를 넘기는 방법이지 경제 회복을 이루는 방법이 아니다. 그래서 몇 년 뒤 실행된 2차 개혁은 생산력과 세수의 증대를 목적으로 삼았다. 생산력을 증대시키려면 토지를 늘려야 한다. 그에 따라 전국적으로 미개간지의 개간이 적극 장려되었다.

또한 세수 증대를 위해 요시무네는 정면법定免法이라는 세제를 도입했다. 그 내용은 과거 수년간의 평균 수확량을 기준으로 세액을 결정한 뒤 차후 몇 년 동안 그 세액을 그대로 적용하는 것이다. 마침 비슷한 시기에 중국에서도 근대적 관념의 세제인 지정은제가 시행되는 것을 보면, 그 무렵 동북아시아 세계가 봉건제를 탈피하고 근대로 접어들었음을 알 수 있다. 그러나 안정된 경제에서는 세액의 고정이 누구에게나 편할 수 있겠지만, 당장 내일을 예측할 수 없는 상황에서는 그렇지 않다. 게다가 정면법은 흉년에도 세액이 경감되지 않기 때문에 소농민들은 죽을 맛이었던 반면, 좋은 논밭을 많이 가진 지주와 부농에게는 유리했다.

결국 위기를 타파하기 위해 단행된 요시무네의 개혁은 정신적으로는 보수와 수구를 강조하고, 경제적으로는 하층 농민들을 억압하는 데 그쳤으므로 오히려 위기의 악화를 초래했다. 농민들의 봉기는 전국적인 차원으로 번졌고, 바쿠후의 재정은 좀처럼 회복되지 않았다. 이런 상황에서도 집권 세력인 바쿠후는 체제 변화를 생각하지 않았다. 하지만 공교롭게도 그 무렵에는 세계적으로 낡은 체제가 붕괴의 조짐을 보이고 있었다. 일본도 변화의 계기가 바깥에서 닥쳤다.

닫힌 문을 두드리는 열강

일본 바쿠후가 쇄국의 기치를 드높이 치켜들고 있던 18세기 후반 무렵 유럽 세계는 유사 이래 가장 활발한 격변의 소용돌이에 휘말렸다. 대륙 국가들에 비해 봉건제의 굴레가 약했던 영국에서는 산업혁명이 진행되면서 자본주의의 새 물결이 거세게 일어났다. 이미 17세기 초반부터 동인도회사를 통해 인도를 경영하는 데 앞장섰던 영국은 18세기 중반 프랑스를 꺾고 단독으로 인도를 식민지화하는 데 성공했다(8장 참조). 영국에 패한 프랑스는 엄청난 변화의 회오리를 맞게 되었다. 바로 1789년의 프랑스 혁명이다. 이 혁명과 뒤이은 나폴레옹 전쟁은 전 유럽의 지각을 뒤흔들어 근대적 국민국가의 성립을 촉진시켰다.

이와 같은 전통의 강호들 외에 새로 열강의 대열에 합류한 나라들도 등장했다. 러시아는 18세기 초반 표트르 대제의 개혁을 바탕으로 착실하게 근대화를 추진해 유럽의 강국으로 떠오르고 있었다. 또한 유럽 세력의 식민지로 역사를 시작한 미국도 1776년의 혁명으로 독립에 성공해 열강의 막내로 당당히 끼어들었다.

문제는 서구 열강이 서구에서만 놀려고 하지 않았다는 데 있다. 국민국가와 자본주의를 확립한 열강은 비좁은 유럽을 벗어나 세계를 놀이터로 삼으려 했다. 적절한 후보지는 어디일까? 대서양 서편의 남북 아메리카는 북쪽에서 미국이 독립하고, 남쪽에서 에스파냐와 포르투갈이 분점한 상태이므로 후보상에서 제외된다. 남은 것은 유럽 남쪽의 아프리카와 아시아다. 그런데 아프리카는 기후 여건이 나쁜 오지인데다 인구가 희박해 자본주의 시장의 역할을 하기 어렵다. 게다가 '서양인의 시각'으로 볼 때는 무주공산이나 다름없으므로 굳이 서두를 이유가 없다(그래서 유럽 열강은 19세기 중반부터 본격적으로 아프리카에 진출한다). 열강의 시선은 자연히 동양으로 쏠린다. 특히 영국은 인도라는 중요한 발판이 있으므로 동양 진출의 선두 주자가 될 수 있었다.

영국을 비롯한 서구 열강은 중국과의 통상에 최대한 주력했다. 향료 산지인 동남아시아는 이미 에스파냐와 포르투갈, 네덜란드가 해상을 주름잡던 시대에 무역을 장악했고, 인도는 영국의 동인도회사가 최대 주주로 군림하고 있었다. 남은 것은 중국과 일본인데, 덩치가 크고 동북아시아의 중추를 이루는 중국에 비해 일본은 이차적인 관심 대상이었다(앞서 이야기했듯이 당시 열강은 한반도의 조선을 중국의 일부로 보았으므로 관심 밖이었다). 더욱이 중국과 달리 일본은 강경한 쇄국정책을 취하는 데다, 열강들 사이에서는 일본에 대한 네덜란드의 선점권을 어느 정도 인정해주는 분위기도 있었다.

그런 탓에 일본에 최초로 통상을 요구해온 나라는 전통적인 제국주의 열강이 아니라 유럽의 '변방'인 러시아였다. 러시아는 18세기 내내 끊임없이 동진해온 끝에 마침내 유라시아의 '땅끝'인 베링 해에 이르렀다. 그 동진의 목적은 부동항을 확보하려는 데 있었다.

시베리아 벌판을 가로질러 동진하면서 러시아는 남쪽 방면으로는 무주공산이 없다는 것을 명확하게 깨달았다. 서유럽은 러시아로서 넘볼 수 없는 선진국이고, 동유럽과 중앙아시아는 막강한 튀르크 제국이 점령하고 있다. 더 동쪽으로 가보니 러시아의 영웅 표트르마저 국경 조약(네르친스크 조약)을 맺은 데 그친 강력한 청제국이 자리 잡고 있다. 그래서 러시아의 동진은 베링 해까지 이

덧없는 세상   도시 문화가 발달하면서 우키요(浮世), 즉 '덧없는 세상'이라는 일종의 허무주의 사상이 유행했다. 이 사상을 바탕으로 우키요에(浮世繪)라는 독특한 채색 목판화가 생겨났다. 우키요에 양식은 19세기 예술의 중심지인 프랑스 파리에 수출되어 서양의 근대 미술에 중요한 영향을 미쳤다. 특히 당시 유럽의 미술을 이끌던 프랑스의 인상파 화가들, 네덜란드의 반 고흐 등은 일본의 우키요에에서 강렬한 인상을 받았다. 왼쪽은 18세기 후반의 우키요에 작품이고, 오른쪽은 이 작품에서 기법과 주제를 차용한 메리 커샛의 에칭 작품이다.

어질 수밖에 없었다(하지만 그 덕분에 러시아는 드넓은 시베리아 평원을 송두리째 영토화할 수 있었다).

1783년 러시아는 캄차카에 표류한 일본 선원들을 귀환시켜주면서 홋카이도에서 일본 바쿠후에 통상을 요구했다. 쇄국 이래 최초로 서구 열강의 통상 요구를 받은 것이었으므로 잔뜩 긴장한 바쿠후는 나가사키에서만 외교를 한다는 구실을 내세워 거절했다. 하지만 러시아에서도 일본과의 통상이 급한 일은 아니었다. 그로부터 20년이 지난 19세기 초에 러시아는 나가사키에 사절을 보내 다시 통상을 요구했다. 이번에 바쿠후는 아무런 핑계도 대지

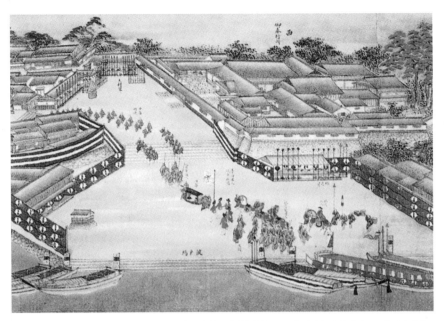

러시아의 접근   일본에 먼저 수교 제의를 한 서구 열강은 러시아였다. 1804년 러시아 사절 레자노프가 나가사키로 와서 정식으로 통상을 요구했다. 그림은 레자노프 일행이 안내를 받는 장면이다. 그러나 바쿠후는 러시아의 요구를 정식으로 거절했다.

않고 쇄국정책을 내세워 정식으로 거절했다.

　　비록 아무 일도 없었지만 이 사건으로 바쿠후는 엄청난 충격을 받았다. 지금까지는 선방했지만 앞으로도 계속 운이 좋으리라는 보장은 없다. 나쁜 운을 막아주는 것은 오로지 쇄국뿐이다. 바쿠후는 다시금 쇄국의 고삐를 단단히 죄었다. 심지어 그때까지 일본과 서구를 이어주는 조그만 창문의 구실을 한 란가쿠마저 탄압했다. 그러나 급변하는 세계정세는 이미 바쿠후의 의

● 집권 세력은 늘 체제 개혁과 문호 개방을 거부하게 마련이다. 같은 시기에 조선의 집권층인 사대부 세력은 중국을 통해 전해지는 서양의 문물을 초기에는 용인하면서 실학으로 수용하다가 나중에는 거부하고 탄압했다. 일본의 란가쿠에 해당하는 조선의 학문은 서학 혹은 북학이었다.

지와 무관하게 일본의 개국을 요구하고 있었다. 여기에 결정적인 역할을 한 게 바로 1840년의 아편전쟁이다(360쪽 참조).

타의에 의한 복귀

아편전쟁에서 영국이 승리한 것은 서구 열강으로서도 놀라운 사건이었지만 일본으로서도 엄청난 충격이었다. 일본은 늘 중국과 대등하다고 천명하면서도 힘에서나 국제 무대의 권위에서나 동양 질서의 중심이 중국이라는 것을 내심 인정하고 있었다. 그런 중국이 손 한 번 제대로 써보지도 못하고 열강에 무릎을 꿇었다. 그렇다면 일본이 견디지 못하리라는 것은 명백한 사실이었다.

바쿠후는 당황할 수밖에 없었다. 애초부터 힘을 앞세운 무사 집단으로 출발해 전국을 통일하고 지배했던 만큼, 바쿠후의 힘이 외세에 미치지 못한다는 것은 곧 권위의 뿌리가 흔들린다는 것을 뜻했다. 마치 이런 기미를 눈치라도 챈 것처럼, 1846년 영국과 프랑스의 군함들이 일본 근해에 출몰하자 오랫동안 현실 정치에 간여하지 못했던 천황이 바쿠후에게 방위를 엄중히 하라는 명령을 내렸다(이는 20년 뒤 천황이 정치 무대에 화려하게 복귀하리라는 것을 알리는 조짐과도 같았다).

드디어 올 것이 왔다. 1842년 난징 조약이 체결된 이후 유럽 열강은 중국에 모든 관심을 집중하고 있었으므로 일본에 닥친 열강은 유럽 국가가 아니었다. 1853년 우라가浦賀(현재 요코하마 남쪽의 요코스카) 앞바다에 모습을 드러낸 증기군함 네 척은 바로 미국의 페리Matthew Perry(1794~1858) 제독이 이끄는 함대였다.

일본인이 본 페리와 실제 페리　왼쪽은 1854년에 제작된 일본의 판화에 나온 페리 제독이고, 오른쪽은 실제 얼굴이다. 당시 일본인들은 그의 매부리코를 무척 신기하게 여겼다고 한다.

　사실 미국은 7년 전에도 일본에 함대를 보내 통상을 요구했다가 거절당한 적이 있었는데, 이번에는 의지가 그때에 비할 바가 아니었다. 페리는 군함들의 포문을 전부 열고서는 자신이 가져온 미국 대통령의 국서를 군함 위에서 직접 받아가라고 바쿠후 측에 요구했다. 만약 이 요구에 부응한다면 자신이 직접 에도까지 가서 쇼군을 만나겠으며, 그게 안 된다면 전쟁도 불사하겠다고 으름장을 놓았다.

　영국이 중국을 개항시키는 과정에서 이미 동양 세계의 힘은 충분히 가늠한 바 있었다. 그래서 미국은 영국처럼 구차스럽게 외교 절차를 밟느니 처음부터 군함을 앞세우는 방식을 택한 것이다. 요구라기보다는 행패였으나 바쿠후는 그것을 무시하지 못했다. 지금은 군함 네 척에 불과하지만 그 뒤에는 미국의 대함대가 버티고 있으리라. 아니, 아편전쟁에서 영국군이 불과 군함 20척으로

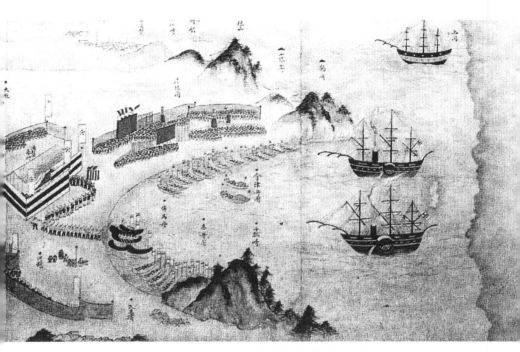

페리의 무력시위　　오른쪽의 큰 배들이 1853년 우라가에 출현한 미국의 증기군함들이다. 바쿠후는 앞서 러시아의 경우처럼 나가사키로 물러가 다시 요구하라고 했으나, 페리는 말을 듣지 않고 위협 포격을 가하면서 미국 대통령의 국서를 받아가라고 으름장을 놓았다.

중국의 전 해안을 장악한 것을 감안하면 그 네 척조차 얕볼 수 없는 상대였다. 600년 전 막강한 몽골군을 막아내는 데 일등공신이었던 섬이라는 유리한 지리적 조건은, 해군력이 강한 나라가 침범해올 경우에는 오히려 꼼짝없이 당할 수밖에 없는 걸림돌이었다(몽골은 세계 제국이었어도 수군이나 해군이 전혀 없었다. 고려에 병선을 만들게 한 이유도 그 때문이었다).

　바쿠후는 일단 이듬해까지 회답을 기다려달라면서 시간을 벌었다. 그러나 그 시간을 잘 활용한 것은 바쿠후보다 미국이었다. 페

일본으로 밀려오는 열강　미국에 의해 개국된 뒤 일본은 계속되는 서구 열강의 침입에 시달렸다. 1864년에는 영국, 프랑스, 네덜란드, 미국의 4개국 연합군이 조슈의 시모노세키를 공격했다. 사진은 함포 사격을 하고 난 다음 날 연합군의 육군이 상륙하는 장면이다. 열강이 요구한 배상금은 바쿠후에게 큰 재정적 부담을 안겨주었다. 결국 바쿠후는 막대한 배상금을 다 지불하지 못해 또다시 불평등조약을 체결해야 했다.

리는 일본과의 일전에 대비해 오가사와라小笠原(요코하마 남쪽의 해상 열도)에 석탄 창고를 설치하고 이곳을 일본 공략의 거점으로 만들었다. 결과적으로 보면 그럴 필요도 없었다. 1854년 3월, 일본에 다시 온 페리는 요코하마에서 미·일 화친조약을 맺고, 2개 항구의 개항과 무역 개시, 영사 주재 등의 조건을 얻어냈다.

이것으로 250여 년에 걸친 일본의 쇄국은 끝났다. 과거의 쇄국은 자의에 의한 결정이었으므로 국내의 안정을 가져왔지만, 개국은 타의에 의한 것이었으니 그렇지 않을 터였다. 과연 개국 이후 짧은 기간에 일본의 모든 것이 바뀌었다.

뒤숭숭한 국제 정세에도 개의치 않고 미련스럽게 쇄국만 고집하던 바쿠후는 타의에 의한 개국으로 결정적인 타격을 입었다. 우선 바쿠후의 권위가 심각하게 손상되었다. 그러자 그동안 일본 사회를 유지하는 데 중추 역할을 했던 바쿠한 체제가 무너지고, 유력 다이묘들의 발언권이 커졌다. 이들 중에는 개국에 찬동하는 자도 있었고 여전히 강경한 쇄국파도 있었으나 모두 시대가 달라졌음을 통감하고 있었다.

이후 몇 년 동안 러시아와 네덜란드, 영국, 프랑스 등과 차례로 통상조약을 체결하면서 바쿠후의 권위는 끝없이 추락해갔다. 바쿠후 정권을 장악한 다이묘들은 실추된 바쿠후의 권위를 되살리자는 파(주류)와 다이묘들을 중심으로 바쿠후를 개혁하자는 파(비주류)로 갈렸다. 그러나 바쿠후파나 개혁파나 한 가지 커다란 오해를 하고 있었다. 그것은 바쿠후의 권위를 되살리든 개혁하든 바쿠후나 바쿠한 체제로 급변하는 새 시대에 대처할 수는 없다는 사실이었다.

바쿠후의 몰락

전통의 지배층인 다이묘들이 바쿠후에 집착하는 동안 새 시대를 담당할 세력이 성장하고 있었다. 다이묘와 번주藩主들의 휘하에 있던 무사들을 비롯해 로닌, 지주, 상인 계층이었다. 그들은 정치 개혁에 뜻을 두었으므로 시시志士(우리말에서는 민족을 위해 몸 바친 '지사'를 가리킨다)라는 이름으로 불렸다. 시시들은 바쿠후 정권이 흔들리고 부패한 17세기 중반부터 성장한 민중 세력이 결집된 표현이었다(물론 그들이 민중의 이익을 대변한 것은 아니었지만).

바쿠한 체제가 붕괴하면서 시시들도 받들어 모시던 바쿠후와 번주 등 기존의 지배층과 어느 정도 유리되었으므로 비교적 발언과 주장이 자유로웠다. 그들은 바쿠후의 개혁에 동참하기보다는 바쿠후 자체를 거부하고자 했다. 그렇다면 그들이 내세운 대체 권력은 무엇일까? 이들은 놀랍게도 존왕양이尊王攘夷를 주장하고 나섰다. 왕을 받들고 오랑캐를 물리친다. 이것은 수천 년 전 주나라 시대부터 중국 한족 왕조들이 늘 내세우던 이데올로기가 아닌가?●

● 사실 '존왕'까지는 내세웠으나 원래 '양이'에 대한 비중은 크지 않았다. 다만 당시 정황에서는, 바쿠후가 미국에 굴복해 굴욕적인 통상조약을 맺었으므로 바쿠후를 지지하면 오랑캐에게 굴복하는 것이라는 인식이 일반적이었다. 따라서 바쿠후에 반대하는 세력은 자연스럽게 '양이'를 구호로 채택하지 않을 수 없었다. 이렇듯 '존왕양이'를 주창한 배경에는 물론 성리학의 화이(華夷, 중화와 오랑캐) 이념도 있었지만, 사상이나 신념의 측면보다는 정치적인 의미가 강했던 것이다.

몇 년 전부터 부활의 조짐을 보이던 천황은 존왕양이의 구호에 힘입어 다시 일본 역사에 화려하게 복귀했다. 존왕파는 천황이 있는 교토로 모여들어 비밀결사를 이루고 정치 활동을 적극적으로 전개하기 시작했다(바쿠후가 지배하는 세상에서는 천황을 지지하는 세력도 비밀 활동을 해야 했다). 그러나 문제는 천황이다.

천황 고메이孝明(1831~1867)는 자신을 정치권의 핵심으로 부활시키려는 존왕파를 외면하고, 오히려 바쿠후 측이 내미는 손을 받아 쥐었다. 천황을 끌어들인 바쿠후 정권은 공공연한 정치 세력으로 떠오른 존왕파를 역적으로 몰아붙이고 탄압을 가해왔다. 그러나 존왕파는 약화되기는커녕 전국적인 비밀결사망 외에 조슈長州(시모노세키 부근) 번을 공개적인 거점으로 확보했다. 조슈는 이를테면 존왕파의 '해방구'가 되었다.

이제 존왕파는 하고 싶어도 '존왕'을 할 수 없는 처지였다. '양이'보다 훨씬 더 큰 비중을 두었던 '존왕'의 이데올로기가 실현 불가능해졌다. 그렇다면 굳이 '양이'도 외칠 필요가 없다. 그래서 이들은 존왕양이를 다 팽개치고 공식적으로 '타도 바쿠후'를 선언했다. 양이가 없어진 마당에 외세를 꺼릴 이유도 없다. 오히려 바쿠후가 먼저 양이인 프랑스와 결탁해 정치, 군사, 무역의 자문과 지원을 얻고 있었다. 존왕파에서 반바쿠후파로 명패를 바꾼 그들은 자연스럽게 영국에 접근했다.

그러나 바쿠후는 이권을 제공하는 대가로 프랑스로부터 모든 측면의 지원을 받았으나, 반바쿠후파는 영국으로부터 군사와 재정 원조는 의도적으로 거부했다. 이는 무사 집단 특유의 강렬한 반외세 의식을 보여주는 것이기도 하지만, 반바쿠후파가 바쿠후보다는 민족의식이 강했다는 것을 나타내기도 한다.

일반 민중에게도 바쿠후에 대한 반감이 절정에 달할 즈음인 1866년 겨울, 드디어 고메이 천황이 죽고 열네 살의 메이지明治(1852~1912)가 즉위했다.●● 고메이가 죽었으니 반바쿠후파의 천황을 대하는 전략도 바뀔 필요가 있다. 그들은 다시금 존왕 이데올로기를 내세웠다.

변화의 속도가 너무 빠른 탓에 메이지는 소년이 아니라 해도 사태를 파악할 여유가 없었다. 바쿠후는 급속히 여론과 민심을 잃었고, 심지어 본거지인 에도 내의 치안조차

●● 원래 고메이는 10대 시절 일본이 강제 개항되는 것을 목격한 이후 외세와 바쿠후를 다 혐오했다. 그런 그가 바쿠후와 손잡은 것은 조슈파를 더 혐오했기 때문이다. 천황의 비중이 커지던 무렵 고메이는 서른여섯 살의 한창 나이에 천연두에 걸려 죽었는데, 반바쿠후파의 손에 독살되었다는 추측이 한층 설득력이 크다. 정확한 사인은 지금도 조사와 연구의 대상이다.

제대로 유지하지 못할 정도였다. 이제 메이지는 소년이라 해도 어디에 줄을 서야 할지 명확히 깨달았다.

드디어 1868년 1월, 존왕파는 쿠데타를 일으켜 바쿠후를 타도하는 데 성공했다. 왕정복고가 선언되고, 쇼군제와 간바쿠제가 폐지되었다. 그때까지 바쿠후와 쇼군은 700년 가까이 일본을 통치

유신 전야 　에도의 거리에서 로닌들이 폭동을 일으키고 있다. 유신이 일어나기 직전 바쿠후의 무능을 틈타 에도에서는 이런 사태가 잇달았다. 로닌들은 부호에게 고용되기도 하고 자기들끼리 세력 다툼을 벌이기도 하면서 에도 시대의 치안을 위협했다. 이들은 나중에 조선에 진출해 명성황후를 살해하는 사건을 일으키는데, 야쿠자의 기원은 이들로부터 비롯되었는지도 모른다.

했고, 간바쿠는 무려 1000년이나 된 직책이었다. 실로 오랜만에 일본 정치의 골간이 완전히 바뀐 것이다. 이제 남은 과제는 단 하나, 바쿠후의 대항 쿠데타를 진압하는 일이다.

쇼군제가 폐지됨으로써 본의 아니게 마지막 쇼군이 되어버린 도쿠가와 요시노부德川慶喜(1837~1913)는 아직도 에도를 장악하고 있었다. 새 천황 정부는 요시노부를 타도하자는 구호로 대군을 편성해 에도로 진격했다. 요시노부는 휘하 군대를 총동원해 새 정부군과 대대적인 결전을 준비했다. 자칫 대규모 내전이 될 뻔한 양측의 충돌은 다행히 현실화되지 않았다. 세 불리를 느낀 에도 측이 꼬리를 내려 극적으로 협상이 이루어진 것이다.

이렇게 해서 개국 이후 10여 년간 격렬하게 전개되었던 권력투쟁은 신흥 세력의 승리로 끝났다. 일본의 역사는 수백 년 만에 전혀 새로운 국면을 맞았다. 수백 년 동안 바쿠후의 중심지였던 에

성공한 쿠데타   1868년 1월의 쿠데타 장면. 왼쪽의 바쿠후군은 병력 수에서 두 배 이상 많았으나 서양식으로 무장한 쿠데타군에게 패하고 말았다. 큰 전투는 아니었으나 이 사건은 시대를 역행하려 한 바쿠후의 몰락이자 20여 년간 권토중래한 존왕파의 최종적 승리였다.

도는 이때부터 도쿄東京로 이름이 바뀌어 오늘에 이른다. 그보다 더 큰 변화는 9세기 이래 셋칸 시대와 바쿠후 시대를 거치면서 내내 상징적 존재로만 군림해왔던 천황이 무려 1000년 만에 다시 현실 정치의 무대에 우뚝 서게 되었다는 사실이다.

일본의 머리에 서양의 손발

천황이 실권을 가지게 되었다고는 하지만, 그렇다고 해서 서양식 절대왕정 같은 체제가 수립된 것은 아니다. 영국의 튜더와 스튜어트 왕조, 프랑스의 부르봉 왕조로 대표되는 서양의 절대군주는 군주 자신이 최대의 봉건영주로서 정치와 외교, 군사 등 모든 분야의 최고 결정자였다. 그러나 일본의 천황은 법제상으로만 절대 권력을 지닐 뿐 현실적으로는 휘하 관료들이 권력을 소유하고 집행했다.

그렇다 해도 천황은 이제 과거의 상징적 존재와는 달랐다. 관료들은 모든 권력을 '천황의 이름으로' 행사했으므로 천황은 모든 권력의 원천이었다. 어떤 의미에서 일본의 천황은 절대 권력자를 넘어 신적 권위를 지닌 존재였다. 이 점에서 천황은 유럽의 어느 절대군주도, 심지어 중국의 황제조차 미치지 못하는 위상이었다.

따라서 일본의 근대화에 결정적 기여를 한 유명한 메이지 유신은 소년 천황 메이지가 직접 주도한 게 아니라 메이지 정부의 관료들이 천황의 이름으로 입안하고 집행한 것이다. 그렇다면 바쿠후 시대와 어떤 점이 다를까? 쇼군이 지배하던 바쿠후 시대에도 실제 행정과 정치는 어차피 실무 관료들이 담당하지 않았던가?

그러나 우선 권력의 성질이 다르다. 바쿠후 시대의 쇼군은 최고 권력자였을 뿐 절대 권력자는 아니었다. 쇼군은 자신이 거느린 군사력을 바탕으로 지방의 다이묘와 번주를 제압하고 그들에게서 충성을 요구했지만, 천황은 무력이 아니라 정치적 권위로 군림하는 존재이므로 쇼군과는 차원이 달랐다. 바쿠후를 공화국의 여당에 비교한다면, 천황은 왕국의 왕에 해당한다. 공화국의 여당과 야당은 힘 관계에 따라 얼마든지 바뀔 수 있어도(실제로 바쿠후 정권은 몇 차례 바뀌기도 했다), 왕국에서 왕을 바꾸려 하는 행위는 곧 반란이 된다. 왕정복고를 계기로 일본의 정치 체제는 바쿠후 때와 성격이 다른 강력한 중앙집권으로 바뀌었다.

또한 바쿠후 체제와 왕정 체제의 차이는 관료 집단의 성격에도 있었다. 중국의 역사에서 보았듯이 황제를 정점으로 한 중앙집권과 쌍둥이처럼 어울리는 게 바로 관료제였다. 메이지 시대의 관료들은 바쿠후와 다이묘의 지휘를 받는 바쿠후 시대의 관료들과 전혀 달랐다. 그들은 위로부터 명령을 받아 실행하는 게 아니라 스스로 정책을 입안하고 집행할 수 있는 능력과 권한을 가지고 있었다. 사실 그렇지 않았다면 메이지 유신의 화려한 드라마는 결코 현실의 무대에 오를 수 없었을 것이다.

메이지 정부는 우선 지배계급을 재편하는 일부터 착수했다. 전통적 지배층인 다이묘와 더 전통적 지배층인 귀족을 함께 아울러 화족華族으로 묶고 무사는 사족士族으로 분류했다. 또한 중앙 행정기구로서 중국식 6성을 두었고, 지방의 번들은 먼저 번지사藩知事(230쪽의 주에서 보았듯이, '知'란 일을 맡긴다는 뜻이므로, 지사는 번의 '주인'처럼 독립적인 의미가 아니라 중앙집권적·관료적인 의미다)로 바꾸었다가 이내 그것마저 폐지하고 그 대신으로 현懸을 설치했다(이 현제도는 지금까지 이어져 오늘날 일본의 행정제도로 사용된다).

여기까지는 서론에 불과하다. 메이지 유신의 본론은 근대화를 통한 부국강병 작업이다. 1871년 체제 정비를 완료한 유신 정권은 최고 수뇌부의 절반에 달하는 48명의 대규모 사절단을 편성해 미국과 유럽으로 파견했다. 당면 목적은 그때까지 서구 열강과 체결한 불평등조약들을 수정하려는 것이었으나, 그보다 더 중요한 것은 서구 열강의 선진 문물을 현지에서 시찰하고 새 일본 건설에 적용하려는 장기적인 목적이었다. 1000여 년 전 당 제국이 건강했을 때 일본은 중국의 선진 문물을 배우기 위해 견당사를 파견했다. 그러나 당시의 견당사가 주로 유학생들이었던 반면 메이지 사절단은 직접 통치를 담당하는 관료 집단이었다.

사절단은 1년 반에 걸쳐 미국은 물론 영국, 프랑스, 벨기에, 네

유신 교육　메이지 시대의 소학교(초등학교) 교실에서 산수 수업이 진행되는 광경이다. 사진을 찍는다니까 이런 자세를 취하게 했겠지만, 학생들이 줄을 반듯이 맞추어 무릎을 꿇고 앉은 모습에서 유신의 필연적 귀결인 군국주의를 읽는다고 해도 억지는 아닐 것이다.

덜란드, 독일, 러시아, 덴마크, 스웨덴, 이탈리아, 오스트리아, 스위스의 순서로 거의 모든 유럽 국가를 두루 돌아보았다. 과거 견당사가 그랬듯이 메이지 사절단도 서구에 대한 엄청난 정보를 가지고 돌아왔으며, 이를 적절히 모방해 국내에 활용했다. 이 점을 단적으로 보여주는 구호는 메이지 유신의 기본 이념인 화혼양재和魂洋才(여기서 '和'란 일본을 뜻한다)다. 즉 일본의 정신으로 서양의 기술을 받아들인다는 것이다. 비록 '일본의 정신으로'라는 단서가 붙기는 했지만 메이지 정부의 서구화 노력은 그야말로 혁명적이었다. 심지어 일각에서는 '일본에 유럽적 섬나라를 건설하는 것'을 최고의 목표로 삼기도 했으며, 학교에서 일본어를 폐지하고 영어를 가르치자는 주장까지 나올 정도였다.

　메이지 정부는 서구 여러 나라의 각종 제도를 저울질하면서 그것들 중 가장 적절한 것들을 선별해 도입했다. 이를테면 교육제도와 육군, 형법은 프랑스, 해군과 철도, 체신은 영국, 대학은 미국, 헌법과 민법은 독일을 모방하는 식이었다. 구체적인 개혁 작업에서 메이지 정부가 취한 대표적인 정책은 신분제를 철폐하고 징병제를 실시하며 의무교육제를 실시하는 것이었다. 서구에서는 수십, 수백 년씩 걸린 일들을 메이지 정부는 불과 십수 년 만에 압축적으로 처리했다. 일본의 의무교육제는 영국(1870)에 이어 세계에서 두 번째였다.*

이렇게 단기간에 뚜렷한 성과를 낼 수 있었던 이유는 무엇보다 유신 지도부가 유능할 뿐 아니라 청렴했기 때문이다. 아래로부터의 개혁이 아니라 위로부터의 개혁이었던 만큼 정권의 도덕성은 개혁의 성패에 중요한 영향을 미치는 요소였다. 유신 정권은 신생 정권답게 청렴했으며, 핵심 세력의 나이도 '부패 연령'에 이르지 않고 젊었다. 최고 수뇌부의 최고 연장자라고 해봐야 40대 중반이었고 주로 30대 소장파가 모든 실무를 담당했다(훗날 조선의 안중근에게 암살당하는 이토 히로부미도 젊은 시절에 메이지 정부에서 일했다).

젊은 그들의 '신세대적' 감각은 내정 개혁만이 아니라 대외 관계에서도 뚜렷이 드러난

민족의 영웅   이토 히로부미는 메이지 유신에서부터 청일전쟁, 러일전쟁에 이르기까지 일본 근대사에서 핵심적인 역할을 했다. 자칫하면 제국주의의 식민지로 전락할 뻔한 일본이 불과 수십 년 만에 제국주의 강국으로 발돋움한 데는 그의 공헌이 절대적이었기에, 지금도 일본에서는 그를 근대 일본의 최대 영웅으로 손꼽는다. 하지만 우리의 입장에서 보면 그는 식민지 지배를 가져온 원흉이며, 오히려 그를 암살한 안중근이 민족의 영웅이다. 민족적 관점에 따라 역사적 평가가 다른 것은 당연하지만, 한쪽은 침략자이고 다른 쪽은 침략에 저항한 것이니 엄연한 차이가 있다.

● 메이지 유신은 사람들의 일상생활에까지 구석구석 규제를 가했다. 머리 모양을 서양식으로 바꾸는 것은 물론 산발(散髮)을 법으로 금지했으며, 노상방뇨도 금지했다. 이렇게 일상생활의 영역까지 법제화하는 극단적인 '경찰 정치'는 100여 년 뒤 한반도에서 똑같은 '유신'이라는 이름으로 박정희 군사정권이 모방했다. 유신 정권은 정치적 사안을 긴급조치로, 사회적 문제를 경범죄로 처리하면서 전 사회를 옥죄었다.

유신의 성과   메이지 유신 초기 요코하마의 풍경이다. 서양식 건물과 다리가 있고 기차가 달리고 있어 마치 19세기 서양의 어느 항구도시를 보는 듯하다. 유신의 성과는 결국 서구의 모방이었다.

다. 이들은 옛 바쿠후가 불평등조약을 통해 서구 열강에 빼앗겼던 각종 이권을 하나씩 회수해 상당한 성과를 거두었다. 조약에 규정된 내용이라 해도 거부할 것은 단호히 거부했으며, 토지 조차권이나 탄광 운영권 등은 위약금을 물어주고서라도 이권을 돌려받았다. 또한 요코하마에 주둔하던 영국과 프랑스 군대의 철수를 줄기차게 요구해 마침내 1875년에 실현시켰다. 난징 조약 이래 무수한 불평등조약을 맺으면서도 빠져나가는 실익과 이권은 무시한 채 '오랑캐에게 굴욕을 당한다'는 생각밖에 하지 못했던 중국 정부의 관리들에 비해, 일본의 메이지 정부는 당시로서 믿기 어려울 만큼 탁월한 대세 감각을 보였다(메이지 정부는 서구 열강, 특히 영국에 상당히 의존했으나 그들을 철저히 자문 역할로만 활용했다).

조국을 근대화하겠다는 데야 누가 뭐라 할 수 없다. 문제는 부국강병을 모토로 내세운 만큼 처음부터 군사적 성격이 강한 근대화였다는 점이다. 산업뿐 아니라 과학과 기술도 군사적인 것이 가장 우선이었다. 이를테면 각 산업체를 부국강병의 기치 아래 국영기업으로 만들어 경제 발전에 투입하는 방식이었다. 그런 분위기는 필연적으로 서구와 같은 개인주의와 자유주의가 아니라 공동체의 이익을 군사적으로 도모하는 군국주의로 나아갈 수밖에 없다. 바로 그것이 곧이어 한반도와 중국 대륙을 침략하는 국제 범죄의 원동력이 된다.

4. 제국주의의 길

대외 진출은 늘 침략으로

섬이라는 지리적 여건은 외부의 침입을 막는 데는 효과적이지만 대외로 진출하는 데는 커다란 걸림돌이다. 물론 하기에 따라서는 대외 진출에도 얼마든지 유리한 조건으로 작용할 수 있다. 외부의 간섭 없이 완벽한 내부 준비를 갖추고 나서 내실 있게 대외 진출을 꾀할 수 있기 때문이다. 단, 여기서 핵심은 내부를 다지는 주체의 역량이 어느 정도냐에 있다. 주체가 무능하면 내정도 불안정하고 당연히 대외 진출도 무리수가 되지만, 주체가 유능하면 성공적인 내정이 그대로 대외로 연장될 수 있다.

지금도 논란이 끊이지 않는 고대 한반도와 일본의 관계를 제외하면, 2000년에 걸친 일본 역사에서 국가적인 규모의 대외 진출은 두 차례 있었다(무역이나 문화 교류와 같은 민간 부문은 논외다). 그 두 차례의 대외 진출은 앞서 말한 주체의 역량으로 인해 서로 크게 달랐다. 첫 번째는 16세기 말의 임진왜란이다. 최초로 일본 전국을 통일한 도요토미 히데요시는 자신의 힘을 과신한 나머지 무리한 대륙 침략을 꾀했다가 이웃에게는 비극을, 자신에게는 불운을 초래했다. 그로 인해 모처럼 전란이 종식되었던 일본은 또다시 최후의 내전에 휘말렸다. 그러나 두 번째 대외 진출을 시도하는 주체는 300년 전의 히데요시보다 훨씬 유능하고 용의주도하며 관료 체제를 갖춘 데다 바깥을 보는 안목과 대세 감각에도 밝은 메이지 유신 정부였다.

이러한 주체 역량의 차이가 그대로 반영되어 두 번째 대외 진출은 첫 번째와 달리 큰 성공을 거둔다. 하지만 그런 평가는 일본 자체만을 기준으로 볼 때 가능하다. 일본이 진출하고자 하는 '외부'인 한반도와 중국은 첫 번째에서나 두 번째에서나 일본에 의해 엄청난 피해를 입었다. 그 이유는 바로 일본의 두 차례 대외 진출이 모두 정상적인 대외 관계가 아닌 군사적 침략이었기 때문이다.

관료 체제가 권력을 장악했어도 바쿠후 정권의 오랜 군사적 지배에 길들여진 일본의 정치는 여느 관료제처럼 문치주의로 흐르지 않았다. 무능한 문민정부는 자국만을 구렁텅이에 빠뜨리지만 유능한 군사정부는 이웃마저 위험하게 한다. 메이지 정부가 바로 그랬다. 메이지 유신이 채 시작되기도 전부터 일본 정부에서는 조선을 정벌하자는 정한론征韓論이 대두되었다. 번을 폐지하면서 넘쳐나는 번의 군사력을 조선 침략에 이용함으로써 내부 안정을 도

메이지 시대의 세태　유신 이후 일본 사회는 급속도로 근대화되어갔다. 왼쪽은 일본의 물질만 능주의를 풍자한 그림이고, 오른쪽은 시곗바늘을 붙잡고 다닐 정도로 바쁜 일본인을 풍자한 그림이다. 자본주의가 도입되기가 무섭게 자본주의적 생활과 사고방식에 익숙해진 일본 특유의 적응력을 보여준다.

모하는 동시에 대외 무력 진출을 이루자는 주장이었다. 16세기 말 히데요시가 전국을 통일한 뒤 무사들과 군수 상인들의 불만을 임진왜란으로 표출시킨 것과 다를 바 없다.

　그러나 이 정한론에는 히데요시의 시대에 없었던 세계정세의 흐름이 반영되어 있었다. 바쿠후 시대의 말기에 반바쿠후파의 이론가였던 요시다 쇼인吉田松陰(1830~1859)은 이렇게 말한 바 있다. "러시아, 미국과 화의를 맺으면 우리로서는 비록 오랑캐와의 약속일지라도 신의를 지켜야 한다. 우리는 그사이에 국력을 배양해 손쉬운 상대인 조선, 만주, 중국을 취함으로써 교역에서 러시아와 미국에서 잃은 것을 보충해야 한다." 제국주의 열강으로부터 입은 손해를 식민지에 전가하라! 그는 유신이 발발하기 전 바쿠후에게 처형되었으나, 서른도 되지 않은 젊은이의 영악하기 짝이 없는 그 제국주의적 가르침은 메이지 정부의 기본 노선이 되었다.

다만 아직 내치가 안정되지 못했으므로 시기상조라는 정부 내 반대 여론이 비등한 탓에 정한론은 곧장 한반도 침략으로 연결되지는 못했다. 그러나 정한론의 기본 정신은 부정된 게 아니라 연기되었을 뿐이다.● 그런 만큼 정한론은 이후부터 노골적인 측면을 떼어내고 '외교'라는 이름의 한층 세련된 외양을 취하게 된다.

그 첫걸음은 1871년에 청과 맺은 수호통상 조약이다. 그 내용은 그리 중요하지 않지만 이 조약은 유사 이래 최초로 일본과 중국이 대등한 입장에서 맺은 외교 관계라는 점에서 작지만 커다란 한 걸음이었다. 일본이 중국과 대등한 조건에서 조약을 체결한 직접적인 성과는 바로 조선에 진출하기에 유리해졌다는 점이다.

한반도는 신라의 삼국 통일 이래 중국과 특수한 관계에 있었다. 왕이 중국 황제의 책봉을 받고 연호를 독자적으로 사용하지 못한다는 점에서는 중국의 속국이었고, 내정이 독자적이라는 점에서는 독립국이었다. 하지만 외교권이나 군사권 같은 근대 국가적 권리가 중국에 있었으므로 서구적 관점에서 보면 속국이었다. 이런 모호한 관계가 오랫동안 유지될 수 있었던 배경은 중국이 언제나 동북아시아 국제 질서의 확고한 중심으로서 역할을 했기 때문이다. 그러나 중국이 몰락하고 국제 관계가 특히 중요하게 대두되는 19세기 제국주의 시대에 와서 그 관계는 더 이상 유지될 수 없었다.

이런 배경에서 일본이 중국과 대등한 외교 관계를 맺었다는 것

● 일본의 제국주의 노선은 한반도를 겨냥하기 전에 소규모로 실천에 옮겨져 상당한 성과를 낳았다. 1874년의 대만 침략과 1879년의 오키나와 복속이 그 결과다. 오키나와는 원래 독립국으로, 청과 일본 양국 사이에서 줄타기 외교를 벌였으나 일본이 먼저 선수를 쳐 강제로 합병했다. 현재 오키나와보다 중국과 대만에 훨씬 더 가까운 센가쿠 열도(중국 명칭은 釣魚島)가 중국과 일본의 영토 분쟁에 휘말린 것은 당시 일본이 오키나와를 선점했기 때문이다.

은 곧 조선에 대해서 중국과 똑같은 권리를 가질 수 있다는 뜻으로 볼 수 있었다(조선으로서는 중국과 '조약' 같은 것을 맺을 수는 없는 위치였다). 일본은 바로 그렇게 해석했다. 조선을 개항시킨 1876년의 강화도조약은 바로 그 결과물이었다. 일본은 20여 년 전 미국이 일본에 했던 것과 똑같은 방법으로 인천 앞바다에 군함을 보내 함포로 시위 사격을 하고(운요호 사건), 미국과 맺은 조약을 거의 그대로 모방해 조선과 조약을 맺었다. 안타깝게도 조선으로서는 역사상 최초의 국제조약이자 이후 제국주의 열강과 여러 차례 맺게 되는 불평등조약의 출발이었다.●●

●● 당시 일본은 이미 군국주의의 길을 걷고 있었다. 대만 원정과 운요호 사건은 일본 정부의 계획이라기보다 해군이 먼저 사건을 일으키고 나중에 정부가 그것을 추인하는 방식으로 전개되었다. 이렇게 정부의 지시를 받지 않고 독자적으로 행동하기 시작한 군은 1878년부터 아예 군 참모부를 천황에 직속시켜 공식적으로 정부의 간섭을 받지 않게 되었다.

유신의 결론: 군국주의

메이지 유신 자체에 군사적 성격이 강한 것은 사실이지만, 유신 직후부터 곧바로 제국주의와 군국주의의 길로 나아가지는 못했다. 그 노선은 일본 사회 전체가 동의한 게 아니었다. 저항의 가능성은 '위로부터의 근대화'라는 메이지 유신의 기본적인 성격에 내재해 있었다. '위로부터'였으므로 민중의 권익을 위한 게 아니었다. 또한 '근대화'였으므로 전통적인 기득권층이 무시될 수밖에 없었다. 따라서 메이지 유신은 민중의 거센 저항과 상인, 지주층의 반발을 샀으며, 때로는 그 두 가지가 결합된 도전을 받았다.

민중 세력의 성장에 힘입어 서구적 자유주의 사상으로 무장한 새로운 지식인층과 정치 지도자들이 생겨났다. 그들은 근대화의

모네의 일본풍   메이지 시대에 이르러 일본은 동양의 떠오르는 별로 유럽에까지 널리 알려졌다. 덕분에 중국 문화와 아울러 일본 문화도 동양을 대표하는 문화로 소개되었다. 그림은 프랑스의 인 상파 화가 모네가 1876년에 그린 〈일본 여인〉이라는 작품이다. 자기 아내를 모델로 했지만 일본 화가가 그렸다고 보아도 좋을 만큼 '일본풍'이다.

이념에 동의했으나 방향은 정부와 반대로 '아래로터의 근대화'를 지향했다. 1870년대부터 자유주의자들은 신문을 창간해 근대적인 언론을 선도했으며, 정부가 근대화 과정에서 '본의 아니게' 열어놓은 정치적 자유의 공간을 이용해 각종 결사를 이루고 활발한 정치 활동을 벌였다. 1875년에 그들은 오사카에서 전국적인 대회를 열고 아이고쿠샤愛國社라는 정치 단체를 결성했다. 5년 뒤인 1880년에는 대규모 대중 집회를 통해 천황에게 국회 창설을 청원했다.

국회라면 반드시 필요한 게 정당이다. 그래서 자유주의 세력은 자유당自由黨을 설립하고 강령도 확정했다. 뒤이어 오사카에서는 입헌정당立憲政黨, 규슈에서는 개진당改進黨이 창당되었다. 이 무렵 일본 서부 지역에서 자유주의 운동은 최전성기를 맞았다.

이런 상황에 이르자 정부도 자유주의 운동을 그냥 보아 넘길 수 없는 입장이 되었다. 정부는 근대화에 일로매진해야 할 시기에 예기치 않게 뒷덜미를 잡혔다고 판단했지만, 거센 압력에 한 걸음 물러나 국회 창설을 약속했다. 하지만 당장은 아니었다. 정부는 10년 뒤인 1890년에 국회를 개설하겠다면서 그때까지 국가의 안녕을 저해하고 사회 질서를 어지럽히는 자에게는 관용을 베풀지 않겠다고 엄포를 놓았다. 그러나 그보다 더 중요한 사실은 국회 개설에 필요한 헌법을 천황이 제정하겠다는 방침이었다. 국회 개설 요구를 받아들이겠다는 정부의 약속에 흥분한 자유주의자들이 그 점을 소홀히 한 것은 이후 일본의 정치사에서 치명적인 결함으로 드러나게 된다.

자유주의자들은 일찍부터 일본의 제국주의화를 경계했다. 이들은 (요시다 쇼인의 가르침처럼) 서구 열강에는 군말 없이 복종하면서 조선과 중국 등 이웃 나라들에는 침략적인 태도를 드러내는 유신 정부의 이중적 태도에 대해 민족주의적 입장에서 비판했다. 그들은 오히려 동북아시아의 이웃들과 연대해 서구 열강에 대항하자고 주장했다. 그러나 그들이 내세운 '동양 연대'는 이후 군국주의 정부에 차용되어 이른바 '대동아공영'의 이데올로기로 변질된다.

정부는 헌법 제정을 약속하면서도 자유주의 운동을 혹독하게 탄압하기 시작했다. 아직 토대가 취약한 자유주의 세력은 정부가 '응징'으로 돌아서자 불과 몇 년 만에 붕괴하고 말았다. 일부 급진적인 세력은 자신들의 궁극적 기반인 민중 속으로 들어가 각지에서 민중 봉기를 주도했다. 그러나 자유주의자는 일본의 정치 무대에서 두 번 다시 조연으로도 복귀하지 못했다.

그래도 유신 정부는 국회를 열겠다는 약속을 저버리지는 않았다. 사실 헌법 제정권을 확보한 정부로서는 굳이 그 약속을 어길 필요도 없었다. 더구나 당시 유럽에는 헌법이 왕권을 강화해준 좋은 선례도 있었다. 1852년의 프랑스 헌법은 루이 나폴레옹의 독재를 수립하는 데 큰 도움을 주었고, 1867년 독일의 제국헌법은 의회를 프로이센 황제의 거수기로 만들지 않았던가? 이런 헌법 같지 않은 헌법에도 이름이 있어 흠정헌법 欽定憲法이라고 하지 않는가?• 유신 초기부터 참여해 핵심의 위치에까지 오른 이토 히로부미伊藤博文(1841~1909)의 주도로 헌법 초안을 작성한 지 몇 년 만에 드디어 1889년에 공표된 대일본제국헌법은 바로 서구식 흠정헌법의 완벽한 모방이었다.

"대일본제국은 천황이 통치한다."(1조), "천

• 흠정헌법이란 독일어의 oktroyierte Verfassung을 일본에서 번역한 용어인데, 번역 과정에서 어감이 사뭇 달라졌다. 독일어의 원래 뜻은 '부과된 헌법' 혹은 '강요된 헌법'이다. 그에 비해 흠정헌법은 '공경하는 마음(欽)으로 정한 헌법'이라는 뜻이다. 용어의 번역에서도 유신의 냄새가 물씬 나는 것을 알 수 있다.

헌법 반포식　메이지 천황이 대일본 제국헌법을 반포하고 있다. '헌법'이라는 이름이 일본 역사
에서 최초로 등장한 것은 7세기 쇼토쿠 태자의 헌법 17조인데, 당시에는 중국의 율령을 모방했으
나 이번에는 서구의 흠정헌법을 모방했으니 더욱 개악된 셈이다.

황은 신성하여 침범 받지 않는다."(3조)와 같은 조항들에서 알 수
있듯이, 새 헌법은 민주주의는커녕 오히려 천황 독재를 정당화하
는 역할을 했다. 헌법에 따라 내각(행정부), 제국의회(입법부), 재판
소(사법부)가 신설되었지만, 형식적인 의미에 불과할 뿐 모든 것은
사실상 천황(유신 정부)의 통치를 돕는 일종의 분업적 기관이나 다
름없었다.

　헌법 제정과 더불어 일본 특유의 천황제는 근대적 법 개념으로
장식되고 법적 근거까지 가지게 되었다. 천황이 절대적이고 신성
한 존재라는 것은 서구의 절대왕정과도 크게 다른 관념이며, 어떤
의미에서는 고대적 제정일치와도 유사하다. 헌법이란 민주주의의
법제화인데, 천황 독재를 정당화한다면 어불성설이 아닐 수 없다.
이것도 일본식 '화혼양재'의 원칙일까? 하기는, 20세기 대한민국
의 유신 정권은 독재를 '민주주의의 토착화'로 미화했다.

300년 만의 재도전

내부의 저항을 진압한 일본 정부는 이제 아무런 거리낌 없이 노골적으로 바깥을 향해 아표제국주의·군국주의 노선을 취할 수 있게 되었다. 일차 목표는 일찍부터 노리던 한반도였다.

없는 계기라도 만들어야 할 판에, 때마침 조선에서 일본의 영향력을 강화할 수 있는 좋은 계기가 발생했다. 개화파인 김옥균金玉均(1851~1894)이 갑신정변甲申政變을 일으킨 것이다. 일본은 김옥균을 지원해 쿠데타를 성공시켰으나 정변은 사흘 만에 수구파에 의해 진압되고 말았다. 그러나 그 과정에서 일본은 오히려 쿠데타가 성공한 것보다 상황을 더욱 유리하게 가져갈 수 있는 두 가지 중요한 소득을 얻었다. 하나는 일본 공사관이 습격을 당했다는 훌륭한 '전과'이고, 다른 하나는 청의 군대가 수구파를 지원했다는 점이다. 일본 정부는 이 두 가지 변수를 기민하게 활용한다.

공사관이 습격을 당했다는 것을 빌미로 일본은 군대를 서울에 파견하고 조선 정부에 사죄와 손해 배상을 요구했다. 물론 당장의 실익보다는 조선에서의 발언권이 강화되었다는 이득이 더 크다. 또 청군이 동원되었다는 것을 빌미로 이토 히로부미는 직접 중국에 가서 톈진 조약을 맺었다(이 조약은 1857년 2차 아편전쟁의 결과로 열강과 중국이 체결한 톈진 조약과는 다르다). 어차피 조선을 침략하려면 조선의 종주국임을 자처하는 청과의 대결을 피할 수 없다. 톈진 조약은 그것을 위한 포석이었다. 세 조항으로 이루어진 톈진 조약의 마지막 조항에서 청과 일본 양국은 이후 조선에 출병할 때 상호 통지할 것을 약속했다. 이것은 이미 두 나라가 조선의 주권을 무시하기로 합의했음을 뜻하는 것이다. 이후 이 조항은 일본

도망가는 공사관　1882년 조선에서 일본이 주도한 군대 개혁에 반대해 구식 군대가 임오군란을 일으키자 일본 공사관 일행이 인천 쪽으로 도망치고 있다. 멀리 커다란 일장기가 보인다. 일본은 이 사건을 빌미로 조선에 대한 침략을 더욱 강화했다.

의 구상대로 조선을 놓고 양국이 승부를 벌이는 데 결정적인 명분을 제공하게 된다.

　일본은 내부의 반발을 진압하고 새 정부의 기틀을 다지느라 분주한 가운데서도 철저하고 집요하게 조선 침략을 준비했다. 그것은 일단 제국주의 노선이라고 할 수 있지만, 서구 열강의 제국주의 침략과는 크게 달랐다. 서구의 경우는 자본주의가 발달하면서 상품 시장에 대한 필요성이 증대한 탓에 해외 식민지 개척에 나섰으나, 국가 주도의 인위적 근대화와 자본주의화를 이룬 일본은 '식민지'의 개념부터 달랐다. 사실 강화도조약으로 조선과 통상을 개시한 이래 무역 성적표를 보면, 조선은 일본 상품의 수출 시장이라고 말하기 어려웠다. 1890년경 일본의 대조선 수출량은 일본 수출 총액의 2퍼센트도 되지 못했다. 더구나 수출 품목도 일본의 기계공업 제품이 아니라 수공업과 집 안 공업에서 생산되는 잡화에 불과했다. 심지어 영국에서 수입한 면제품을 조선으로 재수출하는 경우도 많았다.

일본이 조선 침략을 계획한 경제적 이유는 시장으로서의 역할보다는 쌀과 금을 확보하려는 데 있었다. 그런데 그러려면 단순히 무역을 통해서가 아니라 조선을 통째로 소유해야만 가능했다. 따라서 일본의 침략은 서구 열강의 중국 침략처럼 경제적 측면에만 국한될 수 없었던 것이다.

7장에서 보았듯이, 서구 열강(특히 독일)도 처음에는 중국을 영토 분할하는 데 큰 관심을 보였으나 실현 불가능함을 깨닫고 포기한 적이 있었다. 그러나 일본이 볼 때 조선은 영토적으로 소유할 수 없는 지역이 아니었다. 다만 수백 년 동안 한반도의 정치·외교·군사를 장악하고 지휘한 중국만이 걸림돌일 뿐이었다(일본은 300년 전 임진왜란도 중국이 개입하지 않았다면 성공했으리라고 여겼을 것이다). 이런 이유로, 일본은 청과의 일전이 불가피하다는 것을 일찍부터 깨닫고 있었으나, 당시 청은 오로지 서구 열강만을 경계할 뿐 일본은 상대로 여기지 않았다. 하기야 30년 동안 양무운동으로 키운 군사력이 있었으니 알았다 해도 걱정하지 않았을지 모른다.

전쟁이 터지는 데는 안팎의 사정이 연관되었다. 바쿠후 시절 서구 열강(주로 영국)과 맺은 불평등조약을 개선하는 작업이 지지부진하다는 이유로, 1894년 5월 31일 제국의회에서는 정부 불신임안을 가결했다. 의결권이 제한된 제국의회였으나 정치 무대에서 반정부 세력이 득세한다는 것은 정부 측에 결코 유리할 리 없었다. 메이지 정부가 발족한 이래 최대의 정치적 위기였다. 그러나

압송되는 전봉준 동학 농민군의 지도자 전봉준이 서울로 압송되고 있다. 그는 농민 반란을 주도했으면서도 외세의 간섭을 배제하기 위해 최대한 노력했으나 조선 정부의 무능으로 그 노력이 빛을 보지 못하고 말았다. 1895년에 그는 그 무능한 정부의 손에 처형되었다.

안의 위기를 바깥으로 표출하는 것은 일본의 전통적인 장기다.

　궁지에 몰린 메이지 정부가 타개책을 찾아내는 데는 불과 몇 시간밖에 걸리지 않았다. 그 무렵 조선에서는 동학농민전쟁으로 전국이 들끓고 있었다. 공교롭게도 일본에서 정부 불신임안이 가결된 바로 그날(5월 31일) 농민군이 전주성을 점령했고, 조선의 민씨 정권은 즉각 청에 출병을 요청했다.● 10년 전에 맺어둔 텐진 조약이 이렇게 고마울 수가 있을까? 한성발 급전을 들은 총리 이토 히로부미는 하늘이 도운 것이라며 기뻐했다.

　신속과 일사불란함이 장점인 메이지 정부

● 지금의 관념으로 보면, 자국민이 일으킨 반란을 진압하는 데 외국에 군대를 요청한 것은 지탄받아 마땅할 일이다. 하지만 당시 조선 정부로서는 외국군을 끌어들인다는 생각이 거의 없었을지도 모른다. 조선은 스스로 중국에 사대했을 뿐 아니라 외교와 군사의 권리를 의탁했기 때문이다. 비유하자면, 지방 현감이 자기 지역에서 일어난 반란을 진압하기 위해 중앙 정부에 군대를 요청한다는 느낌이 아니었을까? 청도 그런 생각이었기에 조선 정부의 요청을 받고 별다른 긴장감 없이 조선에 파병했을 것이다.

청일전쟁　일본 측의 그림에 묘사된 청일전쟁. 전쟁을 사전에 철저히 준비한 일본은 부패하고 무능한 청나라에 압도적으로 승리했다.

는 전광석화처럼 일을 처리했다. 이틀 만에 의회를 해산하는 동시에 조선에 군대를 파견했다. 먼저 조선으로부터 파병을 요청받은 청의 군대가 아산에 상륙한 날 일본군은 인천에 상륙할 정도였으니 얼마나 신속했는지 알 수 있다. 게다가 청군이 전주에 가까운 아산에 상륙한 반면 일본군이 한성에 가까운 인천에 상륙했다는 사실은 이 상황을 보는 양국의 시각을 말해준다. 청은 조선 정부의 요청에 충실히 따른 것이지만 일본은 사태와 무관하게 한성을 공략하겠다는 의도를 보인 것이다.

　외국군이 들이닥친다는 소식을 들은 동학 농민군의 지도자 전봉준은 서둘러 6월 10일에 조선 정부와 화의를 맺고 전주성에서 철수했다. 조선 정부도 그제야 사태의 위중함을 깨닫고 두 나라 군대의 철병을 요청했다. 그러나 그 정도로 끝낼 거라면 애초에 군대를 보내지도 않았다. '진압 대상'이 사라지자 일본은 숨긴 의도를 드러냈다. 두 달 가까이 동학 잔당을 없앤다며 부산을 떨던 일본군은 7월 하순에 느닷없이 조선의 왕궁에 침입해 민씨 정권을 제거하고 대원군을 다시 옹립했다. 이 때문에 오히려 동학 농민군은 재차 봉기에 나섰으니, 일본군은 반란 진압을 구실로 왔다가 반란을 더욱 키운 셈이었다.

일본으로서는 이미 겉으로 내보인 발톱을 도로 감출 수 없는 입장이었다. 대원군을 옹립한 지 이틀 만에 일본의 해군과 육군은 황해상에 있는 청의 함대와 아산에 주둔 중인 청의 육군을 기습했다. 이리하여 청일전쟁•이 발발했는데, 으레 그렇듯이 일본은 선제공격을 가하고 사흘 뒤에야 정식 선전포고를 했다.

임진왜란 이후 300년 만에 일본과 중국은 다시 대회전을 벌이게 되었다. 임진왜란이 일본의 패배였다면 이번은 설욕전이 될 테고, 그때가 무승부였다면 이번은 결승전이

● 우리는 청일전쟁이라고 부르지만 일본에서는 일청전쟁이라고 부른다. 뒤에 나오는 러일전쟁 역시 일본에서는 일러전쟁이라고 부른다. 전쟁의 명칭에마저 자국의 이름을 앞세우는 일본의 의도를 어떻게 이해해야 할지 모르겠으나, 영어명은 각각 Sino-Japanese War(청일전쟁)와 Russo-Japanese War(러일전쟁)다. 전쟁의 명칭에서는 침략국을 앞에 쓴다는 주장도 있지만, 일관되게 지켜지는 원칙은 없다.

될 터이다. 안타까운 것은 이번에도 전장이 조선이라는 점이다.

"소문난 잔치에 먹을 것 없다."라는 말처럼 전쟁은 싱겁게 끝나버렸다. 이홍장이 각별히 공을 들인 청의 육군과 해군은 일본의 기민한 공격 앞에 제대로 힘 한 번 써보지 못하고 무너졌다. 개전 후 두 달이 채 못 되어 일본군은 평양에서 청의 주력군을 격파하고 청군을 조선에서 완전히 몰아냈으며, 황해의 해전에서도 청의 주력 함대를 궤멸시켰다. 곧바로 랴오둥에 상륙한 일본군이 뤼순을 접수하고 산둥 반도까지 밀고 내려가자 청은 결국 항복하고

말았다. 300년 전에는 10년 가까이나 전쟁을 벌이고도 이기지 못
했지만, 이순신이 없는 이번 전쟁에서 일본은 불과 6개월 만에 완
승을 거두었다.

1895년 청은 시모노세키에서 또 하나의 불평등조약을 맺었다.
이번에는 서구 열강이 아니라 일본이 조약의 상대였다. 반면 일본
은 강화도조약으로 조선을 제압한 데 이어 청마저 굴복시켜 서구
제국주의에 못지않은 '동양 제국주의'로 떠올랐다.

조약에서는 그동안 서구 열강이 중국과 체결한 각종 불평등조
약의 내용들이 망라되고 모방되었다. 청은 일본에 랴오둥 반도와
대만 등을 할양했고, 막대한 배상금을 물어야 했다(일본이 받은 배
상금은 3억 엔이었는데, 일본의 실제 전쟁 비용은 전부 합쳐 2억 47만 엔이
었다). 물론 최혜국 대우 조항도 있었다. 특기할 만한 것은 '조선이
완전한 독립국임'을 승인한다는 내용이 조약의 1항으로 채택되었
다는 점이다. 1919년 독립선언서의 첫 대목을 연상시키는 이 조
항이 삽입됨으로써 일본은 조선을 완전한 식민지로 만들기 위한
일차 포석을 마쳤다.

제국주의의 명패를 달다

청일전쟁의 승리로 일본은 1000여 년이나 꿈꾸어온 동양의 패자
가 되었다. 이제 일본은 중국과 대등한 관계를 넘어 중국을 압박
하는 위치에 올랐다. 하지만 그것으로 일본이 서구 열강과 같은
반열의 명실상부한 제국주의 국가가 된 것은 아니다. 원조가 아니
므로 어디까지나 후발 제국주의 혹은 아제국주의에 불과한 처지

다. 이런 '서러움'은 당장에 현실로 나타났다. 원조가 텃세를 부린 것이다.

랴오둥 반도를 받는다면 일본은 대륙 침략에 교두보를 가지게 된다. 그러나 일본은 시모노세키 조약이 체결된 지 불과 6일 만에 단꿈에서 깨야 했다. 러시아와 프랑스, 독일이 함께 랴오둥을 청에 반환하라고 요구하고 나선 것이다. 이것을 삼국간섭이라고 부르는데, 실상 주도한 나라는 러시아였다. 겉으로 내세운 명분은 '동양의 평화'를 위해서라지만, 아무도 그것을 곧이곧대로 믿지 않았다. 러시아 역시 중국과 한반도에 진출하려는 야심을 가졌으므로 일본을 최대한 견제해야 했던 것이다. 어쨌거나 공적 조약이 허무하게 취소된 데 억울해진 일본은 제국주의 열강의 우두머리 격인 영국에 호소했다. 당시 영국은 일본을 동방의 파트너로 눈여겨보고 있었으나 영국으로서도 열강 삼국의 단합된 요구는 감당하기 어려웠다. 결국 일본은 압력에 굴복할 수밖에 없었다.

새로 이사 온 동네의 텃세를 물리치려면 토박이 하나를 골라 싸워 이기는 수밖에 없다. 대상이 누군지는 명백하다. 바로 가장 텃세가 심한 러시아다. 더구나 러시아는 일본이 제국주의의 모델로 삼은 영국이 수백 년 동안 경계해오던 나라가 아닌가.● 러시아와 일본이 싸운다면 영국도 손대지 않고 코 푸는 격이니 일본을 지지해줄 것이다.

이래저래 일본에 미운 털이 박힌 러시아는 일본의 텃밭이나 다름없는 조선에서마저 일본과 대립했다. 당시 조선의 조정에서는 친일파와 친러파가 대립하고 있었다. 그러나

● 러시아는 18세기 초 표트르의 시대에 근대 국가 체제를 갖추고 제국주의로 노선을 정했다. 제국주의라면 해외 식민지가 필요하므로 러시아는 해외 진출에 필요한 부동항을 확보하기 위해 끊임없이 남하를 시도했는데, 그때마다 가로막은 게 영국이다. 유럽의 발트 해는 영국과 스칸디나비아 국가들에 막혔고, 동유럽은 오스만튀르크가 장악하고 있었다(그 때문에 튀르크와 크림 전쟁도 벌인 것이다). 결국 러시아로서도 남은 곳은 동북아시아밖에 없었다.

러시아의 조선 정부   조선 국왕 고종은 아내가 일본에 의해 살해당하자 신변의 위험을 느껴 러시아 공사관으로 도망쳤다. 사진은 러시아 공사관 앞에서 무력시위를 벌이며 고종의 환궁을 요구하는 일본군의 모습이다. 남의 나라 왕비를 살해하는 만행을 저지른 일본군이나, 일국의 왕으로서 남의 나라 공사관으로 도망쳐 신변 보호를 요청하는 고종이나 모두 기억에서 지워버리고 싶은 장면일 것이다.

삼국간섭에서 일본이 굴복하는 것을 본 민씨 세력은 갑오개혁을 주도한 친일 내각을 몰아냈다. 이에 맞서 일본은 1895년 을미사변乙未事變을 일으켜 명성황후를 살해하고 대원군을 옹립했다. 이 만행으로 신변의 위협을 느낀 고종은 러시아 공사관으로 가서 1년 가까이 머물렀다. 아관파천俄館播遷이라고 부르는 이 사건을 계기로 조선의 조정은 친러파가 장악했다.

이제 일본이 조선과 만주, 나아가 중국에서 발언권을 강화하려면 러시아와의 일전이 불가피하다는 사실이 명확해졌다. 그러나 러시아는 일본과 같은 체급이 아니다. 비록 유럽에서는 후발 제국주의에 속해 있지만 영국마저 어쩌지 못하는 강국이었다. 일단 일본은 조선과 관련된 모든 사안마다 러시아와 협정을 맺어가면서 버텼다.

밴텀급으로서 헤비급 선수와 맞서 싸워야 하는 일본에 필요한 무게를 실어준 것은 영국이었다. 1870년대부터 비스마르크 체제의 독일이 힘을 키우는 상황에서, 영국이 프랑스의 요청을 거부하면서까지 독일에 대해 수수방관으로 일관한 이유는 러시아 때문이었다. 유럽 각국이 활발하게 이리저리 동맹을 맺고 협상을 벌이는 어지러운 국제정세에도 영국은 19세기 말까지 어느 나라와도 동맹 관계를 맺지 않았다. 이것을 이른바 '명예로운 고립splendid isolation'이라고 부르는데, 그토록 오만했던 영국은 1902년 드디어 동양에서 일본과 동맹을 맺었다. 오로지 러시아의 진출을 견제하기 위해서였다. 이 영일동맹으로 일본의 체급은 몇 계단을 뛰어넘어 기존의 제국주의 국가들에 꿀리지 않을 정도가 되었다.

영일동맹의 기본 내용은 조선과 청에서 열강과 관련된 분쟁이 일어날 경우 영국과 일본 양국은 각자 자국의 이익을 보호할 수 있다는 것이었다. 이것은 당연한 상식이지만 다음 조항은 주목할 필요가 있다. 영국과 일본 중 한 국가가 제3국과 전쟁을 벌이게 될 경우 나머지 국가는 중립을 취하기로 한 것이다. 그것도 그냥 중립이 아니라, 제3국이 적국의 편에 가담할 경우에는 나머지 국가도 참전해 동맹국을 지원하기로 했다. 여기서 '적국'이란 누가 보아도 러시아이고, '제3국'이란 삼국간섭에 나섰던 프랑스와 독일을 비롯해 제국주의 열강이다. 말하자면 일본이 러시아와 전쟁을 벌인다 해도 다른 나라는 간섭하지 말라는 것이다(물론 다른 나라가 개입한다면 영국도 일본을 지원하게 된다).

이것으로 일본은 삼국간섭의 치욕을 만회할 수 있는 '멍석'을

예상 밖의 승리　청일전쟁의 승리를 계기로 자신감을 얻은 일본은 조선과 만주 침략의 걸림돌인 강대국 러시아와 일전을 불사한다. 일본은 이 전쟁에서 승리해 서구 열강을 깜짝 놀라게 했다.

깔았다. 남은 일은 이 멍석 위에서 러시아와 한판 승부를 벌이는 것뿐이다. 때마침 러시아는 압록강 하구의 용암포를 강제로 조차했고, 만주에서도 일본과의 약속을 파기하고 군대를 철수하지 않았다. 청일전쟁에서처럼 상대방은 눈치 채지 못하고 있었으나 일본은 이미 전쟁 준비를 완전히 갖추고 있었다. 그리고 청일전쟁에서처럼 일본은 1904년 2월 8일과 9일에 걸쳐 뤼순과 인천에 정박 중인 러시아 함대를 기습하고 다음 날에야 선전포고를 했다.

이렇게 시작된 러일전쟁은 10년 전의 청일전쟁과 달리 조선과 만주의 지배권을 놓고 두 제국주의 국가가 벌인 전형적인 제국주의 전쟁이었다. 그러나 러시아는 청과는 전혀 다른 강호였다. 서구 열강은 물론이고 멍석을 깔아준 영국조차 일본이 러시아의 상대가 되기는 어렵다고 보았다. 어차피 영국으로서는 제3국이 개입하지 못하게만 한다면 손해는 없을 터였다. 영국만이 아니라 프

피의 일요일　러시아의 상트페테르부르크에서 군대의 발포로 쓰러진 군중의 모습이다. 러일전쟁 중에 러시아 수도에서 일어난 피의 일요일 사건 덕분에 일본은 가까스로 전쟁에서 승리할 수 있었다.

랑스와 미국도 러시아를 견제하기 위해 일본 측에 전쟁 비용을 지원했다.

　졸지에 유럽 열강을 대표해 러시아와 싸우게 된 일본은 예상외로 선전했다. 랴오둥에서 러시아의 뤼순 요새를 함락시킨 뒤, 남만주철도를 따라 북진해 1905년 3월에는 만주 펑톈奉天(선양의 옛이름)에서 러시아의 주력군을 격파했다. 해군 역시 러시아의 극동함대를 격파하고 황해 일대의 제해권을 확보했다.

　그러나 전쟁의 상대도 그랬지만 전쟁의 진행 과정도 과거 청일전쟁과는 달랐다. 서구 열강의 지원까지 받았으나 개전 후 1년이 지나자 일본은 더 이상 전쟁을 수행할 능력이 없었다. 전 국민이 전시 체제에 동원된 데다 흉작까지 겹쳐 전쟁 비용이 고갈된 것이다. 전투에서는 사력을 다해 연전연승을 거두었지만, 더 지속될 경우 전쟁에서 질 수밖에 없는 처지였다.

　일본을 사지의 구렁텅이에서 건져준 것은 러시아의 내부 사정이었다. 19세기 후반부터 활발해진 러시아의 혁명운동은 러일전쟁으로 더욱 고조되었다. 실은 일본의 메이지 정부가 청일전쟁으로 숨통을 텄듯이 러시아의 차르 정부도 국내의 정정 불안을 전쟁으로 타개하려는 의도가 있었다. 그러나 뜻하지 않게 일본에 밀리자 혁명운동이 위축되기는커녕 오히려 차르 정부의 무능함만 드러났다. 급기야 1905년 1월 22일 수도 상트페테르부르크에서 군대가 시위대에 발포하는 '피의 일요일' 사태가 일어났다. 이로써 러시아 내부 정세는 걷잡을 수 없는 상태로 빠져들었다.

사태가 급변하자 전쟁을 바라보는 열강의 태도도 변했다. 이제는 군국주의 일본의 성장보다 러시아의 혁명운동이 더 큰 위협이었다. 그래서 열강은 루스벨트 미국 대통령의 주선으로 일본과 러시아의 강화를 유도했다. 1905년 9월에 미국의 포츠머스에서 열린 강화 회담에서 러시아는 한반도와 만주의 모든 권리를 일본에 양도하고, 애써 얻은 사할린마저 일본에 넘겨주는 굴욕적인 조약을 맺었다.

아슬아슬했던 일본의 승리는 전 세계에 큰 충격을 가져다주었다. 서구 열강은 물론 인도의 간디와 중국의 쑨원 같은 식민지·종속국의 민족운동가들도 일본이 당시 세계 최대의 육군을 자랑하는 러시아에 승리했다는 소식에 충격과 자극을 받았다(이를 계기로 쑨원이 일본을 발전의 모델로 삼게 되었음은 378~380쪽에서 본 바 있다). 그러나 일본은 수십 년 전처럼 피억압 민족의 선두 주자가 아니라 제국주의를 꿈꾸는 신흥 세력일 뿐이었다. 전쟁의 승리로 일본은 '새끼' 제국주의에서 '성숙한' 제국주의로 탈바꿈했다.

완전한 제국주의 국가의 자격을 획득한 일본은 이제 아무런 거리낌 없이 조약에서 양도받은 권리를 행사했다. 러일전쟁의 최대

전리품, 그것은 바로 조선이었다. 청일전쟁으로 수천 년 동안 한반도에 영향력을 행사해온 전통의 종주국을 물리쳤고, 러일전쟁으로 신흥 종주국마저 제압했다. 이제 일본은 한반도의 새 종주국이 된 걸까? 그러나 일본은 종주국의 지위를 누리려 하지 않고 아예 한반도를 소유하는 방법을 택했다. 그것이 바로 1910년의 한일합병이다.

5. 동양식 제국주의의 결론

'군부'라는 개념

강대국인 청과 러시아를 상대로 누구도 예상치 못한 승리를 거두자 일본 정치에서 군대의 지위는 더없이 확고해졌다. 이제 군은 행정부보다 우월한 지위를 누렸으며, 정부의 대내외 주요 정책에 대해서도 결정적인 영향력과 발언권을 행사하게 되었다. 러일전쟁에서 승리한 직후 군은 향후 일본의 최종 목표를 중국 정복으로 정했다.

조선을 병합하고 나서부터는 '군부軍部'라는 말이 스스럼없이 사용되기 시작했다. 군대가 아닌 군부라는 말은 군이 정부에 못지않은, 아니 그 이상의 위치에 있음을 뜻한다. 더구나 군부라는 말은 군 내부에서 만들어 사용한 것이므로, 이미 군 자체가 스스로 정치 세력으로 탈바꿈했음을 나타낸다. 19세기 전 세계를 주름잡

세계대전의 방아쇠 　오스트리아의 황태자를 저격한 직후 범인인 세르비아 청년(오른쪽에서 두 번째)이 체포되는 장면이다. 이 한 발의 총성이 계기가 되어 한 달 뒤에 오스트리아-헝가리가 세르비아에 선전포고함으로써 제1차 세계대전이 시작되었다.

았던 영국 제국주의를 뒷받침한 것도 막강한 해군력이었으나 군대가 대외 정책의 결정에 나선 적은 없었다. 이제 일본은 인류 역사상 처음으로 제국주의와 군국주의를 결합한 새로운 '정치', 바로 '일본식 제국주의'를 선보이게 된 것이다.

　군국주의의 가장 큰 특징은 전쟁을 통해 모든 문제를 해결하려는 사고방식이다. 세계대전의 전야인 20세기 초의 세계정세로 보면 군국주의가 가장 그럴듯한 노선일지도 모른다. 하지만 그것은 우선 이웃 나라들에 커다란 위협이었고, 해당 국가 자체에도 장기적으로는 좋지 않았다.

　1914년 6월 28일, 보스니아의 수도 사라예보에서 터져 나온 한 발의 총성은 멀리 동북아시아에 있는 군국주의의 후각에도 즉각 포착되었다. 독일과 오스트리아 등 후발 제국주의 열강과 영국과 프랑스 등 선발 제국주의 열강이 맞붙은 제1차 세계대전은 유럽을 무대로 벌어졌으므로 원래는 일본과 아무런 관계도 없었으나 전형적인 제국주의 전쟁이라는 점에서 일본의 흥미를 끌기에 충분했다.

후발 제국주의에 속하는 일본은 '색깔'로 보면 당연히 독일의 동맹국이 되어야 했다. 하지만 일본의 무대는 유럽이 아니라 동북아시아니 색깔보다 당장의 이득이 중요하다. 일본 정부는 제1차 세계대전의 발발을 '천우신조'라고 표현하면서 즉각 연합국 측에 가담하기로 결정했다. 이 기회에 "동양에 대한 일본의 이권을 확립하고 서구 열강과 어깨를 나란히 하는 세계적 지위를 쟁취한다."라는 게 일본의 계획이었다. 19세기 이후 일본은 어느 전쟁에서도 패한 적이 없었으므로 어떤 방식으로든 전쟁에 참여하면 이득을 볼 수 있다는 신념에 차 있었다.

이 전쟁에서 일본은 생사가 걸려 있지도 않았고 당사자도 아니었다. 그런 여유에서 일본은 청일전쟁이나 러일전쟁에서와 달리 정식으로 선전포고를 했다(일본이 국제전에서 선전포고를 한 것은 제1차 세계대전이 유일하다). 참전의 명분은 영일동맹이었다. 영국과 일본 중 한 측이 전쟁에 개입할 경우 다른 측이 지원하기로 하지 않았던가. 하지만 속사정은 달랐다.

영국은 일본의 참전에 난색을 표명했다. 그럼에도 불구하고 일본이 억지로 참전한 것이니, 영일동맹은 그야말로 구실일 따름이었다. 어부지리를 꾀하려는 일본의 의도는 누가 보아도 뻔했지만 연합국 측은 이미 참전하기로 했으니 유럽으로 군대를 보내라고 요구했다. 그러나 일본은 그 요구를 거부하고 동양에서 '제 역할'을 찾았다. 그것은 독일이 진출해 있던 지역을 점령하는 것이었다.

529

일본 해군은 남태평양 일대의 독일령 섬들을 차례차례 점령했다(독일은 뒤늦게 해외 식민지 개척에 나선 탓에 작은 섬들밖에 차지하지 못했다). 독일에 그다지 큰 타격을 주지는 못했으나 그래도 동양에서 연합국 측에 할 수 있는 지원은 한 셈이었다. 지원이라기보다는 잇속 차리기였지만.

그나마 일본 육군이 중국 내의 독일 조차지인 산둥의 독일군 요새를 격파한 것은 연합국 측에 적지 않은 도움이 되었다. 하지만 이때까지 일본이 전쟁에서 한 일은 유럽 전선에서 피 흘리고 있는 연합국들에 비하면 땅 짚고 헤엄치기였다. 산둥을 점령할 때는 러일전쟁 직후 남만주철도를 경영한다는 명분으로 만주에 주둔시킨 군대가 큰 몫을 했다(이들이 이후 악명 높은 관동군으로 편제된다).[•]

● 러일전쟁으로 만주의 통제권을 확보한 일본은 1906년 만주에 남만주철도주식회사를 설립해 만주 경영에 나섰다. 해외 식민지를 경영하기 위해 국책회사를 앞세우는 방식은 그리 낯설지 않다. 영국이 동양 진출을 위해 설립한 동인도회사를 모방했기 때문이다. 조선을 합병한 이후 조선 경영을 위해 설립한 동양척식주식회사도 마찬가지로 국책주식회사였다(불행하게도 동양척식주식회사는 조선 땅에 세워진 최초의 주식회사로 기록에 남았다).

문제는 그때부터였다. 산둥의 점령으로 일본은 동양에서 더 이상 전쟁에 기여할 일이 없어졌을 뿐 아니라 바라던 목표도 이루었다. 그래서 일본의 본색이 드러나기 시작한다. 중국에서 독일 세력을 몰아낸 뒤에도 일본은 군대를 철수하기는커녕 오히려 병력을 증원했다. 이 무력을 바탕으로, 유럽에서는 여전히 포성이 한창이던 1915년에 일본은 중국의 실권자인 위안스카이에게 21개 조의 요구를 강요했다. 그 내용은 산둥에서 독일이 차지하고 있던 권리를 일본이 대신 차지하고, 남만주와 몽골, 중국 연안 일대를 일본이 관리하며, 중국 내 탄광 개발과 중국의 치안에 일본이 관여하겠다는 것이었다. 결국 일본이 세계대전이라는 '피의 제사'에 참여한 이유는 이 '잿

최초의 패배　일본은 이제 대내외적으로 명실상부한 제국주의 열강의 자격을 얻었다. 그 자격으로 참여한 게 러시아 혁명에 대한 간섭전쟁이다. 그러나 여기서 일본은 19세기 이래 국제전 사상 최초의 패배를 당한다. 사진은 블라디보스토크 시내를 행진하는 일본군이다.

밥'을 먹으려는 의도였다.

　그러나 일본의 왕성한 식욕은 잿밥으로 달랠 수 있는 정도를 넘어섰다. 세계대전이 종전을 향해 치달을 무렵 러시아에서는 차르 체제가 무너지고 역사상 최초의 사회주의 정권이 들어섰다. 연합국들로서는 세계대전 이외에도 또 한 가지 과제가 생긴 셈이었다. 과연 1918년 독일의 항복으로 전쟁이 끝나자마자 연합국 측은 즉각 대소간섭전쟁에 나섰다.

　다시 전쟁이라니, 전쟁을 통해 한 번도 손해를 본 적이 없는 일본은 이 기회에 동부 시베리아까지 손에 넣겠다며 입맛을 다셨다. 그러나 맨 먼저 시베리아에 출병한 일본은 영국, 프랑스, 미국 등이 속속 러시아에서 발을 빼는 상황에서도 끝까지 시베리아 경영의 꿈을 포기하지 않다가 가장 늦게, 가장 비참한 상태로 1925년

● 역사적으로 러시아를 공격한 나라치고 성공한 경우는 거의 없다. 대표적인 예로 1812년 나폴레옹의 프랑스와 1941년 히틀러의 독일은 둘 다 당대 유럽의 군사 강국이었으나 겨울에 러시아를 공략했다가 결정타를 맞았다. 러일전쟁에서 일본이 승리한 것도 무대가 동북아시아였기 때문이다.

에 시베리아에서 철병했다. 이것은 일본 제국주의가 대외 전쟁에서 기록한 최초의 패배였다.●

제1차 세계대전은 일본에 여러 가지 선물을 가져다주었다. 우선 중국에 대한 확고한 지배권을 얻었고, 전쟁 덕분에 경제 대국으로 성장했다. 세계대전은 패전국만이 아니라 승전국에도 막대한 피해를 주었으므로 연합국 측에서 전쟁으로 인한 경제적 타격을 별로 받지 않은 나라는 일본과 미국밖에 없었다(둘 다 전장인 유럽에서 멀리 있는 덕분이다). 전쟁 중에 일본은 산업과 무역이 크게 성장해 종전 후에는 자본 수입국에서 자본 수출국으로 면모를 일신했다.

또 한 가지 커다란 소득은 일본의 국제적 지위가 크게 상승한 것이었다. 종전 직후 미국 윌슨 대통령의 주창으로 결성된 국제연맹에 일본은 영국, 미국, 프랑스, 이탈리아와 함께 당당히 이사국으로 참여해 세계 5대 강국의 하나가 되었다. 그러나 이것은 일본이 연합국 측의 일원으로 참여한 처음이자 마지막 행사였다.

중국을 먹어야 일본이 산다

제1차 세계대전을 계기로 경제적·군사적으로 명실상부한 대국이 된 일본의 앞에는 두 가지 길이 놓여 있었다. 하나는 독점자본주의로의 길이다. 이미 일본은 유럽 열강에 뒤지지 않는 경제 규모를 자랑하고 있었으므로 서구적인 독점자본주의, '정통' 제국주의

암흑의 목요일 주식시장이 일시에 붕괴해버린 1929년 10월 24일 뉴욕 월스트리트의 모습이다. '암흑의 목요일'로 불리는 이날 이후 전 세계는 기나긴 경제 침체의 터널로 들어갔다. 일본이 계획한 대공황 탈출의 해법은 만주 침략이었다.

국가로 성장할 자격이 충분했다. 다른 하나는 군국주의로의 길이다. 군사적으로도 세계 최고 수준에 도달한 일본은 경제적인 침략보다 더 노골적이고 직접적인 군사적 침략을 실행할 힘도 충분히 지니고 있었다. 경제 노선과 군사 노선 중 일본이 택한 것은 무엇일까? 힌트는 군부의 힘을 약화시키려 했던 하마구치 오사치濱口雄幸 (1870~1931) 총리가 극우 세력에게 암살된 사건에서 찾을 수 있다.

그래도 1929년의 세계 대공황이 없었다면 일본은 경제적인 노선으로 나아갔을지도 모른다. 일본은 이미 경제 대국이었지만 대외 의존도가 높은 게 문제였다. 대공황이 터지자 서구 국가들은 공황의 피해를 막기 위해 지역적으로는 블록경제를 취하고 국내적으로는 국가독점자본주의 노선으로 나아갔다. 그에 따라 수출이 급격히 감소하는 바람에 일본 경제는 순식간에 휘청거리기 시작했다. 장기적인 경기 침체로 기업들이 도산하고, 가뜩이나 재벌과 중공업 위주의 성장 전략으로 고통과 희생을 치르고 있던 노동자와 농민의 생활이 더욱 궁핍해졌다. 노동분쟁과 소작쟁의는 중대한 사회문제가 되었다.

이런 상황에서 일본 정부는 경기 부양이라는 대책을 내놓았다. 대공황이라는 공동의 문제를 맞아 정부는 서구 국가들과 공동 대응을 모색하고 그들로부터 금융 지원을 받아 사태를 수습하고자 했다. 그러나 같은 문제를 보는 군부의 시각은 달랐다. 비록 시베리아 철병으로 위세가 약간 수그러들었으나 군부는 여전히 일본 정치에서 정부를 능가하는 힘을 가진 권력체였다. 만주에 특히 애착을 가지고 있던 군부는 만주를 완전한 식민지로 만들면 경제문제를 해결할 수 있다고 믿었다(아울러 군부는 신생국 소련에 대해 지나칠 정도의 경계심을 품고 있었으므로 만주를 점령해 소련 공격의 전진기지로 삼아야 한다고 주장했다). 이 무렵 하마구치 총리의 피살은 정부와 군부의 싸움에서 군부가 승리했음을 뜻하며, 독점자본주의와 군국주의의 갈림길에서 군국주의가 채택되었음을 나타낸다.

1931년 9월 18일, 관동군의 일부 장교들은 펑톈 교외의 남만주 철도를 자기들 손으로 폭파해놓고 그것을 중국군이 저지른 도발

철도 폭파 현장 1931년 관동군 장교들은 만주 류타오거우(柳條溝) 부근의 남만주철도를 파괴하고 이 책임을 중국에 뒤집어씌우면서 만주사변을 일으켰다. 사건이 9월 18일에 일어났기 때문에 9·18사변이라고도 부른다.

이라고 몰아붙이면서 전쟁을 일으켰다. 이렇게 해서 터진 만주사변은 일본이 도발한 예전의 전쟁들과 마찬가지로 선전포고 없이 기습으로 시작되었다. 사실 선전포고는커녕 이 계획은 관동군 사령관에게조차 사전에 통보되지 않고 소수의 하급 장교들이 도발한 것이었다. 그러나 사후에 보고받은 사령관은 부하들의 불법 도발을 승인하고 즉각 전면전을 준비했다. 또한 관동군 사령관의 요청을 받은 조선군 사령관도 즉각 병력을 만주로 파견하고 탄약을 수송했는데, 이 과정에서도 역시 정부의 허가를 얻지 않은 것은 물론 사전 통보조차 없었다. 그러나 나중에 보고받은 일본 정부는 전쟁을 확대하지 말라는 성명을 발표하면서도 전쟁 수행을 승인할 수밖에 없었다. 소수 하급 장교들이 독단적으로, 그것도 사건

중일전쟁의 빌미 　사건을 날조해 전쟁의 구실로 삼는 것은 일본의 특기가 되었다. 만주사변과 마찬가지로 일본군은 루거우차오 부근에서 야간 훈련 중 중국군이 기습했다는 사건을 조작해 중일전쟁을 일으켰다. 사진은 중일전쟁의 빌미가 된 루거우차오 앞에서 함성을 지르는 일본군의 모습이다.

을 조작해가면서까지 엄청난 전쟁을 시작할 정도로 일본의 군국주의는 극에 달한 상태였다.

　정부는 군부의 전쟁 계획에 제동을 걸 능력도 없었지만 사실 그럴 의사도 없었다. 정부 역시 군국주의에 기본적으로 반대하는 입장은 아니었던 것이다. 따라서 군부가 시작한 전쟁에 대해 정부는 외교적으로 무마하는 역할을 떠맡았다. 서구 열강이 일본의 만주 침략을 맹렬히 비난했을 때도 정부는 '침략이 아닌 자위 행위'라는 억지를 부리면서 군부의 변호에 전력을 기울였다. 그래도 국제 여론이 수그러들지 않자 정부는 1933년 국제연맹을 탈퇴하는 것으로 대답을 대신했다.*

　그러나 만주야 원래 관동군이 통제하던 지역이었으므로 쉽사리 손에 넣을 수 있었지만, 중국 본토 침략은 뜻대로 되지 않았다. 일본은 장제스의 국부군만을 적수로 여겼으나 의외로 곳곳에서 일본군의 진출을 저지한 것은 마오쩌둥이 이끄는 홍군이었다. 더구나 1935년 마오쩌둥이 내전 중지와 항일 민족통일전선을 주창하고, 이듬해 터진 시안 사건으로 장제스가 그에 동참을 선언하면서 2차 국공 합작이 이루어지자 관동군의 속전속결 작전은 이미 물 건너갔다 (7장 참조).

한편 일본의 정치 무대는 급속히 완벽한 군국주의로 옮겨가고 있었다. 1932년 군부는 새 내각의 총리인 이누카이 쓰요시大養毅 (1855~1932)가 적극적인 전쟁 추진의 의지를 보였음에도 불구하고 만족하지 못하고 다시 총리를 암살하는 폭거를 저질렀다. 이로써 일본의 정당 정치는 완전히 실종되었다. 이후 내각에서는 정당 정치인이 임용되지 않고 오로지 군인이나 군국주의적 입장에서 거국일치를 주창하는 관료들만이 임용되었다.

이제 남은 문제는 군부 내부의 통일이었다. 당시 군부는 청년 장교들이 주축이 되어 천황 절대론을 내세우며 신흥 재벌들과 결탁하고자 하는 황도파皇道派와 미쓰이·미쓰비시三菱 등의 재벌들과 협력하고자 하는 통제파統制派로 나뉘어 치열한 권력 다툼을 벌이고 있었다. 1936년 황도파는 총리를 비롯한 정부 요인들을 암살하면서 쿠데타를 기도했으나 4일 만에 진압되었다. 이것을

● 독일 파시즘이 히틀러의 단독 의지나 괴벨스의 탁월한 선전으로만 가능했던 것이 아님은 이미 밝혀진 바 있다. 파시즘이 한 나라의 정치 이념으로 자리 잡았다는 것은 곧 상당한 정도의 대중적 기초를 가지고 있었음을 의미한다. 일본 군국주의 역시 마찬가지다. 일본의 야당들은 정부보다 앞서 국제연맹 탈퇴를 주장했고, 그 무렵 일본 국민들도 거의 대부분 전쟁을 지지했다. 물론 여기에는 다양한 배경이 있다. 역사적으로는 무사 계급의 오랜 지배에서 생겨난 군국주의의 전통도 작용했고, 상황의 측면에서는 대공황의 여파로 인한 경제 불황, 국제적 고립이 가져다주는 불안감, 그리고 그 요소들을 교묘히 대중 선전에 이용한 정부 등이 모두 군국주의의 '대중화'에 기여했다. 그럼에도 불구하고 일본이 군국주의의 화신으로 바뀌게 된 데는 일반 대중의 역할도 무시할 수 없다. 대중은 조작한다고 해서 쉽사리 바뀌지 않기 때문이다.

계기로 일본의 군부는 통제파가 완전히 장악했다. 내부를 다지고 강력한 통일 권력체를 구성한 일본은 그동안 지지부진하던 중국 침략에 총력을 기울였다.

1937년 6월, 관동군 참모장인 도조 히데키東條英機(1884~1948)는 "대소련 작전 준비의 입장에서 볼 때 지금 중국을 공격해야 한다."라고 선언했다. 이것은 한 달 후 '또다시 선전포고도 없이' 발발한 중일전쟁의 선전포고에 해당하는 발언이었다.

군국주의의 말로

일본 군부는 중일전쟁을 속전속결로 끝낼 수 있다고 자신했는데, 그것은 허세가 아니었다. 만주사변 이래 여러 차례 벌어진 국지전에서도 연전연패한 중국이 전면전으로 나온 일본을 막아내기는 어려웠다. 당시 중국은 경제적으로 수십 년 동안 서구 열강의 반식민지 상태에서 벗어나지 못하고 있었고, 군사적으로는 아편전쟁 이래 국제전에서 단 한 차례도 승리하지 못한 약소국이었다. 따라서 일본의 전략은 승패가 아니라 어느 정도의 타격을 가해야만 중국이 항일을 포기할 것이냐는 데만 초점을 맞추고 있었다. 1938년의 난징 대학살은 바로 중국의 항복을 강요한 일종의 대규모 무력시위였다.

그러나 중국의 저항은 의외로 완강했다. 일본군은 곳곳의 전투에서 연전연승했으나 중국은 거점을 차례차례 빼앗기면서도 항전을 계속했다. 일본군의 공격을 받아 중국의 국민당 정부는 난징에서 우한으로, 우한에서 다시 충칭으로 쫓겨 가면서도 항복하기는커녕 장기전으로 맞섰다. 일본은 주요 거점과 교통로를 완전히 장악했지만 그런 '점'이나 '선'으로 중국 대륙이라는 '면'을 지배할 수는 없었다. 중국의 동해안 전역을 일본군이 장악한 가운데 전선은 교착되었다. 중국의 저력은 국공합작이 아니라 중국 민중 자체에서 나오고 있었다. 일본은 청일전쟁, 러일전쟁 등 정부 차원의 전쟁에서는 패한 적이 없었으나 이번 전쟁의 상대는 중국 정부가 아닌 중국 민중 전체였던 것이다.

1938년에 일본 의회에서는 군부 주도로 국가총동원법이 통과되었다. 이제 군부는 일본 내의 기업들은 물론 온 국민의 개인적 재산과 인력도 마음대로 동원할 수 있게 되었고, 국민의 일상생활까지 통제할 수 있게 되었다. 하지만 그것은 다른 한편으로 일본의 경제 사정이 그만큼 악화되었음을 반증했다. 노동력을 군대에 차출당했으니 농업과 공업 생산력이 감소하는 것은 당연한 일이었으나 그보다도 시급한 것은 당장 사용할 군수품이었다. 특히 미국이 중국을 지원하게 되면서, 미국으로부터 석유를 수입하고 있던 일본은 자칫하면 장기전은커녕 단기전마저도 제대로 치를 수 없을지 모른다는 위기감에 빠져들었다.

그러나 국제적 상황은 일본에 유리하게 전개되었다. 1939년 9월 1일, 독일은 폴란드를 침공했고 곧바로 영국과 프랑스는 독일에 선전포고했다. 제2차 세계대전이 시작된 것이다. 전 세계에 포연이 가득한 가운데 일본이 선택할 수 있는 수단은 하나밖에 없었다. 속전속결 전략은 실패했지만 어차피 시작한 전쟁이니 승리해야만 했다. 일본은 경제 위기를 타개하고 석유와 고무 등 군수물자의 원료를 확보하기 위해 남쪽으로의 확전을 결심했다.

인도차이나 반도를 비롯해 동남아시아에 영향력을 행사하던 영국과 프랑스는 유럽 전선에 몰두하느라 이 지역을 돌볼 여력이 없었다. 다만 당시 세계에서 유일하게 '여유 있는' 나라인 미국의 태도가 문제였다. 과연 미국은 일본군이 인도차이나에 진출하자 강경하게 나왔다. 1940년 7월, 미국은 일본이 우려한 대로 석유를 비롯한 군수품의 대일 수출을 허가제로 바꾸었다.

이제 아시아에서 일본의 상대는 중국에서 미국으로 바뀌었다. 일본은 한때 추종하는 모델이었던 영국마저 버리고 독일에 접근했다. 1940년 9월, 일본은 제2차 세계대전의 추축국 세력인 독일, 이탈리아와 삼국 군사동맹을 체결해 자신의 색깔을 확실히 드러내면서 암암리에 미국과의 전쟁을 준비하기 시작했다.

1941년 6월, 유럽에서 독일은 소련과의 불가침조약을 일방적으로 파기하고 소련을 공격했다. 개전 초기부터 이 무렵까지 세계대전의 전황은 추축국 측에 유리했다. 10월, 미국과의 교섭에 실패한 고노에 후미마로近衛文麿(1891~1945) 총리가 물러나고 드디어 전쟁의 주역이 일선에 등장했다. 일찍부터 중일전쟁을 주창했고 이제 대미 전쟁을 계획한 육군장관 도조가 총리를 겸임하게 된 것이다. 그동안 군부는 비공식적으로 정부를 움직였으나 이때부터는 공식적으로 정부가 되었다.

그해 12월 1일, 천황은 도조가 주장하는 미국과의 전쟁을 허가했다. 그리고 일주일 뒤 일본은 여느 때처럼 아무런 선전포고도 없이 미국의 태평양 해군기지가 있는 하와이의 진주만을 기습했다. 그때까지 제2차 세계대전은 명칭과 달리 유럽에서만 전개되었지만, 이제 태평양전쟁의 발발로 명실상부한 세계대전이 되었다.

개전 초기 6개월 동안 일본군은 미국을 밀어붙이며 남방 정책을 전개해 상당한 전과를 올렸다. 인도차이나는 물론 필리핀, 인

진주만 기습　　일본이 일으킨 전쟁에는 선전포고라는 게 없다. 1942년 12월 7일, 일본 공군은 아무런 예고도 없이 하와이의 진주만을 기습했다. 사진은 미국 전함 테네시호가 화염에 휩싸인 채 침몰하는 모습이다.

도네시아를 순식간에 점령했고, 서쪽으로는 미얀마, 남쪽으로는 태평양 중부의 제도들에까지 이르는 광대한 영역을 손에 넣었다.

　그러나 미국은 진주만 기습의 충격에서 벗어나면서 서서히 반격을 개시했다. 1942년 6월, 태평양 중부의 미드웨이에서 벌어진 해전에서 미군은 일본의 주력함대를 격파하고 태평양의 제해권을 되찾았다. 일본은 이때부터 밀리기 시작하다가 1943년 2월에 육군이 진출해 있는 최남단의 섬인 솔로몬 제도의 과달카날에서 치명상을 입었다. 마침 같은 달 유럽 전선에서도 독일이 소련에 결정적인 패배를 당해 세계적으로 전황이 역전되었다. 이윽고 일본군은 교착 상태에 있던 중국 전선에서도 밀려나기 시작했다.

　1944년 여름부터는 사이판을 점령한 미군이 폭격기로 일본 본토 공습을 시작했다. 일본 전국의 도시 주민들이 밤마다 무차별 폭격을 당하는 상황에서도 정부는 여전히 전쟁을 독려하느라 여념이 없었다. 사실상 전황이 완전히 기울었다. 세계대전을 일으킨 독일마저 1945년 5월에 항복했으나 일본은 끈질기게 버텼다.

1945년 8월, 미국은 일본에 극약 처방을 하기로 결정했다. 8월 6일, 미군 폭격기 B-29는 일본 본토에 수없이 투하한 여느 폭탄이 아닌 새로운 폭탄을 탑재하고 일본으로 날아가 히로시마에 투하했다. 바로 원자폭탄이었다. 사흘 후에는 나가사키에도 원자폭탄이 투하되었다. 당시까지 만들어진 모든 원자폭탄이 사흘 간격으로 일본에 투하된 것이었다. 나가사키에 투하되던 날 소련이 참전을 선언하고 극동 전선에 적군赤軍을 투입했다.

끈질긴 일본 군국주의도 더 이상은 버틸 수 없었다. 결국 일본은 1945년 8월 15일에 천황의 대국민 방송을 통해 항복을 선언했다. 다음 달 2일에는 미국 전함 미주리호의 함상에서 항복 문서에 정식으로 조인했다. 이로써 100년 남짓한 기간 동안 눈부신 도약을 보였던 '제국주의 일본호'는 침몰했다.

19세기 중반 250년의 쇄국을 깨고 개국한 이래 일본은 초고속 성장을 거듭했다. 문호를 연 지 20년 만에 제국주의의 대열에 올랐고, 다시 20년 뒤에는 전통의 강국 청을 물리쳤다. 10년 뒤에는 제국주의 열강의 하나인 러시아를 이겼고, 또 10년 뒤에는 세계 5강에 올랐다. 다시 20년 뒤에는 중국 대륙을 침략했고, 마지막으로 세계 최강 미국을 상대로 세계 제패에 나섰다. 군사 부문에 국한되기는 했으나 인류 역사상 이처럼 짧은 기간에 이처럼 화려한 성장을 보인 나라는 없었다.

그러나 그 과정에서 일본은 '급행료'를 톡톡히 치러야 했다. 동

북아시아 전역을 전쟁으로 몰아넣었고, 이웃 나라들에 막심한 피해를 주었다. 결국에는 스스로도 비참한 패전을 겪었고 자존심에 커다란 상처를 입었다. 어쩌면 모든 성장의 절차들을 전쟁으로 통과했고 결국 전쟁으로 무너진 군국주의야말로 일본식 제국주의, 동양식 제국주의의 최종적 귀착점이었는지도 모른다.

현대의 일본: 정치와 경제의 부조화

경제에 대해서는 성장과 발전이라는 말을 쓸 수 있으나 정치는 그렇지 않다. 정치는 경제를 담아내는 그릇과 같은 것이기 때문에, 경제의 변화에 따라 달라지기는 해도 그것을 성장이나 발전이라고 말할 수는 없다. 정치의 목적은 성장과 발전을 추구하는 게 아니라 끊임없이 변화하는 경제와 조화를 이루는 데 있다(예를 들어 자본주의 시대에 팽창한 경제를 봉건제의 정치로 감당할 수는 없다). 그래서 경제는 자연스럽게 변화하는 데 반해 정치는 다소 인위적으로 진행된다. 이 점에서 서양사와 동양사는 차이를 보인다. 동양의 역사에서도 경제는 꾸준히 성장하고 발전했지만, 정치는 경제와 조화를 이루기는커녕 어긋나고 충돌하는 경우가 많았다.

그 점을 잘 보여주는 예가 일본의 역사다. 일본은 1868년의 메이지 유신으로 급속한 근대화와 경제성장을 이루었다. 그래서 마치 정치가 사회 발전의 주도적인 역할을 한 것처럼 여겨지지만, 사실 유신의 빛나는 성과의 배후에는 경제적 토대가 있었다. 17세기 에도 시대 이래로 평화와 안정 속에서 일본은 인구가 늘고 경제가 번영을 누렸다. 그런 기틀이 없었다면 바쿠후가 타도되지도 않았을 테고 유신 자체도 불가능했을 것이다.

유신의 성과를 최종적으로 말아먹은 것은 정치였다. (제국주의적 침략의 부도덕을 논외로 한다면) 일본은 한반도를 차지하고 중국을 반식민지 상태로 몰아넣음으로써 세계적인 강국으로 부상했다. 그러나 그렇게 얻은 힘을 가지고 아시아를 제패하려다가 결국 패망하고 말았는데, 그 원인은 정치에 있었다. 군부가 정부를 대신하는 전형적인 군국주의 정치의 필연적인 결과였던 것이다.

경제와 달리 정치는 오랜 역사를 거치며 형성되는 것이기 때문에 쉽게 개혁되지 않는다. 그런 정치의 속성에 내재한 문제점은 전후 일본의 현대사에서도 확연히 드러난다.

일본은 입헌군주국이기 때문에 의회 선거에서 최대 의석을 확보한 정당이 내각을 구성해 정치를 담당한다. 그런데 1947년 총선거로 첫 내각이 구성된 이래 1990년까지 무려 스무 번에 가까운 내각 교체가 있었다. 평균 수명이 2년밖에 안 되는 셈이다. 심지어 1989~1990년에는 불과 1년여 만에 내각이 세 차례나 교체되는 기록을 세웠다.

내각 교체(공화국으로 치면 정권 교체에 해당한다)의 원인도 정책의 실패보다는 부패, 뇌물, 독직, 스캔들 등 후진적인 정치 문화에 있는 경우가 대부분이었다. 게다가 새 내각이 구성되는 과정도 파벌과 우두머리에 따라 정치인들이 이합집산하는 구태에서 벗어나지 못했다. 멀리 보면 바쿠후 시대의 정치나 유신 이후의 천황제 정치와 별로 달라진 게 없다. 중국의 경우 사회주의를 표방하면서도 왕조시대의 유산을 버리지 못하듯이, 일본도 형식상으로는 의회민주주의 제도를 취하고 있지만 실제로는 오랜 왕조시대의 그늘에서 벗어나지 못하고 있는 것이다.●

그럼에도 불구하고 일본의 경제는 전후 패전의 충격을 딛고 눈부신 성장률을 보였다. 특히 경제 복구에 나선 초기에 한국전쟁이 터진 것은 일본 경제에 중요한 도약의 계기를 제공했다. 전쟁을 주도한 미국과 국제연합군이 전쟁에 필요한 물자와 서비스를 일본에서 조달했기 때문이다. 일본의 외환 보유고는 한국전쟁 전 2억여 달러에 불과했으나 3년 뒤 전쟁이 끝났을 때는 무려 다섯 배로 치솟았다. 이 자본은 일본이 단순히 전후 복구에 그치지 않고 세계 경제의 호황기인 1960년대에 경제 강국

● 오늘날 동양 국가들의 공화정이나 의회민주주의가 대부분 그렇다. 현대 정치제도는 서구에서 오랜 역사를 통해 탄생하고 발달한 것인데, 동양 사회는 그런 역사가 부재한 상태에서 제도만 도입했으니 처음부터 몸에 딱 맞기를 기대하기는 힘들 것이다. 서구의 정치제도가 아예 동양의 신체에 맞지 않는지, 아니면 시간이 지나고 역사가 쌓이면 맞게 될지는 아직 확실히 판단할 수 없는 문제다.

으로 발돋움하는 데 결정적으로 기여했다. 한국전쟁이 끝난 1950년대 중반부터 1970년대 초까지 20여 년 동안 일본 경제가 연평균 10퍼센트 이상의 고도성장을 기록한 데는 그런 배경이 있었다.

1970년대 중반부터 일본은 세계적인 경제 대국의 반열에 올랐다. 일본의 자동차와 전자 제품은 세계 시장에서 대성공을 거두었고, 남아도는 돈을 주체하지 못한 일본 기업들은 미국의 유수한 기업들을 사들일 정도로 호기를 부렸다. 그러나 몸집이 불어난 경제를 정치가 담아내지 못하는 현상은 여전했다.

세계 경제 호황기의 끝물이던 1980년대를 거치면서 일본 경제는 서서히 밑천을 드러내기 시작했다. 비대해진 경제의 흐름을 올바르게 인도하려면 무엇보다 금융 정책이 뒷받침되어야 한다. 그러나 눈부신 실물경제의 성장에 취한 정치권은 경제의 변화를 따라가지 못하고 (혹은 경제성장이 영원하리라고 믿고) 낡은 체제를 고수했다.

1990년대에 접어들면서 일본 경제는 끝도 없이 추락하기 시작했다. 발목을 잡은 것은 부동산과 주식이었다. 은행이 부동산을 담보로 잡고 자금을 대출하는 전근대적 관행, 자본 투자를 곧 주식 투자로 인식하는 잘못된 투자 문화는 부동산과 주식의 가격이 폭락하자 곧바로 위기를 맞았다. 그동안 하늘 모르고 치솟던 부동산과 주식이 거품이라는 사실이 드러나면서 일본 경제는 거품경제 bubble economy●라는 수치스러운 별명을 얻었다.

불황이나 경제 위기라는 말은 경제만을 가리키는 듯하지만, 실은 정치가 경제에 맞추

● 거품경제는 18세기 초 영국의 경험에서 나온 용어다. 당시 해상무역을 하고 있던 남해회사(South Sea Company)가 재정 위기를 맞자 주식을 남발해 해결하려다가 투기 과열과 주식시장의 대혼란을 낳은 사건에서 비롯되었다. 오늘날에는 금융이 실물경제와 유리되어 경제 혼란이 발생할 수 있는 경제 구조를 가리키는 의미로 사용된다.

어 변화하지 않은 게 근본 원인이다(한 예로, 금리는 경제 용어지만 금리를 결정하는 것은 정치권의 경제'정책'이다). 고도로 발전한 실물경제에 맞지 않게 취약한 일본의 금융 기반은 경제 자체의 문제라기보다 경제와 정치가 연동된 문제다. 또한 정치는 역사적으로 형성되는 것이기 때문에 그것은 역사의 문제이기도 하다.

오늘날 세계는 첨단의 시대를 맞고 있지만 의외로 첨단은 역사와 통한다. 역사에는 생략이 없으므로 비약이나 도약이 없다. 그러나 지름길은 있다. 향후 일본이 어떤 방향으로 나아갈지는 확실히 알 수 없지만, 지름길을 발견한다면 역사를 귀중한 동력으로 삼을 수 있을 것이고, 그러지 못한다면 역사는 계속 일본의 발목을 잡을 것이다.

문명의 뒤섞임,
차이와 통합을 아우르는 시대로

이것으로 중국·인도·일본의 동양 3국을 다룬 동양사의 여정은 끝났다. 모두 1940년대 후반 제2차 세계대전이 종결되고 '전후 질서'가 수립된 시점 언저리에서 끝나게 된 데는 이유가 있다. 그 이후의 역사는 다른 시대, 즉 '현대'로 분류되기 때문이다. 이 현대는 '진행 중의 역사'이므로 역사라기보다는 '시사時事'에 가깝다. 따라서 역사책보다는 신문을 참고하는 게 더 좋을 듯하다. 게다가 현대의 역사는 한 지역의 역사가 아니다. 지금까지는 동양사를 세계사에서 떼어내 별도로 이해하는 방식이 유용했으나 이제부터는 전 세계를 하나의 역사권으로 보아야 한다. 그리고 이 현대의 역사는 더 시간이 지나야만 지금과 같은 의미의 '역사'로 서술될 수 있을 것이다.

  지금까지 우리는 동양사의 세 축을 이루는 중국·인도·일본의 역사를 태어남(역사의 시작), 자람(독자적 역사의 전개), 섞임(세계사로의 편입)의 세 부분으로 나누어 살펴보았다. 사실 이 구성은 시간적으로 연속적일 수밖에 없는 역사의 흐름을 인위적이고 도식적으로 끊은 것에 불과하다. 어느 나라, 어느 민족이 어느 시점에서 역사를 시작한다고 선언하면서 출발한 것도 아니고, 이제부터 세계사의 흐름 속에 뛰어들기로 결심하고 세계사에 합류한 것도 아니기 때문이다.

세계가 하나로 묶인 20세기에만 '지구촌'이라는 말을 사용할 수 있는 것은 아니다. 한 지역의 역사는 처음부터 끝까지 내내 세계사의 일부였다. 고대사에서 보았듯이 아득한 옛날에도 민족이동은 끊이지 않았으며, 민족과 지역 간의 교류와 교섭, 전쟁도 끊임없이 이어졌다. 다만 오늘날보다 시간이 훨씬 오래 걸렸고 장구한 세월에 걸쳐 조금씩 진행되었을 뿐이다.

그렇다면 동양사와 서양사의 구분은 순전히 편의적인 것일까? 그렇지는 않다. 〈프롤로그〉에서는 동양사를 구분하는 문제를 살펴보았으므로, 여기서는 그렇게 구분된 동양사와 서양사의 차이를 간단히 살펴보는 것으로 책을 끝맺기로 하자.

이 책에서는 동양의 세 축을 이루는 나라들을 다루었지만, 엄밀히 말해 인도의 역사는 다른 두 나라와 차이가 있다. 중국과 일본은 역사의 탄생과 시작에서, 또 독자적인 역사의 전개 과정에서도 서로 교호하고 직간접적인 영향을 미치는 경우가 많았으나, 인도는 동북아시아의 두 나라와 별로 관계가 없었다. 인도는 사실 지리적으로만 동양에 포함될 뿐 문명적으로는 서양에 가깝다(인도 역사의 뿌리를 만든 아리아인은 언어학적으로 인도·유럽어족에 속한다).

흔히 4대 문명의 발상지를 말하지만 실상 인류 문명의 발상지는 네 곳이 아니라 두 곳이라고 보아야 한다. 이집트, 메소포타미아, 인더스 문명은 하나의 문명권에 속하기 때문이다. 이 세 문명은 기원전 4000년경부터 기원전 2500년경까지 각기 별개로 발생했으나 이내 서로의 존재를 확인했고, 얼마 뒤에는 서로 어울렸다.

이 세 지역은 지리적으로도 그리 멀지 않을뿐더러 지역 간에 높은 산맥이나 넓은 바다가 없어 비교적 교통이 어렵지 않다. 인더스 문명은 무슨 이유에서인지 후대에 전승되지 않고 맥이 끊겼으나(아리아인의 침략일 수도 있고 지리적 변화일 수도 있다), 이집트와 메소포타미아는 역사가 전개되면서 오리엔트 문명으로 통합되었다. 인도의 역사는 넓게 보아 이 오리엔트 문명권에 속하는 역사다.

그 반면 중국에서는 황허 중류의 중원을 무대로, 다른 문명의 발상지들과 별도로 문명이 발생했다. 황허 문명은 발생한 이후 그 자리에서 중국 역사의 시작과 맞물려 하·은·주의 고대국가(삼대)와 춘추전국시대, 그리고 2000여 년간의 제국 시대를 거쳐 오늘날에 이른다.

이렇게 본다면 오늘날까지 이어지는 인류 문명은 오리엔트 문명과 황허 문명이다. 오리엔트 문명은 훗날 유럽 문명의 뿌리가 되었고, 황허 문명은 중국을 중심으로 하는 동북아시아 세계를 이루었다. 결국 이 두 문명이 각각 서양사와 동양사의 두 축이 되는 셈이다.

그렇다면 서양사와 동양사는 뿌리부터 달랐다고 볼 수 있다. 발생만이 아니라 서양사와 동양사는 전개 과정도 사뭇 다르다. 가장 근본적인 차이는 문명의 중심에서 드러난다. 쉽게 말하면 서양사는 중심이 이동한 역사이고, 동양사는 중심이 고정된 역사다. 두 역사가 형성되고 전개되는 과정을 간단히 살펴보아도 그 점을 알 수 있다.

서양사는 오리엔트에서 발생하고 성장하다가 소아시아로 이동했다(오리엔트에서 문명이 소멸하고 다른 데로 옮겨갔다는 뜻이 아니라 중심이 바뀌었다는 뜻이다). 소아시아의 서쪽은 에게 해와 그리스다. 소아시아의 문명은 먼저 크레타 섬으로 전해져 미노스 문명을 이룬다. 한편 그리스에는 기원전 2000년경부터 아리아인이 발칸을 거쳐 펠로폰네소스 반도까지 남하해 토착 원주민들과 섞였다. 이들은 크레타의 미노스 선진 문명을 받아들여 미케네 문명을 발달시켰다.

이후 그리스는 도리스인의 침략으로 수백 년간 암흑기를 겪은 뒤 폴리스 시대로 접어들면서 찬란한 문화를 꽃피웠는데, 이것이 서양사의 공식적인 시작이다. 하지만 그리스도 문명이 만개할 만한 공간은 되지 못했다. 이후 서양 문명은 다시 서쪽의 이탈리아로 옮겨가 로마를 중심으로 지중해 시대의 문을 열었다. 5세기에 로마 제국이 멸망하고 서양사의 중심은 게르만족이 있던 중부 유럽으로 북상한다. 최종 계승자는 중세 이후 서양 문명의 적통을 이루는 서유럽이다.

이렇게 민족이동과 중심 이동이 활발했던 서양사에 비해 동양사는 내내 지역적 중심이 고정되어 있었다. 중국 역사의 중심은 처음부터 황허 문명이 발생한 중원 지역이었으며, 20세기 초 제국 시대가 끝날 때까지도 중심이 변하지 않았다(지금까지도 중국의 수도는 베이징이다).

민족의 변천과 이동 역시 마찬가지다. 하·은·주의 삼대는 모두 중원 중심의 소국이었다. 주나라는 제법 세력을 떨쳤으나 영토를 확장해 큰 나라로 성장하는 대신 주변에 제후국들이 들어서는 체제를 이루었다. 이 제후국들이 발전하면서 500여 년의 분열기(춘추전국시대)를 거치게 되지만, 그 시기에도 중심은 변하지 않았고, 기원전 221년 진시황이 최초의 대륙 통일을 이루었을 때 다시 중원 중심의 제국이 들어섰다.

진시황이 세운 최초의 제국은 영토도 방대했지만, 그보다 더 큰 역사적 의미는 '한족'이라는 민족과 '중화'라는 문명의 경계선이 확정된 것이다. 이후 중화에서 제외된 사방의 이민족들은 전부 '오랑캐'로 규정되었다. 이때부터 중원 북쪽의 몽골 초원과 만주를 터전으로 삼은 흉노, 돌궐, 몽골, 여진 등 북방의 이민족들은 늘 중원 정복을 꿈꾸었다. 그것이 실패하면 서쪽으로 쫓겨났고(흉노와 돌궐), 성공하면 중원을 지배했다. 전자의 경우에는 서양사에 큰 영향을 주었으며(서로마와 동로마 모두 중국에서 시작한 민족이동 때문에 멸망했다), 후자의 경우에는 한족 제국을 대체했다.

이렇게 중심과 변방을 나누는 동양사의 틀은 일본사에서도 확인된다. 중국사의 축소판이라고 할 수 있는 일본사에서도 중심은 언제나 고정되어 있었다. 고대에는 천황이 있는 교토, 중세에는 바쿠후가 있는 도쿄 일대가 정치와 경제의 중심이었으며, 정신적이자 상징적인 중심은 늘 천황이었다. 고대의 귀족들부터 중세의 바쿠후와 다이묘 들에 이르기까지 세력가들은 중심을 정복하기 위해 전쟁을 벌였다. 중국에서 천하를 쟁패하기 위해 전쟁을 벌인 것과 규모만 작을 뿐 마찬가지다.

이 천하 쟁탈전이 벌어지는 동안 중국에서 중화 문명권이 넓어지고 강해졌듯이 일본에서도 그 과정에서 열도 전체가 단일한 체제로 편입되고 통합되었다. 그러나 중국의 경우에는 인위적으로 중화의 경계를 정해야 할 만큼 지리적으로 트여 있었지만(또 그래서 경계가 생겨난 이후에는 중화와 비중화의 갈등이 빚어졌지만), 일본은 그렇지 않았기에 일본 전체가 통일된 뒤에는 즉각 대외 침략의 노선으로 나아갔다. 그것이 16세기의 임진왜란, 19세기의 한반도 침략, 20세기의 중국 침략이다.

중심이 이동한 서양사와 중심이 고정된 동양사, 이 근원적인 차이는 문명의 발생에서부터 근대에 이르기까지 두 역사의 전개 과정에서 결정적인 작용을 했다. 중심이 고정되어 있었기 때문에 중국에서는 제국 시대가 수천 년 동안 지속되면서 여러 제국이 흥망을 거듭했고, 중심이 계속 이동했기 때문에 유럽에서는 하나의 통일 제국을 유지하지 못하고 일찍부터 지역 분권의 시대가 열렸다.

그것은 또한 정신사에도 큰 영향을 미쳤다. 지역적으로 통합되어 있었던 동양에서는 처음부터 자연스럽게 중화사상이 성립하고 여기서 발달한 유학이라는 정치 이념으로 통일을 이루었으나, 다중심 세계였던 유럽은 정신적 통일을 이루어야만 동질적인 문명권을 유지할 수 있었다. 그것이 중세 그리스도교 문명이다.

현대에 유럽 국가들이 유럽연합을 이룰 수 있는 이유는 오랜 기간 정치적 분권과 종교적 통합이 어우러진 역사를 가졌기 때문이다. 중세 1000년간 종교적 통합의 역사는 지금 유럽 국가들이 한데 뭉칠 수 있는 문명적 동질성을 부여했으며, 같은 시기에 정치적으로 분권화되었던 역사는 유럽 국가들 간에 수평적 국제 질서를 생성시켰다.

그에 비해 한자와 유학, 불교 등 동북아시아의 동질적 요소는 유럽보다 오랜 역사를 가졌지만, 통합적인 요소로 작용하지는 않았다. 이 지역에서는 유럽연합에 맞먹는 '동북아연합' 같은 기구가 앞으로도 성립할 수 없을 것이다. 동질성의 측면에서는 (지금도 한자를 함께 사용할 만큼) 유럽보다 강력하지만, 늘 중심이 존재했고 그 중심을 쟁탈하려는 역사를 가졌기 때문이다. 중국의 중화사상과 현대 일본의 '대동아공영'이라는 이데올로기는 바로 그 점을 드러낸다.

17~18세기부터 서양 세력이 동양에 진출하면서 서양사와 동양사의 구분은 모호해 지기 시작했다. 그 뒤섞임의 과정이 몇 세기 동안 진행된 결과 지금은 지구 전체가 거의 단일한 문명권으로 통합되었다. 하지만 두 역사가 수천 년 동안 다른 원칙으로 전개되어왔다는 것은 결코 무시할 수 없는 사실이다. 앞으로 어떤 지구촌 역사가 진행된다 해도 그 문명의 차이는 계속 흔적을 남길 것이다. 문명과 역사는 늘 '글로벌화'되어왔지만, 그와 동시에 '로컬화'되기도 했다. 미래의 역사는 동양과 서양의 두 문명이 점점 내밀한 통합을 이루면서도 어떤 측면에서는 차이를 보존하고 확대하는 양상을 보여줄 것이다.

| 연표 |

동양	서양	
		기원전
	10000년경　신석기 혁명(농업혁명)의 시작	10000
10500년경　일본, 최초의 토기 제작	7000년경　최초의 도시 예리코 건설	
6000년경　타이, 벼농사 시작		
4000년경　중앙아시아, 말을 기르기 시작		
3500~2000년경　황허 문명, 인더스 문명 발생	3500~2000년경　이집트 문명 발생. 최초의 문자 사용	
	3100년경　메네스의 이집트 통일	
3000년경　타이, 청동기 사용		3000
	2570년경　이집트 쿠푸 왕이 대피라미드 건설	
	2350　'사계절의 왕' 사르곤 1세가 수메르와 아카드 일대 통일	
	2000년경　아리아인의 일부가 그리스로와 새로운 문명 개척. 헤브라이인과 팔레스타인이 가나안으로 이주	2000
	1750년경　함무라비 법전 완성	
	1700년경　에게 해에서 화산 폭발. 크레타의 크노소스 궁전 파괴	
1600년경　중국 최초의 도시 문명 탄생 (은대)	1600년경　힉소스인들이 전차를 이용해 이집트 정복	
	1580　테베의 왕 아모세가 힉소스인들을 이집트에서 쫓아내고 신왕국 수립	

동양	서양
1550년경 아리아인들이 인도를 침략하면서 인더스 문명 파괴 **1500년경** 중국, 최초로 갑골문자 사용 **1450년경** 인도에서 브라만교가 발달하면서 《베다》가 만들어지기 시작함	
	1286 카데시 전투(히타이트 대 이집트) **1250년경** 트로이 전쟁(그리스 대 트로이) **1150년경** 지중해 동부에 수수께끼의 해상 민족 발흥
1121 무왕이 주나라 건국	**1050년경** 그리스의 암흑시대 시작
1027년경 주나라, 은나라를 타도하고 중원 장악. 아리아인들이 갠지스 유역으로 진출	
800년경 아리아인들이 인도 남서부까지 진출 **800~400** 브라만교에 대항한 우파니샤드 철학 시대 **770** 주의 동천으로 춘추시대 개막	**850년경** 페니키아, 식민시 카르타고 건설 **776년경** 그리스, 올림피아에서 올림픽 개최 **753** 로물루스가 로마를 건국
650년경 중국에 철기 문화 보급	**639** 아시리아, 오리엔트 통일 **621** 그리스 최초의 성문법전인 드라콘 법전 편찬 **612** 바빌론과 메디아의 연합 공격으로 아시리아 멸망 **594년경** 솔론의 개혁 **586** 바빌론 유수로 헤브라이인이 이스라엘인 자처. 선민의식 고양 **561** 페이시스트라토스가 참주에 오름 **539** 페르시아의 오리엔트 재통일

1500

1000

동양	서양	
520 중국, 도가 사상의 창시자 노자 사망		
500년경 인도, 카스트 제도 성립		500
	494 로마 시민, 최초의 철수로 평민의 참정권 확보	
	492 페르시아 전쟁 시작	
486 불교를 창시한 석가모니 사망		
481 중국, 전국시대로 돌입		
	451 12표법 성립	
	431 펠로폰네소스 전쟁(아테네 대 스파르타)	
		400
	390 갈리아의 로마 침공	
	387 플라톤이 아테네 최초의 대학인 아카데미아 설립	
	376 리키니우스법 성립(토지 소유 상한선 제한, 집정관 두 명 중 한 명은 평민을 임명한다는 것이 주요 내용)	
350~220 제자백가의 시대		
	334 알렉산드로스의 동방 원정 출발	
327 알렉산드로스가 북인도 침공을 마지막으로 동방 원정을 끝냄		
317 찬드라굽타가 인도 최초의 통일 제국 마우리아 건국	**323** 그리스 문화와 오리엔트 문화가 결합된 헬레니즘 세계의 성립	
300년경 한반도 도래인의 영향으로 일본에서 야요이 문화가 시작됨		300
	287 호르텐시우스법 제정. 평민회의 정식 입법 기관화	
	272 로마, 이탈리아 통일	
	264 포에니 전쟁 발발(로마 대 카르타고)	
262 마우리아 제국의 아소카 왕이 카링가 전투 후 불교로 개종		
221 진시황제가 최초로 중국 대륙 통일. 만리장성 축조 시작		
	218 한니발이 4만 대군을 이끌고 로마 원정에 나섬	

558

동양	서양

794 일본, 교토 천도(헤이안 시대 시작)	
800	**800** 샤를마뉴의 대관식(서로마 황제의 부활)
	817 프랑크 제국의 분할
840 위구르 제국 멸망	**843** 베르됭 조약 체결로 동·서·중 프랑크로 분할. 각각 독일·프랑스·이탈리아의 기원이 됨
853 중국에서 최초로 서적 인쇄	
858 후지와라 요시후사의 셋칸 정치	
875 당, 황소의 난 발생(당나라의 멸망을 촉진)	**870** 메르센 조약을 맺어 라인 강을 기준으로 중부 프랑크 분할
890년경 일본, 국풍 문화 발달	**880년경** 영국에 데인족의 자치 구역인 데인로(Danelaw) 성립
900	
907 당의 멸망과 동시에 5대10국 시대 시작	**910** 교회 개혁의 중심인 클뤼니 수도원 창립
	911 노르망디 공국의 성립
916 몽골에 대거란국 세워짐	
918 한반도에 고려왕조 성립	
936 거란, 국호를 요로 바꿈	
939 베트남, 중국의 속국으로 편입됨	
967 후지와라 가문의 일본 지배 시작	**962** 오토 1세가 교황으로부터 신성 로마 제국 황제의 관을 받음(신성 로마 제국의 탄생)
979 송나라, 중국 통일	**987** 카페 왕조의 출범
	988 러시아 정교회 탄생
1000	
1004 전연의 맹약으로 송과 요 사이에 화의 성립	
1018 가즈니 공국의 마흐무드가 인도 침략(인도의 이슬람화)	
1023 인도 촐라 왕조의 라젠드라 1세가 갠지스 강 유역 점령	

562

동양	서양
1045년경 중국에서 최초의 활자 인쇄	
	1054 그리스도교, 동과 서로 분리
	1059 로마 교황청, 성직자 서임권 천명
	1066 노르망디 공 윌리엄이 영국 정복
1069 송, 왕안석의 신법 개혁 시작	
	1076 카노사의 굴욕
	1096 성지 탈환을 명분으로 한 1차 십 자군 출발
	1100
1115 완안부의 추장 아골타가 여진족 을 통일하여 금나라 건국	**1122** 보름스 협약으로 교황과 황제의 타협(황제에게 서임 거부권 부여)
1125 송과 금의 협공으로 요 멸망	
1127 정강의 변으로 북송이 멸망한 뒤 남송이 건국됨	
1150년경 캄보디아에 힌두 사원 앙코르 와트 건설. 구르 왕조의 무하마드 가 가즈니 타도	**1152** 영국의 헨리 2세, 프랑스의 앙주 영토 획득
	1154 영국 앙주 왕조(플랜태저넷 왕조) 성립
1156 황위 계승권을 둘러싼 미나모토 가문과 다이라 가문의 충돌로 호겐 의 난 발발	
1159 다이라 가문의 지배권이 확립된 헤이지의 난	
1175 인도 최초의 이슬람 제국 수립	
1185 미나모토노 요리토모가 세이다이 쇼군으로 임명되면서 가마쿠라 바 쿠후 시대 개막	**1186** 영국, 아일랜드 정복. 신성 로마 제국 황제 프리드리히 ·1세가 시칠 리아 획득
	1200
	1204~1261 콘스탄티노플에 라틴 제국 성립
1206 테무진이 몽골을 통일하고 칭기 즈 칸이 됨. 인도에 델리 술탄 왕조 시작	
	1215 영국 마그나 카르타(대헌장) 제정

동양	서양
1232 가마쿠라 바쿠후에서 조에이 시키모쿠(바쿠후가 제정한 헌법) 제정 **1234** 몽골, 금 정복 **1236** 몽골의 오고타이 칸이 바투를 총사령관으로 하는 서방 원정군 파견	
	1241 한자동맹 결성
1251 몽골 제국 분열(오고타이, 차가타이, 킵차크 칸국 분리, 독립)	
	1256~1273 독일의 대공위 시대(호엔슈타우펜 왕조 몰락 후 황제가 존재하지 않음)
1271 몽골의 쿠빌라이 칸이 국호를 원으로 변경(중국화 시작) **1274** 여·몽 연합군, 1차 일본 원정 실패 **1275** 마르코 폴로가 중국에 도착 **1279** 원나라, 남송 정복 **1280** 여·몽 연합군, 2차 일본 원정 실패	**1273** 귀족들에 의해 선출된 황제 루돌프 1세를 시작으로 합스부르크 왕조 개막
	1291 200년에 걸친 십자군 전쟁 실패 **1295** 영국, 모델의회 성립(영국 의회사의 시작)
1300	
	1302 프랑스의 필리프 4세가 왕권 강화를 위해 삼부회 소집 **1309** 아비뇽 유수 사건으로 교황권 추락 **1328** 프랑스 발루아 왕조 시작
1333 가마쿠라 바쿠후 몰락, 내전 재개 **1336** 다카우지가 교토에 무로마치 바쿠후 수립	
	1337~1452 프랑스와 영국의 백년전쟁 **1347~1450** 페스트로 유럽 인구의 3분의 1 사망
1349 싱가포르에 중국인 이주 **1350** 자와, 마자파히트 제국 황금시대	
	1358 프랑스, 자크리의 난

동양	서양
	1498 바스코 다 가마가 인도 항로를 개척함
1500	
1512 명, 장거정의 개혁 시작	
1513 명, 일조편법 실시	
	1517 루터가 95개조 반박문을 비텐베르크 교회 문에 게시(종교개혁의 시작)
	1519 카를 5세가 신성 로마 제국의 황제로 즉위(합스부르크 제국의 시작)
	1521 아스테카 제국 멸망
	1522 마젤란의 세계 일주 성공
1526 바부르가 무굴 제국 수립	
	1533 잉카 제국 멸망
	1534 헨리 8세가 이혼 문제로 로마 가톨릭과 결별. 수장령을 발표해 스스로 영국 국교회의 수장이 됨
	1536 칼뱅의 종교개혁
1543 일본, 포르투갈로부터 총포 유입	1543 코페르니쿠스가 지동설을 발표함
	1555 아우크스부르크 종교화의에서 루터파에 한해 신앙의 자유 인정
1556 인도 무굴 제국, 아크바르 대제 즉위	
1557 포르투갈, 마카오 점령	
	1559 국내 프로테스탄트를 억압하기 위한 프랑스와 에스파냐 간의 카토–캉브레지 조약 성립
	1562~1598 프랑스 최초의 종교전쟁.
1565 무굴 제국의 아크바르가 데칸까지 영토 확장	
1568 오다 노부나가가 천하 통일을 목표로 교토 입성에 성공	
	1571 레판토 해전에서 튀르크를 누르고 에스파냐를 비롯한 신성동맹 승리

동양	서양
	1573 에스파냐, 필리핀 점령
1578 명, 포르투갈에 광동 무역 허용. 장거정의 토지 조사 사업	
	1581 네덜란드 연방공화국 수립
1582 오다 노부나가가 가신의 배신으로 자결	
	1588 영국, 에스파냐의 무적함대 격파
1590 도요토미 히데요시가 일본 통일	
1592 임진왜란 발발	
1598 도요토미 히데요시가 병사. 정유재란 종결	**1598** 앙리 4세가 낭트 칙령으로 신교의 자유 허용(위그노 전쟁 종결)
1600 도쿠가와 이에야스가 오사카의 미쓰나리와 붙은 세키가하라 전투에서 승리해 일인자로 부상	**1600** 네덜란드, 동인도회사 설립 — 1600
1603 에도 바쿠후 시대 개막 명, 베이징에서 마테오 리치의 《천주실의》 간행	**1603** 영국에 스튜어트 왕조 성립
	1613 러시아에 로마노프 왕조 성립
1614 이에야스가 히데요시의 아들 히데요리 제거	
1616 청 태조 누르하치가 후금 건국	
	1618~1648 독일, 30년 전쟁(역사상 최초의 국제전)
	1628 영국 의회, 찰스1세에게 권리 청원 승인
1636 후금, 국호를 청으로 고치고 조선 침공(병자호란)	**1642** 영국에서 청교도혁명이 일어남
1644 이자성의 난으로 명 멸망. 청, 오삼계의 도움을 받아 이자성을 물리치고 베이징에 입성	
	1648 30년 전쟁 종결로 베스트팔렌 조약 체결(근대 유럽 세계의 형성)
	1649 크롬웰이 찰스 1세를 공식 처형함(공화정 성립)
	— 1650
	1651 영국, 항해조례 발표
1653 샤 자한이 타지마할 건설	
1658 철권 군주 아우랑제브 즉위	

567

연표

동양	서양
1674　인도의 마라타 왕국 성립	
1681　청, 삼번의 난 진압으로 전 중국 지배	
	1685　프랑스, 낭트 칙령 폐지(종교적 반동화)
	1688　영국, 명예혁명이 일어남(입헌군주제의 성립)
1689　청과 러시아, 두 나라 간의 국경을 확정한 네르친스크 조약 체결	

1700

동양	서양
	1701　프로이센, 공국에서 왕국으로 승격
	1701~1714　에스파냐 왕위 계승 전쟁
1707　아우랑제브 사망(무굴 쇠퇴 시작)	
1711　강희제가 즉위 50년을 기념하여 성세자생인정 선포	**1710**　프랑스, 베르사유 궁전 완공
1720년대　옹정제가 지정은제 시행	
1725　중국 최초의 백과사전 《고금도서집성》 완성	
	1740~1748　오스트리아 왕위 계승 전쟁
1744~1764　영국-프랑스, 카르나티크 전쟁	

1750

동양	서양
	1751~1772　디드로와 달랑베르 등이 《백과전서》 간행
	1756~1763　슐레지엔 영유를 두고 유럽 국가들 간에 벌어진 7년 전쟁
1757　영국과 프랑스 간 플라시 전투에서 영국 승리. 영국의 벵골 점령	
1759　청나라, 신장과 시짱 영토화(중국 역대 최대의 강역 형성)	
	1772　폴란드 1차 분할
1773　영국, 노스 규제법 통과로 본격적인 인도 식민 지배 시작	**1773**　미국, 보스턴 차 사건
1781　《사고전서》 완성	**1776**　미국의 독립선언

동양	서양
	1783 영국, 파리 조약으로 미국의 독립 승인
	1789 바스티유 감옥 습격을 시작으로 프랑스 혁명 발발
	1792 프랑스 최초의 공화정 수립
1796 영국, 실론 점령	**1799** 나폴레옹이 브뤼메르 쿠데타로 집권. 프랑스 혁명 실패
	1800
	1804 나폴레옹 황제 즉위. 나폴레옹 법전 편찬
	1805 나폴레옹의 정복 전쟁 시작
	1806 신성 로마 제국 멸망
	1812 나폴레옹, 러시아 원정에 실패하면서 몰락
	1814 오스트리아의 재상 메테르니히의 주도로 빈 회의 개최
1817 영국, 마라타 연합 대파. 인도 전체를 지배	**1816~1825** 자유주의의 여파로 아르헨티나, 칠레, 콜롬비아 등 라틴아메리카 여러 나라가 독립함
1819 영국, 싱가포르에 자유무역항을 설치	
1825~1830 자와 전쟁	**1829** 그리스 독립
	1830 프랑스 7월 혁명(자유주의 혁명, 왕정복고) 1830
1835 벤팅크 총독, 인도에서 영어 교육 시작(영국화 정책)	
1840 청–영 간 아편전쟁 발발	
1842 아편전쟁에서 패한 청이 영국과 난징 조약 체결	**1846** 영국의 곡물법 폐지
	1848 프랑스 2월 혁명(성인 남성의 보통 선거권 보장), 독일 3월 혁명. 마르크스 〈공산당 선언〉 발표. 영국 차티스트 운동

동양	서양
1850~1864 홍수전의 태평천국운동	**1851** 루이 나폴레옹이 쿠데타를 일으켜 황제 즉위 **1853~1856** 크림 전쟁
1854 미국 페리 제독이 일본 강제 개항. 미·일 화친조약 체결 **1857** 세포이의 반란 결과 무굴 제국 멸망. 영국, 동인도회사 폐지 **1858** 2차 아편전쟁. 텐진 조약 체결	**1859** 다윈이 《종의 기원》을 출간
1861 베이징에 총리아문을 설치하면서 양무운동 시작	**1861** 이탈리아의 통일. 알렉산드르 2세가 농노 해방령 공포 **1861~1865** 미국의 남북 전쟁, 북부의 승리
1863 프랑스, 인도차이나 일대를 보호령으로 획득	**1863** 미국의 링컨 대통령이 노예 해방령을 선포 **1867** 오스트리아 – 헝가리 제국의 성립
1868 일본, 존왕파가 쿠데타를 일으켜 쇼군제 폐지. 메이지 유신	**1869** 수에즈 운하 완공 **1871** 독일제국의 수립. 파리 코뮌, 베르사유 정부군에 의해 진압
1876 영국 빅토리아 여왕, 인도 황제 겸임. 일본, 미국을 그대로 모방하여 조선과 강화도조약 체결 **1885** 인도 국민회의 발족 **1889** 일본, 제국헌법 선포. 청, 캉유웨이 등을 중심으로 무술변법 실시	**1882** 독일, 오스트리아, 이탈리아의 삼국동맹 성립
1891 시베리아 횡단철도 건설 시작 **1894~1895** 한반도에서 청일전쟁이 일어남(시모노세키 조약 체결)	**1890** 비스마르크 체제 종식 **1896** 헤르츨이 시오니즘 제창
1899 의화단 사건 발발	**1898** 파쇼다 사건(영국과 프랑스 간 우호 성립)

1860

1890

동양	서양
1902 영국, 러시아를 견제하기 위해 일본과 영일동맹 결성	
1903 영국, 벵골 분리 계획 추진	
1904~1905 러일전쟁(일본, 동양의 제국주의 국가로 부상)	**1905** 러시아, '피일 일요일' 사건
1906 인도, 캘커타 대회에서 스와라지(자치), 영국 상품 배척, 스와데시(국가품 애용), 국민 교육의 4대 강령을 중심으로 민족 운동 전개.	**1907** 영국, 프랑스, 러시아의 삼국협상 성립 **1908** 오스트리아, 보스니아와 헤르체고비나를 일방적으로 합병
1910 일본, 조선 병합 **1911** 중국, 신해혁명. 임시 대총통 쑨원이 중화민국 임시정부 선포(2000년 제국사 종식)	**1912** 발칸 전쟁
1914 일본이 호주, 뉴질랜드, 아시아의 독일 식민지 병합에 나섬 **1919** 중국에 대한 일본의 침략을 인정하는 파리 강화회의에 반발해 5·4 운동 발발(중국 민족주의 태동) **1920** 인도의 간디가 불복종운동 시작 **1921** 중국공산당 발족	**1914~1918** 제1차 세계대전 **1917** 러시아 사회주의혁명(소련 탄생) **1919** 베르사유 조약. 독일 바이마르 공화국의 수립(독일 최초의 공화정). 이탈리아 파시스트당의 성립 **1920** 국제연맹 창립 **1922** 이탈리아, 파시스트 정권 수립 **1923** 케말 파샤, 터키 공화국 수립(오스만 제국 멸망)
1924 군벌과 제국주의에 대항하기 위한 제1차 국공합작 **1927** 장제스가 북벌에 나선 지 2개월만에 베이징 점령. 난징 정부 수립	**1928** 부전 조약 체결 **1929** 세계 경제 대공황
1931 만주사변 발발 **1933** 일본, 만주사변에 대해 국제사회의 비난이 일자 국제연맹 탈퇴 **1934~1936** 대장정	**1933** 히틀러의 집권. 미국, 뉴딜 정책 실시

1910

1930

동양	서양
1936 시안 사건을 계기로 제2차 국공 합작	**1936** 에스파냐 내전 시작
1937 일본, 노구교 사건을 빌미 삼아 중일전쟁 일으킴. 수세에 몰린 일 본이 난징 대학살을 자행함	
	1939 독일이 폴란드를 침공함(제2차 세 계대전의 발발)
1940 일본, 난징 괴뢰정부 수립	
1941 일본, 하와이 진주만 기습(태평양 전쟁 발발)	**1941** 독일이 소련을 침공, 태평양전쟁 의 시작
1942 일본군, 동남아시아 침공 개시	
	1943 이탈리아 항복
1945 미국, 일본에 원자폭탄 투하. 제2 차 세계대전 종식	**1945** 독일 항복. 제2차 세계대전 종전. 국제연합(UN) 탄생
1946 중국, 내전 재개. 베트남, 대프랑 스 독립전쟁 개시	
1947 인도, 독립과 동시에 인도와 파키 스탄으로 분립	**1947** 미국, 트루먼 독트린 발표
1948 장제스 하야. 대만으로 철수 준비. 반 이슬람파 극우 청년의 총격으로 간디 사망	**1948** 이스라엘 공화국 성립
1949 인민해방군이 중국 본토를 완전 히 점령함. 중화인민공화국 수립	**1949** 북대서양조약기구(NATO) 설립
1950 한국전쟁 발발	
1953 한국전쟁 휴전	
	1955 바르샤바조약기구(WTO) 설립
	1957 유럽경제공동체(ECC) 조인
1960 한국, 4·19혁명	
	1962 미국, 쿠바 봉쇄
	1964 베트남 전쟁 발발
1966 중국, 문화대혁명	
	1967 유럽공동체(EC) 설립
	1968 소련, 프라하를 침공하여 '프라하 의 봄' 진압

1940

1950

동양	서양	
		1970
1972 한국, 7·4 남북공동성명	**1972** 닉슨 미국 대통령과 중국 마오쩌둥 주석 정상회담	
	1973 4차 중동 전쟁으로 석유 파동	
	1979 소련, 아프가니스탄 침공	
1980 한국, 5·18 광주민주항쟁	**1980** 이란 – 이라크 전쟁 발발	
	1985 소련, 고르바초프 집권. 페레스트로이카 추진	
1989 중국, 톈안먼 사건	**1989** 독일, 베를린 장벽 붕괴	
		1990
	1991 걸프 전쟁 발발	
1994 북한, 김일성 사망	**1994** 유럽공동체, 유럽연합으로 개칭	
1997 한국, IMF 외환 위기	**1997** 영국, 중국에 홍콩 반환	

| 찾아보기 |

종횡무진 동양사

1판 1쇄 발행일 1998년 7월 25일
개정판 1쇄 발행일 2015년 4월 13일
개정판 6쇄 발행일 2021년 5월 17일

지은이 남경태

발행인 김학원
발행처 (주)휴머니스트출판그룹
출판등록 제313-2007-000007호(2007년 1월 5일)
주소 (03991) 서울시 마포구 동교로23길 76(연남동)
전화 02-335-4422 **팩스** 02-334-3427
저자·독자 서비스 humanist@humanistbooks.com
홈페이지 www.humanistbooks.com
유튜브 youtube.com/user/humanistma **포스트** post.naver.com/hmcv
페이스북 facebook.com/hmcv2001 **인스타그램** @humanist_insta

편집주간 황서현 **편집** 최윤영 임미영 이영란 **디자인** 김태형 최우영 박인규 **지도** 임근선
용지 화인페이퍼 **인쇄** 청아디앤피 **제본** 민성사

ⓒ 남경태, 2015

ISBN 978-89-5862-784-5 04900